【 북한 실정법 연구·1 】

# 남북한 한글 맞춤법 통일을 위한
# 사회주의헌법 문장 연구

이 책은 조선민주주의인민공화국 최고인민회의가 채택한 사회
주의헌법을 조항별로 분석해 정치사전·철학사전·경제사전·
문학예술사전·조선말규범집 등 분야별 전문사전이 없으면 법
조문의 내용을 정확히 이해할 수 없는 특이 문장과 특수 전문
용어의 언어적 의미와 용례 그리고 정치 사회적 의미를 한국
의 대학생과 대학원생들의 수준에 맞추어 풀이한, 북한의 정
치·경제·외교·행정·사법·교육·보건 등 112개 전문 분
야별 사회 제도와 실상을 담은 조선민주주의인민공화국 법전
과 조선민주주의인민공화국 현실 정치에 초법적 실체로 작용
하는 조선로동당 규약 전체 문장을 한글 맞춤법과 조선말규범
에 따라  분석한 첫번째(제1권) 책입니다.

# 서동익(徐東翼)

소설가 겸 북한전문가. 1948년 경북 안강에서 태어나 해군기관학교와 국가정보대학원을 수료했다. 1976년 중편소설 갱(坑)으로 제11회 세대신인문학상을 수상하고 문단에 등단해 창작활동을 하던 중 남북 분단으로 인한 한국현대소설문학의 〈반쪽의 문학 현상〉과 〈왜소성〉을 발견, 이를 극복하는 장편소설을 집필하다 북한 동포들의 일상적 라이프 스타일과 생활용어, 특히 함경도와 평안도 방언에 막혀 실패했다. 이 문제를 풀기 위해 직장을 대북전문기관인 자유의 소리 방송(전문집필위원)과 통일부(학술조사용역), 국방일보(객원논설위원), 인천남동신보(주간 겸 논설위원) 등으로 옮겨 근무하며 본격적으로 북한을 연구하기 시작했다. 북한연구저서로는 〈북에서 사는 모습(북한연구소 1987)〉, 〈인민이 사는 모습 1, 2권(자료원, 1995)〉, 〈남북한 한글 맞춤법 통일을 위한 북한 실정법 문장 연구·1~10권(북방문제연구소, 2007)〉외 다수 논문이 있다. 문학작품집으로는 서동익 소설집 〈갱(坑) 자료원, 1996)〉, 장편소설 〈불려 간 여자 1, 2권(남동신보, 1994)〉, 〈퇴함 1, 2권(자료원, 1995), 〈청해당의 아침(자료원, 2001), 〈전사의 고향 1, 2, 3, 4, 5권(메세나, 2007)〉 등이 있다. 그동안의 창작활동으로 제8회 인천문학상(1996), 남동구문화상(1996), 인천광역시문화상(2004) 등을 수상했으며 남동구문화예술회 초대 회장, 한국문협 인천광역시회 제35대 회장, 한국예총 인천광역시연합회 부회장을 역임했다. 현재는 도서출판 메세나와 그래그래 대표로 재직하며 북한연구활동을 하고 있다.

\* E-Mail : disur48@naver.com

【 북한 실정법 연구·1 】
## 남북한 한글맞춤법 통일을 위한 사회주의헌법 문장 연구

2007년 3월 2일 1판 1쇄 인쇄
2007년 3월 5일 1판 1쇄 발행

지은이 서 동 익
펴낸이 (사)북방문제연구소
펴낸곳 자 료 원

주소 / 815-203 인천광역시 남동구 간석3동 919-4호
전화 / (032) 463-8338 / (032) 462-9131
팩스 / (032) 463-8339
홈페이지 / www.jaryoweon.co.kr
이메일 / jaryoweon@jaryoweon.co.kr
출판등록 1992. 11. 18. 제42호
ⓒ 2007, 서동익

ISBN 978- 89-85714-81-5     93360
※ 책값은 뒷표지에 기록되어 있습니다.

【 북한 실정법 연구·1 】

남북한 한글 맞춤법 통일을 위한

# 사회주의헌법 문장 연구

서 동 익 지음

(사) 북방문제연구소

6·15 남북정상회담 이후 북한의 라선경제무역지대와 금강산관광지구 개발 그리고 이의 활성화를 위한 북한 당국의 現代를 비롯한 우리 企業들에 대한 관광사업과 기타 교류 확대를 원하고 있어 남북 관계의 긴밀화와 협조의 폭은 더욱 넓어지고 있습니다.

지난 2005년 1월 15일에는 북한 당국이 라선경제무역지대와 금강산관광지구 그리고 개성공업지구 등에 외국투자기업과 외국인투자가들이 들어와 합작기업과 합영기업을 설립해 활발한 경제활동과 함께 세계 각국과의 문화교류의 폭을 넓힐 수 있도록 〈조선민주주의인민공화국 법전(대중용)〉을 발간해 〈조선중앙방송〉을 통해 널리 보도한 바 있습니다.

북한 당국이 널리 보도한 이 〈조선민주주의인민공화국 법전(대중용)〉 속에는 현행 사회주의헌법과 라선경제무역지대법 등 북한의 정치·경제·군사·외교·사회·문화분야에 이르기까지 세계 어느 국가의 북한전문가들보다 북한 현실 정보에 밝은 국내 전문가들마저도 미처 모르고 있었던 112개 부문 북한 실정법이 4×6 배판(A4용지 크기) 양장본 법전

1,096쪽 분량에 수록되어 있습니다.

한 주권 국가의 정부가 자국의 국내 실정을 구석구석 파악해 법령의 초안을 만들고, 각계 전문가들을 불러들여 법조문을 고치고 다듬은 뒤 그 나라 국민을 대표하는 국회나 최고인민회의를 통해 채택·공포한 다음, 현실 정치에 그대로 적용하는 부문별 실정법은 바로 그 국가 제도와 사회 실상을 한눈에 알아볼 수 있는 공식 정보 보고서이자 그 나라 국민들의 현실적인 삶의 방식과 이상을 집약해 놓은 사회제도 실상집입니다. 이런 깊은 의미가 북한 법전에 담겨 있기 때문에 통일부도 홈페이지를 통해 북한 당국이 법전을 통해 공포한 112개 부문의 제·개정 현행 실정법을 우리 국민들에게 널리 소개하고 있는 것입니다.

그러나 북한 당국이 외국인의 投資 資本을 북한 내부로 끌어들이기 위해 의욕적으로 자기의 안뜨락을 열어 보인 이 法典 속에는 북한에서 발간한 정치사전, 철학사전, 경제사전, 역사사전, 백과사전, 조선어사전, 문화어문법을 규정한 〈조선말규범집〉 외 분야별 전문 서적들이 없으면 법리나 법체계의 연구 이전에 그 법조문을 구성하는 문장 속에 스며 있는 말뜻조차 알 수 없는 특수 전문 용어와 특이 문구가 앞을 가로막고 있습니다. 그러므로 한글로 된 법전이지만 우리 사회의 신세대들은 물론 북한 사회에서 20~30년 이상씩 살다가 넘어온 젊은 세대들도 입으로만 몇몇 구절을 암기할 뿐 법조문의 내용이나 특수 전문 용어의 어의(語意)를 제대로 파악해 설명해 줄 수 있는 새터민들이 지극히 드뭅니다.

또 통일부 홈페이지를 비롯한 대한무역진흥공사 산하 북한 관련 전문 사이트 그리고 네이버(Naver)와 다음(Daum) 같은 국내의 인터넷포털사이트(internet portal site) 등에서 소개하는 북한의 각종 법령은 전달자가 임의로 법조문의 내용을 〈한글 맞춤법〉 규정에 따라 재편집한 것이라 남북한 어문 규범이나 언어분야를 연구하는 학술연구서 저본(底本)으로는 문제가 많았습니다.

북한연구 학계가 안고 있는 이러한 문제점을 해결하며 나아가 〈남북한 언어 異質化 실상〉을 극복하기 위해 오랜 기간 남북한 언어 규범과 북한 동포들의 일상용어를 연구해 온 소설가 겸 본 연구소 徐東翼 부소장이 이번에 북한 법전에 수록된 112개 분야 실정법을 조문별로 분석해 〈남북한 한글 맞춤법 통일을 위한 북한 실정법 문장 연구〉라는 제목 아래 북한 법전을 우리의 북한 연구 학도와 대학생들이 정확히 이해할 수 있게끔 112개 部門法別로 분석해 법전 문장 속의 정치 용어, 철학 용어, 경제 용어, 군사 용어 등 특수 전문 용어별로 해석을 달고, 또 특이 문장과 문화어문법 규범의 특이성, 〈한글 맞춤법〉과 〈조선말규범〉과의 서로 다른 차이점이 빚어내는 남북한 간 바른 문장과 틀린 문장의 해석을 담은 연구서를 발간하게 되었습니다.

본 연구소 서동익 부소장의 이번 연구는 북한 당국이 펴낸 법전을 연구 대상으로 했으나 북한 법전이 담고 있는 법리나 법체계의 연구보다 먼저 풀어야 할, 남북 분단이 빚어놓은 〈겨레말 이질화 실상〉을 극복하기 위해 북한 당국이 수십 년 동안 고치고 다듬어 온 공식 法領을 한 조항도 빠뜨리지 않고 부문법별로 완전 분석해 북한 언어와 실정법을 연구하는 학도들에게 그 연구 결과를 전달한다는 데 큰 의미가 있습니다.

다 아시는 바와 같이 북한 내부의 학자들은 아무리 학식과 연구활동의 年齒가 깊다 해도 북한의 현 政權과 體制 아래서는 자신의 양심과 자율적 思考에 따라 학술연구 결과를 이데올로기나 최고 통치자의 교시나 말씀 등에 편향됨이 없이, 자유롭게 서술해 기록으로 남길 수 없습니다. 어차피 이 분야의 연구는 남쪽 학자들의 몫이었습니다.

그렇지만 남쪽 학자들도 이 분야의 연구는 선뜻 달려들 수 없는 난관이 많습니다. 법학이나 정치학을 전공한 학자들은 전공 분야의 연구 이전에 남북한 간에 상존하는 〈言語의 異質化 障壁〉부터 넘어서야 하는 부담이 앞을 가로 막습니다. 또 국문학이나 문화 · 예술분야를 전공한 학자들은 북한의 정치·경제·군사·사회분야 등 북한 관련 현실 정보와 실정법 연구가 너무나 부담스럽고 한두 해 노력으로 해결될 문제도 아닙니다. 적어도 이 분야의 연구는 오랜 기간 북한 관련 실무 기관이나 연구 기관에서 현실 정보를 분석하면서 언어 분야를 연구해 온 학자나 전문가들이 분명한 목표 의식을 가지고 매진해야 소기의 연구 성과를 거둘 수 있는 포괄적인 분야입니다.

본 연구소 서동익 부소장은 지난 1976년 탄광촌의 노동 문제를 주제로 한 중편소설 〈갱(坑)〉으로 제11회 세대신인문학상을 수상하고 문단에 등단해 창작활동을 해오던 중 휴전 협정 이후 한국 현대소설문학이 안고 있는 〈반쪽의 문학 현상〉을 극복할 수 있는 작품, 즉 소설 작품 공간 속에 남북한 동포들의 현실적인 삶의 터전과 생활 현장을 함께 수용하는 장편소설을 집필하기 위해 젊은 시절부터 북한 관련 국가기관에서 전문 집필위원 겸 논설위원으로 다년간 근무해 온 현역 소설가입니다.

또 한편으로는 북한연구소 연구위원, 통일부 학술 용역 등으로 연구활동을 계속해 오다 지난 1987년에는 〈북에서 사는 모습(북한연구소 刊)〉이라는 북한 연구 저서를 발간한 바 있고, 1995년에는 〈인민이 사는 모습 1, 2권(자료원 刊)〉을 집필해 국방부 산하 육·해·공군의 장병들과 일반 대학의 북한 연구 학도들에게 초미의 관심을 불러일으킨, 국내 최초로 微視的 方向의 북한연구 方法論을 제시한 장본인이기도 합니다. 지난 2002년에는 〈북한 동포들의 식량 문제가 남북 분단과 우리 민족의 앞날에 미치는 영향〉을 주제로 한 장편소설 〈전사의 고향 1~5권〉을 인천일보에 2년간 연재하며 국내외 동포들에게 굶주림에 허덕이는 북한 동포들의 삶을 그의 산문적 소설 문장으로 생생하게 전달해 전국적 차원의 〈북한동포 돕기 운동〉의 물꼬를 틔운 숨은 공로자이기도 합니다.

이번에 펴낸 〈남북한 한글 맞춤법 통일을 위한 북한 실정법 문장 연구〉도 크게는 그의 한국현대소설문학이 안고 있는 반쪽의 문학 현상을 극복하기 위한 창작의 일환이고 적게는 남북한 언어 규범을 오랜 기간 연구해 온 소설가 겸 북한 전문가가 북한을 연구하고자 하는 후학들에게 보다 쉽게, 또 정확하게 북한 실정법을 연구할 수 있도록 〈한글 맞춤법〉과 〈조선말규범〉을 바탕으로 법전의 특수 전문 용어와 특이 문장을 조항별로 분석해 알기 쉽게 다리를 놓아주는 큰 일을 해냈습니다.

이 연구 성과는 앞으로 북한 실정법 연구에 크게 기여하리라 믿습니다. 그리고 통일부 홈페이지를 비롯한 대한무역진흥공사 산하 북한 관련 전문 사이트 그리고 네이버(Naver)와 다음(Daum) 같은 국내의 인터넷포털사이트(internet portal site) 등에서 소개하는 북한의 각종 법령은 전달자가 임의로 법조문의 내용을 〈한글 맞춤법〉 규정에 따라 재편집한 결과물이라 북한 문화어 규범이나 언어 분야 학술 연구서 저본으로는 문제가 많아 보이지 않는 원성을 쌓아왔는데 이번에 펴낸 본 연구소 서동익 부소장의 〈남북한 한글 맞춤법 통일을 위한 북한 실정법 문장 연구〉 시리즈는 그동안의 갈증을 완전히 해소해 주리라 믿습니다.

아무쪼록 이 책자가 남북한 사이에 상존해 온 어문 규범과 언어 이질화 현상을 극복하고 반세기 이상 남쪽은 남쪽대로, 북쪽은 북쪽대로 서로 다른 길로 가게끔 만드는 〈한글 맞춤법〉과 〈조선말규범〉의 차이점을 남북한 당국자들이 협의해 다가올 통일 조국의 한글 언어 규범을 새롭게 만드는 남북한 간 언어 이질화 실상 분석 자료집으로 널리 활용되기를 소망해 봅니다.

2007년 2월 15일

社團法人 北方問題研究所

所長  金 一 相

　아마 내가 7년간의 군 복무를 마치고 해군에서 제대했던 1974년 9월인가 싶다. 모 신문사에 응모했던 장편소설이 낙선되고 문학평론을 하는 대선배님께 한번 읽어 달라고 보냈던 또 한 편의 장편소설이 혹평을 받으며 되돌아왔을 때 나는 군대생활 전부터 퍼부었던 습작의 긴긴 고행이 허사였음을 알았고, 왜 그렇게 바보 같은 짓을 대책 없이 했을까 하는 자괴감 때문에 혹평을 해 준 선배님의 이야기만 되씹고 있었다.

　"남·북한의 이념적 갈등과 분단의 고통을 소재로 소설을 쓰려면 북한 언어부터 공부하라. 그걸 해결하기 전에는 네가 아무리 소설을 잘 쓴다고 해도 북한 사회에 대한 무지와 특이성 때문에 네 소설은 성공할 수 없다……."

　소설가가 되고 싶어 들떠 있던 사람에게 북한 언어 공부부터 먼저 하라니 기가 막힐 노릇이었다. 그때는 팔팔한 성격과 오기 때문에 "북한을 소재로 해서 소설을 안 쓰면 그만이지 지금 어떻게 북한을 공부한단 말인가?" 하면서 그 선배님의 충고를 잊어버리려고 했다.

그러나 그 두 편의 장편소설을 쓰기 위해 퍼부었던 긴긴 시간들이 떠오를 때마다 나는 거의 미칠 지경이었다. 내가 북한 언어에 대해 뭘 모르고 있었기에 내가 쓴 소설은 결코 성공할 수가 없단 말인가?

이 무렵 나를 가장 괴롭힌 것이 북한 동포들의 일상적 라이프 스타일과 생활용어였다. 특히 생활용어 속에 섞여 있는 정치, 경제, 철학 용어와 은어(隱語)들에 막혀 끙끙대다 결국에는 좌절하고 말았다. 좌절의 아픔이 너무 힘겨워 오랜 기간 혼자 고뇌하다 이판사판의 심정으로 직장을 대북전문기관인 〈자유의 소리 방송〉으로 옮겨 전문집필위원으로 근무하면서 본격적으로 북한을 연구하기 시작했다.

그동안 국가기관의 지원으로 북한에 관한 교육도 많이 받았고 수많은 탈북 동포들과 같이 근무하면서 북한 동포들에 대한 라이프 스타일과 사회 제도 부문에 관한 연구는 몇 권의 연구 저서를 낼 정도로 상당한 진전을 보았다. 그러나 북한 동포들이 일상적으로 사용하는 생활용어와 북한에서 발행되는 저작물에서 만날 수 있는 정치 용어와 철학 용어 그리고 분야별 전문 용어와 은어 · 비어 · 방언들은 아직도 더 연구하고 그동안 수집해 놓은 자료들은 찾아보기 편하게 정리해 놓아야 한다는 일념으로 지난 2001년도에는 한국문화예술진흥원(현재는 한국문화예술위원회)에 통일 관련 민족문화교류분야 학술진흥기금을 신청하였다. 그때 나는 사업기금 지원신청서에 이런 내용의 사업목적을 적어냈다.

《 조국 광복, 분단, 전쟁 발발, 휴전협정 이후 남북한은 서로 다른 이념과 체제를 견지하며 50여 년 간 분단되어 있었던 관계로 2,500만 북한 동포들이 각 분야에서 일상적으로 사용하는 생활용어마저 우리는 같은 민족이면서도 그 뜻을 알아듣고 해득할 수 없을 만큼 이질화되어 7천만 민족의 언어 생활과 정서의 동질성 회복은 물론, 21세기 통일의 시대를 여는데 장애 요인으로 작용하고 있음은 그 누구도 부인할 수 없는 현실로 굳어져 있다.

이같이 이질화되고 고착화된 2,500만 북한 동포들의 분야별 일상 생활 용어의 말뜻과 용도를 알기 위해 국내 굴지의 출판사들이 편찬한 국어사전이나 백과사전을 펼쳐 그 말뜻을 찾아보지만 북한 동포들이 각 분야에서 일상적으로 사용하는 생활용어를 풀이해 놓은 사전은 없다.

심지어 북한에서 발행되는 사전들도 정치 용어는 정치사전을, 철학 용어는 철학사전을, 경제 용어는 경제사전을, 역사 용어는 역사사전을, 문학 예술 용어는 문학예술사전을, 일반 용어는 조선말사전을 찾아보아야 그 말뜻을 알 수 있고, 그나마 북한 동포들 태반이 사용하는 은어·속어·비어·방언 등은 각 전문 사전에서도 그 말뜻을 찾아볼 길이 없어 대충 심정적으로만 그 뜻을 가늠해 보거나 아니면 말뜻 알기를 포기하고 만다.

이런 언어 생활이 반세기 넘게 지속되다 보니 이제 남·북한 각 분야의 지도자들이 남북 협상을 위해 마주 보고 앉아도 서로 다른 언어 생활로 인해 그 해석과 정서를 달리하면서 곡해 아닌 곡해로 협상을 그르친 실례도 많다. 특히 억압적 정치 상황 아래서 하루 하루를 고통스럽게 살아가는 과반수 이상의 북한 동포들은 그들의 억압된 정서와 카타르시스를 위해 표준어보다는 은어나 속어, 그 외 비어 등으로 자신들의 감정과 의사를 표현하며 독특한 언어 문화권을 형성해 온 지도 어느덧 수십 년이 지나 이제는 엄연한 현실로 고착되어 있는데도 북한 당국은 문화어가 아닌 반동적 언어라는 구실로 과반수 이상의 북한 동포들이 사용하는 은어·비어·속어들을 정리하지 않은 채 그냥 내버려두고 있다.

이런 언어적, 정서적, 문화적, 이질화 현상과 장애요인을 극복하기 위하여 저자가 30년 간 읽고 연구해 온 탈북 동포 신문조서, 노동신문, 북한 당국이 펴낸 각종 잡지, 단행본 책자, 북한방송 청취록, 북한작가 문학작품, 탈북 동포 수기, 자서전, 탈북기, 연구논문 등 총 600여 권의 북한 관련 도서를 한 권 한 권 조사하여 2,500만 북한 동포들이 남북 분단 이후 각 분야에서 사용해 온 각종 일상 생활용어 35,000여 낱말을 찾아내어 그 낱말의 뜻과 용도, 문화적 정서적 배경을 밝히고, 이를 체계적으로 정리하여 남쪽의 4,500만 국민 누구나 손쉽게 활용할 수 있는, 언어 소통적 차원의 〈북한동포생활용어사전〉을 발간해 민족 동질성 회복과 남북 교류 시대를 앞당기는데 기여하고자 함. 》

그 다음해 학술진흥기금이 지원되었다. 나는 그 지원금으로 내 연구실에서 자료를 정리해 주던 보조원들의 인건비도 지급하고 보고 싶었던 책도 구입하여 읽으면서 북한 동포 생활용어 연구에 박차를 가했다.

이 무렵 나는 서울 광화문우체국 6층에 있는 통일부 소관 북한자료센터를 자주 방문했다. 국가기관이 발행한 북한 관련 정보와 북한에서 발행된 도서 내용과의 차이점을 대조하기 위한 목적 때문이었다.

이때 나는 참으로 놀라운 사실을 발견했다. 1933년 조선어학회가 제정·공포한 〈한글 마춤법 통일안〉으로 한글의 언어 규범이 공고화되고 난 다음 1945년에 광복이 되고 이어 분단, 전쟁 발발, 휴전협정 이후 남·북한은 서로 다른 이념과 체제를 견지하며 남쪽은 남쪽대로, 북쪽은 북쪽대로 서로 갈라져 살았다. 그동안 남·북한은 1933년에 제정·공포한 〈한글 마춤법 통일안〉을 남북한 공히 1940년대까지 함께 사용해 오다 1950년대부터 이런 저런 명분으로 두서너 차례 고쳤고, 1987에 들어와서는 북한이 먼저 1966년판 〈조선말규범집〉을 개정해 1987년판 〈조선말규범집〉을 공포하자 남쪽도 1988년 88서울올림픽 준비의 일환으로 〈한글 맞춤법〉 1980년판을 개정해 문교부 고시 1호로 1988년판 〈한글 맞춤법〉을 공포했다.

남·북한은 이때부터 서로 다른 언어 규범으로 민족 언어의 동질성을 서로의 정치체제에 맞춰 노골적으로 이질화시키기 시작했다. 이러다 보니 한뿌리에서 시작된 남·북한 간 언어 규범은 자모의 배열, 두음법칙, 사이시옷, 외래어 표기, 띄어쓰기 부문에서 마치 남의 나라 글처럼 차이를 보였고, 우리 정부의 북한 관련 담당자들은 북한의 〈조선말규범〉에 따라 작성된 북한 관련 생자료를 그대로 내보낼 수가 없었기 때문에 〈한글 맞춤법〉 규정에 맞추어 고쳐서 내보내기 시작했다.

이런 정치·사회적 요인 때문에 북한 정치·사회 체제를 국가권력으로 보장하는 실정법 조항들이 북한 관련 정보 담당자들의 식견에 따라 가장 많이 고쳐졌다. 우리 국가기관에서 〈한글 맞춤법〉 규정에 맞추어 재편집한 북한 실정법은 전체 내용과 조항별 내용을 파악하는 자료로는 손색이 없지만 인문 사회 계열 학도들이 북한 문화어 규범이나 언어 분야를 연구하기 위해 학술 연구용 저본으로 사용하기에는 〈한글 맞춤법〉 규정에 따라 고쳐진 문장이 문제가 많았다.

이렇게 고쳐진 곳이 많은 자료를 가지고 〈북한동포생활용어사전〉을 만들 수는 없다는 판단에 따라 나의 십수 년 동안 계속된 북한 동포 생활 용어 연구는 마지막 고비에서 〈북한 실정법 분야〉는 문제점을 해결할 대안이 나올 때까지 유보되고 말았다. 이런 근심을 안은 채 마땅한 대안을 찾기 위해 고심하고 있었는데 지난 2005년 1월 통일부를 통해 북한 당국이 112개 부문의 법령을 제·개정해 〈조선민주주의인민공화국 법전(대중용)〉이라는 제목으로 새 법전을 발간했다는 소식을 들었다.

한 주권 국가의 정부가 자국의 국내 실정을 구석구석 파악해 부문별로 법령의 초안을 만들고, 각계 전문가들을 불러들여 법조문을 고치고 다듬은 뒤 그 나라 국민을 대표하는 국회나 최고인민회의를 통해 채택·공포한 실정법은 바로 그 국가 제도와 사회 실상을 한눈에 알아볼 수 있는 공식 정보 보고서이자 그 나라 국민들의 현실적인 삶의 방식과 이상을 집약해 놓은 대표적인 사회제도 실상집이다. 더구나 북한 당국이 외국인의 投資 資本을 북한 내부로 끌어들이기 위해 의욕적으로 자기의 안뜨락을 열어 보인 이 法典 속에는 북한에서 발간한 정치사전, 철학사전, 경제사전, 역사사전, 백과사전, 조선말사전, 문화어문법을 규정한 〈조선말규범집〉 외 분야별 전문 서적들이 없으면 법리나 법체계의 연구 이전에 그 법조문을 구성하는 문장 속에 스며 있는 말뜻조차 알 수 없는 특수 전문 용어와 특이 문장들이 앞을 가로막는다. 그러므로 한글로 된 법전이지만 우리 사회의 신세대들은 물론 북한에서 20~30년 이상씩 살다가 넘어온 젊은 세대들도 입으로만 몇 몇 구절을 암기할 뿐 법조문 속에 수없이 섞여 있는 정치 용어와 철학 용어 외 다른 특수 전문 용어의 어의(語意)를 제대로 파악해 설명해 줄 수 있는 동포들이 드물다.

이런 현실적인 문제점을 해결하기 위해 필자가 30여 년간 수집해 온 북한 동포들의 생활용어와 남북한 언어 규범에 관한 자료를 바탕으로 이번에 조선민주주의인민공화국 법전에 수록된 112개 법령과 북한 현실 정치에 초법적 실체로 작용하는 조선로동당 규약을 분석해 〈남북한 한글 맞춤법 통일을 위한 북한 실정법 문장 연구〉라는 연구서를 펴내게 되었다.

이 책에 나오는 정치 · 경제 · 행정 · 법률 · 군사 · 사회 분야 용어들 중 상당량의 용어들은 1980년대 필자가 국가기관에서 북한 관련 직무를 수행할 때 북한의 방송 · 신문 · 책자 등에 실려 있는 용어들의 순수한 어의(語意)와 "북한의 방송사, 신문사, 출판사 등 국가기관에 소속되어 있는 언론인들이나 전문 작가들이 왜 이 용어를 사용했을까? " 하고 북한의 언론인이나 출판인의 입장에서 정치 · 사회적 의미(意味)를 파악하기 위하여 날마다 정치사전 · 철학사전 · 역사사전 · 경제사전 · 문학예술사전 · 백과사전 등 분야별 전문 사전을 펴놓고 씨름을 하던 용어들이다. 그 당시 필자는 소설가로 문단에 등단한 지 5~6년 정도 되는 젊은 작가로 요사이 대학생들에 비해 몇 배의 독서량을 지녔고 하루에 200자 원고지 20~

30매는 무슨 일이 있어도 집필을 해야만 퇴근이 가능한 직장 생활을 하는 전문 집필위원이었는데도 북한의 헌법이나 노동당 규약 또는 경제 관련 책자나 실정법 속에 나오는 특수 전문 용어나 조선말규범에 따라 작성된 특이 문장들은 만나면 그 말뜻과 문법이 남쪽과 상반되고 생소해서 그렇게 고통스러울 수가 없었다. 저들이 하는 말뜻조차 제대로 파악하지 못한 상태에서는 우리 국민과 국가를 대리해서 다른 국가적 정책을 펴나갈 수가 없었기 때문이었다.

이런 고통은 그 당시에만 국한된 것이 아니고 최근까지도 계속되어 1989년에는 문익환 목사가 북한을 방문해 김일성 주석에게 남북한 동포들이 함께 사용할 수 있는 〈통일국어대사전〉을 남북이 공동으로 편찬하자고 제의까지 한 바 있다. 다행히 김일성 주석이 이를 수락해 이 사업은 반짝 빛을 보다 1994년 북한의 김일성 주석이 사망하자 한동안 침체기를 맞았다. 그러다 2004년 문익환 목사 10주기 추모 행사에 참가한 북한 대표단을 통해 박용길 장로가 김정일 국방위원장에게 친서를 보내〈통일국어대사전〉 편찬 사업을 재요청 했고 이 재요청 사업을 김정일 국방위원장이 승인함에 따라 〈겨레말큰사전남북공동편찬사업회〉가 결성되고 남북한 실무 당국자와 학자들이 2007년 2월 6일 현재 8차까지 편찬회의를 가진 끝에 대강의 큰 틀은 마련되고 2012년쯤 그 결과물을 보게 될 것으로 예상되고 있다.

그러나 이런 우여곡절을 겪으며 진척되고 있는 〈겨레말큰사전〉도 남북한 동포들의 염원을 고스란히 집약하지는 못하고 있다. 우선 남북한 관계 당국자들과 학자들은 서로의 정치 체제와 드러내놓고 말할 수 없는 복잡한 사정 때문에 7,000만 민족의 염원이 담긴 〈남북한 통일 언어 규범〉을 만들지 못한 채 〈겨레말큰사전〉에만 적용되는 한시적 성격의 언어 규범을 임시로 만들어 우선 금세기 100년간 우리 민족이 사용해 온 낱말 중 남북 양측이 올림말로 사용하자고 합의가 되는 낱말 30만~50만 개

정도를 확정해 "남북한 언어 규범을 초월한 상태에서 뜻풀이를 한다."는 합의 아래 〈겨레말큰사전〉 발간 사업을 진척하고 있는 것으로 알고 있다.

결국 2012년에 발간 예정인 〈겨레말큰사전〉은 남북한 현실 정치 체제와 서로 다른 이상에 막혀 금세기 100년간 우리 민족이 조선반도와 세계 각 곳에서 사용해 온 말 중 남북이 합의한 올림말 30여만 개를 남북한 언어 규범을 초월한 한시적 언어 규범으로 말뜻을 풀이해 당대의 국민들과 후손들에게 물려준다는 취지로 발간 작업이 진행되고 있는 것이다. 봉을 그리려다 닭을 그린 꼴이 되어 2012년경에 겨레말큰사전이 나와도 남북한 언어 규범의 차이로 빚어진 지난 반세기의 남북한 언어이질화 현상은 완전히 해소될 수 없음은 물론 북한 동포들이 지난 반세기 동안 사용해 온 일상 생활용어마저 그대로 담지 못한다는 결론에 이른다. 이의 해결을 위해서는 북한 동포들이 지난 반세기 동안 사용해 온 말뜻 풀이 사전을 별도로 발간하거나 〈겨레말큰사전〉을 재차 증보 개정하지 않으면 지난 반세기 동안 북한 동포들이 사용해 온 말과 말뜻을 잃어버린다는 결론을 유추해 낼 수 있다.

이 책은 바로 이런 문제점과 아쉬운 점을 해결하기 위해 〈겨레말큰사전〉이 발간된다는 낭보를 듣고도 집필 방향이나 발간 방향의 수정 없이, 젊은 날 내 자신이 겪은 고통을 되짚어보며 다음과 같은 기준을 세워놓고 집필했다.

1. 이데올로기와 체제 경쟁 차원을 초월해 북한 실정법 속에 나오는 정치 · 경제 · 철학 · 군사 용어 등 특수 전문 용어에 대한 의미를 북한동포들이 학교 교육이나 사회 교육을 통해 교양 받는 대로 설명하며 남한 젊은이들이 북한 동포들의 정치 · 사회적 가치 체계와 언어 감각을 빨리 파악해 갈라진 민족이 하나로 합치는데 기여할 수 있도록 했다.

2. 내 아들 딸 또래의, 오늘을 살아가는 대한 민국의 대학생과 대학원생들의 학력 수준으로 북한 법전에 수록된 112개 법령 내용을 보다 깊이 있게 이해할 수 있게끔 부문법別로 정치 용어, 철학 용어, 경제 용어, 군사 용어 등 특수 전문 용어의 해설을 달고, 〈한글 맞춤법〉과 〈조선말규범집〉과의 문법적 차이점이 빚어내는 남·북한 간 바른 문장과 틀린 문장의 사례를 하나하나 제시했다.

3. 북한 동포들이 사용하는 문화어 문장의 객관성과 대표성 확보를 위해 북한 작가들의 주관적인 작품집보다 북한 당국이 여러 차례 고치고 다듬어 온, 가장 객관적이고 문법적으로 완성도가 높은 공식 法典을 연구 텍스트로 정해 그 법전 원문 속에서 특수 전문 용어와 특이 문장을 발췌하고 그 어원 출처를 분명하게 밝혀 학술적으로 인용이 가능하도록 했다.

이렇게 집필 방향과 목표를 세워놓고 내 나름대로 최선을 다해 왔지만 내 개인적인 역량의 한계와 개인적인 사재로 장기간 연구를 해 온 탓으로 부족한 부분이 많을 것으로 안다. 잘못된 부분은 고칠 수 있도록 지적해 주시고 깊이 파고들지 못해 독자 제현의 기대에 못 미치는 부분은 너그럽게 이해해주시기를 머리 숙여 부탁드린다.

20대 총각 시절, 한국현대소설문학이 안고 있는 〈반쪽의 문학 현상〉을 극복할 수 있는 작품, 즉 소설 작품 공간 속에 남북한 동포들의 현실적인 삶의 터전과 생활 현장을 함께 수용하는 장편소설 한 편을 쓰기 위해 북한 연구에 빠져들다 어언 예순을 맞이하게 되었다. 지난 30여 년 동안 북한 동포들의 삶의 현장과 언어에 관한 자료를 수집하면서 평소에 조금씩 집필해 놓은 연구 결과물 덕택에 이번에 나는 비교적 빨리 이 연구서를 펴낼 수 있게 되었다. 한번 작품을 실패했다고 영원히 실패하는 것도 아니고 인생에 공짜가 없다는 문단 선배님들의 말씀과 함께 "인간만사 새옹지마(人間萬事 塞翁之馬)"란 고사의 의미가 새롭게 되새겨진다.

아무쪼록 이 책자가 북한의 언어 규범과 실정법 내용을 제대로 알고자 하는 젊은 연구 학도들에게 좀더 쉽게 북한을 알 수 있는 입문서가 되었으면 하는 바램 간절하다. 아울러 지난 30년간 넉넉지 못한 사재를 털어 넣어 가며 북한 연구를 계속할 수 있도록 내조를 아끼지 않은 나의 가족과 자료 수집에 많은 도움을 주신 사단법인 북한연구소와 북방문제연구소 선배님들께 깊은 감사의 인사를 드린다.

덧붙여 나와 함께 땀을 흘리며 자료 정리를 해 준 인천 재능대학 문예창작과 팀과 인천대학교 정치외교학과 팀에게도 그동안 고생 많았다는 위로의 인사를 전하며 이 기쁨을 함께 나누고자 한다.

2007년 2월 15일

인천 간석동 집필실에서    冝山  徐 東 翼 드림

# 일러두기

1. 현행 북한 실정법 내의 특수 전문 용어와 특이 문장 인용과 발췌에 사용한 법전(이하 원전으로 표기)은 평양 법률출판사가 2004년 8월에 발간한 〈조선민주주의인민공화국 법전(대중용)〉을 연구의 저본으로 삼았다.

2. 원전에 수록된 112개 법령의 등재 순위 번호, 공식 명칭, 채택 시기, 개정 경위, 서체, 철자법, 띄어쓰기, 문장부호 사용법 등은 원전의 내용에 그대로 따랐다. 그러나 원전에 수록된 포괄법과 부문법의 전문(全文) 내용을 조항별로 〈보기글〉로 인용할 때는 모두 상자(박스) 속에 넣어 볼드체(굵은 글씨체)로 차별화하며 〈한글 맞춤법〉 규정에 따른 해설 내용의 문법 체계와 구분하였다.

3. 원전에 수록된 포괄법과 부문법의 전문(全文) 내용을 조항별로 〈보기글〉로 인용할 때는 철자법, 띄어쓰기, 문장부호 등 모든 내용을 원전의 내용과 동일하게 인용하며 〈조선말규범집〉 규정에 따라 표기했다. 그러나 보기글로 인용한 법령 조항별 문장 속의 특수 전문 용어와 특이 문구의 이해를 돕기 위해 한자를 덧붙이고 낱말의 말뜻을 서술할 때는 먼저 〈한글 맞춤법〉 규정에 따라 표기하며 바른 문장과 틀린 문장을 밝히고 난 다음 〈조선말규범집〉 규정에 따라 다시 바른 문장과 틀린 문장의 사례를 서술하며 남북한 간 언어 규범, 즉 〈한글 맞춤법〉과 〈조선말규범집〉 규정 간의 문법적 차이점을 밝혔다.

4. 원전의 법조문에 나오는 특수 전문 용어와 정치 용어 중 여러 개의 명사나 동사 등이 어울려 2음절 이상의 복합어로 된 말이나 문구를 〈한

글 맞춤법〉 규정에 따라 표기해야 할 경우 합성어나 복합어의 판단 기준
이나 다음절(多音節) 복합어의 띄어쓰기 기준은 국립국어원의 〈표준국어
대사전〉의 표기 용례에 따랐다.

⇒보기
1)공고강화 → 공고∨ 강화
2)장성발전속도 → 장성∨ 발전∨ 속도
3)물고기잡이전투 → 물고기∨ 잡이∨ 전투
4)사회주의농촌건설 → 사회주의∨ 농촌∨ 건설

5. 원전의 법조문에 나오는 특수 전문 용어와 정치 용어 중 한자어에 어
원을 두고 있는 낱말을 한글로 표기해야 할 경우, 북한에서의 표기법
은 〈조선말규범집〉의 규정에 따르고 남한에서의 표기법은 〈한글 맞춤법〉
두음 법칙 규정에 따랐다.

⇒보기
1)女性 : 녀성(조선말규범에 따른 표기법)
          여성(한글 맞춤법에 따른 표기법)
2)勞力 : 로력(조선말규범에 따른 표기법)
          노력(한글 맞춤법에 따른 표기법)
3)貨幣 : 화폐(조선말규범에 따른 표기법)
          화폐(한글 맞춤법에 따른 표기법)

6. 원전에 나오는 법령 조항별 내용 중 순 우리말로 된 합성어 또는 순
우리말과 한자어, 또는 한자어와 순 우리말로 합성된 낱말 중 앞 말이
모음으로 끝나면서 이어지는 뒷말의 첫소리가 된소리로 나는 것 등 〈사
이시옷〉에 관한 문제가 맞물릴 경우, 북한에서의 표기법은 〈조선말규범
집〉 규정에 따르고 남한에서의 표기법은 〈한글 맞춤법〉 규정에 따랐다.

⇒보기
1)배+길 : 배길(조선말규범에 따른 표기법)
          뱃길(한글 맞춤법에 따른 표기법)

2)배+병(病) : 배병(조선말규범에 따른 표기법)
　　　　　　　뱃병(한글 맞춤법에 따른 표기법)
3)기(旗)+발 : 기발(조선말규범에 따른 표기법)
　　　　　　　깃발(한글 맞춤법에 따른 표기법)


7. 원전의 법조문에 나오는 특수 전문 용어와 정치 용어 중 외래어에 어원을 두고 있는 낱말을 한글로 표기해야 할 경우, 북한에서의 표기법은 〈조선말규범집〉 규정에 따르고 남한에서의 표기법은 〈한글 맞춤법〉 외래어 표기 규정에 따르며 반드시 괄호 속에 외래어를 함께 적었다.

　⇒보기
　1)terror : 테로(terror) → 조선말규범에 따른 표기법
　　　　　 : 테러(terror) → 한글 맞춤법에 따른 표기법
　2)intelligentsia : 인테리(intelligentsia) → 조선말규범에 따른 표기법
　　　　　　　　　 인텔리(intelligentsia) → 한글 맞춤법에 따른 표기법
　3)bourgeoisie : 부르죠아지(bourgeoisie) → 조선말규범에 따른 표기법
　　　　　　　　 부르주아지(bourgeoisie) → 한글 맞춤법에 따른 표기법


8. 원전의 법조문에 나오는 특수 전문 용어와 정치 용어를 해설하면서 우리나라의 다음절로 된 법령명을 인용하여야 할 경우는 가독성(可讀性)을 높이기 위해 법제처가 2005년 1월 1일부터 적용하기로 공고한 〈법령제명(제목 또는 이름) 띄어쓰기 기준〉에 따라 표기하였다.

　⇒보기
　1)조사와 어미를 포함한 법령명
　　(종전)실화책임에관한법률 → (현행)「실화책임에∨관한∨법률」
　2)부사와 의존명사, 조사, 어미를 포함한 법령명
　　(종전)가정폭력방지및피해자보호등에관한법률 →
　　(현행)「가정폭력방지∨및∨피해자보호∨등에 관한∨법률」
　3)8음절을 넘는 명사로 이루어진 법령명
　　(종전)일제강점하친일반민족행위진상규명에관한특별법 →
　　(현행)「일제강점하∨친일반민족행위∨진상규명에∨관한∨특별법」

4)그러나 8음절이 넘는 명사로 이루어진 법령명일지라도 국가 또는 국가기관을 나타 내는 고유명사는 그대로 붙여 쓰기로 하였다.

⇒보기

남한의 경우 : 국민고충처리위원회 / 북한이탈주민정착지원사무소 등.

북한의 경우 : 조선민주주의인민공화국 / 조선사회주의로동청년동맹 등.

9. 남한과 북한의 현행 실정법 조항별 내용 중 남북한 다같이 중국 한자 어에 어원을 두고 있는 말과 일제 식민 통치의 잔재인 일본식 한자어 중 우리말로 다듬을 수 있는 말들은 말뜻의 변화가 없을 경우 자라나는 신 세대의 언어 감각에 맞게 쉬운 우리말로 고쳐서 표기하였다.

⇒보기

1)명사와 명사구 뒤에 주로 붙는 〈및(及)〉은 〈과, 와〉로 한글화

남한의 경우 : 박물관 및 미술관 진흥법 → 박물관과 미술관 진흥법

북한의 경우 : 국가 및 사회협동단체의 소유 → 국가와 사회협동단체의 소유

2)명사 뒤에 붙는 〈시〉는 〈때〉, 〈경우〉, 〈동안〉 따위로 한글화

남한의 경우 : 범행시에는 → 범행 때는

북한의 경우 : 사건기각시 → 사건을 기각하였을 경우에는(형법 제34조) /

비서국은 필요시 → 비서국은 필요할 때(로동당규약 제26조)

3)명사 뒤에 붙는 〈하〉는 〈아래〉로 한글화

남한의 경우 : 명령하에서는 → 명령 아래에서는

북한의 경우 : 점령하에서는 → 점령 아래에서는

4)명사나 명사구 뒤에 붙는 〈의하면〉과 〈의해〉는 〈따르면〉과 〈으로〉로 한글화

남한의 경우 : 공문서의 의하면 → 공문서에 따르면 / 법의 의해 → 법에 따라

북한의 경우 : 로동에 의하여 → 로동으로(헌법 29조) /

절차에 의하여 → 절차에 따라(로동당규약 제10조)

5)피동의 의미를 지닌 〈-지다〉와 〈되어지다〉는 〈하다〉와 〈이다〉로 한글화

남한의 경우 : 키워지는 → 키우는 / 극복되어져야 하는 → 극복하여야 하는

북한의 경우 : 돌려진다 → 돌린다(헌법 25조)

10. 약물과 기호는 다음 용례에 따랐다.

⇒보기

1)국내외 책자와 북한 책자명 따위를 적을 경우 : 《　》

2)본문의 대화체 인용문과 대화체 속의 인용문 따위 : " "，' '

3)본문의 강조 구문이나 중요 제시어 따위 : 〈　〉

4)지명, 단체명, 법률명 따위 : 「　」

5)한자나 외래어를 덧붙여 표기할 때 : (　)

11. 원전에 나오는 정치 용어와 특수 전문 용어를 북한 동포들은 탁아소, 유치원, 인민학교 시절부터 어떻게 교육받고 의식 속에 정치 사회적 의미가 각인되어 있는가를 파악하기 위해 다음과 같은 북한 사전과 어학 전문 서적을 참고하였다.

**【 사전류 】**

대중정치용어사전, 조선로동당출판사, 평양 1957. 5.

정치사전, 사회과학출판사, 평양 1973. 12.

철학소사전, 조선로동당출판사, 평양 1956. 9.

철학사전, 사회과학출판사, 평양 1985. 9.

경제사전(1-2권), 사회과학출판사, 평양 1985. 5-1985. 12.

백과사전(1-2권), 백과사전출판사, 평양 1974. 4-1975. 3.

역사사전(1-2권), 사회과학출판사, 평양 1971. 8-1972. 12.

조선역사인명사전, 과학백과사전출판사, 평양 2002. 7.

화학소사전, 조선민주주의인민공화국 과학원, 평양 1958. 12.

조선료리전집(1-3권), 조선료리협회, 평양 1994. 3.

조선대백과사전(1-30권), 백과사전출판사, 평양 1995. 10-2001. 12.

조선어철자법사전, 조선민주주의인민공화국 과학권, 평양 1956 12.

조선문화어사전, 사회과학원 언어학연구소, 평양 1973. 4.

중세조선말사전, 과학백과사전종합출판사, 평양 1993. 1.

조선말사전(상, 중, 하), 과학원출판사(동광출판사 영인본), 서울 1990. 4.

조선말사전 (상, 하), 연변인민출판사, 연변 2002. 8.

현대조선말사전, 사회과학원 언어학연구소(조선일보사 축약본), 1990. 1.

조선동의어사전, 사회과학출판사(도서출판 글 영인본), 서울 1992. 2.

**【 단행본 】**

조선민주주의인민공화국 법전(대중용), 법률출판사, 2004. 8.

조선언어지리학시고, 과학, 백과사전출판사(탑출판사), 1990. 12.

조선어 방언학 개요(하), 과학, 백과사전출판사(탑출판사), 1990. 3.

우리말어휘 및 표현, 공업출판사(탑출판사), 1990. 2.

조선속담, 과학, 백과사전출판사(탑출판사), 1990. 10.

문화어문법규범, 김일성종합대학출판사(탑출판사), 1989. 12.

조선어학개론, 과학, 백과사전출판사(탑출판사), 1989. 12.

조선말례절법, 과학·백과사전출판사, 1983. 3.

정치경제학 교과서, 모스크바 외국문서적출판사, 1956. 1.

자본론(1-1, 1-2, 2, 3-1, 3-2), 조선로동당출판사, 1956. 11.

조선말규범집(1987판), 내각 직속 국어사정위원회, 1987. 6.

조선말규범집(1966판), 내각 직속 국어사정위원회, 1966. 6.

12. 본문 〈알고 읽어야 할 원전 특이 용어와 문장 해설〉에 나오는 정치 용어와 특수 전문 용어 그리고 특이 문장은 우측에 그 말을 발췌한 법 조항별 출전을 밝혔다.

⇒보기

◆ 조선민주주의인민공화국(사회주의헌법 서문 제1행)

　　　　　　　　출전

◆ 인민(사회주의헌법 제1조 제1행)

　　　　　　출전

◆ 제국주의(사회주의헌법 제2조 제1행)

　　　　　　출전

◆ 소환할수(사회주의헌법 제7조 제4행)

　　　　　출전

◆ 주인으로 되고있으며(사회주의헌법 제8조 제2행)

　　　　　　출전

# 차례

# I. 원전 주요내용 미리 보기

# II. 원전 법 조항별 특이용어와 문장 깊이 알기

# Ⅲ. 되돌아보며 정리하기

## 부 록

# Ⅰ. 원전 주요내용 미리 보기

# 제1장

# 조선민주주의인민공화국
# 사회주의헌법

## 1. 원전 등재 순위와 공식 명칭

    1) 순위번호 : 1번

    2) 공식명칭 : 조선민주주의인민공화국 사회주의헌법

## 2. 법의 채택 시기와 개정 경위

    1) 채택시기 :

        1972년 12월 27일 최고인민회의 제5기 제1차 회의에서 채택

    2) 개정경위 :

        1992년 4월 9일 최고인민회의 제9기 제3차 회의에서 수정보충

        1998년 9월 5일 최고인민회의 제10기 제1차 회의에서 수정보충

## 3. 채택 목적

    새로운 사회주의 국가 건설과 사회주의체제 유지를 위한 국가의 기본 질서, 국가의 기본 제도, 공민의 권리와 의무, 국가의 통치구조를 체계화 하기 위해 채택.

## 4. 내용 구성 체계와 전체 법 조문수

1) 구성 체계 : 서문

제1장 정치(제1조-제18조)

제2장 경제(제19조-제38조)

제3장 문화(제39조-제57조)

제4장 국방(제58조-제61조)

제5장 공민의 기본권리와 의무(제62조-제86조)

제6장 국가기구(제87조-제162조)

제1절 최고인민회의(제87조-제99조)

제2절 국방위원회(제100조-제105조)

제3절 최고인민회의 상임위원회(제106조-제116조)

제4절 내각(제117조-제130조)

제5절 지방인민회의(제131조-제138조)

제6절 지방인민위원회(제139조-제146조)

제7절 검찰소와 재판소(제147조-제162조)

제7장 국장, 국기, 국가, 수도(제163조-제166조)

2) 전체 법조문수 : 전문 7장 166개 조문으로 구성된 법률

## 5. 유심히 살펴봐야 할 주요 내용

1) 구 헌법(92년에 수정 보충된 헌법)에 없던 〈서문〉을 신설한 점.

2) 〈국가주석제〉를 폐지하는 권력구조의 변화.

3) 최고인민회의 상임위원회 위원장에게 〈국가 대표〉 지위를 부여한 점.

4) 구 헌법상의 〈정무원〉을 폐지하고 〈내각〉을 신설한 점.

5) 구 헌법상의 〈지방행정경제위원회〉를 폐지하고 〈지방인민위원회〉를 신설한 점 등.

## 6. 알고 읽어야 할 원전 특이 용어와 문장

1) 원전 법 조항별 특이 용어와 특이 문장 해설 참조.

# Ⅱ. 원전 법 조항별 특이 용어와 특이 문장 깊이 알기

〈헌법 원문 1〉

## 【1】
## 조선민주주의인민공화국
## 사회주의헌법

주체61(1972)년 12월 27일 최고인민회의 제5기 제1차회의에서 채택
주체81(1992)년 4월 9일 최고인민회의 제9기 제3차회의에서 수정보충
주체87(1998)년 9월 5일 최고인민회의 제10기 제1차회의에서 수정보충

## 서 문

조선민주주의인민공화국은 위대한 수령 김일성동지의 사상과 령도를 구현한 주체의 사회주의조국이다.

위대한 수령 김일성동지는 조선민주주의인민공화국의 창건자이시며 사회주의조선의 시조이시다.

김일성동지께서는 영생불멸의 주체사상을 창시하시고 그 기치밑에 항일혁명투쟁을 조직령도하시여 영광스러운 혁명전통을 마련하시고 조국광복의 력사적위업을 이룩하시였으며 정치, 경제, 문화, 군사분야에서 자주독립국가건설의 튼튼한 토대를 닦은데 기초하여 조선민주주의인민공화국

을 창건하시였다.

김일성동지께서는 주체적인 혁명로선을 내놓으시고 여러 단계의 사회혁명과 건설사업을 현명하게 령도하시여 공화국을 인민대중중심의 사회주의나라로 자주, 자립, 자위의 사회주의국가로 강화발전시키시였다.

김일성동지께서는 국가건설과 국가활동의 근본원칙을 밝히시고 가장 우월한 국가사회제도와 정치방식, 사회관리체계와 관리방법을 확립하시였으며 사회주의조국의 부강번영과 주체혁명위업의 계승완성을 위한 확고한 토대를 마련하시였다.

김일성동지께서는 《이민위천》을 좌우명으로 삼으시여 언제나 인민들과 함께 계시고 인민을 위하여 한평생을 바치시였으며 숭고한 인덕정치로 인민들을 보살피시고 이끄시여 온 사회를 일심단결된 하나의 대가정으로 전변시키시였다.

위대한 수령 김일성동지는 민족의 태양이시며 조국통일의 구성이시다. 김일성동지께서는 나라의 통일을 민족지상의 과업으로 내세우시고 그 실현을 위하여 온갖 로고와 심혈을 다 바치시였다. 김일성동지께서는 공화국을 조국통일의 강유력한 보루로 다지시는 한편 조국통일의 근본원칙과 방도를 제시하시고 조국통일운동을 전민족적인 운동으로 발전시키시여 온 민족의 단합된 힘으로 조국통일위업을 성취하기 위한 길을 열어놓으시였다.

위대한 수령 김일성동지께서는 조선민주주의인민공화국의 대외정책의 기본리념을 밝히시고 그에 기초하여 나라의 대외관계를 확대발전시키시였으며 공화국의 국제적권위를 높이 떨치게 하시였다. 김일성동지는 세계정치의 원로로서 자주의 새시대를 개척하시고 사회주의운동과 뽈럭불가담운동의 강화발전을 위하여, 세계평화와 인민들사이의 친선을 위하여 정력적으로 활동하시였으며 인류의 자주위업에 불멸의 공헌을 하시였다.

김일성동지는 사상리론과 령도예술의 천재이시고 백전백승의 강철의

령장이시였으며 위대한 혁명가, 정치가이시고 위대한 인간이시였다.

　김일성동지의 위대한 사상과 령도업적은 조선혁명의 만년재보이며 조선민주주의인민공화국의 륭성번영을 위한 기본담보이다.

　조선민주주의인민공화국과 조선인민은 조선로동당의 령도밑에 위대한 수령 김일성동지를 공화국의 영원한 주석으로 높이 모시며 김일성동지의 사상과 업적을 옹호고수하고 계승발전시켜 주체혁명위업을 끝까지 완성하여나갈것이다.

　조선민주주의인민공화국 사회주의헌법은 위대한 수령 김일성동지의 주체적인 국가건설사상과 국가건설업적을 법화한 김일성헌법이다.

(헌법 원문 63쪽에서 다시 이어집니다)

◆**조선민주주의인민공화국**(사회주의헌법 제1면)
〈조선민주주의인민공화국(朝鮮民主主義人民共和國)〉, 〈공화국(共和國)〉, 〈
북조선(北朝鮮)〉, 〈사회주의∨ 조선〉, 〈북한(北韓)〉, 〈노스∨ 코리아
(North Korea)〉, 〈DPRK(Democratic People's Republic of Korea)〉와 같
은 뜻으로 쓰이는 정치 용어로 "1945년 8월 26일 평양에 진주한 소련군
의 은밀한 비호 아래 1945년 9월 19일 소련군함 〈푸카초푸호〉를 타고
원산항으로 입국한 항일 빨찌산 출신 김일성과 그를 따르던 항일 빨찌산
1세대들이 소련 군정의 지원과 후견 아래 1948년 9월 9일 조선반도의 38
도선 북쪽 지역에 있는 평양을 수도로 정해 맑스—레닌주의를 지향하는
인민정권을 수립한 사회주의 국가"를 이르는 말.

◆**조선민주주의인민공화국 사회주의헌법**(사회주의헌법 제1면)
〈조선민주주의인민공화국(朝鮮民主主義人民共和國)∨ 사회주의헌법(社會
主義憲法)〉과 같은 뜻으로 쓰이는 법률 용어로 "조선민주주의인민공화국
의 기본법"을 이르는 말.
1998년 9월 5일 최고인민회의 제10기 제1차 회의에서 수정 보충된 〈사
회주의 헌법〉은 전문과 166조의 조문으로 구성된 포괄법으로 정치, 경제,
문화생활을 비롯한 국가 사회생활의 원칙들을 전면적으로 규제하고 다른
모든 법규범과 규정 작성의 방향과 기준을 제시하고 있다.

◆**주체61**(사회주의헌법 제1면)
〈주체년호∨ 61년〉과 같은 뜻으로 쓰이는 정치 용어로 "서기 1972년"을
이르는 말.
여기서 눈여겨봐야 할 동강은 북한이 지난 1994년 7월 8일 사망한 김일
성 주석의 3년상 탈상 이후부터 북한에서 발간되는 도서에서 볼 수 있는
〈주체년호〉와 그 연호(年號)를 사용하는 북한 당국의 정치적 목적이다.

〈연호(年號)〉란 대년호(大年號), 다년호(大年號)란 한자어의 준말로 "군주
시대에, 임금이 임금의 자리에 오른 해부터 그 자리에서 물러설 때까지의
기간에 대하여 붙이는 연대적인 칭호"를 이르는 말이다. 일례로 고구려
소수림왕 때의 〈건시(372년 제정)〉, 백제 전지왕 때의 〈태화(405년 제
정)〉, 고려 광종 때의 〈광덕(950년 제정)〉, 조선 고종 때의 〈건양(1896년
제정)〉, 일본의 경우는 〈명치〉, 중국의 경우는 〈건융〉 연호를 역사적 실
례로 들 수 있다.

현대에 와서도 일부 국가에서는 연호 제도를 사용하고 있으나 이것은 어
디까지나 봉건 왕조시대에나 볼 수 있는 역사적 유물에 불과한 것인데
북한 같이 사회주의 체제를 지향하는 국가가 어찌 봉건 왕조시대의 낡은
유물인 연호 제도를 현실 정치에 도입했을까?

그것은 북한 동포들의 사상의식 속에 〈김일성〉과 그가 생전에 이룩한
〈업적〉을 상기시키기 위한 정치적 목적 때문이다.

북한은 지난 1997년 7월 8일 김일성 사망 3주기를 맞으며 조선로동당 중
앙 위원회, 조선로동당 중앙 군사 위원회, 조선민주주의인민공화국 국방
위원회, 조선민주주의인민공화국 중앙 인민위원회, 조선민주주의인민공화
국 정무원이 공동으로 《위대한 수령 김일성 동지의 혁명 생애와 불멸의
업적을 길이 빛내일 데 대하여》란 제목의 결정서(법령서)를 채택하였다.
이 결정서에는 다음과 같은 내용이 기록되어 있다.

《 (전략) 1. 위대한 수령 김일성 동지께서 주체의 태양으로 높이 솟아오
르신 1912년을 원년으로 하여 주체년호를 사용한다. 2. 위대한 수령 김
일성 동지께서 탄생하신 민족 최대의 명절인 4월 15일을 태양절로 제정
한다. (중략) 1912년을 원년으로 하여 주체년호를 새롭게 제정함으로써
우리 인민은 세세년년 주체의 시간, 주체의 년대기와 더불어 김일성 민족
의 긍지와 자부심을 영원히 간직할 수 있게 되었다. 또한 우리 조국의
년대기는 위대한 수령님의 영광 찬란한 혁명 역사와 함께 온 세상에 찬

란한 빛을 부릴 수 있게 되었다. (후략) 》[1]

아는 것만큼 보이고 남북 교류나 통일에 관한 논의는 우리의 대화 상대자인 북한을 속속들이 알아야 대화가 이어질 수 있으므로 이 기회에 북한이 사용하는 주체년호를 서기로 고치는 법도 알아두자.

주체년호에다 1911년을 더하면 서기 연도가 나온다. 즉 〈주체년호+1911년=서기 연도〉 공식이 성립되므로 사회주의헌법이 1970년대 이후 두 차례 수정 보충된 주체 81년은 서기 1992년이 되고, 주체 87년은 1998년이 된다.

◆ **채택**(사회주의헌법 제1면)

〈채택(採擇)〉과 같은 뜻으로 쓰이는 법률 용어로 "새로운 법령을 제정 공포하는 것"을 이르는 말.

남한에서는 법령 〈제정(制定)〉, 〈공포(公布)〉라는 용어를 사용하고 있으나 북한에서는 〈채택(採擇)〉이라는 용어를 사용하고 있다.

◆ **수정**(사회주의헌법 제2행)

〈수정(修正)〉과 같은 뜻으로 쓰이는 법률 용어로 "법령 조항의 몇 개 자구(字句)나 몇 개 문장(文章)을 고쳐 법령을 바르게 하는 것"을 이르는 말. 남한에서는 〈개정(改正)〉이라는 용어를 사용하고 있다.

◆ **수정보충**(사회주의헌법 제2행)

〈수정(修正)∨ 보충(補充)〉과 같은 뜻으로 쓰이는 법률 용어로 "법령 조항의 몇 개 자구(字句)나 몇 개 문장(文章)뿐만 아니라 법령 내용의 상당 부분을 고쳐 전체 내용을 변경하는 것"을 이르는 말.

남한에서는 법령 조항의 자구 수정뿐만 아니라 내용의 상당 부분을 고쳐

---

1)조선대백과사전, 29권, 370면

도 〈개정(改正)〉이라는 용어를 사용하나 북한에서는 꼭 〈수정(修正) 보충 (補充)〉이라는 용어를 사용하고 있다.

입법의 경우, 〈법안 제출〉 → 〈법안 심의〉 → 〈법령 채택〉 → 〈법령 공 포〉의 단계를 거친다. 이 중 〈법안 제출〉에는 새 법령을 채택하기 위한 것과 현행 법령을 고치거나 없앨 데 대한 제의들이 포함된다. 북한의 법 안은 최고인민회의 상임위원회, 내각과 최고인민회의 부문위원회 등 최고 인민회의에서 토의할 의안을 낼 수 있는 권한을 가진 기관들이 제출한 다. 대의원들도 의안을 제출할 수 있다. 〈법안 심의〉는 법안 제출 기관 의 대표자의 보고와 최고인민회의 해당 심의위원회의 보충보고 그리고 그에 대한 토론을 하는 방법으로 진행된다. 토론에는 대의원이 아닌 국 가기관, 사회 단체의 일꾼들도 참가한다. 〈법령 채택〉은 대의원 자신들의 결정에 의하여 법령 초안을 전문(全文) 또는 장별(章別) 혹은 조항별(條 項別)로 거수 가결의 방법으로 진행한다. 〈법령 채택〉은 그 회의에 참석 한 대의원의 반수 이상의 찬성으로 채택된다. 그러나 헌법은 최고인민회 의 대의원 전원의 3분의 2 이상이 찬성하여야 수정(修正)된다. 〈법령 공 포〉는 다른 규정이 없는 한 그것을 공포한 날부터 효력을 발생한다.

◆ **령도**(사회주의헌법 제2행)

〈영도(領導)〉와 같은 뜻으로 쓰이는 말로 "(이끌고 나아가는 위치에 서 서) 통솔하고 지도하는 것"을 이르는 말.

여기서 눈여겨보아야 할 동강은 한자어 낱말을 한글로 표기할 경우 표기 법에 관한 남북한 간 어문 규정의 차이점을 이해하는 것이다.

남한은 한글 맞춤법 제3장 제5절 두음 법칙 제11항 "한자음 〈라, 려, 례, 료, 리〉가 단어의 첫머리에 올 적에는 두음 법칙에 따라 〈야, 여, 예, 요, 유, 이〉로 적는다."는 규정에 따라 〈領導〉를 〈영도〉로 적어야 바른 표기 법이 된다.

그러나 북한은 조선말규범집 제7장 한자말 적기 제25항 "한자말은 소리마디마다 해당 한자음대로 적는 것을 원칙으로 한다."는 규정에 따라 〈領導〉를 〈령도〉로 적어야 바른 표기법이 된다.

◆**사회주의조국**(사회주의헌법 제2행)

〈사회주의∨ 조국(社會主義 祖國)〉과 같은 뜻으로 쓰이는 문구로 이 조문에서는 "사회주의에 기초한, 사회주의적인 사상과 이론에 따른 인민대중의 노동 혁명을 통해 건설된 조국, 즉 조선민주주의인민공화국"을 이르는 말.

◆**김일성동지는**(사회주의헌법 제3행)

〈김일성(金日成)∨ 동지는〉과 같은 뜻으로 쓰이는 문구로 여기서 눈여겨 봐야 할 동강은 사람의 이름 뒤에 존칭, 직위 따위가 뒤따라 올 때의 띄어쓰기에 관한 남북한 간 어문 규정의 차이점을 이해하는 것이다.

남한은 한글 맞춤법 제5장 띄어쓰기 제4절 고유 명사 및 전문 용어 제48항 "성과 이름, 성과 호 등은 붙여 쓰고, 이에 덧붙는 호칭어, 관직명 등은 띄어 쓴다."는 규정에 따라 성과 이름인 〈김일성〉은 붙여 쓰고 호칭어인 〈동지〉는 띄어 써야 하며 그 뒤에 오는 조사 〈는〉은 앞말에 붙여 써야 하므로 〈김일성∨ 동지는〉으로 표기해야 바른 문장이 된다.

그러나 북한은 조선말규범집 띄여쓰기 제1장 명사와 관련한 띄여쓰기 제2항 3)-(3)항 "칭호, 직명 등이 뒤에 올적에는 그것을 앞에 붙인다."는 규정에 따라 〈김일성동지, 성희누나, 권일순선생님〉과 같이 붙여 쓰며 칭호, 직명 뒤에 온 토(조사) 〈는〉은 앞 말에 붙여 써야 하므로 〈김일성동지는〉이라고 모두 붙여 써야 바른 문장이 된다.

◆**사회주의조선**(사회주의헌법 서문 제4행)

〈사회주의∨ 조선(社會主義朝鮮)〉과 같은 뜻으로 쓰이는 문구로 이 조문
에서는 "사회주의에 기초한, 사회주의적인 사상과 이론에 따른 인민대중
의 노동 혁명을 통해 건설된 조선, 즉 조선민주주의인민공화국"을 이르는
말.

◆ **주체사상**(사회주의헌법 서문 제5행)
〈주체사상(主體思想)〉과 같은 뜻으로 쓰이는 정치 용어로 "모든 것을 사
람 중심으로 생각하고 사람을 위하여 복무하게 하는, 사람 중심의 세계관
으로 근로 인민 대중의 자주성을 실현하기 위한 지도 사상"을 이르는 말.
북한은 "주체사상은 공산주의적 인간이 가져야 할 과학적이며 혁명적인
세계관으로서 사람이 모든 것의 주인이며 모든 것을 결정한다는 철학적
원리에 기초하고 있으며 모든 것을 사람을 중심으로 생각하고 사람을 위
하여 복무하게 할 것을 요구할 뿐만 아니라 근로 인민대중으로 하여금
혁명과 건설에서 주인다운 태도를 가지고 자주적 입장과 창조적 입장을
견지할 것을 요구한다. 주체사상을 구현하여 자주적 입장과 창조적 입장
에서 혁명과 건설을 힘있게 밀고 나가는 데서 중요한 문제는 사상에서
주체, 정치에서 자주, 경제에서 자립, 국방에서 자위의 원칙을 관철하는
것이며 조선로동당의 유일한 지도 사상으로 당의 모든 대내외 정책의 기
초가 되고 있다[2]"고 교양하고 있다.
이처럼 북한에서 주체라는 말이 쓰이기 시작한 것은 1955년 12월 28일
조선로동당 선전선동원대회에서 김일성이 〈사상사업에서 교조주의와 형
식주의를 퇴치하고 주체를 확립할 데 대하여〉라는 연설을 한 후부터이
다.
북한은 이때부터 사상에서의 주체, 1956년에 경제에서의 자립, 1962년에
정치(내정)에서의 자주, 국방에서의 자위, 1966년에 정치(외교)에서의 자

---

2)현대 북한말 소사전 178.

주를 주장하며 〈주체사상의 이론적 기초〉를 제시해 왔다.

그러다 지배이데올로기의 의미로 〈주체사상〉이라는 용어를 사용한 것은 1967년 12월 16일 열린 최고인민회의 제4기 1차 회의에서 김일성이 〈국가의 모든 활동 분야에서 자주·독립·자위의 노선을 철저히 구현하자〉는 제하의 연설을 통해 "우리당의 주체사상은 우리의 혁명과 건설을 성과적으로 수행하기 위한 가장 정확한 맑스—레닌주의적 지도사상이며 공화국 정부의 모든 정책과 활동의 확고 부동한 지침"이라고 말한 것이 처음이다.

그 후 1970년 조선로동당 제5차 대회에서 주체사상을 체계화하고 1972년 사회주의헌법에서 "조선민주주의인민공화국은 맑스—레닌주의를 우리나라의 현실에 창조적으로 적용한 조선로동당의 주체사상을 자기 활동의 지도적 지침으로 삼는다."고 규정하며 맑스—레닌주의 대신 주체사상을 북한의 공고화된 통치이데올로기로 제시했으며 1980년 10월에 열린 조선로동당 제6차 대회에서 당 규약 전문에 있는 맑스—레닌주의를 아예 삭제한 후 "조선로동당은 오직 위대한 수령 김일성 동지의 주체사상, 혁명 사상에 의해 지도된다."고 수정 보충한 후 주체사상을 북한의 유일한 지도이념임을 조선로동당 규약을 통해 분명히 밝히며 오늘에 이르고 있다.

◆ **기치밑에**(사회주의헌법 서문 제5행)

〈기치(旗幟)∨ 밑에〉와 같은 뜻으로 쓰이는 문구로 여기서 눈여겨보아야 할 동강은 두 개 이상의 명사와 조사가 어울린 문구의 〈띄어쓰기〉에 관한 남북한 간 어문 규정의 차이점을 이해하는 것이다.

남한은 한글 맞춤법 제1장 총칙 제2항 "문장의 각 단어는 띄어 씀을 원칙으로 한다."와 제5장 띄어쓰기 제1절 제41항 "조사는 그 앞말에 붙여 쓴다."는 규정에 따라 〈기치∨ 밑〉이라고 명사인 〈기치〉란 낱말과 〈밑〉이라는 낱말 사이(∨표 한 곳)는 띄어 쓰고 그 뒤에 오는 조사 〈에〉는 앞말에 붙여 써야 바른 문장이 된다.

그러나 북한은 조선말규범집 띄어쓰기 제1장 명사와 관련한 띄어쓰기 제
3항―3)번 규정에 따라 시간과 공간의 뜻을 추상적으로 나타내는 고유어
명사 〈앞, 옆, 뒤, 끝, 속, 밖, 안, 우(위), 아래, 밑, 사이(새), 때, 제, 곁,
길, 군데, 해, 달, 날, 낮, 밤, 곳, 자리, 고장, 어간, 어구, 가운데, 구석〉
등은 토 없는 명사, 수사, 대명사 뒤에서 붙여 쓰며 일부 경우에는 규정
형 뒤에서도 붙여 쓰게끔 규정되어 있다. 그래서 공간의 뜻을 추상적으
로 나타내는 〈밑〉과 〈사이〉 같은 고유어명사들은 토 없는 명사 〈기치〉
뒤에 그대로 붙여 쓰고 그 뒤에 오는 토(조사) 〈에〉는 앞말에 붙여 써야
바른 문장이 된다.


**◆항일혁명투쟁**(사회주의헌법 서문 제6행)

〈항일∨ 혁명∨ 투쟁(抗日革命鬪爭)〉과 같은 뜻으로 쓰이는 정치 용어로
이 조항에서는 "일제 식민 통치 시기 조선의 공산주의자들이 조국의 광
복과 인민의 자유와 해방을 위하여 일본 군국주의 정부와 그 정부 산하
의 무장력을 상대로 진행한 식민지 민족 해방 투쟁"을 아울러 부르는 말.


**◆조직령도하시여**(사회주의헌법 서문 제6행)

〈조직(組織)하시다〉란 동사와 〈영도(領導)하시다〉란 동사를 합쳐놓은 복
합어로 "어떤 단체나 조직을 만들어 앞장서서 통솔하고 지도하는 것"을
이르는 말.

여기서 눈여겨보아야 할 동강은 동사나 형용사의 줄기와 줄기를 합하여
합친말을 만들어 사용하면서 표현을 더욱 간결하고 힘있게 나타내는 문
장 수사법을 생활화하고 있는 점이다. 남한에서는 특별한 경우 외에는
동사나 형용사를 두서너 개씩 합쳐서 사용하는 경우가 드물다.

그러나 북한은 한글의 형태론에서 동사나 형용사의 어간, 즉 동사나 형용

사의 줄기와 줄기를 합하여 〈조직동원시키다, 장성강화시키다, 통일단결되다, 생산보장하다, 폭로규탄하다, 고무충동하다, 조직전개하다, 극복타개하다, 공고발전시키다, 확대강화발전되다〉 등과 같은 합친말을 많이 만들어 사용하면서 표현을 더욱 간결하고 힘있게 나타내는 문장 수사법을 생활화하고 있다.3)

또 어말어미(종결어미) 처리도 남한에서는 한글 맞춤법 제4장 제2절 어간과 어미 제16항 "어간의 끝음절 모음이 〈ㅏ, ㅗ〉일 때에는 어미를 〈아〉로 적고, 그 밖의 모음일 때에는 〈어〉로 적는다."는 규정에 따라 〈조직영도하시어〉로 적어야 바른 문장이 된다.

그러나 북한은 조선말규범집 제3장 말줄기와 토의 적기 제11항 1)번 "말줄기의 모음이 〈ㅏ, ㅑ, ㅗ, ㅏㅡ, ㅗㅡ〉일 경우에는 〈아, 았〉으로 적는다."는 규정에 따라 〈막다〉는 〈막아, 막았다〉로, 〈따르다〉는 〈따라, 따랐다〉로, 〈얇다〉는 〈얇아, 얇았다〉로, 〈오르다〉는 〈올라, 올랐다〉로 적고 있어 남한과 차이가 없다.

그러나 조선말규범집 제3장 말줄기와 토의 적기 제11항 3)번 "말줄기의 모음이 〈ㅣ, ㅐ, ㅔ, ㅚ, ㅓ〉인 경우와 줄기가 〈하〉인 경우에는 〈여, 였〉으로 적는다."는 규정에 따라 〈기다〉는 〈기여, 기였다〉로, 〈개다〉는 〈개여, 개였다〉로, 〈되다〉는 〈되여, 되였다〉로, 〈조직영도하시다〉는 〈조직영도하시어, 조직영도하시였다〉로 적어야 바른 문장이 된다.

◆**혁명로선**(사회주의헌법 서문 제10행)
〈혁명∨노선(革命路線)〉과 같은 뜻으로 쓰이는 정치 용어로 "개인이나 조직 또는 사회 구성원 등이 가령 사상, 정치, 사회 분야의 낡은 관습이나 제도 등을 혁신하기 위하여 혁명의 대열에 들어섰을 경우 그 성원들이 지향하여 나가는 견해의 방향이나 행동 방침"을 아울러 부르는 말.

3)문화어문법규범, 김일성종합대학출판사 1972년판, 160면.

여기서 눈여겨봐야 할 동강은 〈혁명로선〉과 같은 한자어 명사와 명사가 어울린 말의 띄어쓰기와 한자어 낱말을 한글로 적을 때의 철자법에 관한 남북한 간 어문 규정의 차이점을 이해하는 것이다.

남한에서는 한글 맞춤법 제1장 총칙 제2항 "문장의 각 단어는 띄어 씀을 원칙으로 한다."는 규정에 따라 〈혁명∨로선〉이라고 명사인 〈혁명〉이라는 낱말과 〈로선〉이라는 명사를 띄어 써야 바른 문장이 된다.

그러나 북한에서는 조선말규범집 띄여쓰기 제1장 명사와 관련한 띄여쓰기 제2항 1)－(6)번 "같은 명사끼리 토 없이 어울린 경우에 하나의 개념을 가지고 하나의 대상으로 묶어지는 덩이는 붙여 쓴다."는 규정에 따라 〈혁명〉이란 낱말과 〈로선〉이란 낱말을 〈혁명로선〉으로 붙여 써야 바른 문장이 된다.

그다음 남한에서는 한자어 낱말을 한글로 적을 때는 한글 맞춤법 제3장 제5절 두음 법칙 제12항 "한자음 〈라, 래, 로, 뢰, 루, 르〉가 단어의 첫머리에 올 적에는 〈나, 내, 노, 뇌, 누, 느〉로 적는다."는 규정에 따라 〈路線〉은 〈노선〉으로, 〈勞動〉은 〈노동〉으로, 〈年齡〉은 〈연령〉으로 적어야 바른 문장이 된다.

그러나 북한은 조선말규범집 제7장 한자말 적기 제25항 "한자말은 해당 한자음대로 적는 것을 원칙으로 한다."는 규정에 따라 〈路線〉은 〈로선〉으로, 〈年齡〉은 〈년령〉으로 적어야 바른 문장이 된다.

◆ **령도하시여**(사회주의헌법 서문 제6행)

〈영도(領導)하시어〉와 같은 뜻으로 쓰이는 문구로 여기서 눈여겨보아야 할 동강은 한자어 낱말을 한글로 적을 때 적용하는 두음 법칙에 관한 남북한 간 어문 규정의 차이점을 이해하는 것이다.

남한은 한글 맞춤법 제3장 제5절 두음 법칙 제11항 "한자음 〈랴, 려, 례, 료, 리〉가 단어의 첫머리에 올 적에는 두음 법칙 따라 〈야, 여, 예, 요,

유, 이〉로 적는다."는 규정에 따라 〈령도하시여〉에서 〈領導〉는 두음 법
칙에 따라 〈영도〉로 적어야 바른 표기법이 된다.

또 〈영도〉 다음에 붙는 어미 〈하시여〉는 한글 맞춤법 제4장 제2절 어간
과 어미 제16항 "어간의 끝음절 모음이 〈ㅏ, ㅗ〉일 때에는 어미를 〈아〉
로 적고, 그 밖의 모음일 때에는 〈어〉로 적는다."는 규정에 따라 〈영도
하시어〉로 적어야 바른 문장이 된다.

그러나 북한은 조선말규범집 제7장 한자말 적기 제25항 "한자말은 소리
마디마다 해당 한자음대로 적는 것을 원칙으로 한다." 는 규정에 따
라 〈領導〉는 〈령도〉로, 〈樂園〉은 〈락원〉으로, 〈勞動〉은 〈로동〉으로,
〈例外〉는 〈례외〉로 적어야 바른 표기법이 된다.

그다음 〈영도〉 다음에 붙는 어미 〈하시여〉도 북한은 조선말규범집 제3
장 말줄기와 토의 적기 제11항 3)번 "말줄기의 모음이 〈ㅣ, ㅐ, ㅔ, ㅚ,
ㅟ 〉인 경우와 줄기가 〈하〉인 경우에는 〈여, 였〉으로 적는다."는 규정에
따라 〈하시다〉는 〈하시여, 하시였다〉로, 〈개다〉는 〈개여, 개였다〉로, 〈
되다〉는 〈되여, 되였다〉로, 〈강화발전시키시다〉는 〈강화발전시키시여, 강
화발전시키시였다〉로 적어야 바른 문장이 된다.


◆ **공화국**(사회주의헌법 서문 제11행)
〈공화국(共和國)〉과 같은 뜻으로 쓰이는 정치 용어로 이 서문에서는 〈조
선민주주의인민공화국〉의 준말로 공화제(共和制)를 의미한다.
공화제란 국가의 최고 권력이 정기적으로 선거되는 대표 기관에 속하고
그에 의하여 입법권이 행사되는 국가 통치 형태를 말하며 군주제(君主制)
의 대치되는 개념으로 사용되고 있다.


◆ **사회주의나라**(사회주의헌법 서문 제12행)
〈사회주의∨ 국가〉와 같은 뜻으로 쓰이는 문구로 여기서 눈여겨보아야

할 동강은 토(조사) 없이 명사와 명사가 어울린 말의 띄어쓰기에 관한 남북한 간 어문 규정의 차이점을 이해하는 것이다.

남한은 한글 맞춤법 제1장 총칙 제2항 "문장의 각 단어는 띄어 씀을 원칙으로 한다."는 규정에 따라 〈사회주의∨ 나라〉라고 낱말과 낱말 사이(∨표 한 곳)는 띄어 써야 바른 문장이 된다.

그러나 북한에서는 조선말규범집 띄여쓰기 제1장 명사와 관련한 띄여쓰기 제2항 1)-(6)번 "같은 명사끼리 토 없이 어울린 경우에 하나의 개념을 가지고 하나의 대상으로 묶어지는 덩이는 붙여 쓴다."는 규정에 따라 〈사회주의나라, 사회주의건설, 국기사용질서, 국기대끝, 국기대줄, 국기대촉, 공화국공민, 공산주의건설자, 사회주의농촌건설, 물고기잡이전투〉 등과 같이 붙여 써야 바른 문장이 된다.

◆**사회주의국가**(사회주의헌법 서문 제12행)

〈사회주의(社會主義)∨ 국가(國家)〉와 같은 뜻으로 쓰이는 정치 용어로 "프롤레타리아 독재 기능을 수행하는 권력기관이 운영하는 국가"를 이르는 말.

북한은 "사회주의 국가는 노동계급이 착취계급의 권력 기구를 혁명적 폭력으로 뒤집어엎고 수립하는 역사상 전혀 새로운 유형의 국가이다. 사회주의 국가는 전복된 소수의 적대분자들에 대해서는 철저한 독재를 실시하며 노동계급과 농민을 비롯한 전체 인민대중에게는 민주주의를 실시한다. 사회주의 국가는 생산수단에 대한 사회주의적 소유와 근로자들 사이의 동지적 협조와 단결에 기초한 사회주의적 생산관계에 의거하고 있으며 그의 정치적 지반은 노동계급의 영도 밑에 노동 동맹에 기초한 전체 근로대중의 공고한 정치 사상적 통일 단결에 있으며 맑스—레닌주의를 지도 사상으로4) 하고 있다"고 교양하고 있다.

---

4)정치사전 556면.

## ◆**강화발전시키시였다**(사회주의헌법 서문 제12행)

〈강화(强化)시키시였다〉라는 동사와 〈발전(發展)시키시였다〉라는 동사를 합쳐놓은 말로 "매우 강하고 든든하게 발전시켰다"는 뜻으로 쓰이고 있는 합친말이다. 여기서 눈여겨보아야 할 동강은 용언의 종결어미 처리에 관한 남북한 간 어문 규정의 차이점을 이해하는 것이다.

남한에서는 동사나 형용사의 어간, 즉 동사나 형용사의 말 줄기와 말 줄기를 합쳐 표현을 간결하게 하고 힘있게 나타내는 문장 수사법을 잘 활용하지 않는다. 또 용언의 종결어미 처리도 한글 맞춤법 제4장 제2절 어간과 어미 제16항 "어간의 끝음절 모음이 〈ㅏ, ㅗ〉일 때에는 어미를 〈아〉로 적고, 그 밖의 모음일 때에는 〈어〉로 적는다."는 규정에 따라 〈강화발전시키시었다〉로 적어야 바른 문장이 된다.

그러나 북한은 조선말규범집 제3장 말줄기와 토의 적기 제11항 3)번 "말줄기의 모음이 〈ㅣ, ㅐ, ㅔ, ㅚ, ㅟ〉인 경우와 줄기가 〈하〉인 경우에는 〈여, 였〉으로 적는다."는 규정에 따라 〈기다〉는 〈기여, 기였다〉로, 〈개다〉는 〈개여, 개였다〉로, 〈되다〉는 〈되여, 되였다〉로, 〈강화발전시키시다〉는 〈강화발전시키시여, 강화발전시키시였다〉로 적어야 바른 문장이 된다.

## ◆**국가건설**(사회주의헌법 서문 제13행)

〈국가∨건설(國家建設)〉과 같은 뜻으로 쓰이는 문구로 여기서 눈여겨봐야 할 동강은 〈국가건설〉과 같은 한자어 명사와 명사가 토(조사) 없이 2중 3중으로 어울린 문구의 띄어쓰기에 관한 남북한 간 어문 규정의 차이점을 이해하는 것이다.

남한에서는 한글 맞춤법 제1장 총칙 제2항 "문장의 각 단어는 띄어 씀을 원칙으로 한다."는 규정에 따라 〈국가〉라는 한자어 명사와 〈건설〉이라는 한자어 명사가 조사(토) 없이 연속적으로 나열될 경우 〈국가∨건설〉처럼 낱말과 낱말 사이를 띄어 써야 바른 문장이 된다.

그러나 북한에서는 조선말규범집 띄어쓰기 제1장 명사와 관련한 띄여쓰기 제2항 1)―(6)번 "같은 명사끼리 토 없이 어울린 경우에 하나의 개념을 가지고 하나의 대상으로 묶어지는 덩이는 붙여 쓴다."는 규정에 따라 〈국가〉란 명사와 〈건설〉이란 명사가 토 없이 어울려 결합된 〈국가건설〉이라는 문구는 모두 낱말과 낱말 사이를 붙여 써야 바른 문장이 된다.

다음 보기글의 〈국가활동, 근본원칙, 국가사회제도, 정치방식, 사회관리체계, 관리방법, 사회주의조국, 부강번영, 주체혁명위업, 계승완성〉이라는 문구 역시 낱말과 낱말 사이를 모두 붙여 써야 바른 문장이 된다.

◆**확립하시였으며**(사회주의헌법 서문 제14행)
〈확립하시었으며〉와 같은 뜻으로 쓰이는 말.5)

◆**마련하시였다**(사회주의헌법 서문 제16행)
〈마련하시었다〉와 같은 뜻으로 쓰이는 말.6)

◆**이민위천**(사회주의헌법 서문 제17행)
〈이민위천(以民爲天)〉과 같은 뜻으로 쓰이는 말로 "사람을 하늘과 같이 여긴다"는 뜻을 담고 있는 옛말이다.
이 서문에서는 "인민대중을 세계의 지배자, 개조자, 혁명과 건설의 주인으로 보고 믿을 뿐만 아니라 그들이 발산하는 단결된 힘을 동력으로 보는 정치 이념"을 이르는 말.

◆**삼으시여**(사회주의헌법 서문 제17행)

---

5)46면 〈강화발전시키시였다〉의 말줄기 모음 처리 해설 참조.
6)46면 〈강화발전시키시였다〉의 말줄기 모음 처리 해설 참조.

〈삼으시어〉와 같은 뜻으로 쓰이는 말.7)

◆**바치시였으며**(사회주의헌법 서문 제18행)
〈바치시었으며〉와 같은 뜻으로 쓰이는 말.8)

◆**인덕정치**(사회주의헌법 서문 제18행)
〈인덕∨ 정치(仁德政治)〉와 같은 뜻으로 쓰이는 정치 용어로 이 서문에서는 "사랑과 믿음의 정치"를 이르는 말.

◆**이끄시여**(사회주의헌법 서문 제19행)
〈이끄시어〉와 같은 뜻으로 쓰이는 말.9)

◆**전변시키시였다**(사회주의헌법 서문 제20행)
〈전변시키시었다〉와 같은 뜻으로 쓰이는 말.10)

◆**구성**(사회주의헌법 서문 제21행)
〈구성(救星)〉과 같은 뜻으로 쓰이는 말로 "불행과 고통에서 구해 주는 사람을 찬양하거나 칭송하는 것"을 이르는 말.

◆**로고**(사회주의헌법 서문 제23행)
〈노고(勞苦)〉와 같은 뜻으로 쓰이는 말로 여기서 눈여겨보아야 할 동강은 한자어 낱말을 한글로 표기할 때 두음 법칙과 관련된 남북한 간 어문 규정의 차이점을 이해하는 것이다.

---

7)49면 〈강화발전시키시였다〉의 말줄기 모음 처리 해설 참조.
8)49면 〈강화발전시키시였다〉의 말줄기 모음 처리 해설 참조.
9)49면 〈강화발전시키시였다〉의 말줄기 모음 처리 해설 참조.
10)49면 〈강화발전시키시였다〉의 말줄기 모음 처리 해설 참조.

남한에서는 한자어 낱말을 한글로 적을 때는 한글 맞춤법 제3장 제5절
두음 법칙 제12항 "한자음 〈라, 래, 로, 뢰, 루, 르〉가 단어의 첫머리에
올 적에는 〈나, 내, 노, 뇌, 누, 느〉로 적는다."는 규정에 따라 〈勞苦〉는
〈노고〉로, 〈路線〉은 〈노선〉으로, 〈勞動〉은 〈노동〉으로, 〈年齡〉은 〈연령
〉으로 적어야  바른 문장이 된다.
그러나 북한은 조선말규범집 제7장 한자말 적기 제25항 "한자말은 해당
한자음대로 적는 것을 원칙으로 한다."는 규정에 따라 〈勞苦〉는 〈로고〉
로, 〈路線〉은 〈로선〉으로, 〈勞動〉은 〈로동〉으로, 〈年齡〉은 〈년령〉으로
적어야  바른 문장이 된다.


◆ **공화국**(사회주의헌법 서문 제24행)
〈공화국(共和國)〉과 같은 뜻으로 쓰이는 정치 용어로 "조선민주주의인민
공화국의 준말, 즉 공화제(共和制)"를 이르는 말.
공화제란 국가의 최고 권력이 정기적으로 선거되는 대표 기관에 속하고
그에 의하여 입법권이 행사되는 국가 통치 형태를 말하며 군주제(君主制)
의 대치되는 개념으로 사용되고 있다.11)


◆ **강유력한**(사회주의헌법 서문 제24행)
〈강력(强力)한〉이라는 형용사와 〈유력(有力)한〉이라는 형용사를 합쳐놓은
말로 "매우 강하고 힘이 있는 것"을 이르는 말.

---

11)조선대백과사전 2권, 556면.
여기서 눈여겨 보아야 할 동강은 오늘날의 북한이 〈조선민주주의인민공화국 사회주의헌
법〉 서문을 통해 밝히고 있는 것처럼 "국가 최고의 권력이 정기적으로 선거되는 대표 기
관에 속하고 그에 의하여 입법권이 행사되는 국가 통치 형태를 갖춘 진정한 공화국인가?
" 하는 점을 실정법을 통해 확인해 보는 것이다. 그리고 이런 확인 작업을 해보기 위해
북한이 2004년 8월 25일 발간한 〈조선민주주의인민공화국 법전(대중용)〉을 통해 112개
분야의 실정법을 속속들이 연구해 볼 소이(所以)와 목적을 갖게 되는 것이다.

여기서 눈여겨보아야 할 동강은 동사나 형용사의 줄기와 줄기를 합하여 합친말을 만들어 사용하면서 표현을 더욱 간결하고 힘있게 나타내는 문장 수사법을 생활화하고 있는 점이다. 남한에서는 동사나 형용사의 어간, 즉 낱말의 줄기와 줄기를 합하여 표현을 간결하게 하고 힘있게 나타내는 문장 수사법을 잘 활용하지 않는다.

그러나 북한은 한글의 형태론에서 동사나 형용사의 어간, 즉 동사의 줄기와 줄기를 합하여 〈조직동원하다, 장성강화되다, 통일단결되다, 생산보장하다, 폭로규탄하다, 고무충동하다, 조직전개하다, 극복타개하다, 공고발전시키다, 확대강화발전되다〉 등과 같은 말을 많이 만들어 쓰면서 표현을 더욱 간결하게, 그러면서도 힘있고 강한 느낌을 나타내는 문장 수사법을 생활화하고 있다.[12]

◆ **기본리념**(사회주의헌법 서문 제29행)

〈기본(基本)∨ 이념(理念)〉과 같은 뜻으로 쓰이는 문구로 여기서 눈여겨봐야 할 동강은 한자어 〈理念〉을 한글로 표기할 때 두음 법칙과 관련된 남북한 간의 어문 규정에 따른 차이점을 이해하는 것이다.

남한은 한글 맞춤법 제3장 제5절 두음 법칙 제11항 "한자음 〈라, 려, 례, 료, 리〉가 단어의 첫머리에 올 적에는 두음 법칙에 따라 〈야, 여, 예, 요, 유, 이〉로 적는다."는 규정에 따라 한자어 〈理念〉은 〈이념〉으로 적어야 바른 문장이 된다.

그러나 북한은 조선말규범집 제7장 한자말 적기 제25항 "한자말은 소리마디마다 해당 한자음대로 적는 것을 원칙으로 한다." 는 규정에 따라 한자어 〈理念〉은 〈락원, 로동, 례외, 례절, 례의, 대렬, 규률〉 등과 같이 〈리념〉으로 적어야 바른 문장이 된다.

---

12)문화어문법규범, 김일성종합대학출판사 1972년판, 160면.

◆**국제적권위**(사회주의헌법 서문 제30행)

〈국제적(國際的)∨ 권위(權威)〉와 같은 뜻으로 쓰이는 문구로 여기서 눈여겨봐야 할 동강은 명사 앞뒤에 접사(접두사와 접미사)가 올 경우 띄어쓰기에 관한 남북한 간 어문 규정의 차이점을 이해하는 것이다.

남한은 한글 맞춤법 제1장 총칙 제2항 "문장의 각 단어는 띄어 씀을 원칙으로 한다."는 규정과 접사(접두사와 접미사) 중 "접두사는 다음에 오는 말에 붙여 쓰고, 접미사는 앞에 오는 말에 붙여 쓴다."는 규정에 따라 접미사 〈-적(的)〉은 앞 말인 〈국제〉에 붙여 〈국제적〉이라고 붙여 써야 바른 표기법이 되고 그 말 뒤에 오는 〈권위〉는 한글 맞춤법 제1장 총칙 제2항 "문장의 각 단어는 띄어 씀을 원칙으로 한다."는 규정에 따라 〈국제적∨ 권위〉로 띄어 써야 바른 문장이 된다.

그러나 북한은 조선말규범집 띄어쓰기 제1장 명사와 관련한 띄어쓰기 제3항 2)번 규정에 따라 〈상, 중, 간, 판, 경, 항, 측, 장, 조, 전, 편, 산, 호, 성, 하, 전, 후, 내, 외, 차, 초, 말, 발, 착, 행, 년, 부, 별, 용, 분, 과, 급, 당, 기, 계, 래, 형, 제, 식, 상(모양), 적〉 등과 같은 한자말이나 불완전 명사(의존 명사라고도 함)와 〈뒤붙이적 단어〉는 그 앞 단위에 붙여 쓰게끔 규정되어 있다. 그러므로 북한에서는 〈분, 탓, 것, 나위, 녁, 지, 때문, 리, 번, 양〉 등과 같은 순수한 불완전 명사나 〈상, 중, 간, 판, 경, 항, 측, 장, 조, 전, 편, 산, 호, 성, 하, 전, 후, 내, 외, 차, 초, 말, 발, 착, 행, 년, 부, 별, 용, 분, 과, 급, 당, 기, 계, 래, 형, 제, 식, 상(모양), 적〉 등과 같은 한자어에서 온 〈앞붙이적 단어〉와 〈뒤붙이적 단어〉들은 모두 앞말에 붙여 쓴다는 규정에 따라 〈국제〉 다음에 온 뒤붙이적 단어 〈-적(的)〉은 앞 말에 붙여 〈국제적〉이 되며 그 뒤에 온 〈권위〉는 조선말규범집 띄어쓰기 제5장 특수한 말, 특수한 어울림에서의 띄어쓰기 제21항 1)번 "하나의 대상, 하나의 개념을 나타내는 학술 용어와 전문 용어는 품사 소속과 형태에는 관계없이 붙여 쓰는 것을 원칙으로 한다."는 규정에 따라 〈국제적권위〉로 붙여 써야 바른 문장이 된다.

◆**사회주의운동과 뿔럭불가담운동**(사회주의헌법 서문 제31행)

〈사회주의∨ 운동과∨ 불럭(bloc)∨ 불가담∨ 운동(不加擔運動)〉과 같은 뜻으로 쓰이는 문구.

◆**인민들사이의**(사회주의헌법 서문 제32행)

〈인민들∨ 사이의〉와 같은 뜻으로 쓰이는 문구로 여기서 눈여겨보아야 할 동강은 〈앞, 옆, 뒤, 끝, 속, 밖, 안, 우(위), 아래, 밑, 사이〉 따위 시간과 공간의 뜻을 추상적으로 나타내는 고유어명사의 띄어쓰기에 관한 남북한 간 어문 규정의 차이점을 이해하는 것이다.

남한은 한글 맞춤법 제1장 총칙 제2항 "문장의 각 단어는 띄어 씀을 원칙으로 한다."와 제5장 띄어쓰기 제1절 제41항 "조사는 그 앞말에 붙여 쓴다."는 규정에 따라 〈인민들〉이란 복합어와 〈사이〉라는 명사 사이는 〈인민들∨ 사이〉처럼 띄어 쓰고(∨표 한 곳) 그 뒤에 오는 조사 〈의〉는 앞말에 붙여 써야 바른 문장이 된다.

그러나 북한은 조선말규범집 띄어쓰기 제1장 명사와 관련한 띄어쓰기 제3항 3)번 규정에 따라 "시간과 공간의 뜻을 추상적으로 나타내는 고유어명사 〈앞, 옆, 뒤, 끝, 속, 밖, 안, 우(위), 아래, 밑, 사이(새), 때, 제, 곁, 길, 군데, 해, 달, 날, 낮, 밤, 곳, 자리, 고장, 어간, 어구, 가운데, 구석〉 등은 토 없는 명사, 수사, 대명사 뒤에서 붙여 쓰며 일부 경우에는 규정형 뒤에서도 붙여 쓴다."고 규정되어 있다. 그래서 시간과 공간의 뜻을 추상적으로 나타내는 〈인민들사이의, 공민사이에, 1개월사이에〉와 같은 고유어명사들은 토 없는 명사, 수사, 대명사 뒤에 그대로 붙여쓰고 그 뒤에 오는 토(조사) 〈의〉와 〈에〉는 앞말에 붙여 써야 바른 문장이 된다.

◆**사상리론**(사회주의헌법 서문 제35행)

〈사상(思想)∨ 이론(理論)〉과 같은 뜻으로 쓰이는 철학 용어로 "사회의 일정한 계급, 계층, 당파들의 지향과 요구를 논리적으로 반영하여 체계화하고 사람들의 인식과 실천 활동의 지침을 주는 사상 철학의 방법론적 지침"을 이르는 말.13)

◆**령도예술**(사회주의헌법 서문 제35행)

〈영도(領導)∨ 예술(藝術)〉과 같은 뜻으로 쓰이는 문구.14)

◆**령장이시였으며**(사회주의헌법 서문 제36행)

〈영장(靈長)이시었으며〉와 같은 뜻으로 쓰이는 문구.15)

◆**령도업적**(사회주의헌법 서문 제37행)

〈영도(領導)∨ 업적(業績)〉과 같은 뜻으로 쓰이는 문구.

◆**조선혁명**(사회주의헌법 서문 제37행)

〈조선(朝鮮)∨ 혁명(革命)〉과 같은 뜻으로 쓰이는 문구.

◆**만년재보**(사회주의헌법 서문 제37행)

〈만년(萬年)∨ 재보(財寶)〉와 같은 뜻으로 쓰이는 말로 "수많은 세월이 흘러도 언제나 한결같이 귀중한 재물과 보물"을 이르는 말.

---

13) 띄어쓰기에 관한 남북한 간 어문 규정의 차이점과 한자어 낱말을 한글로 적을 때 두음 법칙에 관한 남북한 간 어문 규정의 차이점은 본서 53쪽 〈기본리념〉 해설 참조.
14) 띄어쓰기에 관한 남북한 간 어문 규정의 차이점과 한자어 낱말을 한글로 적을 때 두음 법칙에 관한 남북한 간 어문 규정의 차이점은 본서 53쪽 〈기본리념〉 해설 참조.
15) 말줄기 모음 처리에 관한 남북한 간 어문 규정의 차이점은 본서 49면 〈강화발전시키시였다〉의 말줄기 모음 처리 해설 참조.

◆**륭성번영**(사회주의헌법 서문 제38행)
⟨융성∨ 번영(隆盛繁榮)⟩과 같은 뜻으로 쓰이는 말.

◆**기본담보**(사회주의헌법 서문 제38행)
⟨기본(基本)∨ 담보(擔保)⟩와 같은 뜻으로 쓰이는 말로 "미리 약정하거나 설정해놓은 기본 수량 또는 정도만큼으로 어떤 목적이나 지향의 실현을 어김없도록 보장하는 확실성"을 이르는 말.

◆**조선로동당의 령도밑에**(사회주의헌법 서문 제39행)
⟨조선로동당의 영도∨ 밑에⟩와 같은 뜻으로 쓰이는 문구.

◆**령도**(사회주의헌법 서문 제39행)
⟨영도(領導)⟩와 같은 뜻으로 쓰이는 말.

◆**주석**(사회주의헌법 서문 제40행)
⟨주석(主席)⟩과 같은 뜻으로 쓰이는 말로 "일부 국가에서 국가나 정당 따위의 최고 직위 또는 그 직위에 있는 사람"을 이르는 말. 김구 주석, 모택동 주석, 김일성 주석 등.

◆**옹호고수하고**(사회주의헌법 서문 제41행)
⟨옹호(擁護)하고⟩라는 한자어 동사와 ⟨고수(固守)하고⟩라는 한자어 동사의 말 줄기를 결합하여 만든 강조형 문구로 말뜻은 "(김일성의 사상과 업적을) 두둔하고 편들어 지키고 또 지켜 (어떤 일이 있어도) 굳게 갈무리한다"는 뜻이다.
여기서 눈여겨보아야 할 동강은 동사나 형용사의 어간, 즉 동사나 형용사의 말 줄기와 말 줄기로 합친 말을 만들어 표현을 더욱 간결하게, 힘있게 나타내는 문장 수사법을 생활화하고 있는 점이다.

남한에서는 동사나 형용사의 어간, 즉 낱말의 말 줄기와 말 줄기를 합하여 표현을 간결하게 하고 힘있게 나타내는 문장 수사법을 잘 활용하지 않고 있다.

그러나 북한은 한글의 형태론에서 동사나 형용사의 어간, 즉 동사의 줄기와 줄기를 합하여 〈조직동원하다, 장성강화되다, 통일단결되다, 생산보장하다, 폭로규탄하다, 고무충동하다, 조직전개하다, 극복타개하다, 공고발전시키다, 확대강화발전되다〉 등과 같은 말을 많이 만들어 씀으로써 표현을 더욱 간결하게, 힘있게 나타내는 문장 수사법을 많이 생활화하고 있다.16)

◆ **계승발전시켜**(사회주의헌법 서문 제41행)

〈계승(繼承)시켜〉라는 동사와 〈발전(發展)시켜〉라는 동사의 줄기를 결합하여 만든 강조형 문구로 말뜻은 "이어주고 이어받으며 계속 발전시켜 나가는 것"을 이르는 말. 앞에 나온 〈옹호고수하고〉와 같은 유형의 문구.

◆ **주체혁명위업**(사회주의헌법 서문 제41)

〈주체(主體)∨ 혁명(革命)∨ 위업(偉業)〉과 같은 뜻으로 쓰이는 정치 용어로 "주체사상의 기치 밑에 개척되고 발전되는 인민대중의 위업 또는 주체사상을 구현하여 인민대중의 자주성을 실현하기 위한 성스러운 위업"을 아울러서 부르는 말.

그다음 눈여겨보아야 할 동강은 같은 명사끼리 토 없이 어울린 경우 띄어쓰기에 관한 남북한 간 어문 규정의 차이점을 이해하는 것이다.

남한은 한글 맞춤법 제1장 총칙 제2항 "문장의 각 단어는 띄어 씀을 원칙으로 한다."는 규정에 따라 〈주체∨ 혁명∨ 위업〉이라고 낱말과 낱말

---

16)문화어문법규범, 김일성종합대학출판사 1972년판, 160면.

사이(∨표 한 곳)는 띄어 써야 바른 문장이 된다.

그러나 북한에서는 조선말규범집 띄어쓰기 제1장 명사와 관련한 띄어쓰기 제2항 1)-(6)번 "같은 명사끼리 토 없이 어울린 경우에 하나의 개념을 가지고 하나의 대상으로 묶어지는 덩이는 붙여 쓴다."는 규정에 따라 〈주체혁명위업, 국기사용질서, 국기대끝, 국기대줄, 국기대축, 공화국공민, 사회주의건설, 공산주의건설자, 사회주의농촌건설, 물고기잡이전투〉 등과 같이 낱말과 낱말 사이를 붙여 써야 바른 문장이 된다.

### ◆ 완성하여나갈것이다(사회주의헌법 서문 제42행)

〈완성하여∨ 나갈∨ 것이다〉와 같은 뜻으로 쓰이는 문구로 여기서 눈여겨보아야 할 동강은 동사, 보조동사, 명사 등이 어울린 문장의 띄어쓰기에 관한 남북한 간 어문 규정의 차이점을 이해하는 것이다.

남한은 한글 맞춤법 제1장 총칙 제2항 "문장의 각 단어는 띄어 씀을 원칙으로 한다."는 규정에 따라 〈완성하여∨ 나갈∨ 것이다〉라고 낱말과 낱말 사이(∨표 한 곳)는 띄어 써야 바른 문장이 된다. 또는 명사에 접미사 〈−하다〉가 붙어서 동사나 형용사가 되는 용언의 어미 〈아, 어, 여〉형  뒤에 보조동사 〈오다, 가다〉 또는 〈나가다, 나오다〉 등이 올 때는 한글 맞춤법 제5장 띄어쓰기 제3절 보조용언 제47항 "보조 용언은 띄어 씀을 원칙으로 하되, 경우에 따라 붙여 씀도 허용한다."는 규정에 따라 〈완성하여∨ 나갈∨ 것이다〉로 띄어 써야 바른 문장이 된다.

그러나 북한은 조선말규범집 제3장 동사, 형용사와 관련한 띄어쓰기 제10항 1)-(2)번 규정에 따라 "문장 속에서 동사나 형용사끼리 어울렸을 경우 〈아, 어, 여〉형의 동사나 형용사가 보조적으로 쓰이는 동사가 직접 어울린 것은 붙여 쓴다."는 규정에 따라 〈톨아지다, 되어있다, 뭉개져있다, 쓰러져있다, 나자빠져있다, 완성하여나가다〉 등과 같이 자립성이 희박한 형용사나 보조동사는 모두 앞말에 붙여 쓰도록 규정하고 있다. 그러므

로 〈완성하여〉 다음에 오는 보조동사 〈오다, 가다, 나오다, 나가다〉 등과
〈나가다〉의 〈ㄹ변칙형〉인 〈나갈〉은 모두 앞 말에 붙여 〈완성하여나갈〉
로 붙여 써야 바른 문장이 되는 것이다. 여기다 불완전 명사 〈것〉과 어
말어미 〈ㅡ이다〉가 뒤따르는데 남한에서는 완전한 명사나 불완전한 명사
나 모두 하나의 낱말로 보고 띄어 씀을 원칙으로 하고 또 어말어미는 앞
말에 붙여 씀을 원칙으로 있기 때문에 〈완성하여∨ 나갈∨ 것이다〉로 띄
어 쓰면 바른 문장이 된다.

그러나 북한은 조선말규범집 띄여쓰기 제1장 명사와 관련한 띄여쓰기 제
3항 1)번 규정에 따라 〈것, 수, 분, 탓, 나위, 지, 리, 번, 양〉 등과 같은
"순수한 불완전 명사는 앞 단어가 어떤 품사이건, 어떤 형태에 놓여 있건
언제나 그것에 붙여 쓴다. 또 조선말규범집 띄여쓰기 제1장 명사와 관련
한 띄여쓰기 제3항 2)번 규정 〈상, 중, 간, 판, 경, 항, 측, 장, 조, 전,
편, 산, 호, 성, 하, 전, 후, 내, 외, 차, 초, 말, 발, 착, 행, 년, 부, 별,
용, 분, 과, 급, 당, 기, 계, 래, 형, 제, 식, 상(모양), 적〉 등과 같은 한자
말이나 불완전 명사(의존 명사)와 〈뒤붙이적 단어〉는 그 앞 단위에 붙여
쓰게끔 규정되어 있기 때문에 〈완성하여나갈〉 다음에 오는 불완전 명사
〈것〉은 어떤 경우에도 앞말에 붙여 써야 되고 그 뒤에 오는 어말어미
〈ㅡ이다〉도 무조건 앞말에 붙여 써야 바른 문장이 되므로 결과적으로는
〈완성하여나갈것이다〉처럼 모든 낱말을 다 붙여 써야 바른 문장이 된다.
이건 정말 심각하다. 지난 1933년 조선어학회가 〈한글마춤법통일안〉을
제정해 공표할 때만 해도 남북한의 어문 규정은 한뿌리에서 시작되었고
이렇게 한뿌리에서 시작된 〈나랏말의 맞춤법(철자법) 규정〉은 광복 →
분단 → 전쟁 → 휴전 → 반목의 시기를 거쳐 온 1950년대 중반까지만
해도 이렇게 변질되고 이질화되지는 않았다. 그러나 1960년대로 넘어오
면서 남북한 간 어문 규정은 완전히 두 가닥으로 벌어져 마치 다른 민족
의 언어처럼 이질화되고 말았다.

이렇게 남북한 간 언어 규범에 따라 세종 임금이 창제하신 한글이 이질
화되어버렸기 때문에 조선민주주의인민공화국 법전(대중용) 내의 실정법
법조문을 인용하거나 북한 지역 안에서 일부 법조문을 적을 때는 조선민
주주의인민공화국 법전(대중용)이 적용하고 있는 〈조선말규범집〉을 따라
야 남북한 간 〈언어의 이질화〉 또는 〈한글 맞춤법〉과 〈조선말규범집〉의
차이에서 빚어지는 실정법 법조문의 해석이나 이해의 충돌을 피할 수 있
으며 또 그런 충돌로 빚어지는 본의 아닌 경제적 손실도 사전에 막을 수
있다.[17]

◆**조선민주주의인민공화국 사회주의헌법**(사회주의헌법 서문 제43행)
〈조선민주주의인민공화국(朝鮮民主主義人民共和國)∨   사회주의헌법(社會
主義憲法)〉과 같은 뜻으로 쓰이는 법률용어로 "조선민주주의인민공화국의
기본법"을 이르는 말.
1998년 9월 5일 최고인민회의 제10기 제1차 회의에서 수정 보충된 〈사
회주의 헌법〉은 전문과 166조의 조문으로 구성된 기본법으로 정치, 경제,
문화생활을 비롯한 국가 사회생활의 원칙들을 전면적으로 규제하고 다른
모든 법규범과 규정 작성의 방향과 기준을 제시하고 있다.

◆**법화한**(사회주의헌법 서문 제45행)

---

17)뿐만 아니라 필자가 오랜 기간 북한이 편찬해 낸 조선말사전·정치사전·역사사전·경
　제사전·백과사전 등 북한 당국의 통제 아래서 발간되는 공식적 출판물로는 해결할 수
　없는, 그러면서도 북한 동포들의 과반수 이상이 사용하는 일상 생활 용어와 신문 잡지
　등에 사용되는 특이 용어와 방언, 은어·비어 등을 채록하고 남북한 간 언어 규범, 즉
　〈한글 맞춤법〉과 〈조선말규범〉을 비교하면서 북한의 최신 실정법 법조문 속에 나오는
　특수 전문 용어와 특이 문장을 연구해 남북한 간 실정법과 말과 글을 연구하는 수많은
　학도들에게 그동안의 연구 결과를 발표하는 것도 남북한 문화 통합 과정에서 필연적으
　로 나타나기 마련인 이미 이질화되고 고착화된 언어적 충돌을 최소화하자는 데 목적이
　있음을 밝힌다.

〈법화한(法化한)〉과 같은 뜻으로 쓰이는 문구.

여기서 눈여겨보아야 할 동강은 지금까지 설명한 남북한 간의 어문 규정의 차이점을 설명하면서 〈합성어〉, 〈복합어〉, 〈복합명사〉, 〈문구〉와 같은 전문 용어를 사용했는데 혼란을 피하기 위해 그 정의(定義)를 정확히 이해하는 것이다.

**합성어**(合成語)는 "둘 이상의 실질 형태소가 결합하여 하나의 단어가 된 말"을 이른다. 〈집안〉, 〈돌다리〉 따위.

**복합어**(複合語)는 "하나의 실질 형태소에 접사가 붙거나 두 개 이상의 실질 형태소가 결합된 말"을 이른다. 〈덧신〉, 〈먹이〉와 같은 파생어와 〈집안〉, 〈늦더위〉와 같은 합성어로 나뉘어진다.

**복합명사**(複合名詞)는 〈합성명사〉라고도 하며 "둘 이상의 말이 결합된 명사"를 이른다. 〈논밭〉, 〈눈물〉, 〈지름길〉, 〈늦더위〉, 〈부슬비〉 따위.

**문구**(文句)는 "둘 이상의 단어가 모여 절이나 문장의 일부분을 이루는 토막, 즉 구(句)"를 이르는 말. 구는 종류에 따라 명사구, 동사구, 형용사구, 관형사구, 부사구 따위로 구분한다.


◆ **김일성헌법이다**(사회주의헌법 서문 제45행)

이 서문(序文)의 문단에서는 "김일성의 국가 건설 사상과 국가 건설 업적을 법화한 조선민주주의인민공화국 사회주의헌법"을 이르는 말.

〈헌법 원문 2〉

# 제1장    정치

**제1조** 조선민주주의인민공화국은 전체 조선인민의 리익을 대표하는 자주적인 사회주의국가이다.

**제2조** 조선민주주의인민공화국은 제국주의침략자들을 반대하며 조국의 광복과 인민의 자유와 행복을 실현하기 위한 영광스러운 혁명투쟁에서 이룩한 빛나는 전통을 이어받은 혁명적인 국가이다.

**제3조** 조선민주주의인민공화국은 사람중심의 세계관이며 인민대중의 자주성을 실현하기 위한 혁명사상인 주체사상을 자기 활동의 지도적지침으로 삼는다.

**제4조** 조선민주주의인민공화국의 주권은 로동자, 농민, 근로인테리와 모든 근로인민에게 있다.
근로인민은 자기의 대표기관인 최고인민회의와 지방 각급 인민회의를 통하여 주권을 행사한다.

**제5조** 조선민주주의인민공화국에서 모든 국가기관들은 민주주의 중앙집권제원칙에 의하여 조직되고 운영된다.

**제6조** 군인민회의로부터 최고인민회의에 이르기까지의 각급 주권기관

은 일반적, 평등적, 직접적원칙에 의하여 비밀투표로 선거한다.

**제7조** 각급 주권기관의 대의원은 선거자들과 밀접한 련계를 가지며 자기 사업에 대하여 선거자들앞에 책임진다.

선거자들은 자기가 선거한 대의원이 신임을 잃은 경우에 언제든지 소환할수 있다.

**제8조** 조선민주주의인민공화국의 사회제도는 근로인민대중이 모든것의 주인으로 되고있으며 사회의 모든것이 근로인민대중을 위하여 복무하는 사람중심의 사회제도이다.

국가는 착취와 압박에서 해방되어 국가와 사회의 주인으로 된 로동자, 농민, 근로인테리와 모든 근로인민의 리익을 옹호하며 보호한다.

**제9조** 조선민주주의인민공화국은 북반부에서 인민정권을 강화하고 사상, 기술, 문화의 3대혁명을 힘있게 벌려 사회주의의 완전한 승리를 이룩하며 자주, 평화통일, 민족대단결의 원칙에서 조국통일을 실현하기 위하여 투쟁한다.

**제10조** 조선민주주의인민공화국은 로동계급이 령도하는 로농동맹에 기초한 전체 인민의 정치사상적통일에 의거한다.

국가는 사상혁명을 강화하여 사회의 모든 성원들을 혁명화, 로동계급화하며 온 사회를 동지적으로 결합된 하나의 집단으로 만든다.

**제11조** 조선민주주의인민공화국은 조선로동당의 령도밑에 모든 활동을 진행한다.

**제12조** 국가는 계급로선을 견지하며 인민민주주의독재를 강화하여 내외적대분자들의 파괴책동으로부터 인민주권과 사회주의제도를 굳건히 보위한다.

**제13조** 국가는 군중로선을 구현하며 모든 사업에서 우가 아래를 도와주고 대중속에 들어가 문제해결의 방도를 찾으며 정치사업, 사람과의 사업을 앞세워 대중의 자각적열성을 불러일으키는 청산리정신, 청산리방법을 관철한다.

**제14조** 국가는 3대혁명붉은기쟁취운동을 비롯한 대중운동을 힘있게 벌려 사회주의건설을 최대한으로 다그친다.

**제15조** 조선민주주의인민공화국은 해외에 있는 조선동포들의 민주주의적민족권리와 국제법에서 공인된 합법적권리와 리익을 옹호한다.

**제16조** 조선민주주의인민공화국은 자기 령역안에 있는 다른 나라 사람의 합법적권리와 리익을 보장한다.

**제17조** 자주, 평화, 친선은 조선민주주의인민공화국의 대외정책의 기본리념이며 대외활동원칙이다.
　국가는 우리 나라를 우호적으로 대하는 모든 나라들과 완전한 평등과 자주성, 호상존중과 내정불간섭, 호혜의 원칙에서 국가적 또는 정치, 경제, 문화적관계를 맺는다.
　국가는 자주성을 옹호하는 세계인민들과 단결하며 온갖 형태의 침략과 내정간섭을 반대하고 나라의 자주권과 민족적, 계급적해방을 실현하기 위한 모든 나라 인민들의 투쟁을 적극 지지성원한다.

**제18조** 조선민주주의인민공화국의 법은 근로인민의 의사와 리익의 반영이며 국가관리의 기본무기이다.

법에 대한 존중과 엄격한 준수집행은 모든 기관, 기업소, 단체와 공민에게 있어서 의무적이다.

국가는 사회주의법률제도를 완비하고 사회주의법무생활을 강화한다.

(헌법 원문 94쪽에서 다시 이어집니다)

◆ **인민**(사회주의헌법 제1조 제1행)

〈인민(人民)〉과 같은 뜻으로 쓰이는 말로 남과 북이 서로 다른 의미로 사용하고 있는 정치 용어이다. 국립국어원이 발행한 〈표준국어대사전〉이나 다른 〈국어사전〉에는 "사회를 구성하는 사람 또는 국가를 구성하는 자연인"을 인민이라고 정의하고 있다.

그러나 북한의 사회과학원 언어연구소가 발행한 〈현대조선말사전〉이나 〈조선문화어사전〉에는 "사회 발전에 진보적 역할을 하는 계급과 계층"을 인민이라고 말한다.

결론적으로, 북한이나 공산주의 사회에서 말하는 인민은 어느 한 나라를 구성하는 국민의 전부 중 반동분자(착취적 지주, 제국주의와 결탁한 자본가, 매국노, 매국적 관료분자, 반당분자, 종파주의자, 가족주의자, 자유주의자 등)를 뺀 나머지 국민(노동자, 농민, 근로인텔리, 소시민, 진보적 자본가 등의 인민대중)을 〈인민〉이라는 용어로 지칭하고 있으므로 이 용어를 사용할 때는 유의하여야 한다.[18]

◆ **리익**(사회주의헌법 제1조 제1행)

〈이익(利益)〉과 같은 뜻으로 쓰이는 말로 여기서 눈여겨봐야 할 점은 한자어를 한글로 적을 때 적용하는 두음 법칙에 관한 남북한 간 어문 규정의 차이점을 이해하는 것이다.

남한은 한글 맞춤법 제3장 제5절 두음 법칙 제11항 "한자음 〈라, 려, 례, 료, 리〉가 단어의 첫머리에 올 적에는 두음 법칙 따라 〈야, 여, 예, 요, 유, 이〉로 적는다."는 규정에 따라 〈利益〉은 〈이익〉으로 적어야 바른 문장이 된다.

그러나 북한은 조선말규범집 제7장 한자말 적기 제25항 "한자말은 소리마디마다 해당 한자음대로 적는 것을 원칙으로 한다."는 규정에 따라 한

[18]인민이 사는 모습 1권 77면.

자어 〈利益〉은 〈리익〉으로 적어야 바른 문장이 된다.

◆ **제국주의**(사회주의헌법 제2조 제1행)
〈제국주의(帝國主義)〉와 같은 뜻으로 쓰이는 말로 남한에서는 일반적으로
"우월한 군사력과 경제력으로 다른 나라나 민족을 정벌하여 대국가를 건
설하려는 침략주의적 경향"을 제국주의로 인식해 오고 있다.
그러나 북한에서는 사상교양을 통해 "착취와 약탈, 침략과 전쟁을 주되는
생존 수단으로 삼으며 독점이 지배하는 마지막 단계의 자본주의"를 뜻하
는 말로 사용되고 있으며 "침략과 약탈은 제국주의의 본성이며 침략적이
아닌 제국주의가 있다면 그것은 벌써 제국주의가 아니다. 제국주의의 침
략적 본성은 죽을 때까지 변하지 않는다."고 교양하고 있다.

◆ **혁명투쟁**(사회주의헌법 제2조 제2행)
〈혁명(革命)∨ 투쟁(鬪爭)〉과 같은 뜻으로 쓰이는 정치 용어로 "정치 · 경
제 · 문화 등 사회생활의 모든 분야에서 인민 대중의 자주성을 옹호하고
사회적 지위와 역할을 높이기 위한 조직적인 싸움"을 아울러 부르는 말.

◆ **사람중심의 세계관**(사회주의헌법 제3조 제1행)
〈사람∨ 중심의∨ 세계관(世界觀)〉과 같은 뜻으로 쓰이는 문구로 "주체사
상의 세계관"을 일컫는 말.
북한은 사람 중심의 세계관을 "사람을 철학적 고찰의 중심에 놓고 사람
의 운명 문제를 해명해 주는 것을 사명으로 하는 세계관[19]"이라 정의하
고 있다. 그러면서 "주체사상은 모든 것을 사람 중심으로 생각하고 사람
을 위하여 복무하게 하는 사람 중심의 세계관이며 근로 인민대중의 자주
성을 실현하기 위한 혁명 학설[20]"이라고 선전하고 있다.

---

19) 철학사전 1985판, 297면.

## ◆ 주체사상(사회주의헌법 제3조 제2행)

〈주체사상(主體思想)〉과 같은 뜻으로 쓰이는 정치 용어로 "모든 것을 사람 중심으로 생각하고 사람을 위하여 복무하게 하는, 사람 중심의 세계관으로 근로 인민 대중의 자주성을 실현하기 위한 지도 사상"을 이르는 말.[21]

## ◆ 지도적지침(사회주의헌법 제3조 제2행)

〈지도적∨ 지침(指針)〉과 같은 뜻으로 쓰이는 문구로 여기서 눈여겨봐야 할 동강은 명사 앞뒤에 접사(접두사와 접미사)가 올 경우 띄어쓰기에 관한 남북한 간 어문 규정의 차이점을 이해하는 것이다.

남한은 한글 맞춤법 제1장 총칙 제2항 "문장의 각 단어는 띄어 씀을 원칙으로 한다."는 규정과 접사(접두사와 접미사) 중 "접두사는 다음에 오는 말에 붙여 쓰고, 접미사는 앞에 오는 말에 붙여 쓴다."는 규정에 따라 접미사 〈-적(的)〉은 앞 말인 〈지도〉에 붙여 〈지도적〉이라고 붙여 써야 바른 표기법이 되고 그 말 뒤에 오는 〈지침〉은 한글 맞춤법 제1장 총칙 제2항 "문장의 각 단어는 띄어 씀을 원칙으로 한다."는 규정에 따라 〈지도적∨ 지침〉으로 띄어 써야 바른 문장이 된다.

그러나 북한은 조선말규범집 띄어쓰기 제1장 명사와 관련한 띄어쓰기 제3항 2)번 규정에 따라 〈상, 중, 간, 판, 경, 항, 측, 장, 조, 전, 편, 산, 호, 성, 하, 전, 후, 내, 외, 차, 초, 말, 발, 착, 행, 년, 부, 별, 용, 분, 과, 급, 당, 기, 계, 래, 형, 제, 식, 상(모양), 적(的)〉 등과 같은 한자말이나 불완전 명사(의존 명사라고도 함)와 〈뒤붙이적 단어〉는 그 앞 단위에 붙여 쓰게끔 규정되어 있다. 그러므로 북한에서는 〈분, 탓, 것, 나위, 녁, 지, 때문, 리, 번, 양〉 등과 같은 순수한 불완전 명사나 〈상, 중, 간, 판,

---

20) 김일성저작선집 8권, 339면.
21) 이하 자세한 설명은 42면 〈주체사상〉 해설 참조.

경, 항, 측, 장, 조, 전, 편, 산, 호, 성, 하, 전, 후, 내, 외, 차, 초, 말, 발, 착, 행, 년, 부, 별, 용, 분, 과, 급, 당, 기, 계, 래, 형, 제, 식, 상(모양), 적(的)〉 등과 같은 한자어에서 온 〈앞붙이적 단어〉와 〈뒤붙이적 단어〉들은 모두 앞말에 붙여 쓴다는 규정에 따라 〈지도〉 다음에 온 뒤붙이적 단어 〈ー적(的)〉은 앞 말에 붙여 〈지도적〉이 되며 그 뒤에 온 〈지침〉은 조선말규범집 띄여쓰기 제5장 특수한 말, 특수한 어울림에서의 띄여쓰기 제21항 1)번 "하나의 대상, 하나의 개념을 나타내는 학술 용어와 전문 용어는 품사 소속과 형태에는 관계없이 붙여 쓰는 것을 원칙으로 한다."는 규정에 따라 〈지도적지침〉으로 붙여 써야 바른 문장이 된다.

◆**로동자**(사회주의헌법 제4조 제1행)

〈노동자〉와 같은 뜻으로 쓰이는 경제용어로 "국가의 지도적 역량으로서 전체 인민과 더불어 생산수단을 소유하고 직업적으로 생산 노동에 종사하는 노동계급에 속하는 사람"을 아울러 부르는 말.

그다음 눈여겨보아야 할 동강은 한자어 낱말을 한글로 표기할 때 두음법칙과 관련된 남북한 간 어문 규정의 차이점을 이해하는 것이다.

남한에서는 한자어 낱말을 한글로 적을 때는 한글 맞춤법 제3장 제5절 두음 법칙 제12항 "한자음 〈라, 래, 로, 뢰, 루, 르〉가 단어의 첫머리에 올 적에는 〈나, 내, 노, 뇌, 누, 느〉로 적는다."는 규정에 따라 〈勞動者〉는 〈노동자〉로, 〈路線〉은 〈노선〉으로, 〈勞苦〉는 〈노고〉로, 〈年齡〉은 〈연령〉으로 적어야 바른 문장이 된다.

그러나 북한은 조선말규범집 제7장 한자말 적기 제25항 "한자말은 해당 한자음대로 적는 것을 원칙으로 한다."는 규정에 따라 〈勞動者〉는 〈로동자〉로, 〈路線〉은 〈로선〉으로, 〈勞苦〉는 〈로고〉로, 〈年齡〉은 〈년령〉으로 적어야 바른 문장이 된다.

### ◆근로인테리(사회주의헌법 제4조 제1행)

남한에서는 〈근로∨ 인텔리(intelligentsia)〉로 표기하며 "자기의 정신 노동으로써 노동계급과 인민대중을 위하여 복무하는 사회계층"을 아울러 부르는 말. 정신노동자, 사무직 근로자, 지식층을 지칭하기도 한다.

### ◆근로인민(사회주의헌법 제4조 제2행)

〈근로(勤勞)∨ 인민(人民)〉과 같은 뜻으로 쓰이는 말.

그다음 눈여겨봐야 할 동강은 〈근로인민〉과 같은 한자어 명사와 명사가 토(조사) 없이 2중 3중으로 어울린 문구의 띄어쓰기에 관한 남북한 간 어문 규정의 차이점을 이해하는 것이다.

남한에서는 한글 맞춤법 제1장 총칙 제2항 "문장의 각 단어는 띄어 씀을 원칙으로 한다."는 규정에 따라 〈근로〉라는 한자어 명사와 〈인민〉이라는 한자어 명사가 조사(토) 없이 연속적으로 나열될 경우 〈근로∨ 인민〉처럼 낱말과 낱말 사이를 띄어 써야 바른 문장이 된다.

그러나 북한에서는 조선말규범집 띄어쓰기 제1장 명사와 관련한 띄어쓰기 제2항 1)-(6)번 "같은 명사끼리 토 없이 어울린 경우에 하나의 개념을 가지고 하나의 대상으로 묶어지는 덩이는 붙여 쓴다."는 규정에 따라 〈근로〉란 명사와 〈인민〉이란 명사가 토 없이 어울려 결합된 〈근로인민〉이라는 문구는 모두 "하나의 개념을 가지고 하나의 대상으로 묶어지는 덩이"로 보고 낱말과 낱말 사이를 붙여 써야 바른 문장이 된다.

다음 보기글의 〈혁명투쟁, 국가활동, 근본원칙, 국가사회제도, 정치방식, 관리방법, 사회주의조국, 부강번영, 주체혁명위업, 계승완성〉이라는 문구 역시 낱말과 낱말 사이를 붙여 써야 바른 문장이 된다.

### ◆최고인민회의(사회주의헌법 제4조 제3행)

〈최고인민회의(最高人民會議)〉와 같은 뜻으로 쓰이는 정치 용어로 사회주의헌법 제6장 제1절 제91조에 명시한 임무를 수행하기 위해 조직된 "조선민주주의인민공화국 최고 주권 기관"을 이르는 말.

◆**지방 각급 인민회의**(사회주의헌법 제4조 제3행)
사회주의헌법 제6장 제5절 제131조에 명시한 "도(직할시), 시(구역), 군 인민회의"를 이르는 말.

◆**민주주의 중앙집권제원칙**(사회주의헌법 제5조 제1행)
〈민주주의(民主主義)∨ 중앙집권제(中央集權制)∨ 원칙(原則)〉과 같은 뜻으로 쓰이는 정치 용어로 "위로부터의 통일적인 지도와 밑으로부터의 창발성을 결합시키는 노동계급의 당과 국가기관 및 사회단체들의 활동 원칙"을 아울러서 부르는 말.
국민이 주권을 가지고 선거를 통해 일정한 주기마다 일국의 대통령이나 지방자치 단체장을 일거에 교체해 버리는 주권을 스스로 행사하는 제도를 일컫는 남한에서 사용되는 〈민주주의〉라는 용어의 개념과는 많이 다른 의미로 사용되므로 북한에서 사용하는 〈민주주의〉라는 정치 용어의 개념을 정확히 알고 법조문을 읽어 나가야 한다.

◆**군인민회의**(사회주의헌법 제6조 제1행)
〈군∨ 인민회의(郡 人民會議)〉와 같은 뜻으로 쓰이는 정치 용어로 "북한의 군 지역에 설립되어 있는 인민회의"를 이르는 말. 인민회의는 인민들 속에서 선거된 대의원들로 구성된 북한의 각급 주권 기관을 말한다.

◆**최고인민회의**(사회주의헌법 제6조 제1행)
〈최고인민회의(最高人民會議)〉와 같은 뜻으로 쓰이는 정치 용어로 사회주의헌법 제6장 제1절 제91조에 명시한 임무를 수행하기 위해 조직된 "조선민주주의인민공화국 최고 주권 기관"을 이르는 말.

◆**각급 주권기관**(사회주의헌법 제7조 제1행)

〈각급 주권기관(各級主權機關)〉과 같은 뜻으로 쓰이는 법률 용어로 "군 인민회의로부터 최고인민회의까지의 주권 기관"과 같은 뜻으로 쓰이는 말.

여기서 꼭 알고 넘어가야 할 동강은 북한의 헌법이나 행정 분야 법조문에 수없이 등장하는 〈주권〉 또는 〈주권 기관〉이라는 법률 용어의 정확한 개념을 파악하는 것이다.

북한에서 말하는 주권이란 "계급의 독재를 실현하는 정치적 지배권"을 말하며 "정권"이라는 정치 용어와 같은 의미로 쓰인다. 북한은 "주권이 어느 계급에 속하는가에 따라 정치의 계급적 성격이 규정된다."고 정의를 내리고 있다.[22]

주권 기관은 인민이 선출한 대표들로 구성된 인민 대표 기관을 말한다. 인민 대표 기관의 명칭은 나라마다 조금씩 차이가 있는데 북한에서는 〈인민회의〉가 인민 대표 기관이다. 북한은 "주권 기관은 단순히 입법기관인 것이 완전한 국가주권을 행사하는 최고 정권 기관"이라고 말하고 있다. 또 "인민대중은 자기의 대표 기관인 주권 기관을 통하여 주권을 행사하며 주권 기관은 국가권력을 통일적으로 집중하여 국가주권을 유일적으로 행사한다."고 말한다.

주권 기관은 크게 중앙 주권 기관과 지방 주권 기관으로 이루어지며 이 중 중앙 주권 기관은 최고인민회의와 그 휴회 중의 최고인민회의 상임위원회를 말한다. 그 다음 지방 주권 기관은 도(직할시) 인민회의, 시(구역) 인민회의, 군 인민회의를 말한다.

최고인민회의는 공화국 국가기관 체계에서 최고의 지위와 권한을 가진다.

---

22)정치사전, 사회과학출판사 1973년판, 1,053면.

최고인민회의 기능, 구성방법, 임기, 권한의 실질적 내용 등은 조선민주주의인민공화국 사회주의헌법 제87조부터 제99조까지의 법조문에 상세히 적혀 있다.

지방인민회의는 해당 지역 안에서 선거된 대의원들로 구성되며 지방의 인민경제 발전 계획과 지방 예산, 그 집행에 대한 보고를 심의 승인하고 해당 지역에서 국가의 법을 승인하기 위한 대책을 세운다. 뿐만 아니라 해당 인민위원회 위원장, 부위원장, 사무장, 위원들, 해당 재판소의 판사, 인민참심원을 선거 또는 소환하고 해당 인민위원회와 하급 인민회의, 인민위원회의 그릇된 결정과 지시를 폐지한다.[23]

◆ **직접적원칙**(사회주의헌법 제6조 제2행)

〈직접적(直接的)∨ 원칙(原則)〉과 같은 뜻으로 쓰이는 문구.[24]

◆ **각급 주권기관의 대의원**(사회주의헌법 제7조 제1행)

〈각급∨ 주권기관의∨ 대의원(各級主權機關의 代議員)〉과 같은 뜻으로 쓰이는 정치 용어로 "평양에 있는 최고인민회의와 각 도(직할시) 인민회의, 시(구역) 인민회의, 군 인민회의가 있는 지방의 해당 지역 인민들이 선거를 통해 선출한 인민의 대표자"를 이르는 말.

선거에서 선출될 능력만 있다면 "노동자, 농민, 근로인텔리를 비롯한 17살 이상의 공민이면 누구나 성별, 민족별, 직업, 거주기간, 재산과 지식 정도, 당별, 정견, 신앙에 관계없이 인민회의 대의원이 될 수 있다"고 사회주의헌법은 명시하고 있다.

최고인민회의 대의원의 임기는 5년이나 도(직할시) 인민회의, 시(구역) 인민회의, 군 인민회의 임기는 4년이다. 대의원의 임무와 권한은 조선민주

---

23)조선대백과사전, 제18권, 253면.
24)명사 앞뒤에 접사가 올 경우 띄어쓰기에 관한 남북한 간 어문 규정의 차이점 해설은 본서 69면 〈지도적지침〉 해설 참조.

주의인민공화국 사회주의헌법 제134조에 자세히 나와 있다.[25]

◆ **련계**(사회주의헌법 제7조 제1행)

〈연계(連繫/聯繫)〉와 같은 뜻으로 쓰이는 말로 "잇따라 관계를 맺거나 아니면 어떤 일이나 사람과 관련하여 관계를 맺는 것"을 아울러 부르는 말. 그다음 눈여겨봐야 할 동강은 한자어를 한글로 적을 때 적용하는 두음 법칙에 관한 남북한 간 어문 규정의 차이점을 이해하는 것이다.

남한은 한글 맞춤법 제3장 제5절 두음 법칙 제11항 "한자음 〈랴, 려, 레, 료, 리〉가 단어의 첫머리에 올 적에는 두음 법칙 따라 〈야, 여, 예, 요, 유, 이〉로 적는다."는 규정에 따라 한자어 〈連繫/聯繫〉는 〈연계〉로 적어야 바른 문장이 된다.

그러나 북한은 조선말규범집 제7장 한자말 적기 제25항 "한자말은 소리마디마다 해당 한자음대로 적는 것을 원칙으로 한다."는 규정에 따라 한자어 〈連繫/聯繫〉는 〈로력, 리익, 락원, 로동, 례외, 례절, 례의〉 등과 같이 〈련계〉로 적어야 바른 문장이 된다.


◆ **선거자들앞에**(사회주의헌법 제7조 제2행)

〈선거자들∨ 앞에〉와 같은 뜻으로 쓰이는 문구로 여기서 눈여겨보아야 할 동강은 남북한 간 어문 규정에 따라 〈앞〉이라는 명사의 띄어쓰기에 관한 차이점을 이해하는 것이다.

남한은 한글 맞춤법 제1장 총칙 제2항 "문장의 각 단어는 띄어 씀을 원칙으로 한다."와 제5장 띄어쓰기 제1절 제41항 "조사는 그 앞말에 붙여 쓴다."는 규정에 따라 〈선거자들∨ 앞에〉라고 복합어인 〈선거자들〉이란 말과 〈앞〉이라는 낱말 사이(∨표 한 곳)는 띄어 쓰고 조사 〈에〉는 앞말에 붙여 써야 바른 문장이 된다.

---

25)조선민주주의인민공화국 법전(대중용), 29면.

그러나 북한은 조선말규범집 띄여쓰기 제1장 명사와 관련한 띄여쓰기 제3항 3)번 규정에 따라 시간과 공간의 뜻을 추상적으로 나타내는 고유어 명사 〈앞, 옆, 뒤, 끝, 속, 밖, 안, 우(위), 아래, 밑, 사이(새), 때, 제, 곁, 길, 군데, 해, 달, 날, 낮, 밤, 곳, 자리, 고장, 어간, 어구, 가운데, 구석〉 등은 토 없는 명사, 수사, 대명사 뒤에서 붙여 쓰며 일부 경우에는 규정형 뒤에서도 붙여 쓰게끔 규정되어 있다. 그래서 시간과 공간의 뜻을 추상적으로 나타내는 〈선거자들**앞**, 인민대중**속**, 대문**밖**, 동그라미**안**〉과 같은 고유어명사(굵은 글자)들은 토 없는 명사, 수사, 대명사 뒤에 그대로 붙여쓰고 그 뒤에 오는 토(조사) 〈에〉는 앞말에 붙여 써야 바른 문장이 된다.

### ◆**소환할수**(사회주의헌법 제7조 제4행)

〈소환할∨수〉와 같은 뜻으로 쓰이는 문구로 여기서 눈여겨보아야 할 동강은 남북한 간 어문 규정에 따라 의존 명사(불완전 명사)의 띄어쓰기에 관한 차이점을 이해하는 것이다.

남한은 한글 맞춤법 제5장 띄어쓰기 제2절 제42항 "의존 명사(불완전 명사)는 띄어 쓴다."는 규정에 따라 〈것, 수, 분, 탓, 나위, 지, 리, 번, 양〉 등의 의존 명사는 〈소환할∨수〉처럼 앞말과 띄어 써야 바른 문장이 된다.

그러나 북한은 조선말규범집 띄여쓰기 제1장 명사와 관련한 띄여쓰기 제3항 1)번 규정에 따라 〈것, 수, 분, 탓, 나위, 지, 리, 번, 양〉 등과 같은 "순수한 불완전 명사는 앞 단어가 어떤 품사이건, 어떤 형태에 놓여 있건 언제나 그것에 붙여 쓴다. 또 조선말규범집 띄여쓰기 제1장 명사와 관련한 띄여쓰기 제3항 2)번 규정 〈상, 중, 간, 판, 경, 항, 측, 장, 조, 전, 편, 산, 호, 성, 하, 전, 후, 내, 외, 차, 초, 말, 발, 착, 행, 년, 부, 별, 용, 분, 과, 급, 당, 기, 계, 래, 형, 제, 식, 상(모양), 적〉 등과 같은 한자말이나 불완전 명사(의존 명사)와 〈뒤붙이적 단어〉는 그 앞 단위에 붙여 쓰게끔 규정되어 있기 때문에 〈소환할〉 다음에 오는 불완전 명사 〈수〉는 어떤 경우에도 〈소환할수〉처럼 앞말에 붙여 써야 바른 문장이 된다.

◆**근로인민대중**(사회주의헌법 제8조 제1행)
〈근로∨ 인민대중(勤勞人民大衆)〉과 같은 뜻으로 쓰이는 문구로 "노동자, 농민, 근로인텔리들"을 아울러 부르는 말.
북한은 근로 인민대중을 "자기 힘으로 사회생활에 필요한 모든 것을 창조하고 사회 발전을 저해하는 온갖 낡은 것을 극복해 나가는 사회적 집단으로 사회 발전을 지향하는 자주적이며 진보적인 사회 세력26)"이라 규정하고 있다. 그러므로 북한에서 통용되는 〈근로인민대중〉이란 용어는 "일반 대중을 의미하는 비계급적 용어가 아니라 사회주의 실현을 위해 투쟁하는 집단을 의미하는 계급적 용어"라는 점을 알고 사용해야 한다.
또 북한은 자본주의 사회에서는 "물질적 부를 생산하는 근로계급(노동자)과 근로계층이 근로 인민대중을 구성한다."고 설명하며 자본주의 사회에서 존재하는 근로 인민대중은 생산수단을 전혀 갖지 못한 노동자나 고농(雇農, 소작농)과 같은 〈무산 근로 인민대중〉과 도시 수공업자, 빈농 등과 같이 일정한 생산수단을 가지고 있는 〈소(小) 소유자적 근로 인민대중〉으로 구분하고 있다.
그다음 눈여겨보아야 할 동강은 같은 명사끼리 토 없이 2중 3중으로 어울린 경우 띄어쓰기에 관한 남북한 간 어문 규정의 차이점을 이해하는 것이다.
남한은 한글 맞춤법 제1장 총칙 제2항 "문장의 각 단어는 띄어 씀을 원칙으로 한다."는 규정에 따라 〈근로∨ 인민∨ 대중〉이라고 낱말과 낱말 사이(∨표 한 곳)는 띄어 써야 바른 문장이 된다.

---

26)철학사전, 1985년판, 92면.

그러나 북한에서는 조선말규범집 띄어쓰기 제1장 명사와 관련한 띄어쓰기 제2항 1)-(6)번 "같은 명사끼리 토 없이 어울린 경우에 하나의 개념을 가지고 하나의 대상으로 묶어지는 덩이는 붙여 쓴다."는 규정에 따라 〈주체혁명위업, 국기사용질서, 국기대끝, 국기대줄, 국기대촉, 공화국공민, 사회주의건설, 공산주의건설자, 사회주의농촌건설, 물고기잡이전투〉 등과 같이 같은 명사끼리 토 없이 어울린 경우에는 낱말과 낱말 사이를 붙여 써야 바른 문장이 된다.

◆**주인으로 되고있으며**(사회주의헌법 제8조 제2행)
〈주인으로∨ 되고∨ 있으며〉와 같은 뜻으로 쓰이는 문구로 여기서 눈여겨보아야 할 동강은 동사 형용사와 관련한 남북한 간 띄어쓰기에 관한 어문 규정의 차이점을 이해하는 것이다.

남한에서는 〈주인으로 되고〉란 문구 뒤에 온 형용사 〈있으며〉의 원형 〈있다〉는 어떤 존재나 형상의 〈있다, 없다〉를 말해주는 낱말이므로 〈주인으로∨ 되고∨ 있으며〉와 같이 한글 맞춤법 제1장 총칙 제2항 "문장의 각 단어는 띄어 씀을 원칙으로 한다."는 규정에 따라 앞말 〈되고〉와 띄어 써야 바른 문장이 된다.

그러나 북한은 조선말규범집 제3장 동사, 형용사와 관련한 띄어쓰기 제10항 1)-(3)번 규정에 따라 "문장 속에서 동사나 형용사끼리 어울렸을 경우 〈아, 어, 여〉형이 아닌 다른 형 뒤에서 보조적으로 쓰인 동사나 형용사는 붙여 쓴다."는 규정에 따라 〈되고있다, 읽고있다, 쓰고있다, 쉬고있다〉 등과 같이 자립성이 희박한 형용사나 보조동사는 모두 앞말에 붙여 써야 되므로 〈주인으로 되고〉 다음에 오는 형용사 〈있다, 있었다, 있는, 있으며, 있었던〉 등은 모두 앞말에 붙여 〈주인으로∨ 되고있으며〉로 붙여 써야 바른 문장이 된다.

**◆ 모든것이**(사회주의헌법 제8조 제2행)

〈모든∨ 것이〉와 같은 뜻으로 쓰이는 문구로 여기서 눈여겨보아야 할 동 강은 〈것, 수, 분〉 따위 의존 명사(불완전 명사)의 띄어쓰기에 관한 남북 한 간 어문 규정의 차이점을 이해하는 것이다.

남한은 한글맞춤법 제5장 띄어쓰기 제2절 제42항 "의존 명사(불완전 명 사)는 띄어 쓴다."는 규정에 따라 〈것, 수, 분, 탓, 나위, 번, 양〉 따위 의 존 명사는 〈모든∨ 것이〉처럼 앞말과 띄어 써야 바른 문장이 된다.

그러나 북한은 조선말규범집 띄어쓰기 제1장 명사와 관련한 띄어쓰기 제 3항 1)번 규정에 따라 〈것, 수, 분, 탓, 나위, 지, 리, 번, 양〉 등과 같은 "순수한 불완전 명사는 앞 단어가 어떤 품사이건, 어떤 형태에 놓여 있건 언제나 그것에 붙여 쓴다. 또 조선말규범집 띄어쓰기 제1장 명사와 관련 한 띄어쓰기 제3항 2)번 규정 〈상, 중, 간, 판, 경, 항, 측, 장, 조, 전, 편, 산, 호, 성, 하, 전, 후, 내, 외, 차, 초, 말, 발, 착, 행, 년, 부, 별, 용, 분, 과, 급, 당, 기, 계, 래, 형, 제, 식, 상(모양), 적〉 등과 같은 한자 말이나 불완전 명사(의존 명사)와 〈뒤붙이적 단어〉는 그 앞 단위에 붙여 쓴다는 규정에 따라 〈모든〉 다음에 오는 불완전 명사 〈것〉은 어떤 경우 에도 앞말 〈모든〉에 붙여 써야 하고 그 뒤에 오는 토(조사) 〈이〉는 앞말 〈것〉에 붙여 써야 바른 문장이 된다.

**◆ 복무하는**(사회주의헌법 제8조 제2행)

〈복무(服務)하는〉과 같은 뜻으로 쓰이는 말로 "이바지하기 위하여 맡은 임무나 직무에 복종하여 힘을 씀"을 이르는 말.

북한에서는 〈근무하다〉나 〈종사하다〉라는 말보다 훨씬 더 강한 의미로 사용되고 있다.

**◆ 리익**(사회주의헌법 제8조 제5행)

〈이익(利益)〉과 같은 뜻으로 쓰이는 말.27)

◆**북반부**(사회주의헌법 제9조 제1행)

〈북반부(北半部)〉와 같은 뜻으로 쓰이는 말로 1953년 7월 27일 휴전협정 (休戰協定)이 조인된 이후부터는 일반적으로 "군사분계선 이북 지역"을 가리키는 용어로 사용되고 있다. 남반부(南半部)〉의 반대 개념으로 쓰인다.

◆**인민정권**(사회주의헌법 제9조 제1행)

〈인민정권(人民政權)〉 또는 〈노동∨ 계급의∨ 정권〉과 같은 뜻으로 쓰이는 정치 용어로 북한에서는 "노동자, 농민을 비롯한 광범한 인민대중의 자주적 권리와 그들의 이익을 옹호하고 보장하기 위해 주체사상에 따라 노동자, 농민을 비롯한 근로 인민대중의 계급혁명에 의해 수립된 정권 또는 정치 조직"이라고 교양하고 있다.

◆**사상, 기술, 문화의 3대혁명**(사회주의헌법 제9조 제2행)

〈사상,∨ 기술,∨ 문화의∨ 3대∨ 혁명(思想, 技術, 文化의 3大革命)〉과 같은 뜻으로 쓰이는 정치 용어로 "낡은 사회의 유물을 없애고 새로운 공산주의 사상과 기술, 문화를 창조하기 위한 투쟁"을 이르는 말.

북한은 "사상 · 기술 · 문화의 3대 혁명에 관한 사상과 이론을 통해 근로 인민 대중의 자주성을 완전히 실현할 수 있다"며 사상교양 시간을 통해 북한 동포들에게 희망과 용기를 안겨 주고 있다.

북한이 선전하는 3대 혁명에서 가장 중요한 것은 사상혁명. 이것은 사람들의 머리 속에 남아 있는 낡은 사상 잔재를 뿌리뽑고 그들을 혁명화,

---

27)한자어를 한글로 적을 때 적용하는 두음 법칙에 관한 남북한 간 어문 규정의 차이점은 67면 〈리익〉 해설 참조.

노동계급화 하여 참다운 공산주의 혁명가로 만들기 위한 인간 개조 사업이자 근로자들의 혁명적 열의와 창발성을 높이기 위한 정치 사업이라고 선전하고 있다. 사상혁명 수행의 기본과업은 온 사회의 주체사상화 요구에 맞게 모든 사회 성원들을 주체형의 공산주의 혁명가로 철저히 교양 · 개조하며 근로자들의 혁명적 열의를 높여 그들을 혁명투쟁과 건설 사업에 힘있게 불러일으키는 것이라고 설명하고 있다.

기술혁명은 3대 혁명의 중요한 구성 부문으로 생산력을 발전시켜 주민들의 물질적 복리를 증진시키며 노동의 본질적 차이를 없애고 근로자들을 힘든 노동에서 해방하는데 그 목적이 있다고 선전하고 있다. 그리고 이와 같은 기술혁명 수행의 중요한 과업은 인민경제의 주체화, 현대화, 과학화를 추진하는 것이라고 설명하고 있다.

문화혁명은 노동계급의 국가가 수행하여야 할 3대 혁명 과업의 하나로 낡은 사회가 남겨놓은 문화적 낙후성을 없애고 사회주의, 공산주의의 문화를 창조하며 사회의 모든 성원들을 전면적으로 발전된 공산주의적 인간으로 만들기 위한 혁명이라고 말하고 있다. 문화혁명의 가장 중요한 과업은 〈온 사회를 인텔리화하는 것〉이라고 말하고 있다.[28]

◆**로동계급**(사회주의헌법 제10조 제1행)

〈노동∨ 계급(勞動階級)〉과 같은 뜻으로 쓰이는 경제 용어로 자본주의 시장경제 체제를 유지하는 사회에서는 "생산수단을 소유하지 않고 자본가에게 고용되어 노동력을 제공하여 임금을 받아 생활하는 사람들로 이루어진 계급"을 노동계급이라 한다.

그러나 사회주의 계획경제 체제를 유지하는 사회에서는 "자연과 사회를 개조하는 기본 역량으로서 근로 인민대중, 즉 자주성을 완전히 실현해야 할 역사적 사명을 지니고 있는 가장 조직적이고 혁명적이며 선진적인 혁

---

28)북한대사전 578면.

명의 영도 계급[29]"이라고 정의하고 있다. 또 한편에서는 "자기의 창조적 노동과 투쟁으로 사회적 재부를 창조하고 사회를 발전시켜 나가는 역사상 가장 진보적이며 자주적인 계급[30]"을 노동계급이라고 정의하고 있다. 그러므로 북한의 개성공단이나 금강산관광지구 또는 라선경제자유구역에 들어가 북한의 정부 관계자들과 근로계약이나 노동계약을 체결할 때 이 용어가 갖고 있는 남북한 간 이질화된 개념을 꼭 염두에 두어야 한다.

◆**로동동맹**(사회주의헌법 제10조 제1행)

〈노동∨ 동맹(勞動同盟)〉과 같은 뜻으로 쓰이는 정치 용어로 "목적과 이해 관계의 공통성에 기초하여 노동계급이 맺는 계급적 동맹"을 이르는 말.[31]

◆**정치사상적통일**(사회주의헌법 제10조 제2행)

〈정치(政治)∨ 사상적(思想的)∨ 통일(統一)〉과 같은 뜻으로 쓰이는 정치 용어로 "수령의 혁명 사상에 기초하여 수령의 두리에 철통같이 뭉친 인민대중의 사상 의지의 통일 단결"을 이르는 말.
북한은 "수령의 영도 밑에 노농동맹을 기초로 하는 인민대중의 정치 사상적 통일은 착취계급이 청산된 사회주의 제도 아래에서 사회주의 사회 관계의 기본에 토대하여 이루어진다.[32]"고 교양하고 있다.

◆**혁명화, 로동계급화**(사회주의헌법 제10조 제3행)

〈노동계급의∨ 혁명화(革命化),∨ 노동계급화(勞動階級化)와 같은 뜻으로

---

29)경제사전 1권, 481면.
30)조선대백과사전 7권, 472면.
31)한자어를 한글로 표기할 때 적용하는 두음 법칙에 관한 남북한 간의 어문 규정의 차이점은 70면 〈로동자〉 해설 참조.
32)정치사전 760면.

쓰이는 정치 용어로 "노동계급을 혁명적 세계관으로 무장시켜 공산주의적 인간으로 만드는 사업"을 아우르는 말.

◆**조선로동당**(사회주의헌법 제11조 제1행)

〈조선노동당(朝鮮勞動黨)〉, 〈노동당(勞動黨)〉, 〈로동당(勞動黨)〉과 같은 뜻으로 쓰이는 정치 용어로 "주체사상을 지도적 지침으로 하여 건설되고 활동하는 조선민주주의인민공화국의 집권당"을 이르는 말.

1945년 10월 10일부터 13일까지 평양에서 개최된 〈조선공산당 서북 5도 당 책임자 및 열성자대회〉의 마지막 날인 10월 31일에 창설된 〈조선공산 당 북조선분국〉이 모체가 되었으며 이 분국이 〈북조선공산당〉으로 발전했고, 〈조선신민당〉과 통합해 〈북조선로동당〉이 되었으며, 〈남조선로동 당(일명, 남로당)〉을 흡수하여 〈조선로동당〉으로 당명이 바뀌어 오늘에 이르렀다.

다른 사회주의 체제와 마찬가지로 〈조선민주주의인민공화국 조선로동당〉 은 국가 권력 기구의 지도적 핵심을 이루고 있으며 최고 지도자 밑에 조 선로동당을 국가권력의 최고 상위 체계에 놓고, 그 밑에 국가 통치 기구 내지 국가 권력 기구들을 하위 체계로 두고 있다.

모든 국가 권력의 중심 핵으로서 조선로동당의 지위는 당 규약 전문에서 "조선로동당은 우리나라에서 노동계급과 전체 근로대중의 선봉적, 조직적 부대이며 전체 근로대중 조직체 중에서 최고 형태의 혁명조직이다."라고 분명하게 위계질서를 밝히고 있다. 그러므로 〈조선민주주의인민공화국 조 선로동당〉은 국가 권력의 원천이 되고 있으며, 현실적으로 다른 국가 권 력 기관들은 조선로동당의 권력에 의하여 영향을 받고, 조선로동당에서 결정된 정책들을 수행하는 보조적 권력 기구에 불과하므로 〈조선민주주 의인민공화국 사회주의헌법〉을 분석할 때는 늘 〈조선로동당 규약〉과 대 비해 조선로동당의 현실적 위상과 다른 국가 권력 기구와의 형식적 위계

질서와 실질적 위계질서를 분석해 들어가는 통찰력이 필요하다.[33]

◆**령도밑에**(사회주의헌법 제11조 제1행)

〈조선로동당의∨ 영도∨ 밑에〉와 같은 뜻으로 쓰이는 문구.[34]

◆**계급로선**(사회주의헌법 제12조 제1행)

〈계급∨ 노선(階級路線)〉과 같은 뜻으로 쓰이는 정치 용어로 "혁명의 영도 계급인 노동계급의 계급적 요구와 이익을 옹호하며 그의 계급적 입장을 지켜 투쟁하는 노동계급의 당 활동의 근본 원칙"을 이르는 말.[35]

◆**인민민주주의독재**(사회주의헌법 제12조 제1행)

〈인민민주주의(人民民主主義)∨ 독재(獨裁)〉와 같은 뜻으로 쓰이는 정치 용어로 "착취계급을 비롯한 적대세력에 대한 광범한 인민대중의 독재"를 이르는 말.[36]
북한에서는 "인민민주주의 혁명이 승리하고 노동계급의 영도 밑에 농민을 비롯한 광범한 인민대중이 정권을 장악함으로써 인민민주주의 독재는 수립된다"고 교양하고 있다.

◆**내외적대분자들의**(사회주의헌법 제12조 제2행)

---

33)북한의 경우, 이런 정치 상황이 이미 반세기 이상 지속되어 오고 있기 때문에 본서는 북한의 실정법을 수록한 〈조선민주주의인민공화국 법전〉에는 수록되어 있지 않은, 사실 따지고 보면 일개 정당의 규약과 다를 바 없는 〈조선로동당 규약〉을 특별히 〈사회주의헌법〉 뒤에 함께 수록해 헌법과 같은 차원에서 당 규약을 분석하며 북한의 국가 권력기구와의 형식적 위계 질서와 현실적 위계 질서를 함께 분석해 북한 정치 권력 구조의 특이성과 사회 실상을 함께 살펴볼 수 있도록 한 것이다.(편집자)
34)한자어를 한글로 적을 때 적용하는 두음 법칙과 관련한 남북한 간 어문 규정의 차이점은 67면 〈리익〉과 75면 〈선거자들앞에〉의 표기법 해설을 참조.
35)정치사전 173면.
36)조선대백과사전 28권 653면.

〈내외∨ 적대분자들의〉와 같은 뜻으로 쓰이는 문구로 "북한 지역 안과 밖에 존재하는 적대분자들"을 이르는 말.

◆**우가 아래를 도와주고**(사회주의헌법 제13조 제1행)

〈위가∨ 아래를∨ 도와주고〉와 같은 뜻으로 쓰이는 문구.

〈우〉는 〈위〉의 옛말로 남한에서는 표준말로 쓰지 않고 있으며 북한에서만 표준말로 쓰이고 있다.

◆**대중속에**(사회주의헌법 제13조 제2행)

〈대중∨ 속에〉와 같은 뜻으로 쓰이는 문구.

여기서 눈여겨볼 동강은 시간과 공간을 추상적으로 나타내는 고유어명사의 띄어쓰기에 관한 남북한 간 어문 규정의 차이점을 이해하는 것이다.

남한은 한글 맞춤법 제1장 총칙 제2항 "문장의 각 단어는 띄어 씀을 원칙으로 한다."와 제5장 띄어쓰기 제1절 제41항 "조사는 그 앞말에 붙여 쓴다."는 규정에 따라 〈대중∨ 속에〉라고 〈대중〉이란 낱말과 〈속〉이라는 낱말 사이(∨표 한 곳)는 띄어 쓰고 조사 〈에〉는 앞말에 붙여 써야 바른 문장이 된다.

그러나 북한은 조선말규범집 띄어쓰기 제1장 명사와 관련한 띄어쓰기 제3항 3)번 규정에 따라 시간과 공간의 뜻을 추상적으로 나타내는 고유어명사 〈앞, 옆, 뒤, 끝, 속, 밖, 안, 우(위), 아래, 밑, 사이(새), 때, 제, 곁, 길, 군데, 해, 달, 날, 낮, 밤, 곳, 자리, 고장, 어간, 어구, 가운데, 구석〉 등은 토 없는 명사, 수사, 대명사 뒤에서 붙여 쓰며 일부 경우에는 규정형 뒤에서도 붙여 쓰게끔 규정되어 있다. 그래서 시간과 공간의 뜻을 추상적으로 나타내는 〈대중속에, 공민사이에, 다리끝에, 처마밑에〉와 같은 고유어명사들은 토없는 명사, 수사, 대명사 뒤에 그대로 붙여쓰고 그 뒤에 오는 토(조사) 〈에〉는 앞말에 붙여 써야 바른 문장이 된다.

◆**정치사업**(사회주의헌법 제13 제2행)

〈정치(政治)∨ 사업(事業)〉과 같은 뜻으로 쓰이는 정치 용어로 "모든 당원들과 군중에게 조선로동당 정책과 제기된 혁명 과업의 정치적 목적과 의의, 그 수행 방도를 알려주어 그들의 정치적 각성과 혁명적 열의를 높여 그들을 혁명과 건설에 조직 동원하는 사업[37]"을 이르는 말.

북한은 정치 사업은 "언제나 혁명의 동력은 인민이며 군중인 것만큼 그들에게 목표를 똑바로 대주고 거기까지 어느 길로 가야 하며 거기에 가면 어떠한 좋은 일이 있는가를 똑똑히 알려 주어야만 그들이 확신 있게 그 길로 나아가게 되며 혁명에서 승리할 수 있으며 이와 같이 하는 것이 바로 정치 사업이며 군중과의 사업[38]"이라고 교양하고 있다.

◆**사람과의 사업**(사회주의헌법 제13조 제2행)

사람들을 교양 개조하여 당의 두리에 묶어 세우며 그들이 주인다운 태도를 가지고 혁명 과업 수행에 자각적으로 동원되도록 하는 조직 정치 사업을 이르는 말.

북한은 "사람과의 사업은 조선로동당 사업의 기본이며 간부들과 당원들과 군중을 하나의 사상 의지로 무장시켜 당의 두리에 튼튼히 묶어 세우며 그들을 당 정책을 관철하는 사업현장으로 조직 동원하는 사람들과의 조직 정치 사업이며 바로 조선로동당 사업의 기본[39]"이라고 규정하고 있다.

◆**자각적열성을**(사회주의헌법 제13조 제3행)

〈자각적∨ 열성을〉과 같은 뜻으로 쓰이는 문구.[40]

---

37) 정치사전 761면.
38) 우리의 혁명과 인민군대의 과업에 대하여, 123면.
39) 정치사전 519면
40) 명사 앞뒤에 접사가 올 경우 띄어쓰기에 관한 남북한 간 어문 규정의 차이점에 관한 해설은 본서 69면 〈지도적지침〉 해설 참조.

◆ **청산리정신**(사회주의헌법 제13조 제3행)

〈청산리방법(靑山里方法)〉, 〈청산리교시(靑山里敎示)〉라고도 부른다.

1960년 2월 김일성이 평안남도 강서군 청산리 협동농장을 15일간 현지 지도하는 과정에서 나온 경제 용어로 "주체사상과 조선로동당의 전통적인 혁명적 군중로선을 사회주의 건설의 새로운 현실에 맞게 구체화하고 발전시킨 대중 통솔과 지도에 관한 공산주의적 지도 사상 또는 지도 방법"을 뜻하는 말.

기본 내용은 1)나라의 모든 살림살이와 인민의 생활에 대해 완전히 책임지는 원칙에서 당적 국가적 지도를 실현하는 것. 2)사회의 모든 성원들을 교양·개조하여 당의 두리에 묶어 세워 공산주의 사회까지 이끌어 나가는 원칙에서 당적·국가적 지도를 실현하는 것. 3)혁명과 건설에 대한 지도에서 모든 사업을 인민대중 자신의 사업으로 확고히 전환시키는 원칙을 견지하는 것을 골자로 하고 있다.

◆ **청산리방법**(사회주의헌법 제13조 제3행)

〈청산리정신(靑山里精神)〉, 〈청산리교시(靑山里敎示)〉라고도 부른다.

1960년 2월 김일성이 평안남도 강서군 청산리 협동농장을 15일간 현지 지도하는 과정에서 나온 경제 용어로 "주체사상과 조선로동당의 전통적인 혁명적 군중로선을 사회주의 건설의 새로운 현실에 맞게 구체화하고 발전시킨 대중 통솔과 지도에 관한 공산주의적 지도 사상 또는 지도 방법"을 뜻하는 말.

기본 내용은 1)나라의 모든 살림살이와 인민의 생활에 대해 완전히 책임지는 원칙에서 당적 국가적 지도를 실현하는 것. 2)사회의 모든 성원들을 교양·개조하여 당의 두리에 묶어 세워 공산주의 사회까지 이끌어 나가는 원칙에서 당적·국가적 지도를 실현하는 것. 3)혁명과 건설에 대한 지도에서 모든 사업을 인민대중 자신의 사업으로 확고히 전환시키는 원칙을 견지하는 것을 골자로 하고 있다.

◆**3대혁명붉은기쟁취운동**(사회주의헌법 제14조 제1행)

〈3대∨ 혁명∨ 붉은기∨ 쟁취∨ 운동〉과 같은 뜻으로 쓰이는 정치 용어로 "사상혁명, 기술혁명, 문화혁명의 3대 목표 추진을 뒷받침하기 위해 제시된 북한의 대표적인 노력 경쟁운동"을 이르는 말.

3대 혁명 중 〈사상혁명〉은 전 사회를 혁명화, 노동 계급화하는 인간 개조 사업이며 혁명적 열의와 창의성을 높이기 위한 정치 사업이므로 무엇보다도 중시하고 있다. 그 다음 〈기술혁명〉은 "낡은 기술을 새 기술로 바꾸고. 손노동을 기계화, 반자동화, 자동화하기 위한 투쟁[41]을 뜻하며, 〈문화혁명〉은 북한 주민의 의식구조를 공산주의적으로 개조하고 노동 생산 능률을 높일 수 있도록 기술과 기능을 주입시키는데 근본 목적을 두고 전개한 정신 개조 운동.

이 운동은 1975년 11월 조선로동당 제5기 11차 전원회의에서 결정됐으며 같은 해 12월 1일 함남 단천군 검덕광산에서 궐기 모임을 통해 북한의 모든 공장·기업소·협동농장으로 확산시킬 것을 호소함으로써 시작됐다. 이후 1976년 3월 과학토론회를 개최, 이 운동의 본질적 성격과 특성 및 3대 혁명 추진의 이론적 합리성을 체계화했으며 1977년 9월에는 이 운동을 정착시키기 위해 중앙과 도·시·군에 〈붉은기 수여 판정 위원회〉를 설치했다.

이와 함께 각급 학교별로 학생들의 운동추진 실적을 기록하는 〈충성의 등록장〉제를 실시하고 매월 실천 목표와 실행 성과에 대한 종합 평가를 의무화하도록 하는 〈붉은기 수여에 관한 세칙〉을 제정했다.

그리고 선구자대회(1986. 11) 및 경험토론회(1987. 11) 등 각종 집회를 잇달아 개최하며 이 운동을 새로운 대중적 사상·기술·문화 개조 운동

---

41)정치사전, 127면.

으로 확대 발전시켜 왔다.

3대 혁명 붉은기는 김일성·김정일 부자의 생일과 당 창건일, 정권 기념일, 그리고 필요한 시기에 중앙 인민 위원회 정령을 통해 수여되는데 1993년 9월 기준 〈이중 3대 혁명 붉은기〉를 받은 단위는 360여 개, 〈3대 혁명 붉은기〉를 받은 단위는 6,895개로 추계된 된 바 있으며 이 용어를 한글로 표기하는 법은 남북한이 현격한 차이를 보이고 있다.

그다음 눈여겨보아야 할 동강은 선언적 고유명사들의 띄어쓰기에 관한 남북한 간 어문 규정의 차이점을 이해하는 것이다.

남한에서는 한글 맞춤법 제1장 총칙 제2항 "문장의 각 단어는 띄어 씀을 원칙으로 한다."는 규정에 따라 〈3대∨ 혁명∨ 붉은기∨ 쟁취∨ 운동〉이라고 낱말과 낱말 사이(∨표 한 곳)를 띄어 써야 바른 문장이 된다.

그러나 북한에서는 조선말규범집 띄여쓰기 제1장 명사와 관련한 띄여쓰기 제2항 2)-(5)번 규정에 따라 〈주요 사변, 운동, 회의, 조약, 기념일, 공식대표, 강령, 선언〉 등의 이름은 하나로 붙여 쓰게끔 규정되어 있다. 그래서 〈주요 사변, 운동, 회의, 조약, 기념일, 공식대표, 강령, 선언〉 등의 이름을 나타내는 〈4월15일명절, 7.4공동성명, 남호두군정간부회의, 3대혁명붉은기쟁취운동, 학교전의무교육, 11년제의무교육〉 같은 선언적 고유명사들은 토 없는 명사, 수사, 대명사 뒤에 나열 식으로 붙여 쓰고 있음을 알고 법조문을 읽어나가야 한다.

**◆대중운동**(사회주의헌법 제14조 제1행)

〈대중운동(大衆運動)〉과 같은 뜻으로 쓰이는 말로 남한에서는 "불특정 다수의 사람이 공동의 목적을 달성하기 위하여 하나가 되어 행하는 집단적 활동"을 대중운동이라고 한다.

그러나 북한에서는 대중운동을 "모든 사람들을 참다운 공산주의적 인간으로 만드는 사상 개조 운동, 인간 개조 운동이며 사회주의, 공산주의 건설을 힘있게 밀고 나가는 공산주의적 전진운동"이라고 인식하고 있다. 또 대중운동은 "대중 동원의 위력한 방법이며 집체적 힘에 의거하여 혁명과 건설을 다그치는 혁명적 사업 방법[42]"이라고 교시하고 있기 때문에 당에 서 대중운동을 제기하면 평범한 근로 인민대중들은 개인의 의사와는 상 관없이 건설 현장이나 기타 사업 현장에 강제 동원되다시피 참석해 대중 운동을 벌려야만 공민의 일상적 생활을 유지해 나갈 수 있다.

◆**사회주의건설**(사회주의헌법 제14조 제2행)

〈사회주의(社會主義)∨ 건설(建設)〉 또는 〈사회주의,∨ 공산주의∨ 건설〉 과 같은 뜻으로 쓰이는 정치 용어로 "주권을 잡은 노동계급이 사회주의 경제 제도를 세우고 그것을 끊임없이 공고 발전시키며 사회 발전에 맞는 높은 수준의 생산력과 문화를 이룩하며 사람들의 낡은 사상을 공산주의 적으로 개조하는 것을 이르는 말.

◆**민주주의적민족권리**(사회주의헌법 제15조 제1행)

〈민주주의적(民主主義的)∨ 민족(民族)∨ 권리(權利)〉와 같은 뜻으로 쓰이 는 문구로 "다른 나라에서 일정 기간 거주하거나 생활하는 주권국가의 공민이 해외에서 행사할 수 있는 권리"를 아울러서 부르는 말.

◆**리익**(사회주의헌법 제15조 제2행)

〈이익(利益)〉과 같은 뜻으로 쓰이는 말.[43]

◆**자기 령역안에 있는**(사회주의헌법 제16 제1행)

〈자기∨ 영역∨ 안에∨ 있는〉과 같은 뜻으로 쓰이는 문구.[44]

---

42) 김일성저작집 40권, 93면.
43) 한자어를 한글로 적을 때 적용하는 두음 법칙에 관한 남북한 간 어문 규정의 차이점 은 본서 67면 〈리익〉 해설 참조.

**◆합법적권리와 리익**(사회주의헌법 제16조 제2행)

〈합법적∨ 권리와∨ 이익〉과 같은 뜻으로 쓰이는 문구.


**◆기본리념**(사회주의헌법 제17조 제2행)

〈기본∨ 이념〉과 같은 뜻으로 쓰이는 말.


**◆호상존중**(사회주의헌법 제17조 제4행)

〈호상∨ 존중(互相尊重)〉과 같은 뜻으로 쓰이는 외교 용어로 "자주적인 국가들이 서로 꼭 같은 자격과 권리를 가지고 호상 이익(互相利益)의 견지에서 서로 존중해 주는 것"을 이르는 말.


**◆문화적관계**(사회주의헌법 제17조 제5행)

〈문화적∨ 관계〉와 같은 뜻으로 쓰이는 문구.


**◆기관**(사회주의헌법 제18조 제3행)

〈기관(機關)〉과 같은 뜻으로 쓰이는 행정 용어로 "북한의 행정기관, 사법기관, 조선로동당 기관 등 공공 기관"을 아울러서 부르는 말.


**◆기업소**(사회주의헌법 제18조 제3행)

〈기업소(企業所)〉와 같은 뜻으로 쓰이는 경제 용어로 "독자적으로 경제활동 조직을 만들어 직접 경영 활동을 진행하는 북한의 경제 단위"를 뭉뚱그려 일컫는 말.

북한은 기업소는 "일정한 노력, 설비, 자재, 자금 등을 가지고 생산 활동

---

44)한자어 낱말을 한글로 적을 때 적용하는 두음 법칙에 관한 남북한 간 어문 규정의 차이점은 본서 75면 〈련계〉 해설을 참조하고 시간과 공간을 추상적으로 나타내는 고유어 명사의 띄어쓰기에 관한 남북한 간 어문 규정의 차이점은 본서 85면 〈대중속에〉 해설 참조.

을 진행하거나 봉사 활동을 진행하여 얻은 수입으로 지출을 보상하고 채산을 맞추면서 경영 활동을 진행한다."고 설명하고 있다. 이 중 공업 생산 부문의 기업소는 "공장, 광산, 탄광 등과 함께 인민경제의 기층 단위라는 점에서는 공통성을 가지면서도 경영 단위의 성격을 반영하는 측면에서는 공장, 광산, 탄광 등은 생산의 조직 기술적 특성을 반영하고 있으므로 차이가 있다."고 구분하고 있다. 그래서 "하나의 기업소가 하나의 공장일 수도 있고 몇 개의 공장이 합쳐 하나의 기업소가 될 수도 있다45)"고 기업소의 공통성과 차이점을 말하면서 "인민경제 발전에 기여하는 역할에 따라 특급, 1급, 2급, 3급, 4급 기업소 등으로 나누어진다."고 설명하고 있다.

◆**단체**(사회주의헌법 제18조 제3행)

〈단체(團體)〉와 같은 뜻으로 쓰이는 법률 용어로 "같은 목적을 달성하기 위하여 모인 사람들의 일정한 조직체"를 아울러서 부르는 말.
북한에서는 〈기관, 기업소, 단체〉라 하면 국가기관과 조선로동당 기관, 공장, 기업소를 제외한 사회 다방면의 모든 조직체가 이 〈단체〉라는 한마디 말 속에 다 포함되는 포괄적 의미로 사용되고 있다.

◆**공민**(사회주의헌법 제18조 제3행)

〈공민(公民)〉과 같은 뜻으로 쓰이는 법률 용어로 "한 나라의 국적을 가지고 그 나라 헌법에 규정된 권리와 의무를 지닌 사람"을 이르는 말.
조선민주주의인민공화국에서는 만 17살이 된 사람은 영예로운 공민증을 받고 떳떳한 공민으로서 국가 주권 기관 선거에서 선거할 권리와 선거받을 권리를 행사한다.46)

---

45)경제사전 1권, 302면.
46)인민이 사는 모습 1권, 77면.

**◆사회주의법률제도**(사회주의헌법 제18조 제5행)

〈사회주의(社會主義)∨ 법률(法律)∨ 제도(制度)〉와 같은 뜻으로 쓰이는 문구로 "사회주의 국가가 제정한 법규범과 규정에 기초하여 모든 사회 성원들이 의무와 권리를 누리며 살 수 있도록 규정한 체제나 제도"를 이르는 말.

**◆사회주의법무생활**(사회주의헌법 제18조 제5행)

〈사회주의(社會主義)∨ 법무생활(法務生活)〉과 같은 뜻으로 쓰이는 문구로 "모든 사회 성원들이 사회주의 국가가 제정한 법규범과 규정에 기초하여 일하고 생활하는 것"을 이르는 말.

〈헌법 원문 3〉

# 제2장    경제

**第19조** 조선민주주의인민공화국은 사회주의적생산관계와 자립적민족경제의 토대에 의거한다.

**第20조** 조선민주주의인민공화국에서 생산수단은 국가와 사회협동단체가 소유한다.

**第21조** 국가소유는 전체인민의 소유이다.

국가소유권의 대상에는 제한이 없다.

나라의 모든 자연부원, 철도, 항공운수, 체신기관과 중요 공장, 기업소, 항만, 은행은 국가만이 소유한다.

국가는 나라의 경제발전에서 주도적역할을 하는 국가소유를 우선적으로 보호하며 장성시킨다.

**第22조** 사회협동단체소유는 해당 단체에 들어있는 근로자들의 집단적소유이다.

토지, 농기계, 배, 중소 공장, 기업소 같은것은 사회협동단체가 소유할 수 있다.

국가는 사회협동단체소유를 보호한다.

**第23조** 국가는 농민들의 사상의식과 기술문화수준을 높이고 협동적소유에 대한 전인민적소유의 지도적역할을 높이는 방향에서 두 소유를 유기적으로 결합시키며 협동경리에 대한 지도와 관리를 개선하여 사회주의적협동경리제도를 공고발전시키며 협동단체에 들어있는 전체 성원들의 자원적의사에 따라 협동단체소유를 점차 전인민적소유로 전환시킨다.

제24조 개인소유는 공민들의 개인적이며 소비적인 목적을 위한 소유이다.

개인소유는 로동에 의한 사회주의분배와 국가와 사회의 추가적혜택으로 이루어진다.

터밭경리를 비롯한 개인부업경리에서 나오는 생산물과 그밖의 합법적인 경리활동을 통하여 얻은 수입도 개인소유에 속한다.

국가는 개인소유를 보호하며 그에 대한 상속권을 법적으로 보장한다.

제25조 조선민주주의인민공화국은 인민들의 물질문화생활을 끊임없이 높이는것을 자기 활동의 최고원칙으로 삼는다.

세금이 없어진 우리 나라에서 늘어나는 사회의 물질적부는 전적으로 근로자들의 복리증진에 돌려진다.

국가는 모든 근로자들에게 먹고 입고 쓰고 살수 있는 온갖 조건을 마련하여준다.

제26조 조선민주주의인민공화국에 마련된 자립적민족경제는 인민의 행복한 사회주의생활과 조국의 륭성번영을 위한 튼튼한 밑천이다.

국가는 사회주의자립적민족경제건설로선을 틀어쥐고 인민경제의 주체화, 현대화, 과학화를 다그쳐 인민경제를 고도로 발전된 주체적인 경제로 만들며 완전한 사회주의사회에 맞는 물질기술적토대를 쌓기 위하여 투쟁한다.

**제27조** 기술혁명은 사회주의경제를 발전시키기 위한 기본고리이다.

국가는 언제나 기술발전문제를 첫자리에 놓고 모든 경제활동을 진행하며 과학기술발전과 인민경제의 기술개조를 다그치고 대중적기술혁신운동을 힘있게 벌려 근로자들을 어렵고 힘든 로동에서 해방하며 육체로동과 정신로동의 차이를 줄여나간다.

**제28조** 국가는 도시와 농촌의 차이, 로동계급과 농민의 계급적차이를 없애기 위하여 농촌기술혁명을 다그쳐 농업을 공업화, 현대화하며 군의 역할을 높이고 농촌에 대한 지도와 방조를 강화한다.

국가는 협동농장의 생산시설과 농촌문화주택을 국가부담으로 건설하여 준다.

(헌법 원문 111쪽에서 다시 이어집니다)

**◆사회주의적생산관계**(사회주의헌법 제19조 제1행)

〈사회주의적(社會主義的)∨ 생산(生産)∨ 관계(關係)〉와 같은 뜻으로 쓰이는 문구로 "사회주의에 기초한, 사회주의적인 사상과 이론에 따른 생산관계, 즉 생산수단에 대한 사회주의적 소유에 기초하여 사람들이 물질적 부를 생산하며 소비하기 위한 경제활동을 진행하는 과정에 맺어지는 사회적 관계의 총체"를 이르는 말.

**◆자립적민족경제의 토대**(사회주의헌법 제19조 제1행)

〈자립적(自立的)∨ 민족경제(民族經濟)의∨ 토대(土臺)〉와 같은 뜻으로 쓰이는 문구로 "남에게 예속되지 않고 제 발로 걸어나가는 경제적 밑천 또는 자기 인민을 위하여 복무하며 자기 나라의 자원과 자기 인민의 힘에 의거하여 발전하는 경제적 밑천"을 이르는 경제 용어.

**◆생산수단**(사회주의헌법 제20조 제1행)

〈생산수단(生産手段)〉과 같은 뜻으로 쓰이는 경제 용어로 "토지, 산림, 하천, 지하자원, 원료, 생산 시설과 도구, 교통수단과 통신 시설 등 물질적 부의 생산 과정에서 사람들이 이용하는 모든 수단과 노동대상의 총체"를 아울러서 부르는 말.

**◆사회협동단체**(사회주의헌법 제20조 제1행)

〈사회(社會)∨ 협동단체(協同團體)〉와 같은 뜻으로 쓰이는 문구로 "사회주의 경제형태에 따라 결성된 협동단체, 즉 가입자들이 생산수단을 공동으로 소유하고 생산과 상품 유통 등의 경영활동을 진행하는 조선민주주의인민공화국의 협동농장, 생산협동조합, 수산협동조합, 신용협동조합, 소비협동조합, 편의협동조합"을 아울러서 이르는 말.

**◆자연부원**(사회주의헌법 제21조 제3행)

〈자연(自然)∨ 부원(富源)〉과 같은 뜻으로 쓰이는 경제 용어로 "사회의 경제적인 부를 생산할 수 있는 원천이 되는 천연 자원"을 아울러서 부르는 말.

**◆기업소**(사회주의헌법 제21조 제3행)

〈기업소(企業所)〉와 같은 뜻으로 쓰이는 경제 용어로 "독자적으로 경제활동 조직을 만들어 직접 경영 활동을 진행하는 북한의 경제 단위"를 뭉뚱그려 일컫는 말.[47]

**◆주도적역할**(사회주의헌법 제21조 제5행)

〈주도적(主導的)∨ 역할(役割)〉과 같은 뜻으로 쓰이는 문구.

**◆사회협동단체소유**(사회주의헌법 제22조 제1행)

〈사회협동단체∨ 소유(社會協同團體所有)〉와 같은 뜻으로 쓰이는 문구로 "사회주의 경제형태에 따라 결성된 사회협동단체, 즉 가입자들이 생산수단을 공동으로 소유하고 생산과 상품 유통 등의 경영 활동을 진행하는 조선민주주의인민공화국의 협동농장, 생산협동조합, 수산협동조합, 신용협동조합, 소비협동조합, 편의협동조합 등이 가지고 있는 모든 것"을 아울러서 이르는 말.

**◆집단적소유**(사회주의헌법 제22조 제1행)

〈집단적∨ 소유(集團的所有)〉 또는 〈협동적(協同的)∨ 소유(所有)〉와 같은 뜻으로 쓰이는 경제 용어로 "생산수단이 일정한 집단의 범위 안에서 사회화되어 있는 소유"를 이르는 말.

---

47)자세한 설명은 본서 89면 〈기업소〉 해설 참조.

북한에서는 "협동적 소유는 사회주의 혁명 과정에서 노동계급의 당과 국가의 지도 방조 밑에 개인농들과 수공업자들, 중소 상공업자들의 사적 소유인 생산수단을 자원적으로 통합하여 사회화함으로써 협동적 소유가 발생하게 된다.[48]"고 교양하고 있다.

◆**같은것은**(사회주의헌법 제22조 제1행)

〈같은∨ 것은〉과 같은 뜻으로 쓰이는 문구로 여기서 눈여겨보아야 할 동강은 〈것, 수, 분〉 따위의 의존 명사(불완전 명사)의 띄어쓰기에 관한 남북한 간 어문 규정의 차이점을 이해하는 것이다.

남한은 한글 맞춤법 제5장 띄어쓰기 제2절 제42항 "의존 명사(불완전 명사)는 띄어 쓴다."는 규정에 따라 〈것, 수, 분, 탓, 나위〉 등의 의존 명사(불완전 명사)는 앞말과 띄어 써야 바른 문장이 된다.

그러나 북한은 조선말규범집 띄어쓰기 제1장 명사와 관련한 띄어쓰기 제3항 1)번 규정에 따라 〈것, 수, 분, 탓, 나위, 지, 리, 번, 양〉 등과 같은 "순수한 불완전 명사는 앞 단어가 어떤 품사이건, 어떤 형태에 놓여 있건 언제나 그것에 붙여 써야 바른 문장이 된다.

◆**협동적소유**(사회주의헌법 제23조 제1행)

〈협동적(協同的)∨ 소유(所有)〉와 같은 뜻으로 쓰이는 경제 용어로 "사회주의에 기초한, 사회주의적인 사상과 이론에 따른 소유, 즉 생산수단이 일정한 집단의 범위 안에서 사회화되어 있는 소유"를 이르는 말.

◆**전인민적소유**(사회주의헌법 제23조 제2행)

〈전∨ 인민적∨ 소유(全人民的所有)〉, 〈국가적∨ 소유(國家的所有)〉와 같은 뜻으로 쓰이는 문구로 "인민정권 하에서 생산수단과 생산물에 대한

---

48)경제사전 2권, 589면.

전체 인민의 소유"를 이르는 말.

◆**협동경리**(사회주의헌법 제23조 제3행)

〈사회주의적(社會主義的)∨ 협동(協同)∨ 경리(經理)〉와 같은 뜻으로 쓰이는 경제 용어로 "사회주의에 기초한, 사회주의적인 사상과 이론에 따른 경제활동 체계, 즉 생산수단에 대한 집단적 소유와 공동 노동에 기초하여 운영되는 사회주의적 경리형태"를 이르는 말.

◆**사회주의적협동경리제도**(사회주의헌법 제23조 제3행)

〈사회주의적社會主義的∨ 협동경리(協同經理)∨ 제도(制度)〉와 같은 뜻으로 쓰이는 경제 용어로 "사회주의에 기초한, 사회주의적인 사상과 이론에 따른 경제활동 체계, 즉 생산수단에 대한 집단적 소유와 공동 노동에 기초하여 운영되는 사회주의적 경리형태를 체계화한 제도"를 이르는 말.

◆**공고발전시키며**(사회주의헌법 제23조 제행)

〈공고하다〉의 사역형 동사와 〈발전하다〉의 사역형 동사를 합쳐서 어미를 변형시켜놓은 복합어로 "어떤 형상이나 유무형의 기반이 매우 굳고 튼튼한 기세로 좋은 상태나 더 높은 단계로 나아가게 만드는 것"을 뜻하는 말.

여기서 눈여겨보아야 할 동강은 동사나 형용사의 어간, 즉 동사나 형용사의 말 줄기와 말 줄기로 합친말을 만들어 표현을 더욱 간결하게, 힘있게 나타내는 문장 수사법을 생활화하고 있는 점이다.

남한에서는 특별한 경우 외에는 동사나 형용사를 두서너 개씩 합쳐서 사용하는 경우가 드물다.

그러나 북한은 한글의 형태론에서 동사나 형용사의 어간, 즉 동사나 형용사의 줄기와 줄기를 합하여 〈조직동원시키며, 장성강화시키며, 통일단결

되며, 생산보장하며, 폭로규탄하며, 고무충동하며, 조직전개하며, 극복타개
하며, 공고발전시키며, 확대강화발전되며〉 등과 같은 합친 말을 만들어
표현을 더욱 간결하게, 힘있게 나타내는 문장 수사법을 많이 생활화하고
있다.[49]

◆ **협동단체**(사회주의헌법 제23조 제4행)
〈사회(社會)∨ 협동(協同)∨ 단체(團體)〉와 같은 뜻으로 쓰이는 경제 용
어로 "사회주의 경제형태에 따라 결성된 협동 단체, 즉 가입자들이 생산
수단을 공동으로 소유하고 생산과 상품 유통 등의 경영활동을 진행하는
조선민주주의인민공화국의 협동농장, 생산협동조합, 수산협동조합, 신용협
동조합, 소비협동조합, 편의협동조합"을 아울러서 이르는 말.

◆ **성원**(사회주의헌법 제23조 제4행)
〈성원(成員)〉과 같은 뜻으로 쓰이는 말로 "조직이나 단체를 구성하는 하
나의 개인"을 이르는 말.

◆ **자원적의사**(사회주의헌법 제23조 제5행)
〈자원적(自願的)∨ 의사(意思)〉와 같은 뜻으로 쓰이는 문구로 "자발적으
로 무엇을 하고자 자원하는 생각 또는 의지"를 이르는 말.

◆ **협동단체소유**(사회주의헌법 제23조 제5행)
〈협동(協同)∨ 단체(團體)∨ 소유(所有)〉와 같은 뜻으로 쓰이는 경제 용
어로 "사회주의 경제형태에 따라 결성된 협동 단체의 소유, 즉 가입자들
이 생산수단을 공동으로 소유하고 생산과 상품 유통 등의 경영 활동을
진행하는 조선민주주의인민공화국의 협동농장, 생산협동조합, 수산협동조

---

49)문화어문법규범, 김일성종합대학출판사 1972년판, 160면.

합, 신용협동조합, 소비협동조합, 편의협동조합의 소유"를 아울러서 이르는 말.

◆**공민**(사회주의헌법 제24조 제1행)

〈공민(公民)〉과 같은 뜻으로 쓰이는 법률 용어로 "나라의 국적을 가지고 그 나라 헌법에 규정된 권리와 의무를 지닌 사람"을 이르는 말.
조선민주주의인민공화국에서는 만 17살이 된 사람은 영예로운 공민증을 받고 떳떳한 공민으로서 국가주권기관 선거에서 선거할 권리와 선거 받을 권리를 행사한다.50)

◆**사회주의분배**(사회주의헌법 제24조 제3행)

〈사회주의(社會主義)∨ 분배(分配)〉와 같은 뜻으로 쓰이는 경제 용어로 "사회의 주인인 근로대중의 자주적 요구와 이해 관계에 맞게 그들이 한 역할에 따라 근로자들 사이에 이루어지는 소비재의 분배"를 이르는 말.
사회주의 분배는 사회 생산물의 분배를 다 포괄하지 않고 사회 생산물 분배의 한 구성부문이 되는 소비재 분배만을 의미하며, 〈사회주의 분배원칙〉은 노동의 양과 질에 따라 일한 것만큼, 번 것만큼 분배하는 것을 의미한다.

◆**터밭경리**(사회주의헌법 제24조 제5행)

〈텃밭∨ 경리〉와 같은 뜻으로 쓰이는 경제 용어로 "텃밭에다 남새를 재배하여 경제적 수익을 올리거나 다른 경제활동을 해서 개인 소유의 수익금을 올리는 경제활동"을 아울러 부르는 말.

◆**개인부업경리**(사회주의헌법 제24조 제5행)

---

50)인민이 사는 모습 1권, 77면.

〈개인부업경리(個人副業經理)〉와 같은 뜻으로 쓰이는 경제 용어로 "협동
농장 농민과 기타 일부 주민들의 개인적 노동에 기초하여 경제적 수익이
발생되며 그들의 보충적 수입원천이 되는 경리"를 뜻하는 말.

이 용어의 개념을 좀더 깊이 있게 이해하기 위해서는 북한에서 많이 쓰
는 경리(經理)라는 경제 용어의 뜻을 확실하게 이해해야 한다. 경리란 말
그대로 경제적으로 경영하고 관리하는 것을 말하므로 〈개인부업경리〉란
개인이 자신의 주되는 경제활동 외의 부업으로 택한 업종의 경제활동을
경영하고 관리하는 것을 말한다.

개인부업경리의 실례로는 텃밭에서 남새를 비롯한 농산물의 생산, 정원
과수재배, 집짐승 기르기, 가내 부업 등이 있다. 개인부업경리에서 나오
는 생산물은 그것을 생산한 사람들 자신이 소비하고 남은 것은 수매시키
거나 농민시장에 내다가 마음대로 팔거나 다른 물건과 바꿀 수 있다.

협동농장 기준 규약에는 텃밭 면적이 20~30평까지로 규정되었으며 공동
경리에 지장을 주지 않는 범위에서 돼지, 닭, 오리, 토끼, 염소, 양 등을
기르고 꿀벌 같은 것을 치며 정원 과수를 가꾸도록 되어 있다. 북한은
개인부업경리가 나라의 생산력이 인민들이 요구하는 모든 소비품의 수요
를 원만히 충족시킬 수 있으리 만큼 발전하고 협동적 소유가 전 인민적
소유에로 넘어가 단일한 전 인민적 소유가 지배하게 되면 없어지는 것으
로 인식하고 있다.51)

◆ **경리활동**(사회주의헌법 제24조 제6행)
〈경제활동(經濟活動)〉과 같은 뜻으로 쓰이는 경제 용어.

◆ **개인소유**(사회주의헌법 제24조 제6행)
〈개인소유(個人所有)〉와 같은 뜻으로 쓰이는 경제 용어로 "물질적 부에

---

51)인민이 사는 모습 2권, 71면.

대한 개별적 사람들의 소유로 집단 소유 또는 공동소유와 구별되는 소유의 한 형태"를 이르는 말. 소비품에 대한 개인들의 소유를 의미하는 경우도 있다. 개인소유가 집단 소유 또는 공동소유에 대치되는 개념으로 쓰일 때는 소비품과 함께 생산수단을 다 포괄하고 있다. 실질적으로 북한에서 개인소유는 극히 제한되어 있다.

개인소유는 이사할 때 가지고 갈 수 있는 물품밖에는 사실상 존재하지 않는다. 모든 생산수단과 도구, 생산 대상 및 가옥 일체는 국가 소유다. 도시의 일부 주민과 농민들의 경우, 해방 이전부터 살던 집은 개인소유로 되어 있으나, 직장이나 장소 이동시 팔 수도 없으므로 일단 그 집을 떠나면 〈국가적 소유〉가 된다.

실례로, 도시 주민의 개인 소유물은 의복류 · 침구류 · 식기류 · 이불장 또는 찬장 · 라디오 · 시계 · 재봉틀 · 선풍기 · 다리미 · 전기 용구 등에 불과하다. 농민들의 개인 소유물도 의복류 · 침구류 · 식기류 · 이불장 · 옷장 · 찬장 · 라디오 · 시계 · 재봉틀 · 전기 용구를 비롯하여 곡괭이 등 텃밭을 가꾸는데 필요한 도구 정도다.

북한이 이와 같이 개인소유를 제한하는 것은 이기주의와 개인주의를 반대하고 공산주의적인 집단주의 정신으로 무장시키기 위한 것이라고 볼 수 있다. 북한은 생산수단과 생산물에 대한 최초의 개인소유는 원시공동체 사회가 무너지던 시기에 나타났으며, 자신의 노동에 기초한 개인소유는 개별적 가족들이 자기의 독립적 경리를 가질 수 있을 만큼 생산력이 발전하였을 때에 나타났다고 보고 있다. 그리고 남의 노동 착취에 기초한 개인소유는 교환의 발전에 따라 씨족적 유대가 약화되고 공동체의 우두머리들과 권력자들이 공동체 성원들의 공동 소유물과 이미 발생한 개인적 노동에 기초하는 개인 소유물을 빼앗는 방법으로 장악하게 되었을 때부터 나타난 것으로 보고 있다.

사회주의에서의 개인소유는 기본적으로 노동에 의한 사회주의 분배와 국

가 및 사회의 추가적 혜택으로 이루어지며 개인부업경리에서 나오는 생
산물 정도인데, 이는 개인소유가 자기 노동에 기초한 것이라는 것을 말하
여 주는 것이다. 근본적으로 사회주의 사회에서 개인소유가 있고 이에
따라 개인 재산의 상속권을 법제화하는 것은 사회주의 제도의 공산주의
적 성격으로부터 나오는 것이 아니라 사회주의 사회의 미숙성, 과도적 성
격을 반영한 것이라고 보고 있다. 따라서 사상, 기술, 문화의 3대 혁명이
완성되고 사회주의 사회의 과도적 성격이 극복되어 공산주의 사회가 실
현될 때 개인소유 문제는 제기되지 않는다고 보고 있다.[52)

◆**상속권**(사회주의헌법 제24조 제7행)
〈상속권(相續權)〉과 같은 뜻으로 쓰이는 법률 용어로 "사회주의헌법과 가
족법에 따라 공민이 사망하였을 때 그의 개인 소유의 재산을 물려받을
수 있는 법적인 권리"를 이르는 말.

◆**인민들의 물질문화생활**(사회주의헌법 제25조 제1행)
〈인민들의∨ 물질생활〉과 〈인민들의∨ 문화생활〉을 합쳐놓은 문구로 "인
민들이 먹고 입고 쓰고 사는 것을 기본으로 하는 물질생활과 문화적 소
양을 높이거나 문화적 재부를 향유하는 인간생활"을 아울러서 부르는 말.

◆**높이는것을**(사회주의헌법 제25조 제2행)
〈높이는∨ 것을〉과 같은 뜻으로 쓰이는 문구.[53)

◆**우리 나라**(사회주의헌법 제25조 제3행)
〈우리나라〉와 같은 뜻으로 쓰이는 말로 여기서 눈여겨보아야 할 동강은

---

52) 북한대사전 89면.
53) 것, 수, 분 따위 의존 명사(불완전 명사)의 띄어쓰기에 관한 남북한 간 어문 규정의
    차이점 해설은 본서 79면 〈모든것이〉 해설 참조.

합성어의 띄어쓰기에 관한 남북한 간 어문 규정의 차이점을 이해하는 것이다.

국립국어원이 발간한 표준국어대사전은 〈우리나라〉를 붙여 써야 바른 표기법이 되고 교육부(구, 문교부)가 발간한 초등학교 국어 교과서는 〈우리∨나라〉라고 띄어 써야 바른 표기법이 되므로 남한에서는 이 문제로 국어사전마다 표기법이 제각각이고 정부 기관끼리도 주장이 엇갈리며 한때는 혼란이 많았다.

결론적으로 남한에서는 〈우리나라〉라고 붙여 써야 바른 표기법이 된다.

왜냐하면 1988년 한글 맞춤법이 발표되기 전까지 사용해 오던 종래의 우리 한글 맞춤법 규정에는 "여러 낱말로 하나의 뜻을 나타내는 복합어는 붙여 쓰기로 한다."는 규정에 따라 〈꽃+가루, 꽃+나무, 값+나가다, 꽃+놀이, 값+싸다, 개+고기, 개+눈, 개+소리, 겨우+살이, 눈+웃음, 눈+싸움, 고수+머리, 기와+집, 길+바닥, 땀+방울, 어깨+동무, 어린이+날, 위+아래, 어미+소, 저녁+때, 저녁+별, 찬+물, 흙+장난〉 등과 같이 두 개의 명사를 합쳐서 만든 합성어나 둘 이상의 여러 낱말로 하나의 뜻을 나타내는 복합어는 붙여 쓰게끔 되어 있다. 그러므로 〈우리〉라는 낱말과 〈나라〉라는 낱말로 만든 합성명사 〈우리나라〉는 〈우리글〉〈우리말〉과 함께 붙여 써야 바른 표기법이 된다. 그래서 2006년 6월에는 교육부와 국립국어원이 업무 협정을 맺어 앞으로 발간되는 초등 학교 국어 교과서에 나오는 합성명사 〈우리나라〉라는 낱말은 어떤 경우에도 띄어 쓰지 않고 붙여 쓰기로 합의를 보았다는 답변을 들은 바 있다.

그러나 북한에서는 조선말규범집 띄여쓰기 제2장 수사, 대명사와 관련한 띄여쓰기 제8항 "대명사는 원칙적으로 다른 품사와 띄어 쓰며 불완전 명사(또는 이에 준하는 일부 명사)와 직접 어울린 것만 붙여 쓴다."는 규정에 따라 〈우리〉라는 인칭대명사와 〈나라〉라는 명사를 합쳐서 만든 〈우리∨나라〉는 〈내∨조국, 우리∨식, 우리∨말, 이∨나라, 제∨땅위에서, 제∨ 힘으로〉 등과 같이 띄어 써야 바른 표기법이 된다.

◆**사회의 물질적부는**(사회주의헌법 제25조 제3행)
〈사회의∨ 물질적∨ 부(富)는〉과 같은 뜻으로 쓰이는 문구로 "한 사회를 구성하고 있는 성원들이 가지고 있는 쓸모 있는 물건의 총체"를 아우르는 경제 용어.

◆**륭성번영**(사회주의헌법 제26조 제1행)
〈융성∨ 번영(隆盛繁榮)〉과 같은 뜻으로 쓰이는 말로 여기서 눈여겨봐야 할 점은 한자어 낱말을 한글로 적을 때 적용하는 두음 법칙에 관한 남북한 간 어문 규정의 차이점을 이해하는 일이다.
남한은 한글 맞춤법 제3장 제5절 두음 법칙 제11항 "한자음 〈랴, 려, 례, 료, 리〉가 단어의 첫머리에 올 적에는 두음 법칙 따라 〈야, 여, 예, 요, 유, 이〉로 적는다."는 규정에 따라 〈隆盛繁榮〉은 〈융성번영〉으로 적어야 바른 문장이 된다.
그러나 북한은 조선말규범집 제7장 한자말 적기 제25항 "한자말은 소리마디마다 해당 한자음대로 적는 것을 원칙으로 한다."는 규정에 따라 〈로동, 로력, 리익, 락원, 례외, 례절, 례의, 대렬〉 등과 같이 〈隆盛繁榮〉은 〈륭성번영〉으로 적어야 바른 문장이 된다.

◆**사회주의자립적민족경제건설로선**(사회주의헌법 제26조 제3행)
〈사회주의(社會主義)∨ 자립적(自立的)∨ 민족경제(民族經濟)∨ 건설∨ 노선(建設路線)〉과 같은 뜻으로 쓰이는 문구.

◆**인민경제의 주체화, 현대화, 과학화**(사회주의헌법 제26조 제3행)
〈인민경제의∨ 주체화〉, 〈인민경제의∨ 현대화〉, 〈인민경제의∨ 과학화〉

를 합쳐놓은 경제 용어로 "사회주의, 공산주의 경제 건설에서 일관하게 견지하여야 할 전략적 노선"을 뜻한다. 이 중 인민경제의 주체화는 "자기 나라의 자원과 자기 나라의 기술에 의거하여 자기 나라의 실정에 맞는 경제를 건설하고 발전시키는 것"을 말하며, 인민경제의 현대화는 "뒤떨어진 기술을 선진기술로 개조하여 인민경제의 기술 장비 수준을 높이는 것"을 말하며, 인민경제의 과학화는 "과학 기술을 발전시켜 모든 부문의 생산과 경영활동을 새로운 과학적 토대 위에 올려 세우는 것을 말한다.

◆**물질기술적토대**(사회주의헌법 제26조 제5행)
〈물질적∨ 토대〉와 〈기술적∨ 토대〉를 합쳐놓은 말.

◆**기술혁명**(사회주의헌법 제27조 제1행)
〈기술혁명(技術革命)〉과 같은 뜻으로 쓰이는 말로 "근로자들을 어렵고 힘든 일에서 해방하며 더 많은 물질적 부를 생산하여 인민생활을 더욱 넉넉하고 문명하게 만드는 혁명"을 이르는 말.
북한은 기술혁명은 "수공업적 기술을 현대적인 새 기술로 바꾸는 과정이 사회적 범위에서 진행됨으로써 일어나는 기술 발전에서의 일대 변혁으로 사상혁명, 문화혁명과 함께 공산주의의 사상적 요새와 물질적 요새를 점령하기 위한 3대 혁명의 구성 부분을 이루고 있다."고 설명하고 있다. 또 기술혁명의 본질은 "노동의 본질적 차이를 없애고 근로자들을 힘든 노동에서 해방하는 것으로 단순히 기술을 발전시키고 생산력을 발전시켜 물질적 부를 많이 생산하기 위한 기술 실무적 과업이 아니라 사회적 평등과 자주적이며 창조적인 생활을 보장해주기 위한 중요한 정치적 과업[54]"이라고 주민들을 대상으로 교양하고 있다.

---

54)김일성저작선집 7권, 271면.

**◆기본고리**(사회주의헌법 제27조 제1행)

〈기본∨ 고리〉와 같은 뜻으로 쓰인 말로 "어떤 전일체나 연관 관계에서 그것이 풀림으로써 다른 것들도 순조롭게 풀려나갈 수 있는, 기본적인 부분"을 이르는 말.

**◆대중적기술혁신운동**(사회주의헌법 제27조 제3행)

〈대중적(大衆的)∨ 기술혁신∨ 운동(技術革新運動)〉 또는 〈대중적으로∨ 밀고∨ 나가는∨ 기술혁신∨ 운동〉과 같은 뜻으로 쓰이는 문구로 "인민경제 모든 부문을 새로운 현대적 기계와 설비로 장비하고 선진 생산 방법을 널리 받아들여 기술 분야에서 일대 변혁을 일으키기 위한 사회적 운동을 대중적으로 추진해 나가는 기술혁신 운동"을 이르는 말.

**◆로동**(사회주의헌법 제27조 제4행)

〈노동(勞動)〉과 같은 뜻으로 쓰이는 경제 용어로 "사회의 물질적 재부와 문화적 재부를 창조하는 사람들의 목적 의식적인 활동 전체"를 아울러서 부르는 말.

**◆로동계급**(사회주의헌법 제28조 제1행)

〈노동∨ 계급(勞動階級)〉과 같은 뜻으로 쓰이는 경제용어.55)

**◆계급적차이**(사회주의헌법 제28조 제1행)

〈계급적(階級的)∨ 차이(差異)〉와 같은 뜻으로 쓰이는 문구로 "사회주의 사회에서 노동계급과 농민 사이에 경제와 문화, 사상과 도덕의 모든 면에서 일정하게 남아 있는 차이"를 이르는 정치 용어.

북한은 "생산관계의 사회주의적 개조가 완성되면 적대계급은 계급적으로

---

55) 자세한 설명은 본서 81면 〈로동계급〉해설 참조.

청산되고 계급적 대립은 없어진다."고 보고 있다. 이 때, 농민도 노동계급과 마찬가지로 다 사회주의적 근로자로 되지만 이 두 계급 사이에는 경제와 문화, 사상과 도덕의 모든 면에서 일정한 차이가 남아 있게 된다는 것을 말한다.[56]

◆**농촌기술혁명**(사회주의헌법 제28조 제2행)

〈농촌(農村)∨ 기술혁명(技術革命)〉과 같은 뜻으로 쓰이는 문구로 "농촌의 생산활동과 경영관리 체계를 현대적 기계와 기술로 장비하고 농업과학의 성과를 널리 받아들여 농업 생산력을 고도로 발전시키며 농민들의 생활을 넉넉하게 하여 농민들을 고된 노동에서 해방하기 위한 혁명"을 이르는 말.[57]

◆**농민의  계급적차이**(사회주의헌법 제28조 제1행)

〈농민의∨ 계급적∨ 차이〉와 같은 뜻으로 쓰이는 문구.

여기서 눈여겨볼 동강은 〈계급적 차이〉라는 정치 용어인데 북한에서 말하는 계급적 차이란 "노동계급과 농민 사이에 경제와 문화, 사상과 도덕의 모든 면에서 일정하게 남아 있는 차이"를 말한다. 북한은 "생산관계의 사회주의적 개조가 완성되면 적대계급은 계급적으로 청산되고 계급적 대립은 없어진다."고 보고 있다. 이 때, 농민도 노동계급과 마찬가지로 다 사회주의적 근로자로 되지만 이 두 계급 사이에는 경제와 문화, 사상과 도덕의 모든 면에서 일정한 차이가 남아 있게 된다는 것을 말한다.

---

56)정치사전 179면.
57)정치사전 228면.

〈헌법 원문 4〉

**제29조** 사회주의, 공산주의는 근로대중의 창조적로동에 의하여 건설된다.

조선민주주의인민공화국에서 로동은 착취와 압박에서 해방된 근로자들의 자주적이며 창조적인 로동이다.

국가는 실업을 모르는 우리 근로자들의 로동이 보다 즐거운것으로, 사회와 집단과 자신을 위하여 자각적열성과 창발성을 내여 일하는 보람찬것으로 되게 한다.

**제30조** 근로자들의 하루로동시간은 8시간이다.

국가는 로동의 힘든 정도와 특수한 조건에 따라 하루로동시간을 이보다 짧게 정한다.

국가는 로동조직을 잘하고 로동규률을 강화하여 로동시간을 완전히 리용하도록 한다.

**제31조** 조선민주주의인민공화국에서 공민이 로동하는 나이는 16살부터이다.

국가는 로동하는 나이에 이르지 못한 소년들의 로동을 금지한다.

**제32조** 국가는 사회주의경제에 대한 지도와 관리에서 정치적지도와 경제기술적지도, 국가의 통일적지도와 매개 단위의 창발성, 유일적지휘와 민주주의, 정치도덕적자극과 물질적자극을 옳게 결합시키는 원칙을 확고히 견지한다.

**제33조** 국가는 생산자대중의 집체적힘에 의거하여 경제를 과학적으로, 합리적으로 관리운영하는 사회주의경제관리형태인 대안의 사업체계와 농촌경리를 기업적방법으로 지도하는 농업지도체계에 의하여 경제를 지도관리한다.

국가는 경제관리에서 대안의 사업체계의 요구에 맞게 독립채산제를 실시하며, 원가, 가격, 수익성 같은 경제적공간을 옳게 리용하도록 한다.

**제34조** 조선민주주의인민공화국의 인민경제는 계획경제이다.

국가는 사회주의경제발전법칙에 따라 축적과 소비의 균형을 옳게 잡으며 경제건설을 다그치고 인민생활을 끊임없이 높이며 국방력을 강화할수 있도록 인민경제발전계획을 세우고 실행한다.

국가는 계획의 일원화, 세부화를 실현하여 생산장성의 높은 속도와 인민경제의 균형적발전을 보장한다.

**제35조** 조선민주주의인민공화국은 인민경제발전계획에 따르는 국가예산을 편성하여 집행한다.

국가는 모든 부문에서 증산과 절약투쟁을 강화하고 재정통제를 엄격히 실시하여 국가축적을 체계적으로 늘이며 사회주의적소유를 확대발전시킨다.

**제36조** 조선민주주의인민공화국에서 대외무역은 국가 또는 사회협동단체가 한다.

국가는 완전한 평등과 호혜의 원칙에서 대외무역을 발전시킨다.

**제37조** 국가는 우리 나라 기관, 기업소, 단체와 다른 나라 법인 또는 개인들과의 기업 합영과 합작, 특수경제지대에서의 여러가지 기업창설운

영을 장려한다.

　제38조 국가는 자립적민족경제를 보호하기 위하여 관세정책을 실시한다.

(헌법 원문 131쪽에서 다시 이어집니다)

◆**사회주의**(사회주의헌법 제29조 제1행)

〈사회주의(社會主義)〉와 같은 뜻으로 쓰이는 철학 용어로 "공산주의 사회의 첫 단계로서 생산수단에 대한 사회주의적 소유에 기초하고 있으며 맑스—레닌주의 당의 영도 밑에 프롤레타리아 독재가 실시되며 착취와 압박에서 영원히 해방된 노동계급을 비롯한 전체 인민이 나라의 참된 주인으로서 혁명과 건설에 자각적으로 참가하여 모든 열성과 창의 창발성을 내어 일하며 노동의 량과 질에 따라 분배하는 사회주의 분배 원칙이 실시되는 사회제도, 또는 그러한 사회제도를 지향하는 사상과 이론"을 이르는 말.58)

◆**공산주의**(사회주의헌법 제29조 제1행)

〈공산주의(共産主義)〉와 같은 뜻으로 쓰이는 철학 용어로 "프롤레타리아 혁명과 프롤레타리아 독재가 승리한 결과, 자본주의 사회 다음에 오는 인류 사회의 가장 이상적이고 완성된 사회 제도 또는 그러한 사회제도를 실현하려는 사상"을 이르는 말.59)

경제와 문화, 사상과 도덕의 모든 분야가 전면적으로 발전되었으며 지덕체를 갖춘 다방면적으로 발전된 새형의 인간들이 자연과 사회의 주인이 되어 자주적이며 창조적인 생활, 참으로 문명하고 유족한 생활을 마음껏 누리는 최고 이상 사회 또는 그러한 사회를 실현하려는 사상. 공산주의의 높은 단계는 무계급 사회일 뿐 아니라 정신노동과 육체노동 간의 차이도 없고 사회의 모든 성원들이 능력에 따라 일하고 수요에 따라 분배를 받는 고도로 발전된 사회이다.60)

사유(私有) 재산제를 부정하고 공유(共有) 재산을 근거로 인간의 평등을 실현하고 계급이 존재하지 않는 사회, 정치체제를 실현하려는 사상과 운

---

58)현대 북한말 소사전 124면.
59)조선말사전 상권, 333면.
60)현대 북한말 소사전, 33면.

동. 공산주의라는 말은 원래 공동체를 뜻하는 라틴어 코뮌(commune)에서 유래하며 1830년대 프랑스의 카베(E. Cabet)가 이끄는 비밀 혁명 결사대와 그의 사상을 지칭하는 용어였다. 그 당시 공산주의는 사회주의에 비해 급진적인 의미를 지니고 있었다.

이러한 공산주의의 개념을 정식화한 것이 바로 K.맑스와 F.엥겔스이며 이의 시발이 1848년의 공산당 선언이다. 이들은 자본주의를 관념적으로 부정하는 초기 공산주의 사상의 한계를 극복하고 자본주의 발전 법칙을 해명하여 생산력과 생산관계 간의 모순으로 자본주의는 필연적으로 멸망하고 공산주의로 이행하게 된다고 주장하였다.

당시 맑스와 엥겔스가 생각했던 공산주의는 생산수단의 사유제 폐지, 노동계급에 의한 국가권력 장악, 자본주의에서 공산주의로의 변혁을 위한 과도적 프롤레타리아 독재 등이었다. 여기서 사회주의를 그들은 공산주의로 이행하기 위한 과도적 사회로 간주한다. 동시에 공산주의는 노동자계급의 혁명에 의해 실현된다고 하여 노동자 계급에 의한 공산주의 운동을 제창하였다.

◆**로동**(사회주의헌법 제29조 제3행)

〈노동(勞動)〉과 같은 뜻으로 쓰이는 경제 용어로 "사회의 물질적 재부와 문화적 재부를 창조하는 사람들의 목적 의식적인 활동 전체"를 아울러서 부르는 말. (61)

◆**즐거운것으로**(사회주의헌법 제29조 제5행)

〈즐거운∨ 것으로〉와 같은 뜻으로 쓰이는 문구.(62)

---

61)한자어 낱말을 한글로 적을 때 적용하는 두음 법칙과 관련된 남북한 간 어문 규정의 차이점 해설은 본서 70면 〈로동자〉 해설 참조.
62)〈것, 수, 분〉 등 의존 명사(불완전 명사)의 띄어쓰기에 관한 남북한 간 어문 규정의 차이점 해설은 본서 79쪽 〈모든것이〉 해설 참조.

**◆자각적열성**(사회주의헌법 제29조 제6행)

〈자각적∨ 열성(自覺的熱誠)〉과 같은 뜻으로 쓰이는 문구로 "현실을 판단하고 자기의 입장을 스스로 깨달아 행동하는 열렬한 성의"를 이르는 말.63)

**◆보람찬것으로**(사회주의헌법 제29조 제7행)

〈보람찬∨ 것으로〉와 같은 뜻으로 쓰이는 문구.

**◆하루로동시간**(사회주의헌법 제30조 제1행)

〈하루∨ 노동∨ 시간〉과 같은 뜻으로 쓰이는 문구.

**◆로동조직**(사회주의헌법 제30조 제4행)

〈노동조직(勞動組織)〉과 같은 뜻으로 쓰이는 경제 용어로 "노력 자원을 사회적 생산에 인입(引入)하여 합리적으로 효과적으로 이용하기 위한 조직적인 대책"을 이르는 말.

**◆로동규률**(사회주의헌법 제30조 제4행)

〈노동∨ 규율(勞動規律)〉과 같은 뜻으로 쓰이는 경제 용어로 "물질적 부를 창조하는 공동 노동에서 근로자들이 다 같이 지켜야 할 행동 질서"를 이르는 말.

**◆리용**(사회주의헌법 제30조 제5행)

〈이용(利用)〉과 같은 뜻으로 쓰이는 말.64)

---

63) 명사 앞뒤에 접사(접두사와 접미사)가 올 경우 띄어쓰기에 관한 남북한 간 어문 규정의 차이점 해설은 본서 69쪽 〈지도적지침〉 해설 참조.

64) 한자어 낱말을 한글로 적을 때 적용하는 두음 법칙에 관한 남북한 간 어문 규정의 차이점 해설은 본서 67쪽 〈리익〉 해설 참조.

**◆정치적지도**(사회주의헌법 제32조 제1행)

〈정치적(政治的)∨ 지도(指導)〉와 같은 뜻으로 쓰이는 문구.

**◆경제기술적지도**(사회주의헌법 제32조 제2행)

〈경제적∨ 지도〉와 〈기술적∨ 지도〉를 합쳐 놓은 문구로 여기서 눈여겨
봐야 할 동강은 명사 앞뒤에 접사(접두사와 접미사)가 올 경우 띄어쓰기
에 관한 남북한 간 어문 규정의 차이점을 이해하는 것이다.

남한은 한글 맞춤법 제1장 총칙 제2항 "문장의 각 단어는 띄어 씀을 원
칙으로 한다."와 접사(접두사와 접미사)에 관한 규정 중 "접두사는 다음
에 오는 말에 붙여 쓰고, 접미사는 앞에 오는 말에 붙여 쓴다."는 규정에
따라 접미사 〈―적(的)〉은 앞 말인 〈기술〉에 붙여 써야 하므로 〈기술적〉
이 되고 그 말 뒤에 오는 〈지도〉는 한글 맞춤법 제1장 총칙 제2항 "문장
의 각 단어는 띄어 씀을 원칙으로 한다."는 규정에 따라 〈경제∨ 기술적
∨ 지도〉로 띄어 써야 바른 문장이 된다.

그러나 북한은 조선말규범집 띄여쓰기 제1장 명사와 관련한 띄여쓰기 제
3항 2)번 규정에 따라 ≪상, 중, 간, 판, 경, 항, 측, 장, 조, 전, 편, 산,
호, 성, 하, 전, 후, 내, 외, 차, 초, 말, 발, 착, 행, 년, 부, 별, 용, 분,
과, 급, 당, 기, 계, 래, 형, 제, 식, 상(모양), 적≫ 등과 같은 한자말이나
불완전 명사(의존 명사라고도 함)와 ≪뒤붙이적 단어≫는 그 앞 단위에
붙여 쓰게끔 규정되어 있다. 그래서 북한에서는 〈분, 탓, 것, 나위, 녁,
지, 때문, 리, 번, 양〉 등과 같은 순수한 불완전 명사나 〈상, 중, 간, 판,
경, 항, 측, 장, 조, 전, 편, 산, 호, 성, 하, 전, 후, 내, 외, 차, 초, 말,
발, 착, 행, 년, 부, 별, 용, 분, 과, 급, 당, 기, 계, 래, 형, 제, 식, 상(모
양), 적〉 등과 같은 한자말에서 온 〈앞붙이적 단어〉와 〈뒤붙이적 단어〉
들은 모두 앞말에 붙여 쓴다는 규정에 따라 〈기술〉 다음에 온 뒤붙이적
단어 〈―적(的)〉은 앞 말에 붙여 〈기술적〉이 되며 그 뒤에 온 〈지도〉는

조선말규범집 띄어쓰기 제5장 특수한 말, 특수한 어울림에서의 띄어쓰기 제21항 1)번 "하나의 대상, 하나의 개념을 나타내는 학술 용어와 전문 용어는 품사 소속과 형태에는 관계없이 붙여 쓰는 것을 원칙으로 한다."는 규정에 따라 〈경제기술적지도〉로 붙여 써야 바른 문장이 된다.

◆**통일적지도**(사회주의헌법 제32조 제2행)

〈통일적(統一的)∨ 지도(指導)〉와 같은 뜻으로 쓰이는 문구로 "전체를 하나로 균형 있게 맞추어 이끌어 나가거나 여러 개로 나누어진 조직을 차별 없이 전일적으로 이끌어 나가는 지도 방식"을 이르는 말.

◆**유일적지휘**(사회주의헌법 제32조 제2행)

〈유일적(唯一的)∨ 지휘(指揮)〉와 같은 뜻으로 쓰이는 정치 용어로 "전당에 오직 수령의 혁명 사상만이 유일적으로 지배하게 하고 수령의 유일적 영도 아래 전당이 하나와 같이 움직일 것을 요구하는 수령의 독재 지휘"를 이르는 말.

◆**정치도덕적자극**(사회주의헌법 제32조 제3행)

〈정치적(政治的)∨ 자극(刺戟)〉과 〈도덕적(道德的)∨ 자극(刺戟)〉을 합쳐 놓은 문구로 "근로자들이 높은 혁명적 열의와 창조적 적극성을 발휘하여 자각적으로 일하도록 그들의 정치의식과 사상 의식을 높이며 노동에 대한 공산주의적 태도를 가지도록 자극하는 것[65]"을 이르는 말.

◆**물질적자극**(사회주의헌법 제32조 제3행)

〈물질적(物質的)∨ 자극(刺戟)〉과 같은 뜻으로 쓰이는 문구로 "노동의 결과에 대한 물질적 평가를 통하여 근로자들의 생산 의욕을 불러일으키는

---

65)철학사전, 1985년판, 454면.

방법"으로 북한은 "이 자극은 사회주의 사회의 공산주의적 성격으로부터
제기되는 주관적 태도의 정서적 체험으로서 사람들을 혁명과 건설에로
힘있게 불러일으키는 추동력의 역할을 한다[66]"고 강조한다. 그렇기 때문
에 인민대중을 사회주의 건설에 성과적으로 조직, 동원하자면 정치 도덕
적 자극을 위주로 하면서 여기에 물질적 자극을 옳게 배합하여야 한다.
결국 이는 사회주의 건설에서 북한 주민의 노력 동원과 적극성을 야기시
키기 위한 대중 동원 방법 중의 하나인 것이다.

◆**생산자대중**(사회주의헌법 제33조 제1행)
〈생산자(生産者)∨ 대중(大衆)〉과 같은 뜻으로 쓰이는 문구로 "생산에 참
여하는 근로 인민 대중"을 이르는 말.

◆**집체적힘**(사회주의헌법 제33조 제1행)
〈집체적(集體的)∨ 힘〉 또는 〈협동적(協同的)∨ 힘〉과 같은 뜻으로 쓰이
는 문구로 "여러 사람의 힘이나 지혜 등을 한 군데로 모아 합친 힘"을
이르는 말.

◆**사회주의경제관리형태**(사회주의헌법 제33조 제2행)
〈사회주의(社會主義)∨ 경제관리(經濟管理)∨ 형태(形態)〉와 같은 뜻으로
쓰이는 문구 "1961년 12월, 김일성이 대안전기공장(남포시 대안구역)을
현지 지도하면서 경제관리에 주체사상과 군중로선을 동원해 사회주의 경
제의 본성적 요구에 맞게 독창적으로 창조했다고 선전해 온 공산주의적
경제관리 형태, 즉 대안의 사업 체계"를 이르는 경제용어.

◆**대안의 사업체계**(사회주의헌법 제33조 제2행)

---

[66]철학사전 1985년판, 454면.

〈대안의∨ 사업∨ 체계(大安의 事業體係)〉와 같은 뜻으로 쓰이는 문구로 "생산자 대중의 집체적 힘에 의거하여 경제를 과학적, 합리적으로 관리 운영하는 사회주의 경제관리 형태"를 이르는 말.

대안의 사업 체계는 1961년 12월 김일성이 대안전기공장(남포시 대안구역)을 방문, 1)공장의 최고 지도기관으로서 공장 당 위원회의 집체적 지도체계를 확립하고 2)계획 · 생산 · 기술을 통일적 종합적으로 지도하는 생산지도 체계를 강화하며 3)기타 후방공급 체계를 개선하는 문제 등을 제시한 데서 비롯되었으며 이후 북한은 대안의 사업 체계를 이전의 〈지배인 유일 관리제〉를 대체하여 새로운 공업관리 형태로 제시했다.

대안의 사업 체계는 1)당의 지도적 역할을 강화하며 경제적 자극보다 정치 · 도덕적 자극을 앞세우는 정치 사업을 중시하며 2)공장과 기업소의 관리 운영에서 공장 당 위원회의 집체적 토의와 지도 그리고 당 간부와 지배인의 생산 현장 지도를 강화하면서 군중로선을 관철한다는 것. 그다음은 3)중앙 집권화된 계획적 관리와 독립채산제 실시를 원칙으로 한다는 것이 주요 골자이다.

◆**기업적방법으로**(사회주의헌법 제33조 제3행)
〈기업적∨ 방법으로〉와 같은 뜻으로 쓰이는 말.[67)]

◆**독립채산제**(사회주의헌법 제33조 제5행)
〈독립채산제(獨立採算制)〉와 같은 뜻으로 쓰이는 경제 용어로 "사회주의 사회에서 기업소의 활동 결과에 대한 물질적 관심성의 원칙에 기초하며 경리 운영에서 가치법칙의 형태적 이용을 전제로 하는 경영상 상대적 독자성을 가진 국영기업소의 계획적인 관리 운영 방법[68)]"을 이르는 말.

---

67)명사 앞뒤에 접사(접두사와 접미사)가 올 경우 띄어쓰기에 관한 남북한 간 어문 규정의 차이점 해설은 본서 69쪽 〈지도적지침〉 해설 참조.
68)경제사전 1권 443면.

쉽게 말해 독립채산제란 "사회주의 계획경제 체제 아래에서 제기되는 생산력 저하 문제를 해소하기 위해 공장과 기업소가 부분적으로나마 독자적으로 경영활동을 할 수 있도록 국가가 경영권을 부여한 국영기업소의 계획적인 경영관리 방법의 하나"를 이르는 말이다.

북한에서는 국영기업소의 이러한 관리 운영 방법에 대해 "국가의 중앙집권적인 지도와 통제 밑에서 기업소가 상대적 독자성을 가지고 경영활동을 해 나가면서 생산에 지출된 비용을 자체로 보상하고 국가에 이익을 주는 합리적인 경영관리 운영 방법"이라며 "과도적 사회인 사회주의 사회의 성격과 요구를 반영한 것"이라고 설명한다.

결론적으로 독립채산제는 사회주의 계획경제 체제에 자본주의적 경제 원리를 도입한 것으로서 과도적 상태에서의 현상이라는 것이다. 실제로 독립채산제는 사적 소유를 인정하지 않는 사회주의 계획경제 체제 아래에서 생산활동을 하는 국영기업소들의 경영활동에서 파생되는 1)기업 운영과 생산조직상의 형식주의와 낭비성, 2)국가 재산 애호 정신의 결핍성, 3)개인 이기주의 · 기관 본위주의 · 지방 본위주의적 사업 태도, 4)노동 제일주의 의식 결여 등의 문제점들을 해소하기 위해 제기된 국영기업소의 계획적인 관리운영 방법으로서 1)노동력과 자재 · 자금의 절약, 2)비생산적 지출 축소, 3)노동 생산성의 제고 등을 도모하는데 목적을 두고 있다.

그러므로 독립채산제는 당 정책과 국가계획을 무조건 실행하고 기업에서 생산 대중의 참여와 정치사업을 선행시키는 한편 1)중앙집권적 계획과 관리, 2)기업소 운영상의 융통성, 3)상품과 화폐간의 적절한 배합, 그리고 4)정치적 도덕적 자극과 물질적 자극을 옳게 결합시키는 것 등을 원칙으로 한다.

북한은 이 제도를 1962년부터 중앙의 국영기업소를 대상으로 〈완전 독립채산제〉라는 이름으로 실시해 왔으며 1970년대 초부터 이를 지방에 소재한 산업체와 공장을 포함한 공업 · 농업부문 그리고 비생산적 부문인 유통부문에까지 확대해서 실시해 오고 있다.

◆**경제적공간을**(사회주의헌법 제33조 제6행)

〈경제적∨ 공간을〉과 같은 뜻으로 쓰이는 문구.[69]

◆**리용하도록**(사회주의헌법 제33조 제6행)

〈이용하도록〉과 같은 뜻으로 쓰이는 문구.[70]

◆**계획경제**(사회주의헌법 제34조 제1행)

〈계획경제(計劃經濟)〉와 같은 뜻으로 쓰이는 경제 용어로 "유일적(唯一的)인 국가계획에 따라 계획적으로, 균형적으로 발전하는 사회주의 경제"를 이르는 말.

북한은 계획경제의 본질적 특징은 "첫째로 객관적 경제법칙에 기초하여 과학적으로, 의식적으로 조직된 경제이며 둘째로 국가에 의하여 통일적으로 지도되는 경제이며 셋째로 사회적 생산에 필요한 균형들이 계획적으로 유지되면서 끊임없이 높은 속도로 발전하는 경제"라는 것이다. 또 계획경제의 객관적인 전제 조건은 "노동계급의 정권 수립과 생산수단에 대한 사회주의적 소유의 확립."이라고 정의하고 있다.[71]

◆**사회주의경제발전법칙**(사회주의헌법 제34조 제2행)

〈사회주의(社會主義)∨ 경제∨ 발전(經濟發展)∨ 법칙(法則)〉, 또는 〈사회주의∨ 경제∨ 발전의∨ 끊임없는∨ 높은∨ 속도의∨ 법칙〉과 같은 뜻으

---

69) 명사 앞뒤에 접사(접두사와 접미사)가 올 경우 띄어쓰기에 관한 남북한간 어문 규정의 차이점 해설은 본서 69면 〈지도적지침〉 해설 참조.
70) 한자어 낱말을 한글로 적을 때 적용하는 두음 법칙에 관한 남북한간 어문 규정의 차이점 해설은 본서 67면 〈리익〉 해설 참조.
71) 정치사전 185면.

로 쓰이는 문구로 "사회주의 제도의 우월성에 기초하여 경제 발전의 높은 속도가 사회주의 건설의 전 기간에 걸쳐 이루어지게 되는 필연성을 반영하며 그것이 끊임없이 실현될 것을 요구하는 경제 법칙"을 이르는 말.

북한은 사회주의 사회에서 경제가 끊임없는 높은 속도로 발전할 수 있게 하는 첫번째 요인은 "우선 계획경제의 우월성에 있다"고 설명하고 있다. 그다음 두번째는 "기술이 계획적으로 빨리 발전한다"는 데 있다고 주장하고 있다. 그다음 세번째 요인으로는 "생산자 대중의 높은 혁명적 열의"라고 내세우고 있다.

〈계획경제의 우월성〉이란 "생산수단이 사회화되어 있는 사회주의 사회에서는 경제 발전 전망을 과학적으로 예견할 수 있고 인민경제 여러 부문들 사이의 합리적인 균형을 설정할 수 있으므로 나라의 온갖 노력 자원과 자연부원을 가장 합리적으로 이용할 수 있다. 사회주의 계획경제가 만들어주는 이러한 생산 장성의 가능성은 사회주의 건설이 진척될수록 더욱더 많아진다. 그것은 사회주의 건설이 진척됨에 따라 프롤레타리아 국가의 경제 조직자적 기능이 강화되고 일꾼들의 경제관리 운영 수준이 높아져 인민경제 부문들 사이의 균형이 더욱 합리적으로 이루어지며 나라의 경제가 더 잘 째일수록 노력 자원과 자연부원을 보다 합리적으로 이용할 수 있게 되기 때문이다. 사회주의 계획경제의 우월성은 생산을 확대하기 위한 축적을 조성하고 그것을 이용하는 데서도 나타난다. 축적을 계통적으로 늘이며 그것을 합리적으로 이용하는 것은 생산의 끊임없는 빠른 장성을 위한 필수적 조건이다. 사회주의 사회에서는 국가가 생산과 분배, 축적과 소비를 통일적으로 틀어쥐고 계획적으로 실천하기 때문에 축적에 많은 자금을 돌리고 그것을 가장 합리적으로 이용하여 끊임없이 큰 규모로 생산을 확대해 나갈 수 있다."는 것이다.[72]

---

72) 경제사전 1권 708면.

〈기술의 계획적 신속 발전〉이란 "사회주의적 생산관계는 생산력과 기술을 빨리 발전시킬 수 있는 넓은 길을 열어준다. 사회주의 사회에서 근로대중은 기술 발전에 절실한 이해 관계를 가지고 기술 문화수준을 높이며 집체적 지혜와 힘을 모아 기술을 발전시켜 나간다. 사회주의 국가는 기술을 발전시키는 사업을 통일적으로 틀어쥐고 계획적으로 실현해 나간다. 그리하여 사회주의 사회에서는 기술이 빨리 발전하게 됨으로써 노동 생산능률이 끊임없이 높아지고 생산이 계속 높은 속도로 발전하게 된다."는 것이다.

〈생산자 대중의 높은 혁명적 열의〉란 "사회주의 사회에서 근로자들은 노동의 결과가 자기 자신과 공동의 이익을 위하여 돌려진다는 것을 깊이 깨닫고 있기 때문에 생산 발전을 위하여 자각적 열성과 창발성을 내어 일하게 된다. 생산을 빨리 발전시키려는 근로자들의 높은 혁명적 열의는 사회주의 건설이 심화 발전될수록 더욱 높아진다. 그것은 노동계급의 당과 국가가 사상혁명을 강화하여 근로자들을 주체의 세계관으로 무장시키고 낡은 사상 잔재를 점차 없앰으로써 혁명과 건설의 주인으로서의 그들의 역할이 높아지기 때문이다. 그리하여 근로자들이 높은 혁명적 열의를 내어 일하게 됨으로써 경제관리 사업과 생산조직, 노동조직 그리고 기술 발전의 모든 분야에서 부단한 개선과 여건이 일어나게 되어 결국 생산을 끊임없이 높은 속도로 발전시킬 수 있게 된다. 사회주의 사회에서 인민경제의 계획적 발전과 기술의 빠른 발전, 사람들의 높은 혁명적 열의 등 여러 요인들은 호상 밀접한 연관 속에서 작용하면서 생산 장성의 높은 속도를 확고히 보장한다."고 설명하고 있다.

이런 세 가지 요인 때문에 사회주의 계획경제는 높은 성장을 계속할 수 있다고 전제하며 북한은 "사회주의 경제 발전의 끊임없는 높은 속도의 법칙은 사회주의적 생산의 목적을 이룩하기 위한 수단을 마련하는 과정을 규제함으로써 사회주의 기본 경제법칙의 요구를 실현하는데 복무한다.

사회주의 경제 발전의 끊임없는 높은 속도의 법칙은 또한 인민경제의 계획적 균형적 발전 법칙의 작용을 전제로 하는 한편 사회주의 기본 경제 법칙과 함께 인민경제의 균형 설정과 그 발전의 방향을 규정한다. 사회주의 경제 발전의 끊임없는 높은 속도의 법칙은 또한 노동 생산능률의 끊임없는 장성의 법칙이 경제의 규모가 커져도 생산장성의 높은 속도를 이룩하는 방향에서 작용하도록 규제한다. 끊임없이 높은 속도로 발전하는 사회주의 경제 발전의 합법칙성은 우리나라 경제 건설의 실전적 경험에 의하여 뚜렷이 확증되고 있다."고 강조하며 "우리나라 경제 발전의 연평균 장성속도는 1961-1970년 기간에는 12.8%, 1971-1976년 기간에는 16.3%였으며 1957-1970년 기간에는 19.1%, 1970-1979년 기간에는 15.9% 였다.[73] 이것은 우리나라 공업 생산이 계속 전례 없이 높은 속도로 장성하고 있다는 것을 보여준다. 공업과 함께 농업도 급속히 발전하여 왔다. 우리나라의 알곡 생산은 그 전년도에 비하여 1973년에는 31%, 1974년에는 36%나 장성하였으며 1974년도 알곡 수확량은 700만 톤 이상에 이르렀고 1979년에는 900만 톤의 알곡을 생산하였으며 1982년에는 950만 톤의 알곡을 생산하는 자랑찬 성과를 이룩하였다."고 자랑한 바 있다.

여기서 눈여겨보아야 할 동강은 사회주의 계획경제가 이런 세 가지 요인들 때문에 높은 성장을 계속할 수 있었다면 "왜 동구 사회주의 국가들과 구 소련은 해체되고 오늘의 북한은 고난의 행군 시기 2,300만 동포들의 식량 문제마저 해결하지 못한 채 기아선상에서 헤매게 하다 300만 명 이상을 굶어 죽게 만들었는가? " 하고 비판적 시각으로 북한의 현실을 다시 한번 살펴보며 사회주의 계획경제 체제의 허실을 함께 진단해 보는 시각일 것이다.

◆**강화할수**(사회주의헌법 제34조 제3행)

---

73)경제사전 1권 708면.

〈강화할∨ 수〉와 같은 뜻으로 쓰이는 문구.[74]

**◆ 인민경제발전계획**(사회주의헌법 제34조 제4행)

〈인민경제(人民經濟)∨ 발전∨ 계획(發展計劃)〉과 같은 뜻으로 쓰이는 경제용어로 "조선로동당의 정책과 현실적 조건, 경제 법칙에 맞게 국가의 발전을 과학적으로 수립하는 사회주의 국가의 경제계획"을 이르는 말.

**◆ 계획의 일원화**(사회주의헌법 제34조 제5행)

〈계획의∨ 일원화(計劃의 一元化)〉와 같은 뜻으로 쓰이는 문구로 "계획화의 유일성을 철저히 보장할 수 있게 하는 체계"를 이르는 말.

북한은 "계획의 일원화는 국가계획 기관과 계획 세포들이 하나의 계획화 체계를 이루고 국가계획위원회의 통일적인 지도 밑에 계획화의 유일성을 철저히 보장하는 것을 의미한다."고 설명하고 있다.[75]

다시 말해 인민경제의 전반적 계획이 당과 국가의 요구대로, 또한 사회를 발전시키는데 필요한 대로 작성 · 집행될 수 있도록 계획화 사업에서의 유일성을 보장하는 것이라고 할 수 있다.

**◆ 계획의 세부화**(사회주의헌법 제34조 제5행)

〈계획의∨ 세부화(計劃의 細部化)〉와 같은 뜻으로 쓰이는 문구로 "국가계획 기관들이 당 정책과 객관적 현실에 맞게 직접 전반적 경제 발전 계획과 매개 공장, 기업소들의 경영활동 등 인민경제 모든 부문의 경제활동을 세부에 이르기까지 구체적으로 맞물린 계획을 세우고 그것을 정확히 집행한다는 것"을 이르는 말.[76]

---

74)〈것, 수, 분〉 따위의 의존 명사(불완전 명사)의 띄어쓰기에 관한 남북한 간의 어문 규정의 차이점 해설은 본서 76면 〈소환할수〉 해설 참조.
75)김일성저작집 19권, 458쪽.
76)정치사전, 187면.

◆**생산장성**(사회주의헌법 제34조 제5행)

〈생산∨ 장성(生産長成)〉 또는 〈생산∨ 성장(生産成長)〉과 같은 뜻으로 쓰이는 문구.

◆**균형적발전**(사회주의헌법 제34조 제6행)

〈균형적(均衡的)∨ 발전(發展)〉과 같은 뜻으로 쓰이는 말.[77]

◆**국가축적**(사회주의헌법 제35조 제4행)

〈국가(國家)∨ 축적(蓄積)〉과 같은 뜻으로 쓰이는 경제 용어로 "국가가 국민 소득의 일부를 생산의 확대, 비생산적 고정 재산의 증대 그리고 국가 예비의 조성에 이용하는 것."을 이르는 말.
북한에서는 국영기업소 기관들과 협동단체 기관, 기업소들에서 조성된 사회 순소득의 일부가 국가 축적의 원천이 되고 있다.

◆**사회주의적소유**(사회주의헌법 제35조 제4행)

〈사회주의적(社會主義的)∨ 소유(所有)〉와 같은 뜻으로 쓰이는 문구로 "사회주의에 기초한, 사회주의적인 사상과 이론에 따른 소유, 즉 생산물에 대한 사회 전체 성원 또는 집단의 공동소유"를 이르는 말.

◆**확대발전시킨다**(사회주의헌법 제35조 제4행)

〈확대시킨다〉란 동사와 〈발전시킨다〉란 동사의 어간을 합쳐서 만든 복합어.[78]

---

[77]명사 앞뒤에 접사(접두사와 접미사)가 올 경우 띄어쓰기에 관한 남북한 간 어문 규정의 차이점 해설은 본서 69면 〈지도적지침〉 해설 참조.

[78]동사나 형용사의 줄기와 줄기를 합하여 합친 말을 만들어 사용하면서 표현을 더욱 간결하고 힘있게 나타내는 문장 수사법 해설은 본서 58면 〈계승발전시켜〉 해설 참조.

**◆대외무역**(사회주의헌법 제36조 제1행)

〈대외∨ 무역(對外貿易)〉과 같은 뜻으로 쓰이는 경제 용어로 "외국 무역"을 이르는 말.

**◆완전한 평등과 호혜의 원칙**(사회주의헌법 제36조 제2행)

〈완전한∨ 평등과∨ 호혜(互惠)의∨ 원칙〉과 같은 뜻으로 쓰이는 말.

**◆우리 나라**(사회주의헌법 제37조 제1행)

〈우리나라〉와 같은 뜻으로 쓰이는 말.79)

**◆기관**(사회주의헌법 제37조 제1행)

〈기관(機關)〉과 같은 뜻으로 쓰이는 말로 "북한의 행정기관과 사법기관 등 공공 기관"을 뭉뚱그려 일컫는 말.

**◆기업소**(사회주의헌법 제37조 제1행)

〈기업소(企業所)〉와 같은 뜻으로 쓰이는 경제 용어로 "독자적으로 경제활동 조직을 만들어 직접 경영활동을 진행하는 공화국의 경제 단위"를 뭉뚱그려 부르는 말.

북한은 기업소는 "일정한 노력, 설비, 자재, 자금 등을 가지고 생산활동을 진행하거나 봉사 활동을 진행하여 얻은 수입으로 지출을 보상하고 채산을 맞추면서 경영활동을 진행한다."고 설명하고 있다. 이 중 공업 생산 부문의 기업소는 "공장, 광산, 탄광 등과 함께 인민경제의 기층 단위라는 점에서는 공통성을 가지면서도 경영 단위의 성격을 반영하는 측면에서는 공장, 광산, 탄광 등은 생산의 조직 기술적 특성을 반영하고 있으므로 차이가 있다."고 구분하고 있다. 그래서 "하나의 기업소가 하나의 공장일

---

79) 〈우리나라〉라는 합성어의 띄어쓰기에 관한 남북한 간 어문 규정의 차이점 해설은 본서 105면의 〈우리나라〉해설 참조.

수도 있고 몇 개의 공장이 합쳐 하나의 기업소가 될 수도 있다[80]"고 기업소의 공통성과 차이점을 말하면서 "인민경제 발전에 기여하는 역할에 따라 특급기업소 외 1급, 2급, 3급, 4급 기업소 등으로 나누어진다."고 설명하고 있다.[81]

◆**합영**(사회주의헌법 제37조 제2행)
〈합영(合營)〉과 같은 뜻으로 쓰이는 말로 "조선민주주의인민공화국 합영법 제1장 제5조에 따라 합영 당사자들이 출자한 재산에 대한 소유권과 경영권을 함께 조선민주주의인민공화국 사회주의 헌법과 합영법으로 보장해 주는 자본과 기술의 협력 방식"을 이르는 경제용어.

◆**합작**(사회주의헌법 제37조 제2행)
〈합작(合作)〉과 같은 뜻으로 쓰이는 말로 "조선민주주의인민공화국 합작법 제2조에 따라 조선민주주의인민공화국 측 투자가와 외국 측 투자가가 공동으로 투자하고 조선민주주의인민공화국 측이 경영을 하며 합작 계약 조건에 따라 상대측은 투자 몫을 상환 받을 수 있는 권리와 이윤을 분배 받을 수 있는 권리를 조선민주주의인민공화국 사회주의 헌법과 합작법으로 보장해 주는 자본과 기술의 협력 방식"을 이르는 경제 용어.
합작 방식으로 북한측 기업과 합작 기업을 설립한 외국의 자본 및 기술 보유 기업은 경영권을 가질 수 없으며 합작 계약 조건에 따라 상대측의 투자 몫을 상환 받을 수 있는 권리와 이윤을 분배받을 수 있는 권리만 합작법에 의해 보장된다.

◆**특수경제지대**(사회주의헌법 제37조 제2행)

---

80)경제사전 1권, 302면.
81)조선대백과사전 4권 97면.

〈조선민주주의인민공화국∨ 특수∨ 경제∨ 지대(特殊經濟地帶)〉와 같은 뜻으로 쓰이는 경제 용어로 이 조문에서는 "〈조선민주주의인민공화국 라선경제무역지대법〉, 〈조선민주주의인민공화국 개성공업지구법〉, 〈조선민주주의인민공화국 금강산관광지구법〉 등의 규정에 따라 공화국의 기관, 기업소, 단체와 다른 나라 법인 또는 개인들과의 기업 합영과 합작 등 여러 가지 기업 창설 운영이 가능한 경제 지대"를 이르는 말.

◆**여러가지**(사회주의헌법 제37조 제2행)

〈여러∨ 가지〉와 같은 뜻으로 쓰이는 문구.

◆**기업창설운영**(사회주의헌법 제37조 제2행)

〈기업∨ 창설∨ 운영〉과 같은 뜻으로 쓰이는 말.[82]

◆**자립적민족경제**(사회주의헌법 제38조 제1행)

〈자립적(自立的)∨ 민족경제(民族經濟)〉와 같은 뜻으로 쓰이는 문구로 "남에게 예속되지 않고 제 발로 걸어나가는 경제 또는 자기 인민을 위하여 복무하며 자기 나라의 자원과 자기 인민의 힘에 의거하여 발전하는 경제"를 이르는 경제 용어.

◆**관세정책**(사회주의헌법 제38조 제1행)

〈관세∨ 정책(關稅政策)〉과 같은 뜻으로 쓰이는 문구로 "자기 나라의 경제와 대외 경제 관계를 위하여 일관되게 관세에 관한 제도를 마련하여 현실적으로 운영해 나가는 한 나라의 정책"을 이르는 경제 용어.

---

82) 한자어 명사와 명사가 토(조사) 없이 2중 3중으로 어울린 문구의 떼어쓰기에 관한 남북한 간 어문 규정의 차이점 해설은 본서 77면 〈근로인민대중〉 해설 참조.

〈헌법 원문 5〉

# 제3장   문화

**제39조** 조선민주주의인민공화국에서 개화발전하고있는 사회주의적문화는 근로자들의 창조적능력을 높이며 건전한 문화정서적수요를 충족시키는데 이바지한다.

**제40조** 조선민주주의인민공화국은 문화혁명을 철저히 수행하여 모든 사람들을 자연과 사회에 대한 깊은 지식과 높은 문화기술수준을 가진 사회주의, 공산주의건설자로 만들며 온 사회를 인테리화한다.

**제41조** 조선민주주의인민공화국은 사회주의근로자들을 위하여 복무하는 참다운 인민적이며 혁명적인 문화를 건설한다.
국가는 사회주의적민족문화건설에서 제국주의의 문화적침투와 복고주의적경향에 반대하며 민족문화유산을 보호하고 사회주의현실에 맞게 계승발전시킨다.

**제42조** 국가는 모든 분야에서 낡은 사회의 생활양식을 없애고 새로운 사회주의적생활양식을 전면적으로 확립한다.

**제43조** 국가는 사회주의교육학의 원리를 구현하여 후대들을 사회와 인민을 위하여 투쟁하는 견결한 혁명가로, 지덕체를 갖춘 공산주의적 새 인간으로 키운다.

제44조 국가는 인민교육사업과 민족간부양성사업을 다른 모든 사업에 앞세우며 일반교육과 기술교육, 교육과 생산노동을 밀접히 결합시킨다.

제45조 국가는 1년동안의 학교전의무교육을 포함한 전반적11년제 의무교육을 현대과학기술발전추세와 사회주의건설의 현실적요구에 맞게 높은 수준에서 발전시킨다.

제46조 국가는 학업을 전문으로 하는 교육체계와 일하면서 공부하는 여러가지 형태의 교육체계를 발전시키며 기술교육과 사회과학, 기초과학교육의 과학리론수준을 높여 유능한 기술자, 전문가들을 키워낸다.

제47조 국가는 모든 학생들을 무료로 공부시키며 대학과 전문학교 학생들에게는 장학금을 준다.

제48조 국가는 사회교육을 강화하며 모든 근로자들이 학습할수 있는 온갖 조건을 보장한다.

제49조 국가는 학령전 어린이들을 탁아소와 유치원에서 국가와 사회의 부담으로 키워준다.

제50조 국가는 과학연구사업에서 주체를 세우며 선진과학기술을 적극 받아들이고 새로운 과학기술분야를 개척하여 나라의 과학기술을 세계적 수준에 올려세운다.

제51조 국가는 과학기술발전계획을 바로세우고 철저히 수행하는 규률을 세우며 과학자, 기술자들과 생산자들의 창조적협조를 강화하도록 한

다.

　제52조 국가는 민족적형식에 사회주의적내용을 담은 주체적이며 혁명적인 문학예술을 발전시킨다.
　국가는 창작가, 예술인들이 사상예술성이 높은 작품을 많이 창작하며 광범한 대중이 문예활동에 널리 참가하도록 한다.

　제53조 국가는 정신적으로, 육체적으로 끊임없이 발전하려는 사람들의 요구에 맞게 현대적인 문화시설들을 충분히 갖추어주어 모든 근로자들이 사회주의적문화정서생활을 마음껏 누리도록 한다.

　제54조 국가는 우리 말을 온갖 형태의 민족어말살정책으로부터 지켜내며 그것을 현대의 요구에 맞게 발전시킨다.

　제55조 국가는 체육을 대중화, 생활화하여 전체 인민을 로동과 국방에 튼튼히 준비시키며 우리 나라 실정과 현대 체육기술발전추세에 맞게 체육기술을 발전시킨다.

　제56조 국가는 전반적무상치료제를 공고발전시키며 의사담당구역제와 예방의학제도를 강화하여 사람들의 생명을 보호하며 근로자들의 건강을 증진시킨다.

　제57조 국가는 생산에 앞서 환경보호대책을 세우며 자연환경을 보존, 조성하고 환경오염을 방지하여 인민들에게 문화위생적인 생활환경과 로동조건을 마련하여 준다.

(헌법 원문 152쪽에서 다시 이어집니다)

◆**개화발전하고있는**(사회주의헌법 제39조 제1행)

〈개화하다〉란 말과 〈발전하다〉란 말과 〈있다〉라는 세 낱말이 합쳐진 문구로 말뜻은 "어떤 부문이나 장소가 매우 개화하여 구태를 벗으면서 하루가 다르게 발전하고 있는"과 같은 뜻으로 쓰이는 문구.

여기서 눈여겨보아야 할 동강은 동사나 형용사의 줄기와 줄기를 합하여 합친 말을 만들어 사용하면서 표현을 더욱 간결하고 힘있게 나타내는 문장 수사법을 생활화하고 있는 점이다.

남한에서는 특별한 경우 외에는 동사나 형용사를 합쳐서 사용하는 경우가 드물고 그렇게 합쳐진 말 뒤에 붙는 형용사 〈있다〉는 어떤 존재나 형상의 〈있다, 없다〉를 말해주는 낱말이므로 〈개화∨ 발전하고∨ 있는〉과 같이 앞 말과 띄어 써야 바른 문장이 된다.

그러나 북한은 한글의 형태론에서 동사나 형용사의 어간, 즉 동사나 형용사의 줄기와 줄기를 합하여 〈조직동원하다, 장성강화되다, 통일단결되다, 생산보장하다, 폭로규탄하다, 고무충동하다, 조직전개하다, 극복타개하다, 공고발전시키다, 확대강화발전되다〉 등과 같은 합친말을 많이 만들어 씀으로써 표현을 더욱 간결하게, 힘있게 나타내는 문장 수사법을 많이 생활화하고 있다.[83]

여기서 눈여겨봐야 할 대목은 이렇게 표현을 더욱 간결하고 힘있게 나타내기 위하여 동사나 형용사의 줄기와 줄기를 합하여 〈개화발전하고〉란 합친말을 만든 다음에 오는 형용사 〈있다〉라는 낱말의 구사법이 남한과는 완전히 다르다는 점이다. 남한의 경우는 한글 맞춤법 제1장 총칙 제2항 "문장의 각 단어는 띄어 씀을 원칙으로 한다."는 규정에 따라 띄어 써야 한다.

그러나 북한은 조선말규범집 제3장 동사, 형용사와 관련한 띄어쓰기 제10항 1)-(3)번 규정에 따라 "문장 속에서 동사나 형용사끼리 어울렸을 경우

---

83)문화어문법규범, 김일성종합대학출판사 1972년판, 160면.

〈아, 어, 여〉형이 아닌 다른 형 뒤에서 보조적으로 쓰인 동사나 형용사는 붙여 쓴다."는 규정에 따라 〈읽고있다, 쓰고있다, 맡고있다, 쉬고있다〉 등과 같이 자립성이 희박한 형용사나 보조동사는 모두 앞말에 붙여 쓰고 있다. 그러므로 〈개화발전하고〉 다음에 오는 형용사 〈있다, 있었다, 있는, 있었던〉 등은 모두 앞말에 붙여 〈개화발전하고있는〉으로 써야 바른 문장이 된다.

◆**사회주의적문화**(사회주의헌법 제39조 제1행)

〈사회주의적(社會主義的)∨ 문화(文化)〉와 같은 뜻으로 쓰이는 문구로 "사회주의에 기초한, 즉 노동계급의 문화를 비롯한 그 밖의 사회주의적인 사상과 성격을 드러내는 문화"를 아울러 이르는 말.[84]

◆**창조적능력**(사회주의헌법 제34조 제2행)

〈창조적(創造的)∨ 능력(能力)〉과 같은 뜻으로 쓰이는 문구.[85]

◆**문화정서적수요**(사회주의헌법 제39조 제2행)

〈문화(文化)∨ 정서적(情緒的)∨ 수요(需要)〉와 같은 뜻으로 쓰이는 문구로 "사회주의, 공산주의 문화에 대한 소양과 고상한 미학적 감정을 불러일으키는 분위기나 환경을 갖고 싶어하는 사람의 심적 욕구"를 이르는 말.[86]

◆**문화혁명**(사회주의헌법 제40조 제1행)

---

[84] 명사 앞뒤에 접사(접두사와 접미사)가 올 경우 띄어쓰기에 관한 남북한 간 어문 규정의 차이점 해설은 본서 69면 〈지도적 지침〉 해설 참조.
[85] 명사 앞뒤에 접사(접두사와 접미사)가 올 경우 띄어쓰기에 관한 남북한 간 어문 규정의 차이점 해설은 본서 69면 〈지도적 지침〉 해설 참조.
[86] 명사 앞뒤에 접사(접두사와 접미사)가 올 경우 띄어쓰기에 관한 남북한 간 어문 규정의 차이점 해설은 본서 69면 〈지도적 지침〉 해설 참조.

〈문화혁명(文化革命)〉과 같은 뜻으로 쓰이는 문구로 "낡은 사회에서 물려 받은 문화적 낙후성을 없애고 사회주의, 공산주의 문화를 창조하기 위한 투쟁"을 이르는 정치 용어.

북한이 강조하는 문화혁명은 "공산주의 사회의 본질적 요구에 맞게 근로 자들의 문화 기술 수준을 높여 사회의 모든 성원들을 전면적으로 발전된 공산주의적 인간으로 만들며 교육, 과학 기술, 문학 예술, 체육을 발전시 켜 근로자들의 문화적 수요를 훌륭히 충족시키고 낡고 뒤떨어진 생활양 식을 없애고 공산주의적 생산문화와 생활문화를 세우기 위한 투쟁"을 뜻 한다.

◆**문화기술수준**(사회주의헌법 제40조 제2행)

〈문화∨ 수준(文化水準)〉과 〈기술∨ 수준(技術水準)〉을 합쳐놓은 복합어 로 문화 수준과 기술 수준을 아우르는 말.

이 조문에서 말하는 문화 기술 수준이란 "사회주의헌법 제3장 제40조에 따라 문화혁명을 철저히 수행하여 북한 주민 전체를 자연과 사회에 대한 깊은 지식을 갖추게 할 뿐 아니라, 문화 수준과 기술 수준도 함께 높인 다"는 말이다.[87]

◆**공산주의건설자**(사회주의헌법 제40조 제3행)

〈공산주의(共産主義)∨ 건설자(建設者)〉와 같은 뜻으로 쓰이는 말로 "수 령과 그 수령이 창건한 혁명적 당의 영도 밑에 경제와 문화, 사상과 도 덕의 모든 분야에 걸쳐 사회를 공산주의적으로 개조해 나가는데 앞장설 수 있는 지덕체를 갖춘 믿음직한 역군"을 이르는 말.[88]

여기서 눈여겨보아야 동강은 어떤 한자어 낱말에 〈주의〉라는 한자어 낱

---

87) 같은 명사끼리 토없이 2중 3중으로 어울린 경우 띄어쓰기에 관한 남북한 간 어문 규 정의 차이점 해설은 본서 77면 〈근로인민대중〉해설 참조.
88) 현대 북한말 소사전 34면.

말이 합쳐진 합성명사와 그 다음에 오는 명사의 띄어쓰기에 관한 남북한 간 어문 규정의 차이점을 이해하는 것이다.

공산주의는 〈공산〉이라는 한자어 낱말에 〈주의〉라는 한자어 낱말이 합쳐진 합성명사이다. 이런 합성어를 문장 속에서 적을 때는 남한에서는 "어떤 명사에 〈주의〉가 붙어서 만들어지는 말에서는 〈주의〉를 윗말에 붙여 쓴다."는 규범에 따라 〈민주주의, 공산주의, 인상주의 자유주의, 현실주의, 사회주의 실리주의〉 등과 같이 〈주의〉를 윗말에 붙여 써야 바른 문장이 된다. 그 다음에 온 〈건설자〉라는 낱말은 〈건설〉이라는 한자어 낱말에 접미사 〈자〉가 붙은 복합어인데 이 낱말은 한글 맞춤법 제1장 총칙 제2항 "문장의 각 단어는 띄어 씀을 원칙으로 한다."는 규정에 따라 〈공산주의∨ 건설자〉로 띄어 써야 바른 문장이 된다.

그러나 북한에서는 조선말규범집 띄여쓰기 제1장 명사와 관련한 띄여쓰기 제2항 1)-(6)번 "같은 명사끼리 토 없이 어울린 경우에 하나의 개념을 가지고 하나의 대상으로 묶어지는 덩이는 붙여 쓴다."는 규정에 따라 〈사회주의건설, 공산주의건설자, 사회주의농촌건설, 물고기잡이전투〉 등과 같이 "같은 명사끼리 토 없이 어울린 경우"에는 "하나의 개념을 가지고 하나의 대상으로 묶어지는 덩이"는 붙여 써야 바른 문장이 된다.

◆ **온 사회를 인테리화한다**(사회주의헌법 제40조 제3행)

〈온∨ 사회를∨ 인텔리화(intelligentsia化)한다〉와 같은 뜻으로 쓰이는 문구로 "모든 사회 성원들의 문화 지식 수준을 대학 졸업 정도로 높여 낡은 사회가 남겨놓은 정신노동과 육체노동의 차이를 없애고 근로자들의 완전한 평등을 실현하기 위한 사업[89])"을 이르는 말.

이 조문에서는 온 사회를 혁명화, 노동계급화 하는 사업과 함께 사회주의, 공산주의를 건설하기 위하여 나서는 합법칙적 요구 사업으로 "밀고

---

[89] 김일성저작집 35권 320면.

나가야 할 사업"으로 인용되고 있다.

◆**사회주의근로자**(사회주의헌법 제41조 제1행)

〈사회주의(社會主義)∨ 근로자(勤勞者)〉와 같은 뜻으로 쓰이는 문구.[90]

◆**사회주의적민족문화건설**(사회주의헌법 제41조 제3행)

〈사회주의적(社會主義的)∨ 민족문화(民族文化)∨ 건설(建設)〉과 같은 뜻
으로 쓰이는 문구로 "사회주의에 기초한, 즉 노동계급의 문화를 비롯한
그 밖의 사회주의적인 사상과 성격을 담은 민족문화 건설"을 이르는 말
로 "문화 분야에서 자본주의 사회의 온갖 유물을 청산하고 인민 대중의
자주적인 요구에 맞게 노동계급적인 새로운 문화를 창조하고 발전시키는
사업"을 이르는 말.

여기서 눈여겨봐야 할 동강은 어떤 한자어 낱말에 〈주의〉라는 한자어 낱
말이 합쳐진 합성명사와 접미사 그리고 다음에 오는 낱말이 같은 명사끼
리 토 없이 2중 3중으로 어울린 경우 띄어쓰기에 관한 남북한 간 어문
규정의 차이점을 이해하는 것이다.

남한에서는 "어떤 명사에 〈주의가 붙어서 만들어지는 말에서는 〈주의〉를
윗말에 붙여 쓴다."는 규범에 따라 〈민주주의, 공산주의, 인상주의 자유
주의, 현실주의, 사회주의 실리주의〉 등과 같이 〈주의〉를 윗말에 붙여
써야 바른 문장이 된다. 그 다음에 온 한자어 접미사 〈一적(的)〉은 "앞
말에 붙여쓴다."는 규정에 따라 〈사회주의적〉으로 붙여 써야 바른 문장
이 되고 그 다음에 온 〈민족문화건설〉이라는 문구는 한글 맞춤법 제1장
총칙 제2항 "문장의 각 단어는 띄어 씀을 원칙으로 한다."는 규정에 따라
〈사회주의적∨ 민족문화∨ 건설〉로 띄어 써야 바른 문장이 된다.

---

90)어떤 한자어 낱말에 〈주의〉라는 한자어 낱말이 합쳐진 합성 명사와 그 다음에 오는
   명사의 띄어쓰기에 관한 남북한 간 어문 규정의 차이점 해설은 본서 136면 〈공산주의
   건설자〉 해설 참조.

그러나 북한에서는 조선말규범집 띄어쓰기 제1장 명사와 관련한 띄어쓰기 제2항 1)-(6)번 "같은 명사끼리 토 없이 어울린 경우에 하나의 개념을 가지고 하나의 대상으로 묶어지는 덩이는 붙여 쓴다."는 규정과 제3항 2)번 규정에 따라 〈상, 중, 간, 판, 경, 항, 측, 장, 조, 전, 편, 산, 호, 성, 하, 전, 후, 내, 외, 차, 초, 말, 발, 착, 행, 년, 부, 별, 용, 분, 과, 급, 당, 기, 계, 래, 형, 제, 식, 상(모양), 적(的)〉 등과 같은 한자말이나 불완전 명사(의존 명사라고도 함)와 〈뒤붙이적 단어〉는 그 앞 단위에 붙여 쓴다는 규정에 따라 〈사회주의〉 다음에 온 뒤붙이적 단어 〈—적(的)〉은 앞 말에 붙여 〈사회주의적〉이 되며 그 뒤에 온 〈민족문화건설〉은 조선말규범집 띄어쓰기 제5장 특수한 말, 특수한 어울림에서의 띄어쓰기 제21항 1)번 "하나의 대상, 하나의 개념을 나타내는 학술 용어와 전문 용어는 품사 소속과 형태에는 관계없이 붙여 쓰는 것을 원칙으로 한다."는 규정에 따라 〈사회주의적민족문화건설〉로 붙여 써야 바른 문장이 된다.

◆**제국주의의 문화적침투**(사회주의헌법 제41조 제3행)
〈제국주의의∨ 문화적∨ 침투〉와 같은 뜻으로 쓰이는 정치 용어로 "제국주의자들이 다른 나라를 침략할 경우 역사적으로 부르주아지(bourgeoisie=자본가 계급) 반동 문화를 침투시켜 다른 나라의 민족문화를 말살하며 인민들의 민족 자주 의식을 마비시키고 사람들의 정신세계를 좀먹음으로써 그들의 침략적 본성을 가리면서 침략을 쉽게 실현할 수 있게 하는 제국주의자들의 신식민주의 정책의 주되는 수법의 하나[91]"를 이르는 말.

◆**복고주의적경향**(사회주의헌법 제41조 제3행)
〈복고주의적(復古主義的)∨ 경향(傾向)〉과 같은 뜻으로 쓰이는 정치 용어

---

91)정치사전 1094면.

로 "시대의 요구와 노동계급적 원칙을 떠나서 지난날의 사상, 문화, 풍습 등에서 낡고 반동적인 것을 덮어놓고 되살리며 찬미하는 반동적인 사상 조류와 경향"을 아우르는 말.

북한은 "복고주의는 인민들의 머릿속에 낡은 사상이 자라나게 함으로써 당원들과 근로자들 속에서 당의 유일사상 체계를 세우는 사업을 방해하며 온 사회의 혁명화, 노동계급화에 지장을 주며 새로운 사회주의적 생활 양식의 확립을 방해한다. 복고주의를 반대하는 투쟁을 강화하기 위해서는 항상 계급적 원칙에 철저히 서서 민족문화 유산 가운데서 진보적인 것과 반동적인 것을 옳게 가려내고 진보적이며 인민적인 것을 오늘의 사회주의 현실에 맞게 비판적으로 계승 발전시키는 원칙을 확고히 견지하여야 한다."고 사상교양을 하고 있다.[92]

◆**사회주의현실**(사회주의헌법 제41조 제4행)

〈사회주의(社會主義)∨ 현실(現實)〉과 같은 뜻으로 쓰이는 문구로 "사회주의에 기초한, 사회주의적인 사상과 이론에 따라 건설된, 즉 조선민주주의인민공화국이 직면한 현실"을  이르는 말.

◆**계승발전시킨다**(사회주의헌법 제41조 제5행)

이 말은 〈계승(繼承)시키다〉란 말과 〈발전(發展)시키다〉란 동사를 합쳐놓은 복합어로 뜻은 〈조상이나 선임자로부터 어떤 유무형의 사업이나 얼을 이어받도록 하여 그 이어받은 것을 매우 발전하도록 만드는 것〉을 말한다.

여기서 눈여겨보아야 할 동강은 동사나 형용사의 말 줄기와 말 줄기를 합하여 합친 말을 만들어 사용하면서 표현을 더욱 간결하고 힘있게 나타

---

92)어떤 한자어 낱말에 〈주의〉라는 한자어 낱말이 합쳐진 합성 명사와 접미사, 그 다음에 오는 낱말이 같은 명사끼리 토 없이 2중 3중으로 어울린 경우 띄어쓰기에 관한 남북한 간 어문 규정의 차이점 해설은 본서 138면 〈사회주의적민족문화건설〉 해설 참조.

내는 문장 수사법을 생활화하고 있는 점이다.

남한에서는 특별한 경우 외에는 동사나 형용사를 합쳐서 사용하는 경우
가 드물다.

그러나 북한은 한글의 형태론에서 동사나 형용사의 어간, 즉 동사나 형용
사의 줄기와 줄기를 합하여 〈조직동원시키다, 장성강화시키다, 통일단결
되다, 생산보장하다, 폭로규탄하다, 고무충동하다, 조직전개하다, 극복타개
하다, 공고발전시키다, 확대강화발전되다〉 등과 같은 합친말을 많이 만들
어 씀으로써 표현을 더욱 간결하게, 힘있게 나타내는 문장 수사법을 많이
생활화하고 있다.[93]

◆**낡은 사회의 생활양식**(사회주의헌법 제42조 제1행)

〈낡은∨ 사회의∨ 생활양식〉과 같은 뜻으로 쓰이는 문구.

이 조문에서 말하는 〈낡은 사회의 생활양식〉이란 "북한 지역에 조선민주
주의인민공화국 정권이 들어서기 전에 존재했던 생활문화 양식"을 가리킨
다.

◆**새로운 사회주의적생활양식**(사회주의헌법 제42조 제1행)

〈새로운∨ 사회주의적(社會主義的)∨ 생활양식(生活樣式)〉과 같은 뜻으로
쓰이는 문구로 "사회주의에 기초한, 사회주의적인 사상과 이론에 따라 규
범화한 사회주의 사회의 생활양식, 즉 정치 경제 문화 도덕의 모든 분야
에서 새로운 사회주의적인 생활 규범과 행동준칙에 따라 모든 사람들이
활동하도록 하는 활동 방식"을 이르는 말.

◆**사회주의교육학의 원리**(사회주의헌법 제43조 제1행)

---

93)문화어문법규범, 김일성종합대학출판사 1972년판, 160면.

〈사회주의∨ 교육학의∨ 원리〉와 같은 뜻으로 쓰이는 문구로 "사회주의 교육의 목적을 성과적으로 실현하기 위한 교육과정의 가장 일반적인 합법칙성을 밝혀주는 원리"를 이르는 말.

북한은 사회주의 교육학의 기본 원리는 "사람들을 혁명화, 노동계급화, 공산주의화하는 것이다. 다시 말하여 사람들을 공산주의 혁명사상으로 무장시키며 그에 기초하여 깊은 과학지식과 건강한 체력을 가지도록 하는 것"이라고 정의하고 있다.

◆**견결한 혁명가**(사회주의헌법 제43조 제2행)

〈견결(堅決)한∨ 혁명가〉와 같은 뜻으로 쓰이는 말로 "의지나 태도가 굳센 혁명가"를 뜻한다.

◆**공산주의적 새 인간**(사회주의헌법 제43조 제2행)

노동계급의 혁명사상, 공산주의적 사상과 도덕으로 무장하고 높은 과학기술과 문화 수준, 건전한 체력을 가진 여러 모로 발전된 새로운 형의 인간을 이르는 정치 용어.[94]

◆**인민교육사업**(사회주의헌법 제44조 제1행)

〈인민∨ 교육∨ 사업〉과 같은 뜻으로 쓰이는 정치 용어.[95]

◆**민족간부양성사업**(사회주의헌법 제44조 제1행)

〈민족간부(民族幹部)∨ 양성∨ 사업(養成事業)〉과 같은 뜻으로 쓰이는 정치 용어로 "나라와 민족의 번영과 발전을 위하여 복무할 수 있게 교양된 그 민족 출신의 간부를 양성하는 사업"을 이르는 말.

---

94)정치사전, 62면.
95)한자어 명사와 명사가 토(조사) 없이 2중 3중으로 어울린 문구의 띄어쓰기에 관한 남북한 간 어문 규정의 차이점 해설은 본서 71면 〈근로인민〉 해설 참조.

**◆1년동안의 학교전의무교육**(사회주의헌법 제45조 제1행)

〈1년∨ 동안의∨ 학교전∨ 의무교육〉과 같은 뜻으로 쓰이는 문구로 "학교에 들어가기 전에 북한의 전 어린이들을 대상으로 실시하는 1년 동안의 의무교육"을 이르는 말.

유아교육, 조기교육이라고도 하며 학교전교육은 〈사람들에 대한 교육 교양의 첫 공정96)〉이라고 북한 당국은 강조하고 있는데 이 용어를 한글로 표기하는 법은 남과 북이 현격한 차이를 보이고 있다.

여기서 눈여겨보아야 할 동강은 선언적 고유명사들의 띄어쓰기에 관한 남북한 간 어문 규정의 차이점을 이해하는 것이다.

남한은 한글 맞춤법 제1장 총칙 제2항 "문장의 각 단어는 띄어 씀을 원칙으로 한다."와 제5장 띄어쓰기 제1절 제41항 "조사는 그 앞말에 붙여 쓴다."는 규정에 따라 〈1년∨ 동안의〉라고 복합어인 〈1년〉이란 말과 〈동안〉이라는 낱말 사이(∨표 한 곳)는 띄어 쓰고 조사 〈의〉는 앞말에 붙여 써야 바른 문장이 된다. 그 뒤에 오는 〈학교전 의무교육〉도 마찬가지다.

그러나 북한에서는 조선말규범집 띄어쓰기 제1장 명사와 관련한 띄어쓰기 제2항 2)번 다섯째 규정에 따라 〈주요 사변, 운동, 회의, 조약, 기념일, 공식대표, 강령, 선언〉 등의 이름은 하나로 붙여 쓰게끔 규정되어 있다. 그래서 〈주요 사변, 운동, 회의, 조약, 기념일, 공식대표, 강령, 선언〉 등의 이름을 나타내는 〈4월15일명절, 7.4공동성명, 남호두군정간부회의, 3대혁명붉은기쟁취운동, 학교전의무교육, 11년제의무교육〉 같은 선언적 고유명사들은 토 없는 명사, 수사, 대명사 뒤에 나열 식으로 그대로 붙여 쓰고 있다는 것을 알고 법조문을 읽어 나가야 한다.

**◆전반적11년제의무교육**(사회주의헌법 제45조 제1행)

〈전반적(全般的)∨   11년제(11年制)∨   의무교육(義務敎育)〉과   같은   뜻으로

---

96)김일성저작집, 32권, 398면.

쓰이는 문구로 "모든 새 세대들에게 노동할 나이가 되기까지의 기간에 완전한 중등 일반교육을 받도록 하는 무료 의무교육"을 뜻하는 말.

◆**현대과학기술발전추세**(사회주의헌법 제45조 제2행)

〈현대(現代)∨ 과학∨ 기술(科學技術)∨ 발전(發展)∨ 추세(趨勢)〉와 같은 뜻으로 쓰이는 문구.

◆**사회주의건설의 현실적요구**(사회주의헌법 제45조 제2행)

〈사회주의∨ 건설의∨ 현실적∨ 요구〉와 같은 뜻으로 쓰이는 문구.

◆**여러가지**(사회주의헌법 제46조 제2행)

〈여러∨ 가지〉와 같은 뜻으로 쓰이는 문구.

◆**과학리론수준**(사회주의헌법 제46조 제3행)

〈과학(科學)∨ 이론(理論)∨ 수준(水準)〉과 같은 뜻으로 쓰이는 문구로 여기서 눈여겨봐야 할 점은 한자어 낱말을 한글로 적을 때 적용하는 두음 법칙과 한자어 명사와 명사가 토(조사) 없이 2중 3중으로 어울린 문구의 띄어쓰기에 관한 남북한 간 어문 규정의 차이점을 이해하는 것이다.

남한은 한글 맞춤법 제1장 총칙 제2항 "문장의 각 단어는 띄어 씀을 원칙으로 한다."와 한글 맞춤법 제3장 제5절 두음 법칙 제11항 "한자음 〈랴, 려, 례, 료, 리〉가 단어의 첫머리에 올 적에는 두음 법칙 따라 〈야, 여, 예, 요, 유, 이〉로 적는다."는 규정에 따라 〈과학∨ 이론∨ 수준〉이라고 명사인 〈과학〉이란 낱말과 〈리론〉이란 낱말과 〈수준〉이란 낱말 사이(∨표 한 곳)는 띄어 쓰고 "한자음 〈랴, 려, 례, 료, 리〉가 단어의 첫머리에 올 적에는 두음 법칙에 따라 〈야, 여, 예, 요, 유, 이〉로 적는다."는 규정에 따라 〈理論〉을 〈이론〉으로 적어야 바른 문장이 된다.

그러나 북한은 조선말규범집 제7장 한자말 적기 제25항 "한자말은 소리마디마다 해당 한자음대로 적는 것을 원칙으로 한다." 는 규정에 따라 〈녀자, 뇨소, 락원, 로동, 례외, 례절, 례의, 리론〉 등과 같이 〈理論〉을 〈리론〉으로 적어야 바른 문장이 된다. 그다음 조선말 규범집 띄여쓰기 제1장 명사와 관련한 띄여쓰기 제2항 1)-(6)번 "같은 명사끼리 토 없이 어울린 경우에 하나의 개념을 가지고 하나의 대상으로 묶어지는 덩이는 붙여쓴다."는 규정 또는 조선말규범집 띄여쓰기 제5장 특수한 말, 특수한 어울림에서의 띄여쓰기 제21항 1)번 "하나의 대상, 하나의 개념을 나타내는 학술 용어와 전문 용어는 품사 소속과 형태에는 관계없이 붙여쓰는 것을 원칙으로 한다."는 규정에 따라 〈과학〉이란 명사와 〈리론〉이란 명사와 〈수준〉이란 명사는 "모두 하나의 개념을 가지고 토 없이 어울려 하나의 대상으로 묶어지는 덩이"이므로 〈과학리론수준, 공화국령사대표기관, 공산주의건설자, 사회주의농촌건설, 물고기잡이전투〉 등과 같이 낱말과 낱말을 모두 붙여 써야 바른 문장이 된다.


◆**학습할수**(사회주의헌법 제48조 제1행)

〈학습할∨ 수〉와 같은 뜻으로 쓰이는 문구.97)


◆**학령전 어린이**(사회주의헌법 제49조 제1행)

〈학령∨ 전기의∨ 어린이〉와 같은 뜻으로 쓰이는 문구로 "북한의 경우, 학령 전기는 탁아소, 유치원 시기"를 포괄하며 학령기는 초등 및 중등교육을 받는 시기를 포괄한다.

---

97)〈것, 수, 분〉 따위의 의존 명사(불완전 명사)의 띄어쓰기에 관한 남북한 간의 어문 규정의 차이점 해설은 본서 76면의 〈소환할수〉 해설 참조.

◆**탁아소**(사회주의헌법 제49조 제1행)

〈탁아소(託兒所)〉와 같은 뜻으로 쓰이는 말로 "유치원에 가기 전 시기의 어린이들을 국가적, 사회적 부담으로 키우고 가르치는 보육 교양기관"을 이르는 말.

◆**유치원**(사회주의헌법 제49조 제1행)

〈유치원(幼稚園)〉과 같은 뜻으로 쓰이는 교육 용어로 조선민주주의인민공화국 〈어린이보육교양법〉 제39조에 따라 "학교에 가기 전까지의 어린이들에게 국가와 사회의 부담으로 학교에 갈 준비교육을 시키는 교육기관"을 이르는 말.

◆**국가와 사회의 부담**(사회주의헌법 제49조 제1행)

개인 또는 단체가 어떤 일을 하고자 할 때, 그 일을 실질적으로 수행하는데 소요되는 인적 비용, 시간적 비용, 경제적 비용 등을 국가기관과 사회 기관이 운영하고 있는 자산이나 자본으로 해결하는 방식을 아울러서 이르는 말로 생산수단의 사적 소유가 법으로 금지되고 있는 사회주의 사회에서는 교육, 국가 사회보험 등이 거의 국가와 사회의 부담으로 실시되고 있다.

◆**세계적수준**(사회주의헌법 제50조 제2행)

〈세계적(世界的) ∨ 수준(世界的水準) 〉과 같은 뜻으로 쓰이는 문구.

◆**올려세운다**(사회주의헌법 제50조 제3행)

〈올려∨ 세운다〉와 같은 뜻으로 쓰이는 문구.

◆**바로세우고**(사회주의헌법 제51조 제1행)

〈바로∨ 세우고〉와 같은 뜻으로 쓰이는 문구.

◆**규률**(사회주의헌법 제51조 제1행)

〈규율(規律)〉과 같은 뜻으로 쓰이는 말로 여기서 눈여겨봐야 할 동강은 한자어 낱말을 한글로 적을 때 적용하는 두음 법칙과 〈모음(아, 에, 이, 오, 우)〉이나 〈니은(ㄴ)〉 받침 뒤에 이어지는 〈렬, 률〉의 표기법에 관한 남북한 간 어문 규정의 차이점을 이해하는 것이다.

남한에서는 한자어 낱말을 한글로 적을 때는 한글 맞춤법 제3장 제5절 두음 법칙 제11항 "한자음 〈랴, 려, 례, 료, 리〉가 단어의 첫머리에 올 적에는 〈야, 여, 예, 요, 유, 이〉로 적는다." 그렇지만 "단어의 첫머리 이외의 경우에는 본음대로 적고 〈모음(아, 에, 이, 오, 우)〉이나 〈니은(ㄴ)〉 받침 뒤에 이어지는 〈렬, 률〉은 〈열, 율〉로 적는다."는 규정에 따라 한자어 〈規律〉은 〈분열, 선열, 비열, 진열, 선율, 비율, 백분율, 실패율, 전율〉 등과 같이 〈규율〉로 적어야 바른 문장이 된다.

그러나 북한은 조선말규범집 제7장 한자말 적기 제25항 "한자말은 해당 한자음대로 적는 것을 원칙으로 한다."는 규정에 따라 한자어 〈規律〉은 〈분렬, 선렬, 비렬, 진렬, 선률, 비률, 백분률, 실패률〉 등과 같이 〈규률〉로 적어야 바른 문장이 된다.

◆**창조적협조를**(사회주의헌법 제51조 제2행)

〈창조적∨ 협조를〉과 같은 뜻으로 쓰이는 문구.98)

◆**민족적형식**(사회주의헌법 제52조 제1행)

〈민족적(民族的)∨ 형식(形式)〉과 같은 뜻으로 쓰이는 문구로 "민족 발전

---

98)명사 앞뒤에 접사(접두사와 접미사)가 올 경우 띄어쓰기에 관한 남북한 간 어문 규정의 차이점 해설은 본서 69면 〈지도적지침〉해설 참조.

의 역사적 과정에 형성되고 공고화되어 계승되어 오는 문화, 생활양식, 풍습 도덕 등에서 나타나는 매개 민족 고유의 양식 또는 그 민족만이 공통적으로 갖는 모양"을 아울러서 부르는 말.

◆**사회주의적내용**(사회주의헌법 제52조 제1행)

〈사회주의적(社會主義的)∨ 내용(內容)〉과 같은 뜻으로 쓰이는 문구로 "사회주의에 기초한, 즉 노동계급의 문화를 비롯한 그 밖의 사회주의적인 사상과 이론에 연관된 내용"을 아울러 이르는 말.[99]

◆**사상예술성**(사회주의헌법 제52조 제3행)

〈사상성(思想性)〉과 〈예술성(藝術性)〉을 합쳐놓은 복합어로 〈문학 예술 창작에서 문학가, 예술가들이 지켜야 할 기본 원칙〉을 강조하는 연설에서 나온 정치 용어이다. 이 중 사상성은 "세계와 사회 현상에 대한 사람들의 어떠한 견해와 관점, 입장에 일관되어 있는 사상적 지향심"을 말하며 예술성은 "예술 작품에서 그 예술적 의의를 규정하는 특성"을 말한다.

◆**사회주의적문화정서생활**(사회주의헌법 제53조 제3행)

〈사회주의적(社會主義的)∨ 문화(文化)∨ 정서(情緖)∨ 생활(生活)〉과 같은 뜻으로 쓰이는 문구로 "사회주의에 기초한, 즉 노동계급의 문화를 비롯한 그밖의 사회주의적인 사상과 성격을 드러내는 문화생활과 정서 생활"을 아울러 이르는 말.

◆**우리 말**(사회주의헌법 제54조 제1행)

〈우리말〉과 같은 뜻으로 쓰이는 말로 여기서 눈여겨보아야 할 동강은

---

99)어떤 한자어 낱말에 〈주의〉라는 한자어 낱말이 합쳐진 합성 명사와 접미사, 그 다음에 오는 낱말이 같은 명사끼리 토 없이 2중 3중으로 어울린 경우 띄어쓰기에 관한 남북한간 어문 규정의 차이점 해설은 본서 138면 〈사회주의적민족문화건설〉 해설 참조.

〈우리말〉이라는 합성어의 띄어쓰기에 관한 남북한 간 어문 규정의 차이점을 이해하는 것이다.

국립국어원이 편찬한 표준국어대사전은 〈우리말〉을 붙여 써야 바른 표기법이 되고 교육부(구, 문교부)가 발간한 초등학교 국어 교과서는 〈우리∨말〉이라고 띄어 써야 바른 표기법이 되므로 남한에서는 이 문제로 국어사전마다 표기법이 제각각이고 정부 기관끼리도 주장이 엇갈리며 한때는 혼란이 많았다.

결론적으로 남한에서는 〈우리말〉이라고 붙여 써야 바른 표기법이 된다. 왜냐하면 1988년 한글 맞춤법이 발표되기 전까지 사용해 오던 종래의 우리 한글 맞춤법 규정에는 "하나의 실질 형태소에 접사가 붙거나 두 개 이상의 실질 형태소가 결합된 말, 즉 복합어는 붙여 쓰기로 한다."는 규정에 따라 〈꽃+가루, 꽃+나무, 값+나가다, 꽃+놀이, 값+싸다, 개+고기, 개+눈, 개+소리, 겨우+살이, 눈+웃음, 눈+싸움, 고수+머리, 기와+집, 길+바닥, 땀+방울, 어깨+동무, 어린이+날, 위+아래, 어미+소, 저녁+때, 저녁+별, 찬+물, 흙+장난〉 등과 같이 둘 이상의 실질 형태소가 결합하여 하나의 단어가 된 말, 즉 합성어나 둘 이상의 여러 낱말로 하나의 뜻을 나타내는 복합어는 붙여 쓰도록 규정하고 있다. 그러므로 〈우리〉라는 낱말과 〈말〉이라는 낱말로 만든 합성명사 〈우리말〉은 〈우리글〉〈우리나라〉와 함께 붙여 써야 바른 표기법이 된다. 그래서 2006년 6월에는 교육부와 국립국어원이 업무 협정을 맺어 앞으로 발간되는 초등 학교 국어 교과서에 나오는 합성명사 〈우리말〉이라는 낱말은 어떤 경우에도 띄어 쓰지 않고 붙여 쓰기로 합의를 보았다는 답변을 들은 바 있다.

그러나 북한에서는 조선말규범집 띄여쓰기 제2장 수사, 대명사와 관련한 띄여쓰기 제8항 "대명사는 원칙적으로 다른 품사와 띄어 쓰며 불완전 명사(또는 이에 준하는 일부 명사)와 직접 어울린 것만 붙여 쓴다."는 규정에 따라 〈우리〉라는 인칭대명사와 〈말〉이라는 명사를 합쳐서 만든 〈우

리∨ 말〉은 〈내∨ 조국, 우리∨ 식, 우리∨ 글, 이∨ 나라, 제∨ 땅위에
서, 제∨ 힘으로〉 등과 같이 띄어 써야 바른 표기법이 된다.


**◆온갖 형태의 민족어말살정책**(사회주의헌법 제54조 제1행)

〈온갖∨ 형태의∨ 민족어∨ 말살∨ 정책〉과 같은 뜻으로 쓰이는 문구.


**◆우리 나라**(사회주의헌법 제55조 제2행)

〈우리나라〉와 같은 뜻으로 쓰이는 말.100)


**◆체육기술발전추세**(사회주의헌법 제55조 제2행)

〈체육(體育)∨ 기술(技術)∨ 발전(發展)∨ 추세(趨勢)〉와 같은 뜻으로 쓰
이는 문구.


**◆전반적무상치료제**(사회주의헌법 제56조 제1행)

〈전반적(全般的)∨ 무상(無償)∨ 치료제(治療劑)〉와 같은 뜻으로 쓰이는
문구로 "전체 인민들에게 국가적 또는 사회적 부담으로 의료상 혜택을
주는 인민적 보건 시책"을 이르는 말.101)


**◆공고발전시키며**(사회주의헌법 제56조 제1행)

〈공고하다〉란 동사와 〈발전시키다〉란 사역형 동사를 합쳐서 어미를 변형
시켜놓은 복합어로 뜻은 〈어떤 형상이나 유무형의 기반이 매우 굳고 튼
튼한 기세로 좋은 상태나 더 높은 단계로 나아가게 만드는 것〉을 뜻하는
문구이다.

---

100)〈우리나라〉라는 합성어의 띄어쓰기에 관한 남북한 간 어문 규정의 차이점 해설은 본
    서 105면 〈우리나라〉 해설 참조.
101)어떤 한자어 낱말에 〈주의〉라는 한자어 낱말이 합쳐진 합성 명사와 접미사, 그 다음
    에 오는 낱말이 같은 명사끼리 토 없이 2중 3중으로 어울린 경우 띄어쓰기에 관한 남
    북한 간 어문 규정의 차이점 해설은 본서 138면 〈사회주의적민족문화건설〉 해설 참조.

여기서 눈여겨보아야 할 동강은 동사나 형용사의 줄기와 줄기를 합하여 합친말을 만들어 사용하면서 표현을 더욱 간결하고 힘있게 나타내는 문장 수사법을 생활화하고 있는 점이다.

남한에서는 특별한 경우 외에는 동사나 형용사를 두서너 개씩 합쳐서 사용하는 경우가 드물다.

그러나 북한은 한글의 형태론에서 동사나 형용사의 어간, 즉 동사나 형용사의 줄기와 줄기를 합하여 〈조직동원시키며, 장성강화시키며, 통일단결되며, 생산보장하며, 폭로규탄하며, 고무충동하며, 조직전개하며, 극복타개하며, 공고발전시키며, 확대강화발전되며〉 등과 같은 합친말을 많이 만들어 씀으로써 표현을 더욱 간결하게, 힘있게 나타내는 문장 수사법을 많이 생활화하고 있다.102)

◆**환경보호대책**(사회주의헌법 제57조 제1행)

〈환경(環境)∨ 보호(保護)∨ 대책(對策)〉과 같은 뜻으로 쓰이는 문구.103)

◆**문화위생적인 생활환경**(사회주의헌법 제57조 제2행)

〈문화적이고∨ 위생적인∨ 생활환경〉과 같은 뜻으로 쓰이는 문구.

◆**로동조건**(사회주의헌법 제57조 제3행)

〈노동조건(勞動條件)〉과 같은 뜻으로 쓰이는 경제 용어로 "근로자들의 노동활동을 보장하기 위한 물질적 조건"을 이르는 말.104)

---

102)문화어문법규범, 김일성종합대학출판사 1972년판, 160면.
103)같은 명사끼리 토 없이 2중 3중으로 어울린 경우 띄어쓰기에 관한 남북한 간 어문 규정의 차이점 해설은 본서 77면 〈근로인민대중〉 해설 참조.
104)한자어 낱말을 한글로 적을 때 적용하는 두음 법칙과 관련된 남북한 간 어문 규정의 차이점 해설은 본서 70면 〈로동자〉 해설 참조.

〈헌법 원문 6〉

# 제4장    국방

**제58조** 조선민주주의인민공화국은 전인민적, 전국가적 방위체계에 의거한다.

**제59조** 조선민주주의인민공화국 무장력의 사명은 근로인민의 리익을 옹호하며 외래침략으로부터 사회주의제도와 혁명의 전취물을 보위하고 조국의 자유와 독립과 평화를 지키는데 있다.

**제60조** 국가는 군대와 인민을 정치사상적으로 무장시키는 기초우에서 전군간부화, 전군현대화, 전민무장화, 전국요새화를 기본내용으로 하는 자위적군사로선을 관철한다.

**제61조** 국가는 군대안에서 군사규률과 군중규률을 강화하며 관병일치, 군민일치의 고상한 전통적미풍을 높이 발양하도록 한다.

(헌법 원문 158쪽에서 다시 이어집니다)

**◆조선민주주의인민공화국 무장력**(사회주의헌법 제59조 제1행)
〈공화국 무장력〉과 같은 뜻으로 쓰이는 군사 용어로 "조선민주주의인민
공화국에 실제로 존재하는 1백만 명이 넘는 육군, 해군, 공군의 정규 무
장력과 교도대, 노농적위대, 붉은청년근위대, 인민경비대 등 6백만 명이
넘는 예비 무장력"을 아울러 부르는 말.

**◆사회주의제도와 혁명의 전취물**(사회주의헌법 제59조 제2행)
〈사회주의∨ 제도와∨ 혁명의∨ 전취물(戰取物)〉과 같은 뜻으로 쓰이는
문구로 "사회주의에 기초한, 사회주의적인 사상과 이론에 따른 혁명의 전
취물, 즉 인민대중이 주인이 되고 통일 단결된 인민대중의 노동혁명을 통
해 건설한 사회주의 사회의 제도와 전취(戰取)하여 이루어 놓은 대상"을
이르는 말.

**◆정치사상적으로 무장시키는**(사회주의헌법 제60조 제1행)
〈정치∨ 사상적으로∨ 무장시키는〉과 같은 뜻으로 쓰이는 문구.

**◆기초우에서**(사회주의헌법 제60조 제1행)
〈기초∨ 위에서〉와 같은 뜻으로 쓰이는 말.
여기서 눈여겨보아야 할 동강은 〈위〉의 옛말인 〈우〉의 개념과 용례에
관한 남북한 간의 어문 규정의 차이점을 이해하는 것이다.
남한에서는 〈위〉의 옛말인 〈우〉를 현대에 와서는 표준어로 쓰지 않는다.
이와 같은 뜻으로 쓰이는 〈웃〉의 경우는 아래위의 대립이 없는 몇몇 명
사 앞에서만 붙어 〈윗〉의 뜻을 더하는 접두사로 쓰인다. 〈아랫니, 아랫
도리, 아랫목〉과 같이 분명하게 아래와 위의 대립하는 말이 있는 경우는
〈윗니, 윗도리, 윗목〉처럼 접두사 〈윗〉을 명사 어근에 붙여 써야 바른
문장이 된다.

그러나 북한에서는 현대에 와서도 〈위〉의 옛말인 〈우〉를 그대로 문화어로 쓰고 있다. 또 이와 같은 뜻으로 쓰이는 앞붙이 〈웃〉의 경우는 아래 위의 대립이 있든, 없든 〈웃매듭점, 웃사람, 웃도리, 웃돈〉 등과 같이 명사 어근에 붙어서 〈우(위)〉의 뜻을 더하는 접두사로 〈웃〉을 그대로 쓰고 있다.

◆ **전군간부화**(사회주의헌법 제60조 제2행)
〈전군(全軍)∨ 간부화(幹部化)〉와 같은 뜻으로 쓰이는 문구로 "조선인민군에 소속되어 있는 개개 전사들이 모두 지휘관의 능력을 가지도록 만드는 것"을 이르는 군사용어.

◆ **전민무장화**(사회주의헌법 제60조 제2행)
〈전민(全民)∨ 무장화(武裝化)〉와 같은 뜻으로 쓰이는 문구로 "조선로동당 군사 노선 기본 내용의 하나로서 어느 때든지 원수와 싸워 이길 수 있도록 인민군대와 함께 노동자, 농민을 비롯한 전체 인민을 하나의 전투 대오로 무장시켜 인민 자신의 힘으로 침략자를 소멸할 수 있게 하는 것"을 이르는 군사 용어.

◆ **전국요새화**(사회주의헌법 제60조 제2행)
〈전국(全國)∨ 요새화(要塞化)〉와 같은 뜻으로 쓰이는 문구로 "조선로동당 군사로선 기본 내용의 하나로서 나라의 모든 지역에 철벽 같은 방위 시설을 구축하여 어느 때 어디로 그 어떤 적이 쳐들어와도 그것을 일격에 물리칠 수 있도록 전국을 군사 요새로 만드는 것"을 이르는 군사 용어.

◆ **자위적군사로선**(사회주의헌법 제60조 제3행)
〈자위적(自衛的)∨ 군사로선(軍事路線)〉과 같은 뜻으로 쓰이는 문구로

"자체의 힘으로 자기 나라를 보위할 수 있는 군사력을 마련하기 위한 총체적인 방향과 방도"를 이르는 군사 용어.

◆**군대안에서**(사회주의헌법 제61조 제1행)

〈군대∨ 안에서〉와 같은 뜻으로 쓰이는 말로 여기서 눈여겨볼 동강은 시간과 공간을 추상적으로 나타내는 〈앞, 뒤, 끝, 속, 밖, 안〉 따위의 고유어명사의 띄어쓰기에 관한 남북한 간 어문 규정의 차이점을 이해하는 것이다.

남한은 한글 맞춤법 제1장 총칙 제2항 "문장의 각 단어는 띄어 씀을 원칙으로 한다."와 제5장 띄어쓰기 제1절 제41항 "조사는 그 앞말에 붙여 쓴다."는 규정에 따라 〈군대∨ 안에서〉라고 〈군대〉란 낱말과 〈안〉이라는 낱말 사이(∨표 한 곳)는 띄어 쓰고 조사 〈에서〉는 앞말에 붙여 써야 바른 문장이 된다.

그러나 북한은 조선말규범집 띄여쓰기 제1장 명사와 관련한 띄여쓰기 제3항 3)번 규정에 따라 시간과 공간의 뜻을 추상적으로 나타내는 고유어명사 〈앞, 옆, 뒤, 끝, 속, 밖, 안, 우(위), 아래, 밑, 사이(새), 때, 제, 곁, 길, 군데, 해, 달, 날, 낮, 밤, 곳, 자리, 고장, 어간, 어구, 가운데, 구석〉 등은 토 없는 명사, 수사, 대명사 뒤에서 붙여 쓰며 일부 경우에는 규정형 뒤에서도 붙여 쓰게끔 규정되어 있다. 그래서 시간과 공간의 뜻을 추상적으로 나타내는 〈군대안, 대중속, 공민사이, 다리끝, 처마밑〉과 같은 고유어명사들은 토 없는 명사, 수사, 대명사 뒤에 그대로 붙여 쓰고 그 뒤에 오는 토(조사) 〈에서〉는 앞말에 붙여 써야 바른 문장이 된다.

◆**군사규률**(사회주의헌법 제61조 제1행)

〈군사(軍事)∨ 규율(規律)〉과 같은 뜻으로 쓰이는 말로 여기서 눈여겨보아야 할 동강은 한자어 낱말을 한글로 적을 때 적용하는 두음 법칙과

〈모음(아, 에, 이, 오, 우)〉이나 〈니은(ㄴ)〉 받침 뒤에 이어지는 〈렬, 률〉
의 표기법에 관한 남북한 간 어문 규정의 차이점을 이해하는 것이다.

남한에서는 한자어 낱말을 한글로 적을 때는 한글 맞춤법 제3장 제5절
두음 법칙 제11항 "한자음 〈랴, 려, 례, 료, 리〉가 단어의 첫머리에 올
적에는 〈야, 여, 예, 요, 유, 이〉로 적는다." 그렇지만 "단어의 첫머리 이
외의 경우에는 본음대로 적고 〈모음(아, 에, 이, 오, 우)〉이나 〈니은(ㄴ)〉
받침 뒤에 이어지는 〈렬, 률〉은 〈열, 율〉로 적는다."는 규정에 따라 한자
어 〈規律〉은 〈분열, 선열, 비열, 진열, 선율, 비율, 백분율, 실패율, 전율〉
등과 같이 〈규율〉로 적어야 바른 문장이 된다.

그러나 북한은 조선말규범집 제7장 한자말 적기 제25항 "한자말은 해당
한자음대로 적는 것을 원칙으로 한다."는 규정에 따라 한자어 〈規律〉은
〈분렬, 선렬, 비렬, 진렬, 선률, 비률, 백분률, 실패률, 선률〉 등과 같이
로 〈규률〉로 적어야 바른 문장이 된다.

◆**군중규률**(사회주의헌법 제61조 제1행)
〈군중(群衆)∨ 규율(規律)〉과 같은 뜻으로 쓰이는 말.

◆**관병일치**(사회주의헌법 제61조 제1행)
〈관병일치(官兵一致)〉와 같은 뜻으로 쓰이는 말로 "군대 내에서 지휘관과
대원들이 친형제와 같이 서로 존경하고 사랑하며 조그마한 틈도 없이 한
마음 한뜻으로 굳게 단합된 전통적인 기풍"을 이르는 말.[105]

◆**군민일치**(사회주의헌법 제61조 제2행)
〈군민(軍民)∨ 일치(一致)〉와 같은 뜻으로 쓰이는 말.
북한은 군민 일치란 "제국주의를 반대하며 조국의 자유와 해방과 혁명의

[105]정치사전 192면.

전취물을 수호하기 위한 투쟁에서 수령의 현명한 영도 밑에 생사고락을
같이하면서 한마음 한뜻으로 굳게 단합된 혁명 군대와 인민대중과의 혈
연적인 호상 관계[106]"라고 정의하고 있다.

◆ **전통적미풍**(사회주의헌법 제61조 제2행)
〈전통적(傳統的)∨ 미풍(美風)〉과 같은 뜻으로 쓰이는 문구.

---

106)정치사전 108면.

〈헌법 원문 7〉

## 제5장    공민의 기본권리와 의무

**제62조** 조선민주주의인민공화국 공민이 되는 조건은 국적에 관한 법으로 규정한다.

공민은 거주지에 관계없이 조선민주주의인민공화국의 보호를 받는다.

**제63조** 조선민주주의인민공화국에서 공민의 권리와 의무는 《하나는 전체를 위하여, 전체는 하나를 위하여》라는 집단주의원칙에 기초한다.

**제64조** 국가는 모든 공민에게 참다운 민주주의적 권리와 자유, 행복한 물질문화생활을 실질적으로 보장한다.

조선민주주의인민공화국에서 공민의 권리와 자유는 사회주의제도의 공고발전과 함께 더욱 확대된다.

**제65조** 공민은 국가사회생활의 모든 분야에서 누구나 다같은 권리를 가진다.

**제66조** 17살이상의 모든 공민은 성별, 민족별, 직업, 거주기간, 재산과 지식정도, 당별, 정견, 신앙에 관계없이 선거할 권리와 선거받을 권리를 가진다.

군대에 복무하는 공민도 선거할 권리와 선거받을 권리를 가진다.

재판소의 판결에 의하여 선거할 권리를 빼앗긴자, 정신병자는 선거할 권리와 선거받을 권리를 가지지 못한다.

**제67조** 공민은 언론, 출판, 집회, 시위와 결사의 자유를 가진다.

국가는 민주주의적 정당, 사회단체의 자유로운 활동조건을 보장한다.

**제68조** 공민은 신앙의 자유를 가진다. 이 권리는 종교건물을 짓거나 종교의식 같은것을 허용하는것으로 보장된다.

종교를 외세를 끌어들이거나 국가사회질서를 해치는데 리용할 수 없다.

**제69조** 공민은 신소와 청원을 할 수 있다.

국가는 신소와 청원을 법이 정한데 따라 공정하게 심의처리하도록 한다.

**제70조** 공민은 로동에 대한 권리를 가진다.

로동능력있는 모든 공민은 희망과 재능에 따라 직업을 선택하며 안정된 일자리와 로동조건을 보장받는다.

공민은 능력에 따라 일하며 로동의 량과 질에 따라 분배를 받는다.

**제71조** 공민은 휴식에 대한 권리를 가진다. 이 권리는 로동시간제, 공휴일제, 유급휴가제, 국가비용에 의한 정휴양제, 계속 늘어나는 여러가지 문화시설들에 의하여 보장된다.

**제72조** 공민은 무상으로 치료받을 권리를 가지며 나이많거나 병 또는 불구로 로동능력을 잃은 사람, 돌볼 사람이 없는 늙은이와 어린이는 물질적방조를 받을 권리를 가진다. 이 권리는 무상치료제, 계속 늘어나는 병원, 료양소를 비롯한 의료시설, 국가사회보험과 사회보장제에 의하여 보장된다.

제73조 공민은 교육을 받을 권리를 가진다. 이 권리는 선진적인 교육제도와 국가의 인민적인 교육시책에 의하여 보장된다.

제74조 공민은 과학과 문학예술활동의 자유를 가진다.
국가는 발명가와 창의고안자에게 배려를 돌린다.
저작권과 발명권, 특허권은 법적으로 보호한다.

제75조 공민은 거주, 려행의 자유를 가진다.

제76조 혁명투사, 혁명렬사가족, 애국렬사가족, 인민군후방가족, 영예군인은 국가와 사회의 특별한 보호를 받는다.

제77조 녀자는 남자와 똑같은 사회적지위와 권리를 가진다.
국가는 산전산후휴가의 보장, 여러 어린이를 가진 어머니를 위한 로동시간의 단축, 산원, 탁아소와 유치원망의 확장, 그밖의 시책을 통하여 어머니와 어린이를 특별히 보호한다.
국가는 녀성들이 사회에 진출할 온갖 조건을 지어준다.

제78조 결혼과 가정은 국가의 보호를 받는다.
국가는 사회의 기층생활단위인 가정을 공고히 하는데 깊은 관심을 돌린다.

제79조 공민은 인신과 주택의 불가침, 서신의 비밀을 보장받는다.
법에 근거하지 않고는 공민을 구속하거나 체포할수 없으며 살림집을 수색할수 없다.

제80조 조선민주주의인민공화국은 평화와 민주주의, 민족적독립과 사

회주의를 위하여, 과학, 문화활동의 자유를 위하여 투쟁하다가 망명하여 온 다른 나라 사람을 보호한다.

**제81조** 공민은 인민의 정치사상적통일과 단결을 견결히 수호하여야 한다.

공민은 조직과 집단을 귀중히 여기며 사회와 인민을 위하여 몸바쳐 일하는 기풍을 높이 발휘하여야 한다.

**제82조** 공민은 국가의 법과 사회주의적생활규범을 지키며 조선민주주의인민공화국의 공민된 영예와 존엄을 고수하여야 한다.

**제83조** 로동은 공민의 신성한 의무이며 영예이다.

공민은 로동에 자각적으로 성실히 참가하며 로동규률과 로동시간을 엄격히 지켜야 한다.

**제84조** 공민은 국가재산과 사회협동단체재산을 아끼고 사랑하며 온갖 탐오랑비현상을 반대하여 투쟁하며 나라살림살이를 주인답게 알뜰히 하여야 한다.

국가와 사회협동단체 재산은 신성불가침이다.

**제85조** 공민은 언제나 혁명적경각성을 높이며 국가의 안전을 위하여 몸바쳐 투쟁하여야 한다.

**제86조** 조국보위는 공민의 최대의 의무이며 영예이다.

공민은 조국을 보위하여야 하며 법이 정한데 따라 군대에 복무하여야 한다.(헌법 원문 183쪽에서 다시 이어집니다)

**◆국적에 관한 법으로 규정한다**(사회주의헌법 제62조 제1행)

이 조문에서 말하는 〈국적에 관한 법〉이란 〈조선민주주의인민공화국 국적법(전문 16개 조문으로 구성)〉을 뜻한다.

**◆공민**(사회주의헌법 제62조 제3행)

〈공민(公民)〉과 같은 뜻으로 쓰이는 법률 용어로 "한 나라의 국적을 가지고 그 나라 헌법에 규정된 권리와 의무를 지닌 사람"을 이르는 말.
조선민주주의인민공화국에서는 만 17살이 된 사람은 영예로운 공민증을 받고 떳떳한 공민으로서 국가주권기관 선거에서 선거할 권리와 선거 받을 권리를 행사한다.[107]

**◆ 《하나는 전체를 위하여, 전체는 하나를 위하여》 라는 집단주의원칙**

(사회주의헌법 제63조 제1행)

공산주의자들이 지녀야 할 집단주의적 생활 원칙과 공산주의적 기풍을 집약화하여 제시한 혁명적 구호.[108]

**◆집단주의원칙**(사회주의헌법 제63조 제2행)

〈집단주의(集團主義)∨ 원칙(原則)〉과 같은 뜻으로 쓰이는 정치 용어로 "개인의 이익보다 집단의 이익을 더 귀중히 여기는 사상을 원칙으로 하는 것"을 이르는 말.

**◆물질문화생활**(사회주의헌법 제64조 제2행)

〈물질생활(物質生活)〉과∨ 〈문화생활(文化生活)〉을 합쳐 놓은 문구로 "사람들이 먹고 입고 쓰고 사는 것을 기본으로 하는 물질생활과 문화적 소

---

107)인민이 사는 모습 1권 77면.
108)김일성저작선집, 25권, 286면.

양을 높이거나 문화적 재부를 향유하는 인간 생활"을 아울러서 부르는
말.

◆**공고발전**(사회주의헌법 제64조 제4행)
〈공고(鞏固)하다〉란 동사의 어근과 〈발전(發展)하다〉란 동사의 어근을 합
쳐놓은 합친 말로 뜻은 〈어떤 형상이나 유무형의 기반이 매우 굳고 튼튼
한 기세로 좋은 상태나 더 높은 단계로 나아감〉을 이르는 말.
여기서 눈여겨보아야 할 동강은 동사나 형용사의 어근과 어근을 합하여
합친 말을 만들어 사용하면서 표현을 더욱 간결하고 힘있게 나타내는 문
장 수사법을 생활화하고 있는 점이다.
남한에서는 특별한 경우 외에는 동사나 형용사의 어근을 합쳐서 만든 합
친말을 사용하는 경우가 드물다.
그러나 북한은 한글의 형태론에서 동사나 형용사의 어간, 즉 동사나 형용
사의 줄기와 줄기를 합하여 〈조직동원, 장성강화, 통일단결, 생산보장, 폭
로규탄, 고무충동, 조직전개, 극복타개, 공고발전, 확대강화발전〉 등과 같
은 합친말을 많이 만들어 씀으로써 표현을 더욱 간결하게, 힘있게 나타내
는 문장 수사법을 많이 생활화하고 있다.[109]

◆**다같은**(사회주의헌법 제65조 제1행)
〈다∨ 같은〉과 같은 뜻으로 쓰이는 문구.

◆**17살이상의**(사회주의헌법 제66조 제1행)
〈17살∨ 이상의〉와 같은 뜻으로 쓰이는 문구로 여기서 눈여겨보아야 할
동강은 어떤 명사 뒤에 〈부문, 분야, 기관, 담당, 관계, 이상(以上), 이하
(以下) 등이 뒤따라와 함께 쓰이는 경우 띄어쓰기에 관한 남북한 간 어

---

109)문화어문법규범, 김일성종합대학출판사 1972년판, 160면.

문 규정의 차이점을 이해하는 것이다.

남한은 한글 맞춤법 제1장 총칙 제2항 "문장의 각 단어는 띄어 씀을 원칙으로 한다."와 제5장 띄어쓰기 제1절 제41항 "조사는 그 앞말에 붙여 쓴다."는 규정에 따라 〈17살∨ 이상(以上)의〉라고 복합어인 〈17살〉이란 말과 〈이상(以上)〉이라는 낱말 사이(∨표 한 곳)는 띄어 쓰고 조사 〈의〉는 앞말에 붙여 써야 바른 문장이 된다.

그러나 북한은 조선말규범집 띄여쓰기 제1장 명사와 관련한 띄여쓰기 제3항의 규정에 따라 앞의 명사가 〈부문, 분야, 기관, 담당, 관계, 이상(以上), 이하(以下)〉 등과 함께 쓰이는 경우에 이 단어들은 앞 단위에 붙여 쓰며 〈부문, 분야, 기관, 담당, 관계, 이상(以上), 이하(以下) 등의 뒤에 오는 단위는 띄어 쓰게끔 규정되어 있다. 그래서 〈17살이상의 청년들, 소대장이상의 간부들, 19살이하의 청년들, 19살이상의 처녀들〉은 수사나 명사 뒤에 그대로 붙여 쓰고 있는 것이다.

◆**선거할 권리**(사회주의헌법 제66조 제4행)

〈선거할∨ 권리〉와 같은 뜻으로 쓰이는 문구로 "선거에 참가하여 투표할 수 있는 권리, 즉 선거권(選擧權)"을 이르는 말.

◆**선거받을 권리**(사회주의헌법 제66조 제4행)

〈선거∨ 받을∨ 권리〉와 같은 뜻으로 쓰이는 문구로 "선거에 입후보하여 당선자가 될 수 있는 권리, 즉 피선거권(被選擧權)"을 이르는 말.

◆**재판소**(사회주의헌법 제66조 제5행)

〈재판소(裁判所)〉와 같은 뜻으로 쓰이는 법률 용어로 "사회주의헌법 제6장 제7절 제156조에 명시한 임무를 수행하기 위해 조선민주주의인민공화국 도 단위와 직할시 단위에 설립된 재판 사업 기관"을 아울러서 부르는 말.

◆**빼앗긴자**(사회주의헌법 제66조 제5행)

〈빼앗긴 ∨자〉와 같은 뜻으로 쓰이는 문구.

◆**민주주의적정당**(사회주의헌법 제67조 제2행)

〈민주주의적(民主主義的)∨ 정당(政黨)〉과 같은 뜻으로 쓰이는 정치 용어로 이 조문에서는 "농민을 비롯한 광범한 근로 인민대중의 의사에 따라 정책을 세우고 그들에 의하여 그들의 이익에 맞게 그것을 관철하여 근로 인민대중에게 참다운 자유와 권리, 행복한 생활을 보장해 주기 위해 정치 활동을 하거나 하려고 하는 정당"을 아울러서 부르는 말.

북한의 경우 이런 역할을 하는 민주주의적 정당으로 "조선로동당"과 이의 우당(友黨)으로 "조선사회민주당, 천도교청우당"을 실례로 들고 있다.

그러나 이런 정당들이 과연 "사회주의헌법 제67조에서 말하는, 법조문의 의미에 부합하는 역할을 실제로 추구하는 민주주의적 정당인가? " 하는 점은 비판적 시각으로 엄격히 재규명해 보아야 한다.

◆**사회단체**(사회주의헌법 제67조 제2행)

〈사회단체(社會團體)〉와 같은 뜻으로 쓰이는 정치 용어로 "사회의 일정한 계급과 계층들이 공동의 목적과 이익을 옹호하고 실현하기 위해 자원적 원칙에서 조직한 단체"를 이르는 말.

여기서 눈여겨보아야 할 동강은 남쪽에서 일반적으로 인식하고 있는 〈사회단체〉의 개념과 북한에서 일반화 된 〈사회단체〉의 개념을 비교해 보며 그 차이점을 정확히 이해하는 것이다.

남쪽의 경우는 일반적으로 사회단체란 "사회 문제의 해결을 목적으로 조직된 단체" 또는 "사회사업을 하는 단체"를 사회단체라 이른다.

그러나 북한의 경우 "사회단체는 정당과는 구별되는 사회적 조직으로 정당이 자기 계급의 이익을 가장 철저히 옹호하는 사람들을 망라하는 조직이라면 사회단체는 해당 계급과 계층을 포괄적으로 망라하는 조직이다." 라고 규정하고 있다.110)

그러므로 "당은 계급의 선봉대로, 최고 형태의 조직으로서 영도적 역할을 하게 되며 사회단체는 당의 외곽단체, 인전대(引傳帶 : 동력을 전달하는 벨트(belt)라는 뜻)로서 당을 옹호하고 보위하고 방조하는 역할을 하게 된다"고 규정하고 있다.

그리고 이런 역할을 하는 사회단체로는 "근로단체인 조선직업동맹, 조선농업근로자동맹, 김일성사회주의청년동맹, 조선민주녀성동맹이 있으며 자기의 고유한 사명을 수행하는 단체로 조선문학예술총동맹, 조선기자동맹, 조국평화통일위원회, 조선아시아아프리카단결위원회, 조선민주주의인민공화국 적십자회, 조선학생위원회 등이 있다."고 설명하고 있다.111)

◆**종교건물**(사회주의헌법 제68조 제1행)

〈종교∨ 건물〉과 같은 뜻으로 쓰이는 문구.

◆**종교의식 같은것**(사회주의헌법 제68조 제1행)

〈종교∨ 의식∨ 같은∨ 것〉과 같은 뜻으로 쓰이는 문구.

---

110)조선대백과사전 13권 76면.

111)여기서 비판적 시각으로 엄격히 따져 봐야 할 점은 과연 이런 사회 단체들이 사회주의헌법 제67조가 규명하고 있는 것처럼 "국가는 민주주의적 정당, 사회 단체의 자유로운 활동 조건을 보장하고 있는가?"라는 점과 조선민주주의인민공화국의 국가적 이상을 담고 있는 헌법 법 조문상의 사회 단체의 정의와 북한 사회에서 사회 단체의 자격으로 현실적인 조직 활동을 하는 사회 단체와의 차이점을 찾아내어 북한의 정치, 사회적 실상을 정확히 진단할 수 있는 능력을 갖추는 것이다.

◆ **허용하는것으로**(사회주의헌법 제68조 제2행)
〈허용하는∨ 것으로〉와 같은 뜻으로 쓰이는 문구.

◆ **신소**(사회주의헌법 제69조 제1행)
〈신소(申訴)〉 같은 뜻으로 쓰이는 법률용어로 "사회적으로 정당한 요구나 시정할 조건, 또는 개인의 억울한 사정 같은 것을 해결할 수 있는 기관에 서면으로 제출하거나 구두로 말하는 것"을 아울러서 부르는 말.

◆ **청원**(사회주의헌법 제69조 제1행)
〈청원(請願)〉 같은 뜻으로 쓰이는 법률 용어로 "사업의 개선과 발전, 자기의 소망을 실현하기 위하여 해당 기관에 제기하는 공민의 요구 또는 의견"을 이르는 말.

◆ **심의처리하도록**(사회주의헌법 제69조 제2행)
〈심의하여∨ 처리하도록〉과 같은 뜻으로 쓰이는 문구.

◆ **로동능력있는**(사회주의헌법 제70조 제2행)
〈노동능력∨ 있는〉과 같은 뜻으로 쓰이는 문구.

◆ **안정된 일자리와 로동조건을 보장받는다**(사회주의헌법 제70조 제2행)
〈안정된∨ 일자리와∨ 노동조건을∨ 보장∨ 받는다〉와 같은 뜻으로 쓰이는 문구.

◆ **로동의 량과 질에 따라**(사회주의헌법 제70조 제4행)
〈노동의∨ 양과∨ 질에∨ 따라〉와 같은 뜻으로 쓰이는 문구.112)

---

112)한자어 낱말을 한글로 적을 때 적용하는 두음 법칙과 관련된 남북한 간 어문 규정의

**◆로동시간제**(사회주의헌법 제71조 제1행)

〈노동시간제(勞動時間制)〉와 같은 뜻으로 쓰이는 경제 용어로 "근로자들이 물질적 부를 창조하는데 지출하는 노동의 양 또는 노동을 지속하는 시간을 노동법에 따라 제도적으로 정해 놓은 노동시간에 대한 규정"을 이르는 말.

**◆공휴일제**(사회주의헌법 제71조 제2행)

〈공휴일제(公休日制)〉와 같은 뜻으로 쓰이는 말로 한 국가 또는 공공 기관이 "일 년 중 몇 몇 특정한 날을 제도적으로 휴일로 정해놓고 해마다 그 날이 다가오면 휴일로 운영하는 현실적인 제도"를 이르는 말.

이 조문에서는 공화국의 공휴일제를 뜻한다. 공화국 정부와 동포들이 말하는 주요 기념일과 공휴일은 설날(1월 1일)과 김정일생일(2월 16일), 김일성생일(4월 15일), 조선인민군창건일(4월 25일), 국제노동절(5월 1일), 조국해방전쟁승리의 날(7월 27일), 조국광복의 날(8월 15일), 조선민주주의인민공화국창건일(9월 9일), 조선로동당창건일(10월 10일), 조선민주주의인민공화국 사회주의헌법절(12월 27일) 등이다. 특별한 사정이 없는 대다수 공화국 근로자들은 이런 공휴일에는 노동을 하지 않는다.

**◆유급휴가제**(사회주의헌법 제71조 제2행)

〈유급(有給)∨ 휴가제(休暇制)〉와 같은 뜻으로 쓰이는 말로 "노동자, 기술자, 사무원, 협동농장 농장원에게 임금을 지급하면서 정기적으로 일정한 기간 휴가를 보장하는 제도"를 이르는 말.

**◆국가비용에 의한 정휴양제**(사회주의헌법 제71조 제2행)

〈국가 비용에 의한 정양제(靜養制)와 휴양제(休養制)〉를 아울러서 이르는

---

차이점 해설은 본서 70면 〈로동자〉 해설 참조.

문구로 여기서 눈여겨봐야 할 동강은 정양, 휴양, 요양이란 용어에 대한 개념과 그 차이점이 무엇인가 하는 점을 정확히 알고 넘어가는 것이다.

**정양**(靜養)이란 "질병은 없으나 건강을 더욱 증진하여야 할 근로자들을 대상으로 실시하는 국가사회보험 혜택의 하나이며 대상자들은 국가 비용으로 운영되는 정양소에서 건강을 증진하며 문화적 휴식을 취하는 것"을 말한다.

**휴양**(休養)은 "건강한 근로자들을 대상으로 실시하는 국가사회보험 혜택의 하나이며 대상자들은 국가 비용으로 운영되는 휴양소에서 일정한 기간 사회적 노동에 소모된 육체적 정신적 힘을 회복하며 문화적 휴식을 취하는 것"을 말한다.

**요양**(療養)이란 "주로 만성 질병 환자들을 대상으로 실시하는 국가사회보험 혜택의 하나로 국가 비용으로 운영되는 요양소에서 온천요양, 약수요양, 감탕(진흙)요양 등의 자연치료와 식사요법, 물리치료, 체육 치료, 노동 치료, 등의 복합 치료법으로 대상자들의 질병을 예방, 치료하는 것"을 말한다.

◆**여러가지**(사회주의헌법 제71조 제2행)
〈여러∨ 가지〉와 같은 뜻으로 쓰이는 문구.

◆**나이많거나**(사회주의헌법 제72조 제1행)
〈나이가∨ 많거나〉와 같은 뜻으로 쓰이는 문구.

◆**로동능력**(사회주의헌법 제72조 제2행)
〈노동능력(勞動能力)〉과 같은 뜻으로 쓰이는 경제 용어로 "물질적 부를 창조하는 노동활동에서 사람들이 발휘할 수 있는 육체적 힘과 정신적 힘"을 아울러서 부르는 말.

### ◆ 물질적방조 (사회주의헌법 제72조 제3행)

〈물질적(物質的)∨ 방조(幇助)〉와 같은 뜻으로 쓰이는 문구.

이 조문에서 말하는 물질적 방조란 "노동능력을 잃은 사람, 돌볼 사람이 없는 늙은이와 어린이 등이 일상적 삶을 유지하기 위해 먹고 입고 쓰는데 필요한 물질(식량, 부식, 의복, 신발, 의약 등)의 도움"을 이르는 말.

### ◆ 무상치료제 (사회주의헌법 제72조 제3행)

〈무상치료제(無償治療劑)〉와 같은 뜻으로 쓰이는 말로 "조선민주주의인민 공화국 사회주의헌법 제5장 제72조에 따라 돈을 내지 않고 국가의 부담에 의하여 치료받을 수 있는 제도"를 이르는 말.

### ◆ 료양소 (사회주의헌법 제72조 제4행)

〈요양소(療養所)〉와 같은 뜻으로 쓰이는 말로 주로 "만성 질병 환자들을 대상으로 실시하는 국가사회보험 혜택의 하나로 국가 비용으로 운영되는 요양 시설에서 온천요양, 약수요양, 감탕(진흙)요양 등의 자연치료와 식사 요법, 물리치료, 체육 치료, 노동 치료, 등의 복합 치료법으로 대상자들의 질병을 예방, 치료하는 보건 기관"을 이르는 말.113)

### ◆ 사회보장제 (사회주의헌법 제72조 제4행)

〈사회보장제(社會保障制)〉와 같은 뜻으로 쓰이는 말로 "근로인민들이 노동능력을 잃었거나 사망하였을 경우 본인 또는 그 가족의 생활을 국가적으로 보장하는 제도"를 아우르는 말.

북한은 "진정한 사회보장제도는 근로자들의 생활에 대하여 국가가 책임지는 사회주의 제도 아래에서만 실시된다."며 "사회주의 국가는 국민소득의

---

113)한자어 낱말을 한글로 적을 때 적용하는 두음 법칙에 관한 남북한 간 어문 규정의 차이점 해설은 본서 62면 〈리익〉 해설 참조.

분배에서 사회보장 펀드를 계획적으로 형성하며 사회보장 대상자들의 건강과 생활을 보장해 주고 있다.[114]"고 선전하고 있다.[115]

◆**발명가**(사회주의헌법 제74조 제2행)
〈발명가(發明家)〉와 같은 뜻으로 쓰이는 과학 용어로 이 조문에서는 "과학 기술과 생산 분야에 본질적으로 새로운 기술 경제적 효과를 주는 제안이나 물건을 생각하여 만들어 내는 사람 또는 그런 일을 전문적으로 하는 사람"을 이르는 말.

◆**창의고안자**(사회주의헌법 제74조 제2행)
〈창의(創意)∨고안자(考案者)〉와 같은 뜻으로 쓰이는 말로 "기술 및 산업 생산 발전을 위한 새로운 기술 경제적인 혁신 안을 궁구(窮究)해 낸 사람"을 이르는 말.

◆**저작권**(사회주의헌법 제74조 제3행)
〈저작권(著作權)〉과 같은 뜻으로 쓰이는 말로 "과학, 문학, 예술의 창작품에 대하여 그 저작자가 가지는 독점적 권리"를 이르는 말.

◆**발명권**(사회주의헌법 제74조 제3행)
〈발명권(發明權)〉과 같은 뜻으로 쓰이는 과학 용어로 이 조문에서는 "과학 기술과 생산 분야에 본질적으로 새로운 기술 경제적 효과를 주는 제안이나 물건을 생각하여 만든 사람이 갖는 발명에 대한 소유권"을 이르

---

114)정치사전 532면.
115)여기서 우리는 북한의 이런 사회 제도적인 이상과 북한 동포들의 실질적 생활과의 격차를 정확하게 비교해 보며 허상과 왜곡된 선전선동에 현혹되지 않고 자신을 지켜나 갈 수 있는 북한 사회 진단능 력을 키워나가야 할 것이다.

는 말.

**◆특허권**(사회주의헌법 제74조 제3행)
〈특허권(特許權)〉과 같은 뜻으로 쓰이는 과학 용어로 "발명을 한 사람이
나 발명권을 넘겨받은 사람이 그 발명에 대하여 가지는 독점적 권리"를
이르는 말.

**◆거주, 려행의 자유**(사회주의헌법 제75조 제1행)
〈거주(居住),∨ 여행(旅行)의 자유〉와 같은 뜻으로 쓰이는 말.

**◆혁명투사**(사회주의헌법 제76조 제1행)
〈혁명(革命)∨ 전사(戰士)〉와 같은 뜻으로 쓰이는 정치 용어로 이 조문에
서는 "당과 수령, 조국과 인민을 위한 혁명 투쟁에서 투쟁하는 사람, 또
는 생명을 바쳐 싸울 수 있는 사람"을 아울러 부르는 말.

**◆애국렬사가족**(사회주의헌법 제76조 제1행)
〈혁명(革命)∨ 열사(烈士)∨ 가족(家族)〉과 같은 뜻으로 쓰이는 정치 용
어로 "일제 식민 통치시기 민족의 자주권과 나라의 독립을 이룩하기 위
한 항일 혁명투쟁 또는 피압박 근로대중의 계급적 해방을 실현하기 위한
혁명투쟁에서 장렬하게 희생되었거나 고귀한 생애를 마친 혁명 열사들의
가족"을 이르는 말.

**◆인민군후방가족**(사회주의헌법 제76조 제1행)
〈인민군(人民軍)∨ 후방가족(後方家族)〉과 같은 뜻으로 쓰이는 군사 용어
로 "조국 보위를 위하여 동원된 조선인민군 군인들의 가족"을 아울러서
부르는 말.

**◆ 영예군인**(사회주의헌법 제76조 제1행)

〈영예군인(榮譽軍人)〉 또는 〈상이군인(傷痍軍人)〉과 같은 뜻으로 쓰이는 말로 "조국과 인민을 위한 전투에서 정신적으로나 육체적으로 부상을 당하여 신체의 일부 기능을 잃어 제대된 군인"을 아울러서 부르는 말.

**◆ 녀자**(사회주의헌법 제77조 제1행)

〈여자(女子)〉와 같은 뜻으로 쓰이는 말로 여기서 눈여겨보아야 할 동강은 한자어 낱말을 한글로 적을 때 적용하는 두음 법칙에 관한 남북한 간 어문 규정의 차이점을 이해하는 것이다.

남한은 한글 맞춤법 제3장 제5절 두음 법칙 제10항 "한자음 〈녀, 뇨, 뉴, 니〉가 단어의 첫머리에 올 적에는 두음 법칙에 따라 〈여, 요, 유, 이〉로 적는다."는 규정에 따라 한자어 〈女子〉는 〈여자〉로 적어야 바른 문장이 된다.

그러나 북한은 조선말규범집 제7장 한자말 적기 제25항 "한자말은 소리마디마다 해당 한자음대로 적는 것을 원칙으로 한다." 는 규정에 따라 〈녀자, 녀성〉 등과 같이 〈女子〉는 〈녀자〉로 적어야 바른 문장이 된다.

**◆사회적지위와**(사회주의헌법 제77조 제1행)

〈사회적∨ 지위와〉와 같은 뜻으로 쓰이는 문구.

**◆산전산후휴가**(사회주의헌법 제77조 제2행)

〈산전(産前)∨ 산후휴가(産後休暇)〉와 같은 뜻으로 쓰이는 문구로 "아기를 낳기 전에 받는 휴가와 아기를 낳은 후에 받는 휴가"를 아울러 부르는 말.

**◆산원**(사회주의헌법 제77조 제3행)

〈산원(産院)〉과 같은 뜻으로 쓰이는 말로 "임신 관리와 해산, 해산 후의 산후병이나 부인병을 치료하는 여성 건강 보호기관"을 이르는 말.
북한의 경우 산원은 1980년 3월 개원한 〈평양산원〉을 비롯해 각 도와 주요 도시에 설립되어 있으며 "산과, 부인과, 애기과"를 운영하고 있다.

◆**탁아소**(사회주의헌법 제77조 제3행)
〈탁아소(託兒所)〉와 같은 뜻으로 쓰이는 말로 "유치원에 가기 전 시기의 어린이들을 국가와 사회의 부담으로 키우는 보육 교양기관"을 이르는 말.

◆**유치원**(사회주의헌법 제77조 제3행)
〈유치원(幼稚園)〉과 같은 뜻으로 쓰이는 교육 용어로 조선민주주의인민공화국 〈어린이보육교양법〉 제39조에 따라 "학교에 가기 전까지의 어린이들에게 국가와 사회의 부담으로 학교에 갈 준비교육을 시키는 교육기관"을 이르는 말.

◆**녀성**(사회주의헌법 제77조 제5행)
〈여성(女性)〉과 같은 뜻으로 쓰이는 말로 여기서 눈여겨보아야 할 동강은 한자어 낱말을 한글로 적을 때 적용하는 두음 법칙에 관한 남북한 간 어문 규정의 차이점을 이해하는 것이다.
남한은 한글 맞춤법 제3장 제5절 두음 법칙 제10항 "한자음 〈녀, 뇨, 뉴, 니〉가 단어의 첫머리에 올 적에는 두음 법칙에 따라 〈여, 요, 유, 이〉로 적는다."는 규정에 따라 한자어 〈女性〉은 〈여성〉으로 적어야 바른 문장이 된다.
그러나 북한은 조선말규범집 제7장 한자말 적기 제25항 "한자말은 소리마디마다 해당 한자음대로 적는 것을 원칙으로 한다." 는 규정에 따라 한자어 〈女性〉은 〈녀성〉으로 적어야 바른 문장이 된다.

◆**지어준다**(사회주의헌법 제77조 제5행)

타동사 〈짓다〉의 활용형(지으니, 지어)으로 "일정한 자료를 가지고 밥, 옷, 집 따위를 만들어 준다"는 뜻으로 쓰이는 말.

◆**결혼**(사회주의헌법 제78조 제1행)

〈결혼(結婚)〉과 같은 뜻으로 쓰이는 말로 전통적으로 남한 사람들이 생각하는 결혼은 "서로 사랑하는 성인 남녀가 부부 관계를 이루기 위해서 혼례에 따라 결합하는 것"을 말한다. 이런 결혼은 상식적으로 현실적 지배세력 또는 정부를 이끄는 권력 집단의 성향이나 가치 체계와 반드시 같지 않아도 전통적 의미의 결혼은 설립될 수 있고 국가나 사회로부터 법적인 보호를 받을 수 있다.

그러나 북한의 헌법이나 가족법에서 말하는 결혼의 의미는 남쪽과 다르다는 것을 먼저 파악하고 난 후 헌법이나 가족법 조문 속에 나오는 결혼이란 용어를 받아들여야 한다. 사회주의 사회에서의 결혼은 "남녀 사이의 호상 신뢰와 혁명적 동지애에 기초하여 건전한 부부 관계를 이룰 것을 목적으로 한다. 결혼은 부부로 될 데 대한 남녀 사이의 합의와 그에 대한 국가적 승인이 있어야 법적 효력을 가진다. 결혼은 사회의 세포를 이루는 가정 형성의 기초이다. 결혼에 의해 남녀는 부부로 되며 가정을 이룬다. 우리 당과 국가는 하나의 사상과 뜻에 의하여 남녀 사이에 결혼이 이루어지며 그것이 공고히 되도록 하는데 깊은 관심을 돌린다."고 정의하고 있다.116)

여기서 북쪽의 개성공단이나 특수경제지대에 진출해 남북 교류 사업에 동참하려는 남쪽 사람들이 꼭 알고 넘어가야 할 것은 북한의 조선대백과 사전에서 정의하는 "결혼은 남녀 사이의 호상 신뢰와 혁명적 동지애에 기초하여 건전한 부부 관계를 이룰 것을 목적으로 한다."와 "우리 당과

---

116)조선대백과사전, 제2권, 7면.

국가는 하나의 사상과 뜻에 의하여 남녀 사이에 결혼이 이루어지며 그것
이 공고히 되도록 하는데 깊은 관심을 돌린다."란 대목이다.

여기서 말하는 당이란 조선로동당을 말하고 국가란 조선민주주의인민공
화국을 말하는데 이 당과 국가가 결혼에 대하여 "하나의 사상과 뜻에 의
하여 남녀 사이에 결혼이 이루어지며 그것이 공고히 되도록 하는데 깊은
관심을 돌린다."고 못을 박고 있기 때문에 하나의 사상과 뜻에 의하지
않은 결혼은 국가나 사회로부터 보호를 받지 못한다는 점을 이해해야 한
다.

그렇다면 "〈혁명적 동지애〉와 〈하나의 사상과 뜻에 의하지 않은 남녀 사
이의 결합〉은 어떻게 되는가?"라는 점이다. 남한에서 생각할 때는 도무
지 용납이 되지 않는 해석이나 북한에서는 이런 해석이 현실이며 〈혁명
적 동지애〉와 〈하나의 사상과 뜻에 의하지 않은 남녀 사이의 결합〉은
분명히 헌법이나 가족법에서 보호를 받을 수 없는 결혼이다. 이런 결혼
은 "하나의 사상과 목적으로 개조될 때까지 혁명화의 대상이며 그런 개
조가 끝날 때까지 독재대상구역이나 그와 유사한 격리 지역에서 사상교
양과 노동 교화를 받으며 격리되어 있어야 할 대상"이라는 점을 알고 북
한의 실정법과 사회를 이해해 나가야 한다.

◆**가정**(사회주의헌법 제78조 제1행)

〈가정(家庭)〉과 같은 뜻으로 쓰이는 말로 전통적으로 남한 사람들이 생
각하는 가정은 "서로 사랑하는 성인 남녀가 결혼 적령기에 가정을 이루
어 두 부부를 중심으로 혈연 관계자, 즉 가족이 생겨나고 그렇게 생성된
가족이 함께 살고 있는 사회의 가장 작은 집단 또는 공동체"를 뜻한다.
이런 가정은 상식적으로 현실적 지배 세력 또는 정부를 이끄는 권력 집
단의 가치 체계나 성향이 반드시 같지 않아도 전통적 의미의 가정은 존
재할 수 있고 국가나 사회로부터 법적인 보호를 받을 수 있다.

그러나 북한의 헌법이나 가족법에서 말하는 가정의 의미는 남쪽과 다르다는 것을 먼저 파악하고 난 후 헌법이나 가족법 조문 속에 나오는 가정이란 용어를 받아들여야 한다. 북한에서는 가정을 〈당과 수령, 조국과 인민, 사회 집단을 위하여 서로 돕고 이끌며 사는 하나의 혁명적 동지이며 동지적 집단117)〉이라고 규정하고 있다. 또 〈우리 사회에서의 가정은 혈연적으로 결합되어 있을 뿐 아니라 보다 중요하게는 당과 수령, 사회와 집단을 위하여 살며 일하는 사람들의 생활 단위가 되고 있는 것이다.118)〉

여기서 북쪽의 개성공단이나 특수경제지대에 진출해 남북 교류 사업에 동참하려는 남쪽 사람들이 꼭 알고 넘어가야 할 것은 북한의 철학사전이나 조선대백과사전에서 말하는 현실적인 〈당과 수령〉이란 "누구를 말하는가? "이다. 여기서 말하는 당이란 조선로동당을 말하고 수령이란 지난 1994년에 사망한 북한 최고 권력자와 그의 권력을 세습한 현재의 최고 통치자를 말한다.

그렇다면 〈당과 수령〉을 위하지 않고 다른 가치 체계나 이상을 추구하며 사는 부부 중심의 혈연 공동체는 가정이 아니라는 말인가? 남한에서 생각할 때는 도무지 용납이 되지 않는 해석이나 북한에서는 〈당과 수령〉을 위하지 않고 다른 가치 체계나 이상을 추구하며 사는 부부 중심의 혈연 공동체는 분명히 헌법이나 가족법에서 보호를 받는 가정이 아니다. 이들은 "하나의 사상과 목적으로 결합되어야 할 가정혁명화의 대상이며 그런 혁명이 끝날 때까지 독재대상구역이나 그와 유사한 격리 지역에서 사상 교양과 노동 교화를 받으며 격리되어 있어야 할 대상"이라는 것을 분명하게 알고 북한의 실정법과 사회를 이해해 나가야 한다.

---

117)철학사전, 1985년판, 41면.
118)조선대백과사전, 제1권, 151면.

**◆사회의 기층생활단위**(사회주의헌법 제78조 제2행)

〈사회의∨ 기층(基層)을∨ 이루는∨ 생활의∨ 단위〉와 같은 뜻으로 쓰이는 문구로 여기서 눈여겨보아야 할 동강은 〈단위(單位)〉라는 낱말이 가지고 있는 의미의 양면성이다.

이 조문에서는 〈단위〉라는 낱말이 어떤 사업체나 조직체 등에서 각 부문별로 나누어진 낱낱의 부서 또는 하나의 구역, 범위 등을 나누는 의미로 사용되고 있다.

**◆인신**(사회주의헌법 제79조 제1행)

〈인신(人身)〉과 같은 뜻으로 쓰이는 법률용어로 "사람의 몸 또는 개인의 신분"을 이르는 말.

**◆체포할수**(사회주의헌법 제79조 제2행)

〈체결할∨ 수〉와 같은 뜻으로 쓰이는 문구.119)

**◆수색할수**(사회주의헌법 제97조 제2행)

〈수색할∨ 수〉와 같은 뜻으로 쓰이는 문구.

**◆민족적독립**(사회주의헌법 제80조 제1행)

〈민족적(民族的)∨ 독립(獨立)〉과 같은 뜻으로 쓰이는 정치 용어로 "매개 민족국가가 정치, 경제, 군사 등 자기 민족 앞으로 다가오는 모든 문제를 밖으로부터의 그 어떤 간섭, 예속, 의존하지 않고 자주적으로 결정하고 처리하며 독자적으로 존재할 수 있는 상태"를 아울러서 부르는 말.

---

119)〈것, 수, 분〉 따위의 의존 명사(불완전 명사)의 띄어쓰기에 관한 남북한 간 어문 규정의 차이점 해설은 본서 76면의 〈소환할수〉 해설 참조.

◆**정치사상적통일**(사회주의헌법 제81조 제1행)

〈정치(政治)∨ 사상적(思想的)∨ 통일(統一)〉과 같은 뜻으로 쓰이는 정치
용어로 "수령의 혁명사상에 기초하여 수령의 두리에 철통같이 뭉친 인민
대중의 사상 의지의 통일 단결"을 이르는 말.

북한은 "수령의 영도 밑에 노농동맹을 기초로 하는 인민대중의 정치 사
상적 통일은 착취계급이 청산된 사회주의 제도 하에서 사회주의 사회 관
계의 기본에 토대하여 이루어진다.[120]"고 교양하고 있다.

◆**사회주의적생활규범**(사회주의헌법 제82조 제1행)

〈사회주의적(社會主義的)∨ 생활(生活)∨ 규범(規範)〉과 같은 뜻으로 쓰이
는 문구로 "사회주의에 기초한, 사회주의적인 사상과 이론에 따른 생활
규범, 즉 사회주의 사회에서 사는 사람들이 사회생활의 모든 분야에서 지
켜야 할 행동규범"을 이르는 말.

◆**로동**(사회주의헌법 제83조 제1행)

〈노동(勞動)〉과 같은 뜻으로 쓰이는 경제용어로 "사회의 물질적 재부와
문화적 재부를 창조하는 사람들의 목적 의식적인 활동 전체"를 아울러서
부르는 말.

◆**로동규률**(사회주의헌법 제83조 제2행)

〈노동∨ 규율(勞動規律)〉과 같은 뜻으로 쓰이는 경제 용어로 "물질적 부
를 창조하는 공동 노동에서 근로자들이 다 같이 지켜야 할 행동질서"를
이르는 말.

---

120)정치사전 760면.

**◆국가재산**(사회주의헌법 제84조 제1행)

〈국가∨ 재산(國家財産)〉과 같은 뜻으로 쓰이는 경제 용어로 "국가가 소유권을 가지고 있는 재산"을 아울러서 부르는 말. 사유재산, 개인 재산과 구별되며 협동단체 재산과도 다르다.

조선민주주의인민공화국 사회주의헌법에서는 국가 소유의 재산 대상을 제한하지 않고 있으며 나라의 모든 자연부원, 중요 공장과 기업소, 항만, 은행, 교통 운수 및 체신 기관과 그 재산들은 국가만이 소유할 수 있다고 규정하고 있다.

**◆사회협동단체재산**(사회주의헌법 제84조 제1행)

〈사회(社會)∨ 협동단체(協同團體)∨ 재산(財産)〉과 같은 뜻으로 쓰이는 문구로 "사회주의 경제형태에 따라 결성된 사회 협동 단체, 즉 가입자들이 생산수단을 공동으로 소유하고 생산과 상품 유통 등의 경영활동을 진행하는 조선민주주의인민공화국의 협동농장, 생산협동조합, 수산협동조합, 신용협동조합, 소비협동조합, 편의협동조합 등이 가지고 있는 재산"을 아울러서 이르는 말.

**◆탐오랑비현상**(사회주의헌법 제84조 제2행)

〈탐오(貪汚)∨ 낭비(浪費)∨ 현상(現狀)〉과 같은 뜻으로 쓰이는 문구로 "욕심을 내어 더러운 짓을 하면서 사복을 채우거나 쓰지 않아도 될 경우에도 필요 이상으로 재물 따위를 헛되이 헤프게 소비하는 현상"을 아우르는 말.

그다음 눈여겨보아야 할 동강은 한자어 낱말을 한글로 표기할 때 두음 법칙과 관련된 남북한 어문 규정의 차이점을 이해하는 것이다.

남한에서는 한자어 낱말을 한글로 적을 때는 한글 맞춤법 제3장 제5절 두음 법칙 제12항 "한자음 〈라, 래, 로, 뢰, 루, 르〉가 단어의 첫머리에 올 적에는 〈나, 내, 노, 뇌, 누, 느〉로 적는다."는 규정에 따라 한자어 〈浪費〉는 〈낭비〉로, 〈勞苦〉는 〈노고〉로 적어야  바른 문장이 된다.
그러나 북한은 조선말규범집 제7장 한자말 적기 제25항 "한자말은 해당 한자음대로 적는 것을 원칙으로 한다."는 규정에 따라 한자어 〈浪費〉는 〈랑비〉로, 〈勞苦〉는 〈노고〉로 적어야 바른 문장이 된다.

◆**나라살림살이**(사회주의헌법 제84조 제2행)
〈나라∨ 살림살이〉와 같은 뜻으로 쓰이는 문구.

◆**신성불가침**(사회주의헌법 제84조 제2행)
〈신성불가침(神聖不可侵)〉과 같은 뜻으로 쓰이는 말로 "너무나 높고 존엄하여 함부로 침해하거나 건드릴 수 없는 것"을 이르는 말.

◆**혁명적경각성**(사회주의헌법 제85조 제1행)
〈혁명적(革命的)∨ 경각성(警覺性)〉과 같은 뜻으로 쓰이는 정치 용어로 "온갖 구속과 예속을 반대하고 자주성을 실현하기 위한 혁명 투쟁을 방해하거나 그릇되게 하는 요소를 주의 깊게 살피고 경계하는 태도"를 이르는 말.
이 조문에서는 "인민대중이 계급적 또는 민족적 예속에서 벗어나며 자기의 자주성을 옹호하기 위한 혁명 투쟁을 방해하거나 그릇되게 하는 요소를 주의 깊게 살피고 경계하는 태도"를 가지며 유사시 국가의 안전을 위하여 몸바쳐 투쟁할 것을 요구하고 있다.121)

___

121)명사 앞뒤에 접사(접두사와 접미사)가 올 경우 띄어쓰기에 관한 남북한 간의 어문 규정의 차이점 해설은 본서 69면 〈지도적지침〉 해설 참조.

◆**조국보위**(사회주의헌법 제86조 제1행)

〈조국(祖國)∨ 보위(保衛)〉와 같은 뜻으로 쓰이는 군사 용어로 "원수들의 온갖 침해로부터 조국을 튼튼히 지키는 것"을 이르는 말.

〈헌법 원문 8〉

# 제6장   국가기구

## 제1절   최고인민회의

**제87조** 최고인민회의는 조선민주주의인민공화국의 최고주권기관이다.

**제88조** 최고인민회의는 립법권을 행사한다.
최고인민회의 휴회중에는 최고인민회의 상임위원회도 립법권을 행사할 수 있다.

**제89조** 최고인민회의는 일반적, 평등적, 직접적선거원칙에 의하여 비밀투표로 선거된 대의원들로 구성한다.

**제90조** 최고인민회의 임기는 5년으로 한다.
최고인민회의 새 선거는 최고인민회의 임기가 끝나기전에 최고인민회의 상임위원회의 결정에 따라 진행한다.
불가피한 사정으로 선거를 하지 못할 경우에는 선거를 할 때까지 그 임기를 연장한다.

**제91조** 최고인민회의는 다음과 같은 권한을 가진다.
1. 헌법을 수정, 보충한다.
2. 부문법을 제정 또는 수정, 보충한다.
3. 최고인민회의 휴회중에 최고인민회의 상임위원회가 채택한

중요 부문법을 승인한다.

4. 국가의 대내외정책의 기본원칙을 세운다.

5. 조선민주주의인민공화국 국방위원회 위원장을 선거 또는 소
환한다.

6. 최고인민회의 상임위원회 위원장을 선거 또는 소환한다.

7. 조선민주주의인민공화국 국방위원회 위원장의 제의에 의하여
국방위원회 제1부위원장, 부위원장, 위원들을 선거 또는 소환한다.

8. 최고인민회의 상임위원회 부위원장, 명예부위원장, 서기장, 위원
들을 선거 또는 소환한다.

9. 내각총리를 선거 또는 소환한다.

10. 내각총리의 제의에 의하여 내각부총리, 위원장, 상 그밖의 내각
성원들을 임명한다.

11. 중앙검찰소 소장을 임명 또는 해임한다.

12. 중앙재판소 소장을 선거 또는 소환한다.

13. 최고인민회의 부문위원회 위원장, 부위원장, 위원들을 선거 또는
소환한다.

14. 국가의 인민경제발전계획과 그 실행정형에 관한 보고를 심의
하고 승인한다.

15. 국가예산과 그 집행정형에 관한 보고를 심의하고 승인한다.

16. 필요에 따라 내각과 중앙기관들의 사업정형을 보고받고 대책을
세운다.

17. 최고인민회의에 제기되는 조약의 비준, 폐기를 결정한다.

**제92조** 최고인민회의는 정기회의와 림시회의를 가진다.

정기회의는 1년에 1~2차 최고인민회의 상임위원회가 소집한다.

림시회의는 최고인민회의 상임위원회가 필요하다고 인정할 때 또는 대

의원전원의 3분의 1이상의 요청이 있을 때에 소집한다.

　　**제93조** 최고인민회의는 대의원전원의 3분의 2이상이 참석하여야 성립
된다.

　　**제94조** 최고인민회의는 의장과 부의장을 선거한다.
　　의장은 회의를 사회한다.

　　**제95조** 최고인민회의에서 토의할 의안은 최고인민회의 상임위원회, 내
각과 최고인민회의 부문위원회가 제출한다.
　　대의원들도 의안을 제출할수 있다.

　　**제96조** 최고인민회의 매기 제1차회의는 대의원 자격심사위원회를 선거
하고, 그 위원회가 제출한 보고에 근거하여 대의원자격을 확인하는 결정
을 채택한다.

　　**제97조** 최고인민회의는 법령과 결정을 낸다.
　　최고인민회의가 내는 법령과 결정은 거수가결의 방법으로 그 회의에
참석한 대의원의 반수이상이 찬성하여야 채택된다.
　　헌법은 최고인민회의 대의원전원의 3분의 2이상이 찬성하여야 수정,
보충된다.

　　**제98조** 최고인민회의는 법제위원회, 예산위원회 같은 부문위원회를 둔
다.

　　최고인민회의 부문위원회는 위원장, 부위원장, 위원들로 구성한다.
　　최고인민회의 부문위원회는 최고인민회의 사업을 도와 국가의 정책안

과 법안을 작성하거나 심의하며 그 집행을 위한 대책을 세운다.

최고인민회의 부문위원회는 최고인민회의 휴회중에 최고인민회의 상임위원회의 지도밑에 사업한다.

**제99조** 최고인민회의 대의원은 불가침권을 보장받는다.

최고인민회의 대의원은 현행범인 경우를 제외하고는 최고인민회의, 그 휴회중에 최고인민회의 상임위원회 승인없이 체포하거나 형사처벌을 할 수 없다.

(헌법 원문 200쪽에서 다시 이어집니다)

**◆국가기구**(사회주의헌법 제6장 제목행)

〈국가기구(國家機構)〉와 같은 뜻으로 쓰이는 정치 용어로 "국가의 기능을 수행하기 위하여 조직된 국가기관들의 체계"를 아울러서 이르는 말.

이 조문에서 말하는 국가기구란 국가 주권 기관(최고인민회의를 비롯한 산하 인민회의), 국가 관리 기관(내각을 비롯한 산하 행정기관), 재판 기관, 검찰 기관 체계를 말한다.

**◆최고인민회의**(사회주의헌법 제87조 제1행)

〈최고인민회의(最高人民會議)〉와 같은 뜻으로 쓰이는 정치 용어로 사회주의헌법 제6장 제1절 제91조에 명시한 임무를 수행하기 위해 조직된 "조선민주주의인민공화국 최고주권기관"을 이르는 말.

**◆최고주권기관**(사회주의헌법 제87조 제1행)

〈최고주권기관(最高主權機關)〉과 같은 뜻으로 쓰이는 정치 용어로 사회주의헌법 제6장 제1절 제91조에 명시한 임무를 수행하기 위해 조직된 "조선민주주의인민공화국 최고인민회의"를 이르는 말.

**◆립법권**(사회주의헌법 제88조 제1행)

〈입법권(立法權)〉과 같은 뜻으로 쓰이는 말.[122]

**◆휴회중에는**(사회주의헌법 제88조 제2행)

〈휴회∨ 중에는〉과 같은 뜻으로 쓰이는 문구로 여기서 눈여겨보아야 할 동강은 〈상, 중, 간, 판〉 따위의 한자어 낱말이나 불완전 명사(의존 명사)의 띄어쓰기에 관한 남북한 간 어문 규정의 차이점을 이해하는 것이

---

[122] 한자어 낱말을 한글로 적을 때 적용하는 두음 법칙에 관한 남북간 어문 규정의 차이점 해설은 본서 67면 〈리익〉 해설 참조.

다.

남한은 한글 맞춤법 제5장 띄어쓰기 제2절 제42항 "의존 명사(불완전 명
사)는 띄어 쓴다."는 규정에 따라 〈상, 중, 간, 판, 경, 항, 측, 장, 조,
전, 편, 산, 호, 성, 하, 전, 후, 내, 외, 차, 초, 말, 발, 착, 행, 년, 부,
별, 용, 분, 과, 급, 당, 기, 계, 래, 형, 제, 식, 상(모양), 적〉 등과 같은
한자어 낱말 중 접사로 쓰이는 말을 제외한 한자어 낱말이나 의존 명사
(불완전 명사)는 〈휴회∨ 중〉처럼 앞말과 띄어 써야 되고 그 다음에 오
는 조사 〈에는〉은 앞 말에 붙여 〈휴회∨ 중에는〉으로 써야 바른 문장이
된다.

그러나 북한은 조선말규범집 띄여쓰기 제1장 명사와 관련한 띄여쓰기 제
3항 2)번 규정 〈상, 중, 간, 판, 경, 항, 측, 장, 조, 전, 편, 산, 호, 성,
하, 전, 후, 내, 외, 차, 초, 말, 발, 착, 행, 년, 부, 별, 용, 분, 과, 급,
당, 기, 계, 래, 형, 제, 식, 상(모양), 적〉 등과 같은 한자말이나 불완전
명사(의존 명사)와 〈뒤붙이적 단어〉는 그 앞 단위에 붙여 쓰게끔 규정되
어 있기 때문에 〈휴회〉 다음에 오는 불완전 명사 〈중〉은 어떤 경우에도
〈휴회중〉처럼 앞말에 붙여 쓰고 그 뒤에 오는 토(조사) 〈에는〉도 앞말에
붙여 써야 바른 문장이 된다.

◆ **최고인민회의 상임위원회**(사회주의헌법 제88조 제2행)
사회주의헌법 제6장 제3절 제110조에 명시한 임무를 수행하기 위해 위원
장, 부위원장, 서기장, 위원들로 조직된 "최고인민회의 휴회 중의 최고주
권기관"을 이르는 말.

◆ **직접적선거원칙**(사회주의헌법 제89조 제1행)
〈직접적(直接的)∨ 선거(選擧)∨ 원칙(原則)〉과 같은 뜻으로 쓰이는 문구.

**◆대의원**(사회주의헌법 제89조 제2행)

〈대의원(代議員)〉과 같은 뜻으로 쓰이는 말로 사회주의헌법 제6장 제1절 제91조와 제5절 제134조에 명시한 임무를 수행하기 위해 "조선민주주의 인민공화국에 설립된 최고주권기관 및 지방주권기관 관할 내의 공민들이 일반적, 직접적, 선거 원칙에 따라 비밀투표로 뽑은 주민 대표"를 아울러서 부르는 말.

**◆끝나기전에**(사회주의헌법 제90조 제2행)

〈끝나기∨ 전에〉와 같은 뜻으로 쓰이는 말로 여기서 눈여겨보아야 할 동강은 〈전, 중, 간, 판〉 따위의 한자어 낱말이나 불완전 명사(의존 명사)의 띄어쓰기에 관한 남북한 간 어문 규정의 차이점을 이해하는 것이다.

남한은 한글 맞춤법 제5장 띄어쓰기 제2절 제42항 "의존 명사(불완전 명사)는 띄어 쓴다."는 규정에 따라 〈상, 중, 간, 판, 경, 항, 측, 장, 조, 전, 편, 산, 호, 성, 하, 전, 후, 내, 외, 차, 초, 말, 발, 착, 행, 년, 부, 별, 용, 분, 과, 급, 당, 기, 계, 래, 형, 제, 식, 상(모양), 적〉 등과 같은 한자어 낱말 중 접사로 쓰이는 말을 제외한 한자어 낱말이나 의존 명사(불완전 명사)는 〈끝나기∨ 전〉처럼 앞말과 띄어 써야 되고 그 다음에 오는 조사 〈에〉는 앞 말에 붙여 〈끝나기∨ 전에〉로 써야 바른 문장이 된다.

그러나 북한은 조선말규범집 띄어쓰기 제1장 명사와 관련한 띄어쓰기 제3항 2)번 규정 〈상, 중, 간, 판, 경, 항, 측, 장, 조, 전, 편, 산, 호, 성, 하, 전, 후, 내, 외, 차, 초, 말, 발, 착, 행, 년, 부, 별, 용, 분, 과, 급, 당, 기, 계, 래, 형, 제, 식, 상(모양), 적〉 등과 같은 한자말이나 불완전 명사(의존 명사)와 〈뒤붙이적 단어〉는 그 앞 단위에 붙여 쓰게끔 규정되어 있기 때문에 〈끝나기〉 다음에 오는 불완전 명사 〈전은 어떤 경우에도 〈끝나기전〉처럼 앞말에 붙여 쓰고 그 뒤에 오는 토(조사) 〈에〉도 앞

말에 붙여 〈끝나기전에〉로 써야 바른 문장이 된다.

◆**수정**(사회주의헌법 제91조 제3행)
〈수정(修正)〉 또는 〈개정(改正)〉과 같은 뜻으로 쓰이는 법률 용어로 "법령 조항의 몇 개 자구(字句)나 몇 개 문장(文章)을 고쳐 법령을 바르게 하는 것"을 이르는 말.

◆**수정보충**(사회주의헌법 제91조 제3행)
〈수정(修正)∨ 보충(補充)〉과 같은 뜻으로 쓰이는 법률 용어로 "법령 조항의 몇 개 자구(字句)나 몇 개 문장(文章)뿐만 아니라 법령 내용의 상당 부분을 고쳐 법령 전체 내용을 변경하는 것"을 이르는 말.
남한에서는 법령 조항의 자구 수정뿐만 아니라 내용의 상당 부분을 고쳐도 〈개정(改正)〉이라는 용어를 사용한다. 그러나 북한에서는 꼭 〈수정(修正) 보충(補充)〉이라는 용어를 사용하고 있다.
북한의 경우, 입법절차는 〈법안 제출〉 → 〈법안 심의〉 → 〈법령 채택〉 → 〈법령 공포〉의 단계로 되어 있다. 이 중 〈법안 제출〉에는 새 법령을 채택하기 위한 것과 현행 법령을 고치거나 없앨 데 대한 제의들이 포함된다. 북한의 법안은 최고인민회의 상임위원회, 내각과 최고인민회의 부문위원회 등 최고인민회의에서 토의할 의안을 낼 수 있는 권한을 가진 기관들이 제출한다. 대의원들도 의안을 제출할 수 있다. 〈법안 심의〉는 법안 제출 기관의 대표자의 보고와 최고인민회의 해당 심의위원회의 보충보고 그리고 그에 대한 토론을 하는 방법으로 진행된다. 토론에는 대의원이 아닌 국가기관, 사회 단체의 일꾼들도 참가한다. 〈법령 채택〉은 대의원 자신들의 결정에 의하여 법령 초안을 전문(全文) 또는 장별(章別) 혹은 조항별(條項別)로 거수 가결의 방법으로 진행한다. 〈법령 채택〉은 그 회의에 참석한 대의원의 반수 이상의 찬성으로 채택된다. 그러나 헌법은 최고인민회의 대의원 전원의 3분의 2 이상이 찬성하여야 수정(修正)된다. 〈법령 공포〉는 다른 규정이 없는 한 그것을 공포한 날부터 효력을 발생한다.

◆**부문법**(사회주의헌법 제91조 제3행)
〈부문법(部門法)〉과 같은 뜻으로 쓰이는 법률 용어로 "최고인민회의 부문위원회가 일정한 기준에 따라 공업, 농업, 상업, 건설, 운수, 교육, 보건 등 전문 분야별로 사회주의헌법과 밀접한 연관을 가지면서 하나의 단일 법적 체계를 이루어 국가 사회 안전과 인민경제 발전에 이바지하기 위해 채택한 부문별 법령"을 이르는 말.

◆**최고인민회의 휴회중에**(사회주의헌법 제91조 제4행)
〈최고인민회의∨ 휴회∨ 중에〉와 같은 뜻으로 쓰이는 문구.

◆**채택**(사회주의헌법 제91조 제4행)
〈채택(採擇)〉과 같은 뜻으로 쓰이는 법률 용어로 "새로운 법령을 제정해 공포하는 것"을 이르는 말. 남한에서는 〈제정(制定)〉이라는 용어를 사용하나 북한에서는 〈채택(採擇)〉이라는 용어를 사용하고 있다.
입법의 경우, 그 절차는 본서 181면의 〈수정 보충〉의 절차와 같다.

◆**국방위원회 위원장**(사회주의헌법 제91조 제7행)
〈국방위원회 위원장(國防委員會 委員長)〉과 같은 뜻으로 쓰이는 말로 "북한이 보유하고 있는 일체의 무력, 즉 인민무력부 산하의 정규군을 비롯해 노농적위대, 교도대, 붉은청년근위대 등을 지휘·통솔하는 권한까지 가지고 있는 북한의 실질적 최고 권력자 또는 그 직위, 즉 김정일"을 지칭하는 말로 사용되고 있다.

1972년 12월 채택된 사회주의헌법에는 주석이 전반적 무력의 최고 사령관, 국방위원회 위원장으로서 일체의 무력을 지휘, 통솔하도록 규정하고 있었으나 1992년 4월 개정된 헌법에서는 이런 조항들이 삭제되고 국방위원장이 일체의 무력을 지휘, 통솔하도록 규정해 놓았다는 점이다. 그리고 1998년 9월 개정한 헌법에서는 국방위원회 기능을 한층 강화했다는 점이다. 국방위원회 위원장과 제1부위원장, 부위원장, 위원들로 구성되는 국방위원회는 국가의 전반적 무력과 건설사업을 지도하고, 국방 부문의 중앙기관을 내오거나 없애며, 주요 군사간부를 임명 또는 해임하고, 군사칭호의 제정과 수여, 그리고 전시 상태와 동원령을 선포하는 임무와 권한까지 가질 수 있게끔 헌법이 규정해 놓고 있다는 점이다.[123]

◆**국방위원회**(사회주의헌법 제91조 제7행)
〈국방위원회(國防委員會)〉와 같은 뜻으로 쓰이는 말로 조선민주주의인민공화국 사회주의헌법(제6장 제2절 제100조)에 따라 "국가 주권의 최고 군사지도기관이며 전반적 국방관리기관"을 이르는 말.
국방위원회는 국방위원회 위원장, 제1부위원장, 부위원장, 위원들로 구성되며 북한의 전반적 무력과 건설 사업을 지도하고, 국방 부문의 중앙 기관을 내오거나 없애며, 주요 군사간부를 임명 또는 해임하고, 군사칭호의 제정과 수여, 그리고 전시 상태와 동원령을 선포하는 임무와 권한까지 가질 수 있게끔 사회주의헌법이 규정해 놓고 있다.

◆**내각총리**(사회주의헌법 제91조 제14행)
〈내각총리(內閣總理)〉와 같은 뜻으로 쓰이는 행정 용어로 "조선민주주의인민공화국 정부를 대표하며 사회주의헌법 제119조에 규정된 내각 사업을 전반적으로 조직 지도하는 행정 수반"을 이르는 말.

---

123)인민이 사는 모습 1권, 282면.

**◆내각**(사회주의헌법 제91조 제15행)

⟨내각(內閣)⟩ 또는 ⟨정부(政府)⟩와 같은 뜻으로 쓰이는 행정 용어로 "국가 주권의 최고 행정적 집행기관"을 이르는 말.

북한의 경우 사회주의헌법 제118조의 규정에 따라 내각에는 총리, 부총리, 위원장, 상(부처별 장관), 그 밖의 필요한 성원들로 구성되며 임기는 최고인민회의의 임기와 같다.

신헌법이 수정 보충된 1998년 9월 5일 이전 북한 헌법에서는 ⟨내각⟩이란 용어 대신에 ⟨정무원(政務院)⟩이란 용어를 사용해 왔다.


**◆상**(사회주의헌법 제91조 제15행)

⟨상(相)⟩과 같은 뜻으로 쓰이는 행정 용어로 "내각의 성(省)을 지도하는 최고 우두머리 또는 그 직위"를 이르는 말. 남쪽에서는 행정부의 ⟨장관⟩이라 부른다.


**◆내각성원**(사회주의헌법 제91조 제15행)

⟨내각(內閣)∨ 성원(成員)⟩과 같은 뜻으로 쓰이는 문구로 내각을 구성하는 전체 부서를 말한다.

북한의 경우 1998년 9월 5일 수정 보충된 사회주의헌법에 따라 내각 성원은 34개 부서(3개 위원회, 27개 성, 1개 은행, 1개 원, 2개 국)로 구성되어 있으며 전체 내각 성원은 다음과 같다.

내각 성원 : 총리(1명), 부총리(3명), 외무성, 인민보안성, 국가계획위원회, 전기석탄공업성, 채취공업성, 금속기계공업성, 건설건재공업성, 철도성, 육해운성, 농업성, 화학공업성, 경공업성, 무역성, 임업성, 수산성, 체신성, 문화성, 재정성, 노동성, 보건성, 체육지도위원회, 국가검열성, 과학원, 중앙은행, 중앙통계국, 도시경영성, 국가건설검독성, 상업성, 수매양정성, 교육성, 국토환경보호성, 전자공업성, 수도건설위원회, 사무국.124)

◆**중앙검찰소**(사회주의헌법 제91조 제17행)

〈중앙검찰소(中央檢察所)〉와 같은 뜻으로 쓰이는 법률 용어로 "사회주의 헌법 제6장 제7절 제150조에 명시한 임무를 통일적으로 수행하기 위해 조직된 조선민주주의인민공화국 최고 검찰기관"을 이르는 말.

중앙검찰소는 1)기관, 기업소, 단체와 공민들이 국가의 법을 정확히 지키는가를 감시한다. 2)국가기관의 결정, 지시가 헌법, 최고인민회의 법령, 결정, 국방위원회 결정, 명령, 최고인민회의 상임위원회 정령, 결정, 지시, 내각 결정, 지시에 어긋나지 않는가를 감시한다. 3)범죄자를 비롯한 법 위반자를 적발하고 법적 책임을 추궁하는 것을 통하여 조선민주주의인민공화국의 주권과 사회주의 제도, 국가와 사회 협동단체의 재산, 인민의 헌법적 권리와 생명 재산을 보호하는 임무 등을 수행하며 자기 사업에 대하여 최고인민회의와 그 휴회 중에 최고인민회의 상임위원회 앞에 책임진다.125)

◆**중앙재판소**(사회주의헌법 제91조 제18행)

〈중앙재판소(中央裁判所)〉와 같은 뜻으로 쓰이는 법률 용어로 "사회주의 헌법 제6장 제7절 제156조에 명시한 임무를 통일적으로 수행하기 위해 조직된 조선민주주의인민공화국 최고 재판 기관"을 이르는 말.

중앙재판소는 1)재판활동을 통하여 조선민주주의인민공화국의 주권과 사회주의제도, 국가와 사회협동단체 재산, 인민의 헌법적 권리와 생명 재산을 보호한다. 2)모든 기관 기업소, 단체와 공민들이 국가의 법을 정확히 지키고 계급적 원수들과 온갖 법 위반자들을 반대하여 적극 투쟁하도록 한다. 3)재산에 대한 판결, 판정을 집행하며 공증사업을 한다.126)

---

124)북한총람 2003년판 260면.
125)조선민주주의인민공화국 법전(대중용), 2004년판, 31면.
126)조선민주주의인민공화국 법전(대중용), 2004년판, 32면.

**◆최고인민회의 부문위원회**(사회주의헌법 제91조 제19행)
사회주의헌법 제6장 제1절 제98조에 따라 "최고인민회의 사업을 도와 국가의 정책과 법안을 작성하거나 심의하며 그 집행을 위한 대책을 세우기 위하여 위원장, 부위원장, 위원들로 구성된 법제 위원회, 예산 위원회 같은 부문별 전문 위원회"를 아울러 부르는 말.

**◆실행정형제**(사회주의헌법 제91조 제21행)
⟨실행(實行)∨ 정형제(情形制)⟩와 같은 뜻으로 쓰이는 문구로 "어느 기관이나 조직이 상급 기관의 명령이나 전체 성원의 결의에 의하여 조직하거나 계획한 사업을 자기 책임 아래 지정된 시기에 본래의 계획대로 성실하게 이행하는 제도"를 이르는 말.

**◆집행정형**(사회주의헌법 제91조 제23행)
⟨집행(執行)∨ 정형(情形)⟩과 같은 뜻으로 쓰이는 문구로 "어떤 일이나 사업을 시작해서 끝날 때까지 일어나는 실행 과정상의 모든 정세와 형편"을 이르는 말.

**◆사업정형**(사회주의헌법 제91조 제24행)
⟨사업(事業)∨ 정형(情形)⟩과 같은 뜻으로 쓰이는 문구로 "어떤 사업을 조직해 밀고 나가는 과정에서 일어나는 모든 정세와 형편을 아울러 이르는 말로 넓게는 이 조문에서 말하는 ⟨실행 정형⟩과 ⟨집행 정형⟩이란 용어의 의미도 모두 포함된다.

**◆최고인민회의 정기회의**(사회주의헌법 제92조 제1행)
사회주의헌법 제6장 제1절 제91조에 명시한 임무를 수행하기 위해 "최고인민회의 상임위원회가 1년에 1~2회 소집하는 회의"를 이르는 말.

**◆최고인민회의 림시회의**(사회주의헌법 제92조 제1행)

〈최고인민회의∨ 임시회의(最高人民會議 臨時會議)〉와 같은 뜻으로 쓰이는 말로 "사회주의헌법 제6장 제1절 제91조에 명시한 임무를 수행하기 위해 최고인민회의 상임위원회가 필요하다고 인정할 때 또는 대의원 전원의 3분의 1 이상의 요청이 있을 때 소집하는 회의"를 이르는 말.

**◆최고인민회의 상임위원회**(사회주의헌법 제92조 제2행)

〈최고인민회의∨ 상임위원회(最高人民會議 常任委員會)〉와 같은 뜻으로 쓰이는 말로 "사회주의헌법 제6장 제3절 제110조에 명시한 임무를 수행하기 위해 위원장, 부위원장, 서기장, 위원들로 조직된 최고인민회의 휴회 중의 최고주권기관"을 이르는 말.

**◆대의원**(사회주의헌법 제92조 제4행)

〈대의원(代議員)〉과 같은 뜻으로 쓰이는 말로 "사회주의헌법 제6장 제1절 제91조와 제5절 제134조에 명시한 임무를 수행하기 위해 조선민주주의인민공화국에 설립된 최고주권기관과 지방주권기관의 공민들이 일반적, 직접적, 선거 원칙에 따라 비밀투표로 뽑은 주민 대표"를 이르는 말.

**◆대의원전원**(사회주의헌법 제92조 제4행)

〈대의원(代議員)∨ 전원(全員)〉과 같은 뜻으로 쓰이는 문구.

**◆3분의 2이상이**(사회주의헌법 제93조 제1행)

〈3분의∨ 2∨ 이상이〉와 같은 뜻으로 쓰이는 문구로 여기서 눈여겨보아야 할 동강은 어떤 명사 뒤에 〈부문, 분야, 기관, 담당, 관계, 이상(以上), 이하(以下) 등이 뒤따라와 함께 쓰이는 경우 띄어쓰기에 관한 남북한 간 어문 규정의 차이점을 이해하는 것이다.

남한은 한글 맞춤법 제1장 총칙 제2항 "문장의 각 단어는 띄어 씀을 원칙으로 한다."와 제5장 띄어쓰기 제1절 제41항 "조사는 그 앞말에 붙여 쓴다."는 규정에 따라 〈3분의∨ 2∨ 이상(以上)이〉라고 복합어인 〈3분의∨ 2〉란 말과 〈이상〉이라는 낱말 사이(∨표 한 곳)는 띄어 쓰고 조사 〈이〉는 앞말에 붙여 써야 바른 문장이 된다.

그러나 북한은 조선말규범집 띄여쓰기 제1장 명사와 관련한 띄여쓰기 제2항 1)-(3)번 규정에 따라 앞의 명사가 〈부문, 분야, 기관, 담당, 관계, 이상(以上), 이하(以下)…〉 등과 함께 쓰이는 경우 이 단어들은 앞 단위에 붙여 쓰며 토(조사)는 앞말에 붙여 써야 하므로 〈3분의 2이상이, 5분의 3이상이〉 등으로 붙여 써야 바른 문장이 된다.


◆**회의를 사회한다**(사회주의헌법 제94조 제2행)
〈회의를∨ 사회(司會)한다〉 또는 〈회의를 자기가 책임지고 맡아 주관(主管)한다〉와 같은 뜻으로 쓰이는 문구.


◆**제출할수**(사회주의헌법 제95조 제3행)
〈제출할∨ 수〉와 같은 뜻으로 쓰이는 문구.


◆**법령과 결정을 낸다**(사회주의헌법 제97조 제1행)
〈법령(法令)과∨ 결정(決定)을∨ 낸다〉와 같은 뜻으로 쓰이는 문구로 여기서 눈여겨보아야 할 동강은 조선민주주의인민공화국 최고인민회의가 사회주의헌법 제6장 제1절 제97조에 따라 최고인민회의에 참석한 대의원 반수 이상의 찬성을 얻어 채택하는 〈법령〉과 〈결정〉에 대한 법률 용어의 개념 파악이다.

남한에서는 일반적으로 국회에서 법률안을 가결해 공포하는 〈법률〉, 그 다음 국회의 결의를 거치지 않고 행정기관에 의해 제정되는 대통령의

〈긴급명령, 위임명령, 집행명령〉, 그다음은 지방자치단체가 헌법과 지방
자치법에 따라 그 의회의 의결로서 제정하는 〈조례〉와 조례가 위임한 범
위 내에서 제정하는 〈규칙〉 등의 순으로 법적 효력이 발생된다.

그러나 북한에서는 최고인민회의가 채택하는 〈법령〉이 최고의 법적 효력
을 발생한다. 법령은 〈입법의 제의〉, 〈법안의 심의〉, 〈법안의 가결〉 단
계를 거쳐 〈제정〉되고 〈채택〉된다. 법령은 최고입법기관인 최고인민회의
에서만 채택되며 모든 법규범 중에서 최고의 법적 효력을 가진다. 다른
법규범들은 법령에 기초하여 채택되거나 그것을 집행하기 위하여 제정된
다.

일반적으로 북한의 법령은 국가의 기본법령과 보통법령으로 구분된다. 기
본법령에는 사회주의헌법이 있고 보통법령에는 사회주의헌법 외의 법령
들, 즉 형법, 형사소송법, 민법, 인민경제 계획에 의한 법령, 국가 예산에
관한 법령 등이 이에 속한다.

그다음 조선민주주의인민공화국 국방위원회는 〈결정〉과 〈명령〉을 내고
최고인민회의 상임위원회는 〈정령〉과 〈결정〉〈지시〉를 낸다. 또 조선민
주주의인민공화국 내각은 〈결정〉과 〈지시〉를 내고 지방주권기관인 지방
인민회의는 〈결정〉을 내고 지방인민위원회는 〈결정〉과 〈지시〉를 낸다.

◆ **거수가결의**(사회주의헌법 제97조 제23행)
〈거수(擧手)∨ 가결(可決)의〉와 같은 뜻으로 쓰이는 문구로 "어떤 회의나
심의 등에서 비밀투표 대신 손을 들어 가부(可否)를 결정하는 방식"을 뜻
하는 말.

◆ **반수이상이**(사회주의헌법 제97조 제3행)
〈반수∨ 이상이〉와 같은 뜻으로 쓰이는 문구.

**◆수정, 보충된다**(사회주의헌법 제97조 제5행)

〈수정(修正)되거나 수정보충(修正補充)된다〉와 같은 뜻으로 쓰이는 문구로 여기서 눈여겨보아야 할 동강은 〈수정(修正)〉과 〈수정 보충(修正補充)〉이란 입법 용어의 개념을 정확히 파악하는 것이다.

북한 실정법의 〈채택 시기(년, 월, 일)와 주체(기관)〉 뒤에 늘 붙어 다니는 입법 용어 중의 하나인 〈수정(修正)〉은 "법령 조항의 몇 개 자구(字句)나 몇 개 문장(文章)을 고쳐 법령을 바르게 하는 것"을 뜻하는 말이다. 남한에서는 〈개정(改正)〉이란 용어를 사용하고 있다.

〈수정 보충(修正補充)〉은 "법령 조항의 몇 개 자구(字句)나 몇 개 문장(文章)뿐만 아니라 법령 내용의 상당 부분을 고쳐 법령 전체 내용을 변경하는 것"을 뜻하는 말이다. 또 새로운 법령을 제정해 공포할 때는 남한에서는 〈제정(制定)〉이라는 용어를 사용하나 북한에서는 〈채택(採擇)〉이라는 용어를 사용하고 있다.

**◆휴회중에**(사회주의헌법 제98조 제6행)

〈휴회∨ 중에〉와 같은 뜻으로 쓰이는 문구.

**◆지도밑에**(사회주의헌법 제98조 제6행)

〈지도∨ 밑에〉와 같은 뜻으로 쓰이는 문구.

**◆불가침권**(사회주의헌법 제99조 제1행)

〈불가침권(不可侵權)〉 또는 〈외교특권(外交特權)〉과 같은 뜻으로 쓰이는 법률 용어로 "외국 원수나 외교 사절에 인정되는 특권의 하나"를 이르는 말. 신체·생명·명예의 불가침권, 문서·관사의 불가침권 따위가 있다.

〈헌법 원문 9〉

## 제2절    국방위원회

**제100조** 국방위원회는 국가주권의 최고군사지도기관이며 전반적국방관리기관이다.

**제101조** 국방위원회는 위원장, 제1부위원장, 부위원장, 위원들로 구성한다.

국방위원회 임기는 최고인민회의 임기와 같다.

**제102조** 조선민주주의인민공화국 국방위원회 위원장은 일체 무력을 지휘통솔하며 국방사업전반을 지도한다.

**제103조** 국방위원회는 다음과 같은 임무와 권한을 가진다.
1. 국가의 전반적무력과 국방건설사업을 지도한다.
2. 국방부문의 중앙기관을 내오거나 없앤다.
3. 중요군사간부를 임명 또는 해임한다.
4. 군사칭호를 제정하며 장령이상의 군사칭호를 수여한다.
5. 나라의 전시상태와 동원령을 선포한다.

**제104조** 국방위원회는 결정과 명령을 낸다.

**제105조** 국방위원회는 자기 사업에 대하여 최고인민회의앞에 책임진다.(본서 204쪽에서 다시 이어집니다)

### ◆ 국방위원회(사회주의헌법 제100조 제1행)

〈국방위원회(國防委員會)〉와 같은 뜻으로 쓰이는 말로 조선민주주의인민공화국 사회주의헌법(제6장 제2절 제100조)에 따라 "국가주권의 최고 군사지도 기관이며 전반적 국방 관리 기관"을 이르는 말.

국방위원회는 국방위원회 위원장, 제1부위원장, 부위원장, 위원들로 구성되며 북한의 전반적 무력과 건설사업을 지도하고, 국방 부문의 중앙 기관을 내오거나 없애며, 주요 군사간부를 임명 또는 해임하고, 군사칭호의 제정과 수여, 그리고 전시 상태와 동원령을 선포하는 임무와 권한까지 가질 수 있게끔 사회주의헌법이 규정해 놓고 있다.

### ◆ 국가주권(사회주의헌법 제100조 제1행)

〈국가주권(國家主權)〉 또는 〈국가정권(國家政權)〉과 같은 뜻으로 쓰이는 정치용어로 북한에서는 "일정한 계급 또는 사회 공동의 요구와 이익을 옹호하고 실현하는 사회의 모든 성원들에 대한 정치적 지휘권"을 이르는 말로 통용되고 있다.

### ◆ 최고군사지도기관(사회주의헌법 제100조 제1행)

〈최고군사지도기관(最高軍事指導機關)〉과 같은 뜻으로 쓰이는 말로 "사회주의 헌법 제6장 제2절 제103조에 명시한 임무를 수행하기 위해 위원장, 제1부원장, 부위원장, 위원들로 조직된 국방위원회"를 이르는 말.

### ◆ 전반적국방관리기관(사회주의헌법 제100조 제1행)

〈전반적(全般的)∨ 국방(國防)∨ 관리(管理)∨ 기관(機關)〉과 같은 뜻으로 쓰이는 문구로 "사회주의헌법 제6장 제2절 제103조에 명시한 임무를 수행하기 위해 조직된 국방위원회"를 이르는 말.

**◆일체 무력을 지휘통솔하며**(사회주의헌법 제102조 제1행)

〈모든∨ 무력을∨ 지휘∨ 통솔하며〉와 같은 뜻으로 쓰이는 문구.


**◆국방사업전반을 지도한다**(사회주의헌법 제102조 제2행)

〈국방∨ 사업∨ 전반(全般)을∨ 지도한다〉와 같은 뜻으로 쓰이는 문구.


**◆전반적무력**(사회주의헌법 제103조 제2행)

〈전반적(全般的)∨ 무력(武力)〉 또는 〈일체(一切)의∨ 무력〉과 같은 뜻으로 쓰이는 문구로 "조선민주주의인민공화국이 보유하고 있는 정규군과 예비 병력, 즉 붉은청년근위대, 교도대, 노농적위대 인민경비대 등이 보유한 무력 총합"을 이르는 군사 용어.


**◆중앙기관을 내오거나 없앤다**(사회주의헌법 제103조 제3행)

〈중앙기관을∨ 내어오거나∨ 없앤다〉와 같은 뜻으로 쓰이는 문구.


**◆군사칭호**(사회주의헌법 제103조 제5행)

〈군사(軍事)∨ 칭호(稱號)〉와 같은 뜻으로 쓰이는 군사 용어로 "북한군의 계급"을 일컫는 말.

북한군의 계급구조는 원수급 · 장령급(장성급) · 좌관급(영관급) · 위관급 등 장교 15개 계급과 초급지휘관을 포함한 사병 6개 계급으로 구성되어 있다.

원수급은 북한 고유의 군사계급으로서 차수 · 원수 · 대원수로 차등화하고 있으며 장령급은 소장 · 중장 · 상장 · 대장 등 다른 국가들과 같이 4단계로 차등화하고 있다. 좌관급과 위관급은 서방국가와 구 소련 등이 모두 3단계로 되어 있는 것과는 달리 소좌(위) · 중좌(위) · 상좌(위) · 대좌(위) 등 4단계로 차등화하고 있다. 사병의 경우 사관은 하사 · 중사 · 상사 · 특무상사로 차등화하고 병은 전사 · 상등병으로 차등화하고 있다.

북한에서는 통상 좌관급과 위관급을 〈군관〉으로 부르며 이를 다시 좌관
급은 상급군관으로, 위관급은 하급군관으로 부른다. 그리고 사관과 사병
을 통틀어 〈하전사〉라고 부른다.

원수급은 6 · 25 전쟁이 한창이던 1953년 2월 최고인민회의 결정(1952.
12)에 따라 김일성과 최용건(전쟁 당시 민족보위상)이 각각 〈원수〉 칭호
와 〈차수〉 칭호를 받고 1992년 4월 13일 김일성이 다시 〈대원수〉로 추
대됨으로써 현재와 같은 계급 구조를 제도화하고 있다.[127]

◆**장령이상의**(사회주의헌법 제103조 제5행)
〈장령∨ 이상의〉와 같은 뜻으로 쓰이는 문구.

◆**결정과 명령을 낸다**(사회주의헌법 제104조 제1행)
결정(決定)과 명령(命令)을 낸다〉와 같은 뜻으로 쓰이는 문구로 여기서
눈여겨보아야 할 동강은 국방위원회가 내는 〈결정(決定)〉과 〈명령(命令)〉
이란 법률 용어의 개념을 정확히 이해하는 것이다.

이 조문에서 말하는 결정(決定)은 조선민주주의인민공화국 국방위원회가
사회주의헌법 제6장 제2절 제104조에 근거하여 제정 발표하는 법령"을
이르는 말이다.

명령(命令)은 조선민주주의인민공화국 국방위원회가 사회주의헌법 제6장
제2절 제104조에 근거하여 제정 발표하는 〈결정(決定)〉 다음의 하위 법
령"을 이르는 말.

◆**최고인민회의앞에**(사회주의헌법 제105조 제1행)
〈최고인민회의∨ 앞에〉와 같은 뜻으로 쓰이는 문구.

---

127)북한용어 300선집 303면.

〈헌법 원문 10〉

### 제3절　최고인민회의 상임위원회

**제106조** 최고인민회의 상임위원회는 최고인민회의 휴회중의 최고주권
기관이다.

**제107조** 최고인민회의 상임위원회는 위원장, 부위원장, 서기장, 위원들
로 구성한다.

**제108조** 최고인민회의 상임위원회는 약간명의 명예부위원장을 둘 수
있다.
　최고인민회의 상임위원회 명예부위원장은 최고인민회의 대의원가운데
서 오랜 기간 국가건설사업에 참가하여 특출한 기여를 한 일군이 될수
있다.

**제109조** 최고인민회의 상임위원회 임기는 최고인민회의 임기와 같다.
　최고인민회의 상임위원회는 최고인민회의 임기가 끝난후에도 새 상임
위원회가 선거될 때까지 자기 임무를 계속 수행한다.

**제110조** 최고인민회의 상임위원회는 다음과 같은 임무와 권한을 가진
다.
　　1. 최고인민회의를 소집한다.
　　2. 최고인민회의 휴회중에 제기된 새로운 부문법안과 규정안, 현행
　　　부문법과 규정의 수정, 보충안을 심의채택하며 채택실시하는 중요

부문법을 다음번 최고인민회의의 승인을 받는다.

3. 불가피한 사정으로 최고인민회의 휴회기간에 제기되는 국가의 인민경제발전계획, 국가예산과 그 조절안을 심의하고 승인한다.

4. 헌법과 현행부문법, 규정을 해석한다.

5. 국가기관들의 법준수집행을 감독하고 대책을 세운다.

6. 헌법, 최고인민회의 법령, 결정, 국방위원회 결정, 명령, 최고인민회의 상임위원회 정령, 결정, 지시에 어긋나는 국가기관의 결정, 지시를 폐지하며 지방인민회의의 그릇된 결정집행을 정지시킨다.

7. 최고인민회의 대의원선거를 위한 사업을 하며 지방인민회의 대의원선거사업을 조직한다.

8. 최고인민회의 대의원들과의 사업을 한다.

9. 최고인민회의 부문위원회와의 사업을 한다.

10. 내각위원회, 성을 내오거나 없앤다.

11. 최고인민회의 휴회중에 내각총리의 제의에 의하여 부총리, 위원장, 상 그밖의 내각성원들을 임명 또는 해임한다.

12. 최고인민회의 상임위원회 부문위원회 성원들을 임명 또는 해임한다.

13. 중앙재판소 판사, 인민참심원을 선거 또는 소환한다.

14. 다른 나라와 맺은 조약을 비준 또는 폐기한다.

15. 다른 나라에 주재하는 외교대표의 임명 또는 소환을 결정하고 발표한다.

16. 훈장과 메달, 명예칭호, 외교직급을 제정하며 훈장과 메달, 명예칭호를 수여한다.

17. 대사권과 특사권을 행사한다.

18. 행정단위와 행정구역을 내오거나 고친다.

**제111조** 최고인민회의 상임위원회 위원장은 상임위원회 사업을 조직지도한다.

최고인민회의 상임위원회 위원장은 국가를 대표하며 다른 나라 사신의 신임장, 소환장을 접수한다.

**제112조** 최고인민회의 상임위원회는 전원회의와 상무회의를 가진다.

전원회의는 위원전원으로 구성하며 상무회의는 위원장, 부위원장, 서기장들로 구성한다.

**제113조** 최고인민회의 상임위원회 전원회의는 상임위원회의 임무와 권한을 실현하는데서 나서는 중요한 문제들을 토의결정한다.

상무회의는 전원회의에서 위임한 문제들을 토의결정한다.

**제114조** 최고인민회의 상임위원회는 정령과 결정, 지시를 낸다.

**제115조** 최고인민회의 상임위원회는 자기 사업을 돕는 부문위원회를 둘수 있다.

**제116조** 최고인민회의 상임위원회는 자기 사업에 대하여 최고인민회의앞에 책임진다.

(헌법 원문 217쪽에서 다시 이어집니다)

**◆최고인민회의 상임위원회**(사회주의헌법 제106조 제1행)
사회주의헌법 제6장 제3절 제110조에 명시한 임무를 수행하기 위해 위원장, 부위원장, 서기장, 위원들로 조직된 "최고인민회의 휴회 중의 최고주권기관"을 이르는 말.

**◆일군**(사회주의헌법 제108조 제4행)
〈일꾼〉과 같은 뜻으로 쓰이는 말로 여기서 눈여겨보아야 할 동강은 된소리가 나는 일부 접미사의 표기법에 관한 남북한 간 어문 규정의 차이점을 이해하는 것이다.
남한에서는 한글 맞춤법 제6장 그 밖의 것 제54항 "다음과 같은 접미사는 된소리로 적는다."는 규정에 따라 다음의 일부 접미사가 붙은 낱말은 된소리로 적어야 바른 문장이 된다.
심부름군(×) → 심부름꾼(○), 익살군(×) → 익살꾼(○), 일군(×) → 일꾼(○), 장군(×) → 장꾼(○), 장난군(×) → 장난꾼(○), 지겟군(×) → 지게꾼(○), 땟갈(×) → 때깔(○), 빛갈(×) → 빛깔(○), 성갈(×) → 성깔(○), 귓대기(×) → 귀때기(○), 볼대기(×) → 볼때기(○), 판잣대기(×) → 판자때기(○), 뒷굼치(×) → 뒤꿈치(○), 팔굼치(×) → 팔꿈치(○), 이맛배기(×) → 이마빼기(○), 콧배기(×) → 코빼기(○), 객적다(×) → 객쩍다(○), 겸연적다(×) → 겸연쩍다(○), 날자(×) → 날짜(○).
그러나 북한은 〈조선말규범집〉 제3장 합친말의 적기 제14항 "합친말은 매개 말뿌리의 본래 형태를 각각 밝혀 적는 것을 원칙으로 한다."는 규정에 따라 된소리가 나는 합친말 말줄기의 〈ㄹ, ㄱ, ㅊ, ㅇ〉 받침 다음에 된소리가 나는 접미사가 붙는 낱말도 〈심부름군〉, 〈장군〉, 〈날자〉, 〈지게군〉, 〈일군〉〈색갈〉〈빛갈〉〈농군〉 등과 같이 말뿌리의 본래 형태를 각각 밝혀 적어야 바른 문장이 된다.

**◆될수 있다**(사회주의헌법 제108조 제4행)

〈될∨ 수∨ 있다〉와 같은 뜻으로 쓰이는 문구.

**◆끝난후에도**(사회주의헌법 제109조 제2행)

〈끝난∨ 후에도〉와 같은 뜻으로 쓰이는 문구로 여기서 눈여겨보아야 할 동강은 〈전, 후, 상, 하〉 따위의 한자어 낱말이나 불완전 명사(의존 명사)의 띄어쓰기에 관한 남북한 간 어문 규정의 차이점을 이해하는 것이다.

남한은 한글 맞춤법 제5장 띄어쓰기 제2절 제42항 "의존 명사(불완전 명사)는 띄어 쓴다."는 규정에 따라 〈상, 중, 간, 판, 경, 항, 측, 장, 조, 전, 편, 산, 호, 성, 하, 전, 후, 내, 외, 차, 초, 말, 발, 착, 행, 년, 부, 별, 용, 분, 과, 급, 당, 기, 계, 래, 형, 제, 식, 상(모양), 적〉 등과 같은 한자어 낱말 중 접사로 쓰이는 말을 제외한 한자어 낱말이나 의존 명사(불완전 명사)는 〈끝난∨ 후〉처럼 앞말과 띄어 써야 되고 그 다음에 오는 조사 〈에도〉는 앞 말에 붙여 〈끝난∨ 후에도〉처럼 써야 바른 문장이 된다.

그러나 북한은 조선말규범집 띄여쓰기 제1장 명사와 관련한 띄여쓰기 제3항 2)번 규정 〈상, 중, 간, 판, 경, 항, 측, 장, 조, 전, 편, 산, 호, 성, 하, 전, 후, 내, 외, 차, 초, 말, 발, 착, 행, 년, 부, 별, 용, 분, 과, 급, 당, 기, 계, 래, 형, 제, 식, 상(모양), 적〉 등과 같은 한자말이나 불완전 명사(의존 명사)와 〈뒤붙이적 단어〉는 그 앞 단위에 붙여 쓰게끔 규정되어 있기 때문에 〈끝난〉 다음에 오는 한자어 낱말 〈후〉는 어떤 경우에도 〈끝난후〉처럼 앞 말에 붙여 쓰고 그 뒤에 오는 토(조사) 〈에도〉는 앞 말에 붙여 〈끝난후에도〉로 모두 붙여 써야 바른 문장이 된다.

**◆부문법안과 규정안**(사회주의헌법 제110조 제4행)

〈부문(部門)∨ 법안(法案)과∨ 규정안(規定案)〉과 같은 뜻으로 쓰이는 문구.

◆**규정의 수정, 보충**(사회주의헌법 제110조 제4행)
〈규정(規定)의∨ 수정(修正), 보충(補充)〉과 같은 뜻으로 쓰이는 말로 여기서 눈여겨보아야 할 동강은 〈수정(修正)〉과 〈보충(補充)〉이라는 법률 용어의 개념을 정확히 이해하는 것이다.
대한 민국 헌법을 수록한 법전을 펼쳐 보면 1948년 7월 12일 〈제정〉해서 7월 17일 〈공포〉했고 1987년 10월 29일 〈개정〉했다는 연혁이 대한 민국 헌법 제목이 적힌 바로 다음 줄 우측에 기록되어 있다.
그러나 조선민주주의인민공화국 사회주의헌법과 그 외 다른 법률을 수록한 북한 법전(대중용)을 펼쳐 보면 주체61(1972)년 12월 27일 최고인민회의 제5기 제1차 회의에서 〈채택〉해서 주체81(1992)년 4월 9일 최고인민회의 제9기 제3차 회의에서 〈수정 보충〉했고 주체87(1998)년 9월 5일 최고인민회의 제10기 제1차 회의에서 〈수정 보충〉했다는 내용이 적혀 있다.
북한 법전(대중용)에 수록된 111개의 다른 법률을 모두 살펴보아도 북한의 법률은 〈채택(採擇)〉, 〈수정(修正)〉, 〈수정 보충(修正補充)〉이란 전문 용어 외 남쪽처럼 〈제정(制定)〉, 〈공포(公布)〉, 〈개정(改正)〉이란 용어는 찾아볼 수 없다. 북한이 왜 남쪽에서 사용하는 〈제정〉이란 전문 용어 대신에 채택이란 용어를 사용하고 〈개정〉이란 용어 대신에 〈수정〉 또는 〈수정 보충〉이란 용어를 사용해 왔는지 그 까닭은 알 수 없다. 그러나 북한은 법률을 제정해서 공포했을 경우는 〈채택〉이란 전문 용어를 사용해 왔고 법률 조문의 문구 수정이나 한자어, 일본식 표현 등을 조선어로 고칠 때는 〈수정〉이란 전문 용어를 사용해 오고 있고 법률 내용의 상당 부분을 고칠 때는 〈수정 보충〉이라는 전문 용어를 사용해 오고 있다

는 사실을 알고 북한 실정법의 법조문을 읽어 나가다 보면 북한도 더디
가기는 하지만 열린 사회로 나아가기 위해 그들 나름대로 꾸준히 노력하
고 있다는 것을 한눈에 알 수 있다.


◆**심의채택하며**(사회주의헌법 제110조 제5행)
〈심의하여∨ 채택하며〉와 같은 뜻으로 쓰이는 문구.


◆**채택실시하는**(사회주의헌법 제110조 제5행)
〈채택하여∨ 실시하는〉과 같은 뜻으로 쓰이는 문구.


◆**중요부문법을**(사회주의헌법 제110조 제5행)
〈중요∨ 부문법을〉과 같은 뜻으로 쓰이는 문구.


◆**법준수집행을**(사회주의헌법 제110조 제10행)
〈법∨ 준수∨ 집행을〉과 같은 뜻으로 쓰이는 문구.


◆**헌법, 최고인민회의 법령, 결정**(사회주의헌법 제110조 제11행)
〈헌법, 최고인민회의의 법령(法令), 결정(決定)〉과 같은 뜻으로 쓰이는 문
구로 여기서 눈여겨보아야 할 동강은 조선민주주의인민공화국 최고인민
회의가 사회주의헌법 제6장 제1절 제97조에 따라 최고인민회의에 참석한
대의원 반수 이상의 찬성을 얻어내는 〈법령〉과 〈결정〉에 대한 법률 용
어의 개념을 이해하는 것이다.
남한에서는 일반적으로 국회에서 법률안을 가결해 공포하는 〈법률〉, 그
다음 국회의 결의를 거치지 않고 행정기관에 의해 제정되는 대통령의
〈긴급명령, 위임명령, 집행명령〉, 그 다음은 지방자치단체가 헌법과 지방
자치법에 따라 그 의회의 의결로서 제정하는 〈조례〉와 조례가 위임한 범

위 내에서 제정하는 〈규칙〉 등의 순으로 법적 효력이 발생된다.

그러나 북한에서는 최고인민회의가 채택하는 〈법령〉이 최고의 법적 효력을 발생한다. 법령은 〈입법의 제의〉, 〈법안의 심의〉, 〈법안의 가결〉 단계를 거쳐 〈제정〉되고 〈채택〉된다. 법령은 최고입법기관인 최고인민회의에서만 채택되며 모든 법규범 중에서 최고의 법적 효력을 가진다. 다른 법규범들은 법령에 기초하여 채택되거나 그것을 집행하기 위하여 제정된다.

일반적으로 북한의 법령은 국가의 기본법령과 보통법령으로 구분된다. 기본법령에는 사회주의헌법이 있고 보통법령에는 사회주의헌법 외의 법령들, 즉 형법, 형사소송법, 민법, 인민경제 계획에 의한 법령, 국가예산에 관한 법령 등이 이에 속한다.

그다음 조선민주주의인민공화국 국방위원회는 〈결정〉과 〈명령〉을 내고 최고인민회의 상임위원회는 〈정령〉과 〈결정〉〈지시〉를 낸다. 또 조선민주주의인민공화국 내각은 〈결정〉과 〈지시〉를 내고 지방주권기관인 지방인민회의는 〈결정〉을 내고 지방인민위원회는 〈결정〉과 〈지시〉를 낸다.

◆**국방위원회 결정, 명령**(사회주의헌법 제110조 제11행)

〈국방위원회가 심의 의결해서 내리는 결정(決定), 명령(命令)〉과 같은 뜻으로 쓰이는 문구인데 여기서 눈여겨보아야 할 동강은 조선민주주의인민공화국 사회주의 헌법이 보장하는 국방위원회의 권한과 능력이다.

국방위원회(國防委員會)는 북한의 국방정책을 전반적으로 관장하는 국가주권의 최고 군사지도 기관이다. 1972년 12월 채택된 사회주의헌법에는 주석이 전반적 무력의 최고사령관, 국방위원회 위원장으로서 일체의 무력을 지휘, 통솔하도록 규정하고 있었으나 1992년 4월 개정된 헌법에서는 이런 조항들이 삭제되고 국방위원장이 일체의 무력을 지휘, 통솔하도록 규정해 놓았다는 점이다. 그리고 1998년 9월 개정한 헌법에서는 국방위원회 기능을 한층 강화했다는 점이다. 국방위원회 위원장과 제1부위원장, 부위원장, 위원들로 구성되는 국방위원회는 국가의 전반적 무력과 건설 사업을 지도하고, 국방 부문의 중앙 기관을 내오거나 없애며, 주요 군사 간부를 임명 또는 해임하고, 군사칭호의 제정과 수여 그리고 전시 상태와 동원령을 선포하는 임무와 권한까지 가질 수 있게끔 헌법이 규정해 놓고 있다는 점이다.128)

### ◆최고인민회의 상임위원회 정령, 결정, 지시(사회주의헌법 제110조 제12행)

〈최고인민회의 상임위원회 정령(政領), 결정(決定), 지시(指示)〉와 같은 뜻으로 쓰이는 문구로 여기서 눈여겨봐야 할 동강은 최고인민회의 상임위원회가 사회주의헌법 제6장 제3절 제114조에 근거해 내는 〈정령〉, 〈결정〉, 〈지시〉의 개념을 정확히 이해하는 것이다.

**정령**(政領)은 최고인민회의 상임위원회가 조선민주주의인민공화국 사회주의헌법 제6장 제3절 제110조에 명시한 임무를 수행하기 위해 제정 발표하는 법령"을 이르는 말.

**결정**(決定)은 최고인민회의 상임위원회가 조선민주주의인민공화국 사회주의헌법 제6장 제3절 제110조에 명시한 임무를 수행하기 위해 제정 발표하는 〈정령〉 다음의 하위 법령"을 이르는 말.

**지시**(指示)는 최고인민회의 상임위원회가 조선민주주의인민공화국 사회주의헌법 제6장 제3절 제110조에 명시한 임무를 수행하기 위해 제정 발표하는 〈정령〉, 〈결정〉 다음의 하위 법령"을 이르는 말.

### ◆지방인민회의의 그릇된 결정집행(사회주의헌법 제110조 제14행)

〈지방∨ 인민회의의 그릇된∨ 결정∨ 집행〉과 같은 뜻으로 쓰이는 문구로 여기서 눈여겨봐야 할 동강은 지방인민회의가 사회주의헌법 제6장 제

---

128)인민이 사는 모습 1권, 282면.

6절 제114조에 근거해 내는 〈결정〉의 개념을 정확히 이해하는 것이다.

결정(決定)은 지방인민회의가 조선민주주의인민공화국 사회주의헌법 제6
장 제5절 제134조에 명시한 임무를 수행하기 위해 제정 발표하는 법령"
을 이르는 말.

조선민주주의인민공화국 사회주의헌법 제97조에 따라 최고인민회의는
〈법령〉과 〈결정〉을 내고, 사회주의헌법 제104조에 따라 국방위원회는 〈
결정〉과 〈명령〉을 내고, 사회주의헌법 제114조에 따라 최고인민회의 상
임위원회는 〈정령〉 〈결정〉 〈지시〉를 낸다. 사회주의헌법 제123조에 따
라또 내각은 〈결정〉과 〈지시〉를 내고, 사회주의헌법 제138조에 따라 지
방인민회의는 〈결정〉을 내고, 사회주의헌법 제144조에 따라 지방인민위
원회는 〈결정〉과 〈지시〉를 낸다.

## ◆성을 내오거나 없앤다(사회주의헌법 제110조 제18행)

〈성(省)을∨ 내어오거나∨ 없앤다〉와 같은 뜻으로 쓰이는 문구.

## ◆훈장(사회주의헌법 제110조 제27행)

〈훈장(勳章)〉과 같은 뜻으로 쓰이는 말로 "조선민주주의인민공화국 사회
주의헌법 제6장 제3절 제110조에 따라 최고인민회의 상임위원회가 정치,
경제, 군사 등 각 분야에서 특별한 공훈을 세운 개인 또는 단체에게 수
여하는 국가 표창 중의 하나"를 이르는 말.

최고인민회의 상임위원회가 개인 또는 단체에게 수여하는 국가 표창에는
훈장, 메달, 영예칭호, 명예칭호가 있는데 훈장(勳章)은 김일성훈장, 국기
훈장, 로력훈장, 자유독립훈장, 조선민주주의인민공화국 창건기념훈장, 조
선민주주의인민공화국 창건 20주년 기념훈장, 조선인민군 창건기념훈장,
3대혁명붉은기훈장 등 14종이 있다.

◆ **메달**(사회주의헌법 제110조 제행)

조선민주주의인민공화국 사회주의헌법 제6장 제3절 제110조에 따라 최고
인민회의 상임위원회가 정치, 경제, 군사 등 각 분야에서 특별한 공훈을
세운 개인 또는 단체에게 수여하는 국가 표창 중의 하나.

최고인민회의 상임위원회가 개인 또는 단체에게 수여하는 국가 표창에는
훈장, 메달, 영예칭호, 명예칭호가 있는데 메달은 조국해방기념메달, 조선
민주주의인민공화국 창건기념메달, 조선해방40돌메달, 군공메달 등 13종
이 있다.

◆ **영예칭호**(사회주의헌법 제110조 제27행)

조선민주주의인민공화국 사회주의헌법 제6장 제3절 제110조에 따라 최고
인민회의 상임위원회가 정치 경제 군사 등 각 분야에서 특별한 공훈을
세운 개인 또는 단체에게 수여하는 국가 표창 중의 하나.

영예칭호(榮譽稱號)는 조선민주주의인민공화국 영웅, 노력영웅, 김일성상
등 9종이 있다.

◆ **명예칭호**(사회주의헌법 제110조 제27행)

조선민주주의인민공화국 사회주의헌법 제6장 제3절 제110조에 따라 최고
인민회의 상임위원회가 정치, 경제, 군사 등 각 분야에서 특별한 공훈을
세운 개인 또는 단체에게 수여하는 국가 표창 중의 하나.

최고인민회의 상임위원회가 개인 또는 단체에게 수여하는 국가 표창에는
훈장, 메달, 영예칭호, 명예칭호가 있는데 명예칭호(名譽稱號)는 인민배우,
인민예술가, 인민방송원, 인민체육인, 인민설계가 공훈배우, 공훈예술가
등 32종이 있다.

◆ **행정단위와 행정구역**(사회주의헌법 제110조 제30행)

행정단위(行政單位)는 "최고지도자의 교시와 말씀 그리고 그 구현인 당과

국가의 결정 지시를 인민대중에게 신속히 침투시키고 원활하게 집행하도록 하며 국가 활동에서 민주주의 중앙 집권제를 실현하는 국가 행정 체계의 매 고리"를 말한다. 행정구역(行政區域)과 일치할 경우도 있으나 일치하지 않을 경우도 있으며 북한의 경우 〈중앙, 도(직할시), 군(시, 구역)〉으로 되어 있다.

행정구역(行政區域))은 "나라를 다스리기 위해 영토를 지역적으로 구획해 놓은 구역"을 말하며 행정단위와 일치할 경우도 있으나 일치하지 않을 경우도 있다. 북한의 경우 〈중앙, 도(직할시), 군(시, 구역), 리)로 되어 있다. 면 행정구역과 행정단위는 1952년에 폐지되었다. 군은 리가 하나의 협동농장, 즉 하나의 농업 생산 단위로 됨으로써 말단 행정단위가 되고 도(직할시)는 중간 행정단위이며 중앙은 도와 군의 지도 단위이다.

◆ **전원회의**(사회주의헌법 제112조 제2행)
〈전원회의(全員會議)〉와 같은 뜻으로 쓰이는 말로 "조직 또는 기관 단체에 소속된 성원 전체가 참석해서 여는 회의"를 이르는 말.

◆ **상무회의**(사회주의헌법 제112조 제2행)
〈상무회의(常務會議)〉와 같은 뜻으로 쓰이는 말로 "법이나 규약이 규정한 지위에 있는 사람들이 어떤 사안을 처리하기 위해 일상적으로 여는 회의"를 이르는 말. 이 조문에서는 "최고인민회의 상임위원회 위원장, 부위원장, 서기장들로 구성되는 회의"를 뜻한다.

◆ **서기장**(사회주의헌법 제112조 제3행)
〈서기장(書記長)〉과 같은 뜻으로 쓰이는 말로 "기관, 기업소, 단체 등에서 각 부문의 사무를 통괄하여 보는 직위 또는 그 사람"을 이르는 말. 이 조문에서는 〈최고인민회의 상임위원회 전원회의〉의 사무와 기록을 통괄하는 직책을 맡은 서기일꾼의 우두머리를 뜻한다.

◆**토의결정한다**(사회주의헌법 제113조 제2행)
〈토의하여∨ 결정한다〉와 같은 뜻으로 쓰이는 문구.

◆**정령, 결정, 지시**(사회주의헌법 제114조 제1행)
**정령**(政領)은 최고인민회의 상임위원회가 조선민주주의인민공화국 사회주의헌법 제6장 제3절 제110조에 명시한 임무를 수행하기 위해 제정 발표하는 법령"을 이르는 말.
**결정**(決定)은 최고인민회의 상임위원회가 조선민주주의인민공화국 사회주의헌법 제6장 제3절 제110조에 명시한 임무를 수행하기 위해 제정 발표하는 〈정령〉 다음의 하위 법령"을 이르는 말.
**지시**(指示)는 최고인민회의 상임위원회가 조선민주주의인민공화국 사회주의헌법 제6장 제3절 제110조에 명시한 임무를 수행하기 위해 제정 발표하는 〈정령〉, 〈결정〉 다음의 하위 법령"을 이르는 말.

◆**둘수 있다**(사회주의헌법 제115조 제2행)
〈둘∨ 수∨ 있다〉와 같은 뜻으로 쓰이는 문구.

◆**최고인민회의앞에 책임진다**(사회주의헌법 제116조 제1행)
〈최고인민회의∨ 앞에∨ 책임진다〉와 같은 뜻으로 쓰이는 문구.

〈헌법 원문 11〉

---

### 제4절    내각

**제117조** 내각은 최고주권의 행정적집행기관이며 전반적국가관리기관이다.

**제118조** 내각은 총리, 부총리, 위원장, 상과 그밖의 필요한 성원들로 구성한다.
내각의 임기는 최고인민회의 임기와 같다.

**제119조** 내각은 다음과 같은 임무와 권한을 가진다.
  1. 국가의 정책을 집행하기 위한 대책을 세운다.
  2. 헌법과 부문법에 기초하여 국가관리와 관련한 규정을 제정 또는 수정, 보충한다.
  3. 내각의 위원회, 성, 내각 직속기관, 지방인민위원회의 사업을지 도한다.
  4. 내각 직속기관, 중요 행정경제기관, 기업소를 내오거나 없애며 국 가관리기구를 개선하기 위한 대책을 세운다.
  5. 국가의 인민경제발전계획을 작성하며 그 실행대책을 세운다.
  6. 국가예산을 편성하며 그 집행대책을 세운다.
  7. 공업, 농업, 건설, 운수, 체신, 상업, 무역, 국토관리, 도시경영, 교육, 과학, 문화, 보건, 체육, 로동행정, 환경보호, 관광 그밖의 여러 부문의 사업을 조직집행한다.
  8. 화폐와 은행제도를 공고히 하기 위한 대책을 세운다.

---

9. 국가관리질서를 세우기 위한 검열, 통제사업을 한다.
10. 사회질서유지, 국가 및 사회협동단체의 소유와 리익의 보호, 공민의 권리보장을 위한 대책을 세운다.
11. 다른 나라와 조약을 맺으며 대외사업을 한다.
12. 내각 결정, 지시에 어긋나는 행정경제기관의 결정, 지시를 폐지한다.

**제120조** 내각총리는 내각사업을 조직지도한다.
내각총리는 조선민주주의인민공화국 정부를 대표한다.

**제121조** 내각은 전원회의와 상무회의를 가진다.
내각전원회의는 내각성원전원으로 구성하며 상무회의는 총리, 부총리와 그밖에 총리가 임명하는 내각성원들로 구성한다.

**제122조** 내각전원회의는 행정경제사업에서 나서는 새롭고 중요한 문제들을 토의결정한다.
상무회의는 내각전원회의에서 위임한 문제들을 토의결정한다.

**제123조** 내각은 결정과 지시를 낸다.

**제124조** 내각은 자기 사업을 돕는 비상설부문위원회를 둘수 있다.

**제125조** 내각은 자기 사업에 대하여 최고인민회의와 그 휴회중에 최고인민회의 상임위원회앞에 책임진다.

**제126조** 새로 선거된 내각총리는 내각성원들을 대표하여 최고인민회의에서 선서를 한다.

제127조 내각 위원회, 성은 내각의 부문별 집행기관이며 중앙의 부문별 관리기관이다.

제128조 내각 위원회, 성은 내각의 지도밑에 해당 부문의 사업을 통일적으로 장악하고 지도관리한다.

제129조 내각 위원회, 성은 위원회회의와 간부회의를 운영한다.
위원회, 성 위원회회의와 간부회의에서는 내각결정, 지시집행대책과 그밖의 중요한 문제들을 토의결정한다.

제130조 내각 위원회, 성은 지시를 낸다.

(헌법 원문 226쪽에서 다시 이어집니다)

◆**내각**(사회주의헌법 제117조 제1행)

〈내각(內閣)〉 또는 〈정부(政府)〉와 같은 뜻으로 쓰이는 말로 "국가 주권의 최고 행정적 집행기관"을 이르는 행정 용어.

북한의 경우 사회주의헌법 제118조의 규정에 따라 내각에는 총리, 부총리, 위원장, 상(부처별 장관), 그 밖의 필요한 성원들로 구성되며 임기는 최고인민회의의 임기와 같다.

신헌법이 수정 보충된 1998년 9월 5일 이전 사회주의헌법에서는 〈내각〉이란 용어 대신에 〈정무원(政務院)〉이란 용어를 사용해 왔다.


◆**행정적집행기관**(사회주의헌법 제117조 제1행)

〈행정적∨ 집행기관(行政的執行機關)〉 또는 〈행정기관〉과 같은 뜻으로 쓰이는 행정 용어로 "주권기관의 법령, 명령, 정령, 결정, 지시에 기초하여 사회생활을 직접 조직하고 관리하며 보장하는 기관"을 이르는 말.

북한의 경우 "내각과 그 위원회, 성, 지방인민위원회와 그 부서들을 행정기관 또는 행정적 집행 기관"이라 부른다.


◆**전반적국가관리기관**(사회주의헌법 제117조 제1행)

〈전반적(全般的)∨ 국가(國家)∨ 관리(管理)∨ 기관(機關)〉과 같은 뜻으로 쓰이는 문구로 "사회주의헌법 제6장 제4절 제119조에 명시한 임무를 수행하기 위해 조직된 내각"을 이르는 말.


◆**성**(사회주의헌법 제119조 제5행)

〈성(省)〉과 같은 뜻으로 쓰이는 행정 용어로 "내각을 구성하는 27개 성(省)"을 아울러서 부르는 말.

북한은 1998년 9월 5일 수정 보충된 사회주의헌법에 따라 내각 성원은 34개 부서(3개 위원회, 27개 성, 1개 은행, 1개 원, 2개 국)로 구성되어 있으며 그 중 성은 다음과 같다.

내각의 성 : 외무성, 인민보안성, 전기석탄공업성, 채취공업성, 금속기계공업성, 건설건재공업성, 철도성, 육해운성, 농업성, 화학공업성, 경공업성, 무역성, 임업성, 수산성, 체신성, 문화성, 재정성, 노동성, 보건성, 국가검열성, 도시경영성, 국가건설검독성, 상업성, 수매양정성, 교육성, 국토환경보호성, 전자공업성.129)

**◆내각 직속기관**(사회주의헌법 제11조 제5행)

〈내각(內閣)∨ 직속(直屬)∨ 기관(機關)〉과 같은 뜻으로 쓰이는 말.

**◆지방인민위원회**(사회주의헌법 제119조 제5행)

〈지방(地方)∨ 인민위원회(人民委員會)〉와 같은 뜻으로 쓰이는 행정 용어로 "조선민주주의인민공화국 사회주의헌법 제6장 제6절 제139조에 따라 도(직할시)·시(구역)·군 지역에 조직된 해당 지방 주권의 행정적 집행 기관"을 이르는 말.

**◆행정경제기관**(사회주의헌법 제119조 제7행)

〈행정(行政)∨ 경제(經濟)∨ 기관(機關)〉과 같은 뜻으로 쓰이는 문구로 "행정 조직 사업과 과학적인 기술 경제 사업을 주도적으로 추진하는 기관"을 아울러 부르는 말.

북한의 경우 행정 경제 기관들은 주로 행정 경제 사업에 매진하며, 행정 경제 사업의 대표적 사례는 "주민 행정 사업, 경제와 문화 건설을 조직하며 경제를 관리하고 기술을 발전시키는 사업, 국가와 사회의 안전과 질서를 보장하는 사업 등"을 들 수 있다.

---

129)북한총람 2003년판 260면.

◆ **기업소**(사회주의헌법 제119조 제7행)

〈기업소(企業所)〉와 같은 뜻으로 쓰이는 경제 용어로 "독자적으로 경제활동 조직을 만들어 직접 경영활동을 진행하는 북한의 경제 단위"를 뭉뚱 그려 일컫는 말.

북한은 기업소는 "일정한 노력, 설비, 자재, 자금 등을 가지고 생산 활동을 진행하거나 봉사 활동을 진행하며 얻은 수입으로 지출을 보상하고 채산을 맞추면서 경영 활동을 진행한다."고 설명하고 있다. 이 중 공업 생산 부문의 기업소는 "공장, 광산, 탄광 등과 함께 인민경제의 기층 단위라는 점에서는 공통성을 가지면서도 경영 단위의 성격을 반영하는 측면에서는 공장, 광산, 탄광 등은 생산의 조직 기술적 특성을 반영하고 있으므로 차이가 있다."고 구분하고 있다. 그래서 "하나의 기업소가 하나의 공장일 수도 있고 몇 개의 공장이 합쳐 하나의 기업소가 될 수도 있다.130)"고 기업소의 공통성과 차이점을 말하면서 "인민경제 발전에 기여하는 역할에 따라 특급, 1급, 2급, 3급, 4급 기업소 등으로 나누어진다."고 설명하고 있다.


◆ **화폐**(사회주의헌법 제119조 제14행)

〈화폐(貨幣)〉와 같은 뜻으로 쓰이는 말로 여기서 눈여겨봐야 할 동강은 한자어 낱말을 한글로 적을 때 단어의 첫머리 이외의 둘째 음절에 모음 〈ㅖ〉가 올 경우 그 표기법에 관한 남북한 간 어문 규정의 차이점을 이해하는 것이다.

남한에서는 한자어 낱말을 한글로 적을 때는 한글 맞춤법 제3장 제5절 두음 법칙 제11항 "한자음 〈랴, 려, 례, 료, 리〉가 단어의 첫머리에 올 적에는 〈야, 여, 예, 요, 유, 이〉로 적는다." 그렇지만 "단어의 첫머리 이외의 경우에는 본음대로 적는다."는 규정에 따라 모음 〈ㅖ〉를 〈ㅖ〉로

---

130) 경제사전 1권, 302면.

적지 않는다.

그러나 북한은 조선말규범집 제7장 한자말 적기 제26항 "한자말에서 모음 〈ㅖ〉가 들어 있는 소리마디로는 〈계, 례, 혜, 예〉만을 인정하고 이외의 경우에는 모음 〈ㅖ〉가 들어 있는 소리마디를 〈ㅔ〉로 적는다."는 규정에 따라 〈폐품〉을 〈페품〉으로, 〈화폐〉를 〈화페〉로, 〈개폐실〉을 〈개페실〉로 적어야 바른 문장이 된다.

◆**사회협동단체**(사회주의헌법 제119조 제16행)

〈사회(社會)∨ 협동단체(協同團體)〉와 같은 뜻으로 쓰이는 문구로 "사회주의 경제형태에 따라 결성된 협동 단체, 즉 가입자들이 생산수단을 공동으로 소유하고 생산과 상품 유통 등의 경영 활동을 진행하는 조선민주주의인민공화국의 협동농장, 생산협동조합, 수산협동조합, 신용협동조합, 소비협동조합, 편의협동조합"을 아울러서 이르는 말.

◆**내각총리**(사회주의헌법 제120조 제1행)

〈내각∨ 총리(內閣總理)〉와 같은 뜻으로 쓰이는 말로 "조선민주주의인민공화국 정부를 대표하며 사회주의헌법 제119조에 규정된 내각 사업을 전반적으로 조직하고 지도하는 사람 또는 그 직위"를 이르는 말.

◆**내각전원회의**(사회주의헌법 제121조 제1행)

〈내각∨ 전원회의(內閣全員會議)〉와 같은 뜻으로 쓰이는 말로 "내각 성원 전원으로 구성되는 회의"를 이르는 말.

내각 전원회의는 총리(1명), 부총리(3명), 외무성, 인민보안성, 국가계획위원회, 전기석탄공업성, 채취공업성, 금속기계공업성, 건설건재공업성, 철도성, 육해운성, 농업성, 화학공업성, 경공업성, 무역성, 임업성, 수산성, 체신성, 문화성, 재정성, 노동성, 보건성, 체육지도위원회, 국가검열성, 과학원, 중앙은행, 중앙통계국, 도시경영성, 국가건설검독성, 상업성, 수매양정

성, 교육성, 국토환경보호성, 전자공업성, 수도건설위원회, 사무국 등의
핵심 요원들이 참석한다.

◆**내각상무회의**(사회주의헌법 제122조 제3행)
〈내각(內閣)∨ 상무∨ 회의(常務會議)〉와 같은 뜻으로 쓰이는 문구로 "사
회주의헌법 제120조의 규정에 따라 총리, 부총리, 그 밖의 총리가 임명하
는 내각 성원들로 구성되는 회의"를 이르는 말.
북한의 경우, 내각 전원회의는 행정 경제 사업에서 나서는 새롭고 중요한
문제를 토의하여 결정하고, 상무회의는 내각 전원회의에서 위임한 문제들
을 토의하여 결정한다.

◆**토의결정한다**(사회주의헌법 제122조 제3행)
〈토의∨ 결정한다〉와 같은 뜻으로 쓰이는 문구.

◆**결정**(사회주의헌법 제123조 제1행)
결정(決定)과 같은 뜻으로 쓰이는 법률 용어로 "조선민주주의인민공화국
내각이 사회주의헌법 제6장 제4절 제119조에 명시한 임무를 수행하기 위
해 제정 발표하는 법령"을 이르는 말.

◆**지시**(사회주의헌법 제123조 제1행)
지시(指示)와 같은 뜻으로 쓰이는 법률 용어로 "조선민주주의인민공화국
내각이 사회주의헌법 제6장 제4절 제119조에 명시한 임무를 수행하기 위
해 제정 발표하는 〈결정〉 다음의 하위 법령"을 이르는 말.

◆**비상설부문위원회**(사회주의헌법 제124조 제1행)
〈비상설(非常設)∨ 부문위원회(部門委員會)〉와 같은 뜻으로 쓰이는 말로

"조선민주주의인민공화국 내각이 사회주의헌법 제6장 제4절 제124조에 따라 부문별로 자기 사업을 돕는 전문가들을 영입해 비상설 기구로 조직하는 전문 위원회"를 이르는 말.


◆**둘수 있다**(사회주의헌법 제124조 제1행)

〈둘∨ 수∨ 있다〉와 같은 뜻으로 쓰이는 문구.


◆**휴회중에**(사회주의헌법 제125조 제1행)

〈휴회∨ 중에〉와 같은 뜻으로 쓰이는 문구.


◆**최고인민회의 상임위원회앞에**(사회주의헌법 제125조 제2행)

〈최고인민회의 상임위원회∨ 앞에〉와 같은 뜻으로 쓰이는 문구.


◆**내각성원**(사회주의헌법 제126조 제1행)

〈내각(內閣)∨ 성원(成員)〉과 같은 뜻으로 쓰이는 문구로 "내각을 구성하는 전체 부서"를 이르는 말.

북한의 경우 1998년 9월 5일 수정 보충된 사회주의헌법에 따라 내각 성원은 34개 부서(3개 위원회, 27개 성, 1개 은행, 1개 원, 2개 국)로 구성되어 있으며 전체 내각 성원은 다음과 같다.

내각 성원 : 총리(1명), 부총리(3명), 외무성, 인민보안성, 국가계획위원회, 전기석탄공업성, 채취공업성, 금속기계공업성, 건설건재공업성, 철도성, 육해운성, 농업성, 화학공업성, 경공업성, 무역성, 임업성, 수산성, 체신성, 문화성, 재정성, 노동성, 보건성, 체육지도위원회, 국가검열성, 과학원, 중앙은행, 중앙통계국, 도시경영성, 국가건설검독성, 상업성, 수매양정성, 교육성, 국토환경보호성, 전자공업성, 수도건설위원회, 사무국.[131]

---

131)북한총람 2003년판 260면.

〈헌법 원문 12〉

---

### 제5절    지방인민회의

**제131조** 도(직할시), 시(구역), 군 인민회의는 지방주권기관이다.

**제132조** 지방인민회의는 일반적, 평등적, 직접적 선거원칙에 의하여 비밀투표로 선거된 대의원들로 구성한다.

**제133조** 도(직할시), 시(구역), 군 인민회의 임기는 4년으로 한다.
지방인민회의 새 선거는 지방인민회의 임기가 끝나기전에 해당 지방인민위원회의 결정에 따라 진행한다.
불가피한 사정으로 선거를 하지 못할 경우에는 선거를 할 때까지 그 임기를 연장한다.

**제134조** 지방인민회의는 다음과 같은 임무와 권한을 가진다.
  1. 지방의 인민경제발전계획과 그 실행정형에 대한 보고를
     심의하고 승인한다.
  2. 지방예산과 그 집행에 대한 보고를 심의하고 승인한다.
  3. 해당 지역에서 국가의 법을 집행하기 위한 대책을 세운다.
  4. 해당 인민위원회 위원장, 부위원장, 사무장, 위원들을
     선거 또는 소환한다.
  5. 해당 재판소의 판사, 인민참심원을 선거 또는 소환한다.
  6. 해당 인민위원회와 하급인민회의, 인민위원회의 그릇된
     결정, 지시를 폐지한다.

**제135조** 지방인민회의는 정기회의와 림시회의를 가진다.

정기회의는 1년에 1~2차 해당 인민위원회가 소집한다.

림시회의는 해당 인민위원회가 필요하다고 인정할 때 또는 대의원전원의 3분의 1이상의 요청이 있을 때 소집한다.

**제136조** 지방인민회의는 대의원전원의 3분의 2이상이 참석하여야 성립된다.

**제137조** 지방인민회의는 의장을 선거한다.

의장은 회의를 사회한다.

**제138조** 지방인민회의는 결정을 낸다.

(본서 231쪽에서 다시 이어집니다)

◆**지방인민회의**(사회주의헌법 제132조 제1행)

〈지방∨ 인민회의(地方人民會議)〉와 같은 뜻으로 쓰이는 법률 용어로 "사회주의헌법 제6장 제5절 제131조에 따라 도(직할시)·시(구역)·군 지역에 조직된 지방주권기관"을 이르는 말.

◆**도(직할시) 인민회의**(사회주의헌법 제133조 제1행)

<도(직할시)∨ 인민회의(人民會議)〉와 같은 뜻으로 쓰이는 말로 "사회주의헌법 제6장 제5절 제134조에 명시한 임무를 수행하기 위해 조선민주주의인민공화국 도 단위와 직할시 단위에 설립된 지방주권기관"을 이르는 말.

도(직할시) 인민회의는 1)지방의 인민경제 발전 계획과 그 실행 정형에 대한 보고를 심의하고 승인한다. 2) 지방예산과 그 집행에 대한 보고를 심의하고 승인한다. 3)해당 지역에서 국가의 법을 집행하기 위한 대책을 세운다. 4) 해당 인민위원회 위원장, 부위원장, 사무장, 위원들을 선거 또는 소환한다. 5) 해당 재판소의 판사, 인민참심원을 선거 또는 소환한다. 6)해당 인민위원회와 하급인민회의, 인민위원회의 그릇된 결정, 지시를 폐지한다.

◆**시(구역) 인민회의**(사회주의헌법 제133조 제1행)

〈시(구역) 인민회의(人民會議)〉와 같은 뜻으로 쓰이는 말로 "사회주의헌법 제6장 제132조에 따라 일반적, 평등적, 직접적 선거원칙에 의하여 비밀투표로 선거된 대의원들로 구성된, 북한의 시(구역) 지역에 설립되어 있는 지방주권기관"을 이르는 말.

시(구역) 인민회의는 1)지방의 인민경제 발전 계획과 그 실행 정형에 대한 보고를 심의하고 승인한다. 2)지방예산과 그 집행에 대한 보고를 심의하고 승인한다. 3)해당 지역에서 국가의 법을 집행하기 위한 대책을 세운

다. 4)해당 인민위원회 위원장, 부위원장, 사무장, 위원들을 선거 또는 소
환한다. 5)해당 재판소의 판사, 인민참심원을 선거 또는 소환한다. 6)해당
인민위원회와 하급 인민회의, 인민위원회의 그릇된 결정, 지시를 폐지하
는 업무를 수행한다.


◆**군 인민회의**(사회주의헌법 제133조 제1행)
〈군 인민회의(郡人民會議)와 같은 뜻으로 쓰이는 말로 "사회주의헌법 제6
장 제132조에 따라 일반적, 평등적, 직접적 선거원칙에 의하여 비밀투표
로 선거된 대의원들로 구성된, 북한의 군 지역에 설립되어 있는 지방주권
기관"을 이르는 말.
군 인민회의는 1)지방의 인민경제 발전 계획과 그 실행 정형에 대한 보
고를 심의하고 승인한다. 2)지방예산과 그 집행에 대한 보고를 심의하고
승인한다. 3)해당 지역에서 국가의 법을 집행하기 위한 대책을 세운다.
4)해당 인민위원회 위원장, 부위원장, 사무장, 위원들을 선거 또는 소환한
다. 5)해당 재판소의 판사, 인민참심원을 선거 또는 소환한다. 6)해당 인
민위원회와 하급 인민회의, 인민위원회의 그릇된 결정, 지시를 폐지하는
업무를 수행한다.


◆**끝나기전에**(사회주의헌법 제133조 제2행)
〈끝나기∨ 전에〉와 같은 뜻으로 쓰이는 말.


◆**림시회의**(사회주의헌법 제135조 제3행)
〈임시∨ 회의(臨時會議)〉와 같은 뜻으로 쓰이는 말.


◆**3분의 1이상의**(사회주의헌법 제135조 제4행)
〈3분의∨ 1∨ 이상의〉와 같은 뜻으로 쓰이는 문구로 여기서 눈여겨보아

야 할 동강은 어떤 명사 뒤에 〈부문, 분야, 기관, 담당, 관계, 이상(以上), 이하(以下) 등이 뒤따라와 함께 쓰이는 경우 띄어쓰기에 관한 남북한 간 어문 규정의 차이점을 이해하는 것이다.

남한은 한글 맞춤법 제1장 총칙 제2항 "문장의 각 단어는 띄어 씀을 원칙으로 한다."와 제5장 띄어쓰기 제1절 제41항 "조사는 그 앞말에 붙여 쓴다."는 규정에 따라 〈3분의∨ 1∨ 이상(以上)의〉라고 복합어인 〈3분의∨ 1〉이란 말과 〈이상〉이라는 낱말 사이(∨표 한 곳)는 띄어 쓰고 조사 〈의〉는 앞말에 붙여 써야 바른 문장이 된다.

그러나 북한은 조선말규범집 띄어쓰기 제1장 명사와 관련한 띄어쓰기 제2항 1)-(3)번 규정에 따라 앞의 명사가 〈부문, 분야, 기관, 담당, 관계, 이상(以上), 이하(以下)…〉 등과 함께 쓰이는 경우 이 단어들은 앞 단위에 붙여 쓰며 토(조사)는 앞말에 붙여 써야 하므로 〈3분의 1이상의, 5분의 3이상의〉 등으로 붙여 써야 바른 문장이 된다.

〈헌법 원문 13〉

## 제6절    지방인민위원회

**제139조** 도(직할시), 시(구역), 군 인민위원회는 해당 인민회의 휴회중의 지방주권기관이며, 해당 지방주권의 행정적집행기관이다.

**제140조** 지방인민위원회는 위원장, 부위원장, 사무장, 위원들로 구성한다.
지방인민위원회의 임기는 해당 인민회의 임기와 같다.

**제141조** 지방인민위원회는 다음과 같은 임무와 권한을 가진다.
  1. 인민회의를 소집한다.
  2. 인민회의 대의원선거를 위한 사업을 한다.
  3. 인민회의 대의원들과의 사업을 한다.
  4. 해당 인민회의와 상급 인민회의, 인민위원회, 내각과 내각 위원회, 성의 법령, 정령, 결정, 지시를 집행한다.
  5. 해당 지방의 모든 행정사업을 조직집행한다.
  6. 지방의 인민경제발전계획을 작성하며, 그 실행대책을 세운다.
  7. 지방예산을 편성하며 그 집행대책을 세운다.
  8. 해당 지방의 사회질서유지, 국가 및 사회협동단체의 소유와 리익의 보호, 공민의 권리보장을 위한 대책을 세운다.
  9. 해당 지방에서 국가관리질서를 세우기 위한 검열, 통제사업을 한다.
  10. 하급인민위원회 사업을 지도한다.

11. 하급인민위원회의 그릇된 결정, 지시를 폐지하며 하급인민회의
   의 그릇된 결정의 집행을 정지시킨다.

**제142조** 지방인민위원회는 전원회의와 상무회의를 가진다.
  지방인민위원회 전원회의는 위원전원으로 구성하며 상무회의는 위원장,
부위원장, 사무장들로 구성한다.

**제143조** 지방인민위원회 전원회의는 자기의 임무와 권한을 실현하는
데서 나서는 중요한 문제들을 토의결정한다.
  상무회의는 전원회의가 위임한 문제들을 토의결정한다.

**제144조** 지방인민위원회는 결정과 지시를 낸다.

**제145조** 지방인민위원회는 자기 사업을 돕는 비상설부문위원회를 둘
수 있다.

**제146조** 지방인민위원회는 자기 사업에 대하여 해당 인민회의앞에 책
임진다.
  지방인민위원회는 상급인민위원회와 내각에 복종한다.

(헌법 원문 237쪽에서 다시 이어집니다)

◆**지방인민위원회**(사회주의헌법 제140조 제1행)

〈지방(地方)∨ 인민위원회(人民委員會)〉와 같은 뜻으로 쓰이는 행정 용어로 "조선민주주의인민공화국 사회주의헌법 제6장 제6절 제139조에 따라 도(직할시)·시(구역)·군 지역에 조직된 해당 지방 주권의 행정적 집행기관"을 이르는 말.

◆**도(직할시) 인민위원회**(사회주의헌법 제139조 제1행)

〈도(직할시) 인민위원회(人民委員會)와 같은 뜻으로 쓰이는 말로 "사회주의헌법 제6장 제6절 제141조에 명시한 임무를 수행하기 위해 조선민주주의인민공화국 도 단위와 직할시 단위에 설립된 지방주권의 행정적 집행기관"을 이르는 말.

도(직할시) 인민위원회는 1)인민회의를 소집한다. 2)인민회의 대의원선거를 위한 사업을 한다. 3)인민회의 대의원들과의 사업을 한다. 4)해당 인민회의와 상급 인민회의, 인민위원회, 내각과 내각 위원회, 성의 법령, 정령, 결정, 지시를 집행한다. 5)해당 지방의 모든 행정사업을 조직 집행한다. 6)지방의 인민경제 발전 계획을 작성하며, 그 실행 대책을 세운다. 7)지방예산을 편성하며 그 집행 대책을 세운다. 8)해당 지방의 사회 질서 유지, 국가 및 사회 협동단체의 소유와 이익의 보호, 공민의 권리 보장을 위한 대책을 세운다. 9)해당 지방에서 국가관리 질서를 세우기 위한 검열, 통제 사업을 한다. 10)하급 인민위원회 사업을 지도한다. 11)하급 인민위원회의 그릇된 결정, 지시를 폐지하며 하급 인민회의의 그릇된 결정의 집행을 정지시킨다.

◆**시(구역) 인민위원회**(사회주의헌법 제139조 제1행)

〈시(구역) 인민위원회(人民委員會)〉와 같은 뜻으로 쓰이는 말로 "사회주의헌법 제6장 제6절 제141조에 명시한 임무를 수행하기 위해 조선민주주의인민공화국 시(구역) 단위에 설립된 지방주권의 행정적 집행기관"을 이르는 말.

시(구역) 인민위원회는 1)인민회의를 소집한다. 2)인민회의 대의원선거를 위한 사업을 한다. 3)인민회의 대의원들과의 사업을 한다. 4)해당 인민회의와 상급 인민회의, 인민위원회, 내각과 내각 위원회, 성의 법령, 정령, 결정, 지시를 집행한다. 5)해당 지방의 모든 행정 사업을 조직 집행한다. 6)지방의 인민경제 발전 계획을 작성하며, 그 실행 대책을 세운다. 7)지방예산을 편성하며 그 집행 대책을 세운다. 8)해당 지방의 사회 질서 유지, 국가 및 사회 협동단체의 소유와 이익의 보호, 공민의 권리 보장을 위한 대책을 세운다. 9)해당 지방에서 국가관리 질서를 세우기 위한 검열, 통제 사업을 한다. 10)하급 인민위원회 사업을 지도한다. 11)하급 인민위원회의 그릇된 결정, 지시를 폐지하며 하급 인민회의의 그릇된 결정의 집행을 정지시키는 업무를 수행한다.

### ◆ 군 인민위원회(사회주의헌법 제139조 제1행)

〈군 인민위원회(人民委員會)〉와 같은 뜻으로 쓰이는 말로 "사회주의헌법 제6장 제6절 제141조에 명시한 임무를 수행하기 위해 조선민주주의인민공화국 군 지역에 설립된 지방주권의 행정적 집행기관"을 이르는 말.

군 인민위원회는 1)인민회의를 소집한다. 2)인민회의 대의원선거를 위한 사업을 한다. 3)인민회의 대의원들과의 사업을 한다. 4)해당 인민회의와 상급 인민회의, 인민위원회, 내각과 내각 위원회, 성의 법령, 정령, 결정, 지시를 집행한다. 5)해당 지방의 모든 행정 사업을 조직 집행한다. 6)지방의 인민경제 발전 계획을 작성하며, 그 실행 대책을 세운다. 7)지방예산을 편성하며 그 집행 대책을 세운다. 8)해당 지방의 사회 질서 유지, 국가 및 사회 협동단체의 소유와 이익의 보호, 공민의 권리 보장을 위한 대책을 세운다. 9)해당 지방에서 국가관리 질서를 세우기 위한 검열, 통

제 사업을 한다. 10)하급 인민위원회 사업을 지도한다. 11)하급 인민위원
회의 그릇된 결정, 지시를 폐지하며 하급 인민회의의 그릇된 결정의 집행
을 정지시키는 업무를 수행한다.


◆**지방주권기관**(사회주의헌법 제139조 제2행)
〈지방주권기관(地方主權機關)〉과 같은 뜻으로 쓰이는 행정 용어로 "사회
주의헌법 제6장 제5절 제131조에 따라 조직된 지방인민회의"를 이르는
말.


◆**행정적집행기관**(사회주의헌법 제139조 제2행)
〈행정적∨ 집행기관(行政的執行機關)〉과 같은 뜻으로 쓰이는 행정 용어로
"주권기관의 법령, 명령, 정령, 결정, 지시에 기초하여 사회생활을 직접
조직하고 관리하며 보장하는 기관"을 이르는 말.
북한의 경우 "내각과 그 위원회, 성, 지방인민위원회와 그 부서들을 행정
기관 또는 행정적 집행기관"이라 부른다.


◆**인민회의 대의원선거**(사회주의헌법 제141조 제3행)
〈인민회의 대의원선거(人民會議 代議員選擧)〉과 같은 뜻으로 쓰이는 말로
조선민주주의인민공화국 사회주의헌법 제6장 제1절 제91조와 제5절 제
134조에 명시한 임무를 수행하기 위해 "조선민주주의인민공화국 최고주
권기관 및 지방주권기관의 주민 대표를 일반적, 직접적, 선거 원칙에 따
라 비밀투표로 뽑는 선거"를 아울러서 부르는 말.


◆**행정사업을 조직집행한다**(사회주의헌법 제141조 제7행)
〈행정사업을∨ 조직∨ 집행한다〉와 같은 뜻으로 쓰이는 문구.

◆**지방인민위원회 전원회의**(사회주의헌법 제142조 제1행)

〈지방인민위원회 전원회의(地方人民委員會 全員會議)〉와 같은 뜻으로 쓰이는 말로 "사회주의헌법 제6장 제6절 제142조에 따라 지방인민위원회 위원 전원으로 구성되는 회의"를 이르는 말.

◆**지방인민위원회 상무회의**(사회주의헌법 제142조 제1행)

〈지방인민위원회 상무회의(地方人民委員會 常務會議)〉와 같은 뜻으로 쓰이는 말로 "사회주의헌법 제6장 제6절 제142조에 따라 지방인민위원회 위원장, 부위원장, 사무장들로 구성되는 회의"를 이르는 말.

◆**토의결정한다**(사회주의헌법 제143조 제2행)

〈토의∨ 결정한다〉와 같은 뜻으로 쓰이는 문구.

◆**둘수 있다**(사회주의헌법 제145조 제1행)

〈둘∨ 수∨ 있다〉와 같은 뜻으로 쓰이는 문구.

◆**인민회의앞에**(사회주의헌법 제146조 제1행)

〈인민회의∨ 앞에〉와 같은 뜻으로 쓰이는 문구.

〈헌법 원문 14〉

## 제7절   검찰소와 재판소

**第147조** 검찰사업은 중앙검찰소, 도(직할시), 시(구역), 군 검찰소와 특별검찰소가 한다.

**第148조** 중앙검찰소 소장의 임기는 최고인민회의 임기와 같다.

**第149조** 검사는 중앙검찰소가 임명 또는 해임한다.

**第150조** 검찰소는 다음과 같은 임무를 수행한다.
  1. 기관, 기업소, 단체와 공민들이 국가의 법을 정확히 지키는가를 감시한다.
  2. 국가기관의 결정, 지시가 헌법, 최고인민회의 법령, 결정, 국방위원회 결정, 명령, 최고인민회의 상임위원회 정령, 결정, 지시, 내각 결정, 지시에 어긋나지 않는가를 감시한다.
  3. 범죄자를 비롯한 법위반자를 적발하고 법적책임을 추궁하는것을 통하여 조선민주주의인민공화국의 주권과 사회주의제 도, 국가와 사회협동단체의 재산, 인민의 헌법적 권리와 생명재산을 보호한다.

**第151조** 검찰사업은 중앙검찰소가 통일적으로 지도하며 모든 검찰소는 상급검찰소와 중앙검찰소에 복종한다.

**第152조** 중앙검찰소는 자기 사업에 대하여 최고인민회의와 그 휴회중에 최고인민회의 상임위원회앞에 책임진다.

**제153조** 재판은 중앙재판소, 도(직할시) 재판소, 인민재판소와 특별재판소가 한다.

판결은 조선민주주의인민공화국의 이름으로 선고한다.

**제154조** 중앙재판소 소장의 임기는 최고인민회의 임기와 같다.

중앙재판소, 도(직할시)재판소, 인민재판소의 판사, 인민참심원의 임기는 해당 인민회의 임기와 같다.

**제155조** 특별재판소의 소장과 판사는 중앙재판소가 임명 또는 해임한다.

특별재판소의 인민참심원은 해당 군무자회의 또는 종업원회의에서 선거한다.

**제156조** 재판소는 다음과 같은 임무를 수행한다.

1. 재판활동을 통하여 조선민주주의인민공화국의 주권과 사회주의제도, 국가와 사회협동단체 재산, 인민의 헌법적 권리와 생명재산을 보호한다.
2. 모든 기관 기업소, 단체와 공민들이 국가의 법을 정확히 지키고 계급적원쑤들과 온갖 법위반자들을 반대하여 적극 투쟁하도록 한다.
3. 재산에 대한 판결, 판정을 집행하며 공증사업을 한다.

**제157조** 재판은 판사 1명과 인민참심원 2명으로 구성된 재판소가 한다. 특별한 경우에는 판사 3명으로 구성하여 할수 있다.

**제158조** 재판은 공개하며 피소자의 변호권을 보장한다.

법이 정한데 따라 재판을 공개하지 않을수 있다.

**제159조** 재판은 조선말로 한다.

다른 나라 사람들은 재판에서 자기 나라 말을 할수 있다.

**제160조** 재판소는 재판에서 독자적이며 재판활동을 법에 의거하여 수행한다.

**제161조** 중앙재판소는 조선민주주의인민공화국의 최고재판기관이다.

중앙재판소는 모든 재판소의 재판사업을 감독한다.

**제162조** 중앙재판소는 자기 사업에 대하여 최고인민회의와 그 휴회중에 최고인민회의 상임위원회앞에 책임진다.

(헌법 원문 249쪽에서 다시 이어집니다)

**◆중앙검찰소**(사회주의헌법 제147조 제1행)

〈중앙검찰소(中央檢察所)와 같은 뜻으로 쓰이는 법률 용어로 "사회주의헌법 제6장 제7절 제150조에 명시한 임무를 통일적으로 수행하기 위해 조직된 조선민주주의인민공화국 최고 검찰기관"을 이르는 말.

중앙검찰소는 1)기관, 기업소, 단체와 공민들이 국가의 법을 정확히 지키는가를 감시한다. 2)국가기관의 결정, 지시가 헌법, 최고인민회의 법령, 결정, 국방위원회 결정, 명령, 최고인민회의 상임위원회 정령, 결정, 지시, 내각 결정, 지시에 어긋나지 않는가를 감시한다. 3)범죄자를 비롯한 법 위반자를 적발하고 법적 책임을 추궁하는 것을 통하여 조선민주주의인민공화국의 주권과 사회주의 제도, 국가와 사회 협동단체의 재산, 인민의 헌법적 권리와 생명 재산을 보호하는 임무 등을 수행하며 자기 사업에 대하여 최고인민회의와 그 휴회 중에 최고인민회의 상임위원회 앞에 책임진다.

**◆도(직할시) 검찰소**(사회주의헌법 제147조 제1행)

〈도(직할시) 검찰소(檢察所)〉와 같은 뜻으로 쓰이는 법률 용어로 "사회주의헌법 제6장 제7절 제150조에 명시한 임무를 수행하기 위해 조선민주주의인민공화국 도 단위와 직할시 단위에 설립된 검찰 사업 기관"을 이르는 말.

도(직할시) 검찰소는 1)기관, 기업소, 단체와 공민들이 국가의 법을 정확히 지키는가를 감시한다. 2)국가기관의 결정, 지시가 헌법, 최고인민회의 법령, 결정, 국방위원회 결정, 명령, 최고인민회의 상임위원회 정령, 결정, 지시, 내각 결정, 지시에 어긋나지 않는가를 감시한다. 3)범죄자를 비롯한 법 위반자를 적발하고 법적 책임을 추궁하는 것을 통하여 조선민주주의인민공화국의 주권과 사회주의제 도, 국가와 사회 협동단체의 재산, 인민의 헌법적 권리와 생명 재산을 보호한다.

**◆시(구역)검찰소**(사회주의헌법 제147조 제1행)

〈시(구역)∨ 검찰소(檢察所)〉와 같은 뜻으로 쓰이는 법률 용어로 "사회주의헌법 제6장 제7절 제150조에 명시한 임무를 수행하기 위해 조선민주주의인민공화국 시(구역) 단위에 설립된 검찰 사업 기관"을 이르는 말.

시(구역) 재판소는 1)기관, 기업소, 단체와 공민들이 국가의 법을 정확히 지키는가를 감시한다. 2)국가기관의 결정, 지시가 헌법, 최고인민회의 법령, 결정, 국방위원회 결정, 명령, 최고인민회의 상임위원회 정령, 결정, 지시, 내각 결정, 지시에 어긋나지 않는가를 감시한다. 3)범죄자를 비롯한 법 위반자를 적발하고 법적 책임을 추궁하는 것을 통하여 조선민주주의인민공화국의 주권과 사회주의 제도, 국가와 사회 협동단체의 재산, 인민의 헌법적 권리와 생명 재산을 보호한다.

**◆군 검찰소**(사회주의헌법 제147조 제1행)

〈군(郡) 검찰소(檢察所)〉와 같은 뜻으로 쓰이는 법률 용어로 "북한의 군 지역에 설립되어 있는 검찰소"를 이르는 말.

근 검찰소는 1)기관 기업소 단체와 공민들이 국가의 법을 정확히 지키는가를 감시하며 2)국가기관의 결정과 지시가 헌법, 최고인민회의 법령과 결정, 최고인민회의 상설회의 결정과 지시, 조선민주주의인민공화국 국방위원회 결정과 명령, 중앙 인민위원회 정령, 결정, 지시, 내각의 결정과 지시에 어긋나지 않는가를 감시하며 3)범죄자를 비롯한 법 위반자를 적발하고 법적 책임을 추궁하는 것을 통해 국가의 주권과 사회주의 제도, 국가와 사회 협동단체 재산, 인민의 헌법적 권리와 생명 재산을 보호하는 임무를 수행한다.

**◆특별검찰소**(사회주의헌법 제147조 제1행)

〈특별검찰소(特別檢察所)〉와 같은 뜻으로 쓰이는 법률 용어로 "사회주의헌법 제6장 제7절 제150조에 명시한 임무를 통일적으로 수행하기 위해 조직된 조선민주주의인민공화국 검찰기관"을 이르는 말.

특별검찰소는 1)기관, 기업소, 단체와 공민들이 국가의 법을 정확히 지키는가를 감시한다. 2)국가기관의 결정, 지시가 헌법, 최고인민회의 법령, 결정, 국방위원회 결정, 명령, 최고인민회의 상임위원회 정령, 결정, 지시, 내각 결정, 지시에 어긋나지 않는가를 감시한다. 3)범죄자를 비롯한 법위반자를 적발하고 법적 책임을 추궁하는 것을 통하여 조선민주주의인민공화국의 주권과 사회주의 제도, 국가와 사회 협동단체의 재산, 인민의 헌법적 권리와 생명 재산을 보호하는 임무 등을 수행한다.


◆**법위반자**(사회주의헌법 제150조 제1행)

〈법∨ 위반자(法違反者)〉와 같은 뜻으로 쓰이는 문구.


◆**법적책임을**(사회주의헌법 제150조 제7행)

〈법적∨ 책임을〉과 같은 뜻으로 쓰이는 문구.


◆**휴회중에**(사회주의헌법 제152조 제1행)

〈휴회∨ 중에〉와 같은 뜻으로 쓰이는 문구.


◆**최고인민회의 상임위원회앞에**(사회주의헌법 제152조 제2행)

〈최고인민회의 상임위원회∨ 앞에〉와 같은 뜻으로 쓰이는 문구.


◆**중앙재판소**(사회주의헌법 제153조 제1행)

〈중앙재판소(中央裁判所)〉와 같은 뜻으로 쓰이는 법률 용어로 "사회주의 헌법 제6장 제7절 제156조에 명시한 임무를 통일적으로 수행하기 위해 조직된 조선민주주의인민공화국 최고 재판 기관"을 이르는 말.

중앙재판소는 1)재판 활동을 통하여 조선민주주의인민공화국의 주권과 사회주의 제도, 국가와 사회 협동단체 재산, 인민의 헌법적 권리와 생명 재산을 보호한다. 2)모든 기관 기업소, 단체와 공민들이 국가의 법을 정확히 지키고 계급적 원쑤들과 온갖 법 위반자들을 반대하여 적극 투쟁하도록 한다. 3)재산에 대한 판결, 판정을 집행하며 공증사업을 한다.

### ◆도(직할시)재판소(사회주의헌법 제153조 제1행)

〈도(직할시)∨ 재판소(裁判所)〉와 같은 뜻으로 쓰이는 법률용어로 "사회주의헌법 제6장 제7절 제156조에 명시한 임무를 수행하기 위해 조선민주주의인민공화국 도 단위와 직할시 단위에 설립된 재판사업기관"을 이르는 말.

도(직할시) 재판소는 1)재판활동을 통하여 조선민주주의인민공화국의 주권과 사회주의제도, 국가와 사회협동단체 재산, 인민의 헌법적 권리와 생명재산을 보호한다. 2)모든 기관 기업소, 단체와 공민들이 국가의 법을 정확히 지키고 계급적 원수들과 온갖 법 위반자들을 반대하여 적극 투쟁하도록 한다. 3)재산에 대한 판결, 판정을 집행하며 공증 사업을 한다.

### ◆인민재판소(사회주의헌법 제153조 제1행)

〈인민재판소(人民裁判所)〉와 같은 뜻으로 쓰이는 법률 용어로 "사회주의헌법 제6장 제7절 제156조의 임무를 수행하기 위해 시(구역), 군 또는 몇 개의 구역이나 군을 포함하는 지구를 단위로 하여 설립한 말단 재판 기관"을 아울러서 부르는 말.

### ◆특별재판소(사회주의헌법 제153조 제1행)

〈특별재판소(特別裁判所)〉와 같은 뜻으로 쓰이는 법률 용어로 "사회주의헌법 제6장 제7절 제156조에 명시한 임무를 통일적으로 수행하기 위해 조직된 조선민주주의인민공화국 재판 기관"을 이르는 말.

특별재판소는 1)재판활동을 통하여 조선민주주의인민공화국의 주권과 사회주의 제도, 국가와 사회 협동단체 재산, 인민의 헌법적 권리와 생명 재산을 보호한다. 2)모든 기관 기업소, 단체와 공민들이 국가의 법을 정확히 지키고 계급적 원쑤들과 온갖 법 위반자들을 반대하여 적극 투쟁하도록 한다. 3)재산에 대한 판결, 판정을 집행하며 공증 사업을 한다.

◆**판사**(사회주의헌법 제154조 제1행)

〈판사(判事)〉와 같은 뜻으로 쓰이는 법률 용어로 "형사 및 민사사건을 전문적으로 맡아서 심리 해결하는 재판소의 기본 성원"을 이르는 말.

여기서 눈여겨보아야 동강은 판사의 선발과 직무에 관한 사법제도의 차이점을 이해하는 것이다.

북한의 경우, 일반 재판소뿐만 아니라 각급 재판소의 소장, 부소장, 재판부서의 책임자들도 판사로 구성된다. 판사는 법령이 규정한 절차로 선거 또는 임명되는데 중앙재판소의 소장은 조선민주주의인민공화국 최고인민회의에서, 중앙재판소 판사는 최고인민회의 상임위원회에서 선거되며, 도(직할시) 재판소와 인민재판소의 판사들은 해당 지방인민회의에서 선거된다. 판사의 임기는 해당 인민회의 임기와 같다.

특별재판소의 판사는 중앙재판소가 임명한다. 판사는 선거 또는 임명된 재판소에서만 재판사업을 할 수 있다. 질병 또는 그 밖의 부득이한 사정으로 판사의 직무를 일시적으로 수행할 수 없을 경우에는 상급 재판소의 제의에 의하여 해당 주권기관의 결정으로 다른 재판소의 판사에게 그 직무를 위임할 수 있다. 판사는 선거 또는 임명한 기관에 의해서만 소환 또는 해임되며 판사에 대한 형사책임 추궁은 그를 선거한 기관의 승인 밑에서만 할 수 있다.[132]

---

132)조선대백과사전 22권 561면.

## ◆ 인민참심원(사회주의헌법 제154조 제2행)

〈인민참심원(人民參審員)〉과 같은 뜻으로 쓰이는 법률 용어로 "재판소 구성 성원이 되어 판사와 동등한 권한을 가지고 사건을 심리 해결하는데 참가하는 인민의 대표"를 이르는 말.

여기서 눈여겨보아야 동강은 인민참심원의 선발과 역할에 관한 사법제도의 차이점을 이해하는 것이다.

북한의 경우, 인민참심원은 사회주의헌법 제155조의 규정에 따라 노동자, 농민을 비롯한 기관, 기업소, 단체에서 일하는 사람들과 군무자들이 선거를 통해 선출한다. 중앙재판소의 인민참심원은 최고인민회의 상임위원회에서, 도(직할시) 재판소, 인민재판소의 참심원은 해당 지방인민회의에서 선거를 통해 선출한다. 군사재판소, 철도재판소의 인민참심원은 해당 군무자회의 또는 종업원회의에서 선거를 통해 선출한다.

임기는 그를 선거한 주권기관의 임기와 같다. 1년에 14일 동안 제1심재판에 두 사람씩 참가하며 사건 심리를 계속하기 위하여 필요한 경우에는 그 기간을 늘일 수 있다.

인민참심원은 판사와 함께 재판사건을 심리하고 그 과정에 제기되는 모든 문제를 해결하며 판결을 채택한다. 재판에 참가한 기간의 생활비, 노력보수 및 여비는 그가 속한 기관, 기업소, 단체에서 받으며 특별한 사정이 있을 경우에는 해당 재판소에서 받을 수 있다.

인민참심원은 그를 선거한 기관만이 소환할 수 있으며 인민참심원이 재판소 구성원으로 재판에 참가하는 것은 노동계급을 비롯한 근로 인민대중의 의사와 이익, 그들의 생활의 구체적 실정을 정확히 재판에 반영하여 사건의 진상을 옳게 밝히고 정당하고도 공정한 판결을 내릴 수 있게 하는데 목적이 있다고 그 취지를 밝히고 있다.[133]

---

133)조선대백과사전 28권 669면.

**◆군무자회의**(사회주의헌법 제155조 제1행)

〈군무자회의(軍務者會議)〉와 같은 뜻으로 쓰이는 군사 용어로 "군대에 복무하는 종사자, 즉 일반 전투 군인, 정치 군인, 군속 등이 조직 내의 질서에 따라 정규적으로나 비정규적으로 모여서 하는 회의"를 아우르는 말.

**◆종업원회의**(사회주의헌법 제155조 제3행)

〈종업원(從業員)∨ 회의(會議)〉와 같은 뜻으로 쓰이는 문구.

**◆계급적원쑤들과**(사회주의헌법 제156조 제6행)

〈계급적∨ 원수(怨讐)들과〉와 같은 뜻으로 쓰이는 문구로 "계급적으로 적대적 관계에 있는 원수(怨讐)"를 이르는 말.

북한은 "제국주의자들에게 나라와 민족을 팔아먹는 반동 관료배들과 지주, 예속 자본가들을 노동자, 농민의 계급적 원쑤(怨讐)"라고 정의하고 있다.

여기서 눈여겨봐야 할 대목은 〈원수(怨讐)〉라는 한자어 낱말의 발음과 표기법에 관한 남북한 간 어문 규정의 차이점을 이해하는 것이다.

북한은 "원한이 맺힐 정도로 자기에게 해를 끼친 집단이나 사람"을 뜻하는 〈원수(怨讐)〉라는 낱말을 〈김일성 원수(元首)〉라는 낱말과 구분하기 위해 조선말규범집에도 없는 예외 조항을 만들어 〈원수(怨讐)〉라는 낱말에 한해서만 된소리 발음 그대로 〈원쑤(怨讐)〉로 표기하고 있다.[134]

그 다음은 띄어쓰기와 관련된 문장 표기법에 관한 점이다.

남한은 한글 맞춤법 제1장 총칙 제2항 "문장의 각 단어는 띄어 씀을 원칙으로 한다."와 "접두사는 다음에 오는 말에 붙여 쓰고, 접미사는 앞에 오는 말에 붙여 쓴다."는 규정에 따라 접미사 〈—적(的)〉은 앞 말인 〈계급〉에 붙여 써야 하므로 〈계급적〉이 되고 그 말 뒤에 오는 〈원수〉는 한

---

134)현대 북한말 소사전 26면.

글 맞춤법 제1장 총칙 제2항 "문장의 각 단어는 띄어 씀을 원칙으로 한
다."는 규정에 따라 〈계급적∨ 원수들과〉로 띄어 써야 바른 문장이 된다.
그러나 북한은 조선말규범집 띄어쓰기 제1장 명사와 관련한 띄어쓰기 제
3항 2)번 규정에 따라 〈상, 중, 간, 판, 경, 항, 측, 장, 조, 전, 편, 산,
호, 성, 하, 전, 후, 내, 외, 차, 초, 말, 발, 착, 행, 년, 부, 별, 용, 분,
과, 급, 당, 기, 계, 래, 형, 제, 식, 상(모양), 적〉 등과 같은 한자말이나
불완전 명사(의존 명사라고도 함)와 〈뒤붙이적 단어〉는 그 앞 단위에 붙
여 쓰게끔 규정되어 있다. 그래서 북한에서는 〈분, 탓, 것, 나위, 녁, 지,
때문, 리, 번, 양〉 등과 같은 순수한 불완전명사나 〈상, 중, 간, 판, 경,
항, 측, 장, 조, 전, 편, 산, 호, 성, 하, 전, 후, 내, 외, 차, 초, 말, 발,
착, 행, 년, 부, 별, 용, 분, 과, 급, 당, 기, 계, 래, 형, 제, 식, 상(모양),
적〉 등과 같은 한자말에서 온 〈앞붙이적 단어〉와 〈뒤붙이적 단어〉들은
모두 앞말에 붙여 쓴다는 규정에 따라 〈계급〉 다음에 온 뒤붙이적 단어
〈―적(的)〉은 앞 말에 붙여 〈계급적〉이 되며 그 뒤에 온 〈원쑤〉는 조선
말규범집 띄어쓰기 제5장 특수한 말, 특수한 어울림에서의 띄어쓰기 제21
항 1)번 "하나의 대상, 하나의 개념을 나타내는 학술용어와 전문용어는
품사소속과 형태에는 관계없이 붙여 쓰는 것을 원칙으로 한다."는 규정에
따라 〈계급적원쑤들과〉처럼 모두 붙여 써야 바른 문장이 된다.

**◆온갖 법위반자들**(사회주의헌법 제156조 제1행)
〈온갖∨ 법∨ 위반자들〉과 같은 뜻으로 쓰이는 문구.

**◆피소자**(사회주의헌법 제158조 제1행)
〈피소자(被訴者)〉와 같은 뜻으로 쓰이는 법률 용어로 "재판에 회부되어
형사책임을 추궁 받는 자"를 이르는 말.
북한의 경우, 재판소가 재판 준비에서 피심자를 형사재판에 넘기는 판정

을 하면 그때부터 그를 피소자라 하며 피소자는 형사책임을 추궁 받는 소송 관계자로서 재판에 반드시 참가하여 재판 질서를 지키며 심리에 응하여야 할 의무를 지닌다.

〈헌법 원문 15〉

# 제7장    국장, 국기, 국가, 수도

**제163조**    조선민주주의인민공화국의  국장은  《조선민주주의인민공화국》이라고 쓴 붉은 띠로 땋아올려감은 벼이삭의 타원형테두리안에 웅장한 수력발전소가 있고 그우에 혁명의 성산 백두산과 찬연히 빛나는 붉은 오각별이 있다.

**제164조**    조선민주주의인민공화국의 국기는 기발의 가운데에 넓은 붉은폭이 있고 그아래우에 가는 흰폭이 있으며 그다음에 푸른폭이 있고 붉은폭의 기대달린쪽 흰 동그라미안에 붉은 오각별이 있다.
기발의 세로와 가로의 비는 1대 2이다.

**제165조** 조선민주주의인민공화국의 국가는  《애국가》이다.

**제166조** 조선민주주의인민공화국의 수도는 평양이다.

(사회주의헌법 원문 끝)

**◆국장**(사회주의헌법 제7장 제목)

〈국장(國章)〉과 같은 뜻으로 쓰이는 말로 "한 나라를 상징하는 공식적인 표장(標章)"을 통틀어 이르는 말.

북한의 국장은 사회주의헌법 제163조에서 규정하고 있는 것처럼 〈조선민주주의인민공화국〉이라고 쓴 붉은 띠로 땋아 올려 감은 벼이삭의 타원형 테두리 안에 수력발전소가 있고 그 위에 백두산과 붉은 오각별이 그려져 있다.

**◆땋아올려감은**(사회주의헌법 제163조 제2행)

〈땋아∨ 올려∨ 감은〉과 같은 뜻으로 쓰이는 문구로 여기서 눈여겨보아야 할 동강은 〈아, 어, 여〉형의 동사나 형용사가 잇달아 있을 경우 남북한 간 띄어쓰기에 관한 어문 규정의 차이점을 이해하는 것이다.

남한은 한글 맞춤법 제1장 총칙 제2항 "문장의 각 단어는 띄어 씀을 원칙으로 한다."는 규정에 따라 〈땋아∨ 올려∨ 감은〉이라고 낱말과 낱말 사이(∨표 한 곳)를 띄어 써야 바른 문장이 된다.

그러나 북한은 조선말규범집 띄어쓰기 제3장 동사와 형용사와 관련한 띄어쓰기 제10항 4)번 "〈아, 어, 여〉형의 동사나 형용사가 잇달아 있을 경우 자립적인 행동의 단위마다 띄어 쓴다."는 규정에 따라 〈기어넘어가 살펴보다, 들어가 집어올리다, 받아안아 덮어쌓다〉 등과 같이 〈땋아올려감은〉으로 붙여 써야 바른 문장이 된다.

**◆타원형테두리안에**(사회주의헌법 제163조 제2행)

〈타원형∨ 테두리∨ 안에〉와 같은 뜻으로 쓰이는 문구로 여기서 눈여겨보아야 할 동강은 두 개 이상의 명사와 시간과 공간의 뜻을 추상적으로 나타내는 고유어명사, 조사 등이 한데 어울린 문구의 〈띄어쓰기〉에 관한 남북한 간 어문 규정의 차이점을 이해하는 것이다.

남한은 한글 맞춤법 제1장 총칙 제2항 "문장의 각 단어는 띄어 씀을 원칙으로 한다."와 제5장 띄어쓰기 제1절 제41항 "조사는 그 앞말에 붙여 쓴다."는 규정에 따라 〈타원형〉이라는 명사와 〈테두리〉란 명사 사이는 띄어 쓰고 〈안〉이라는 명사 뒤에 오는 조사 〈에〉는 앞말에 붙여 〈타원형∨ 테두리∨ 안에〉와 같이 낱말과 낱말 사이는 띄어 써야 바른 문장이 된다.

그러나 북한은 조선말규범집 띄어쓰기 제1장 명사와 관련한 띄어쓰기 제2항 1)―(6)번 "같은 명사끼리 토 없이 어울린 경우에 하나의 개념을 가지고 하나의 대상으로 묶어지는 덩이는 붙여 쓴다."는 규정과 제3항―3)번 "시간과 공간의 뜻을 추상적으로 나타내는 고유어명사 〈앞, 옆, 뒤, 끝, 속, 밖, 안, 우(위), 아래, 밑, 사이(새), 때, 제, 곁, 길, 군데, 해, 달, 날, 낮, 밤, 곳, 자리, 고장, 어간, 어구, 가운데, 구석〉 등은 토 없는 명사, 수사, 대명사 뒤에서 붙여 쓰며 일부 경우에는 규정형 뒤에서도 붙여 쓴다."는 규정에 따라 〈타원형테두리안〉과 같이 낱말과 낱말 사이를 모두 붙여 적고 그 뒤에 오는 토(조사) 〈에〉는 앞말 〈안〉에 붙여 써야 바른 문장이 된다.

◆**그우에**(사회주의헌법 제163조 제3행)

〈그∨ 위에〉와 같은 뜻으로 쓰이는 문구 여기서 눈여겨볼 동강은 대명사와 시간과 공간을 추상적으로 나타내는 고유어명사의 띄어쓰기에 관한 남북한 간 어문 규정의 차이점을 이해하는 것이다.

남한은 한글 맞춤법 제1장 총칙 제2항 "문장의 각 단어는 띄어 씀을 원칙으로 한다."와 제5장 띄어쓰기 제1절 제41항 "조사는 그 앞말에 붙여 쓴다."는 규정에 따라 〈그∨ 우에〉라고 〈그〉란 지시대명사와 〈우〉라는 낱말 사이(∨표 한 곳)는 띄어 쓰고 조사 〈에〉는 앞말에 붙여 써야 바른 문장이 된다.

그러나 북한은 조선말규범집 띄어쓰기 제1장 명사와 관련한 띄어쓰기 제
3항 3)번 "시간과 공간의 뜻을 추상적으로 나타내는 고유어명사 〈앞, 옆,
뒤, 끝, 속, 밖, 안, 우(위), 아래, 밑, 사이(새), 때, 제, 곁, 길, 군데, 해,
달, 날, 낮, 밤, 곳, 자리, 고장, 어간, 어구, 가운데, 구석〉 등은 토 없는
명사, 수사, 대명사 뒤에서 붙여 쓰며 일부 경우에는 규정형 뒤에서도 붙
여 쓴다."는 규정과 제2장 수사, 대명사와 관련한 띄어쓰기 제8항 "대명
사는 원칙적으로 다른 품사와 띄어 쓰며 불완전 명사(또는 이에 준하는
일부 명사)와 직접 어울린 것만 붙여 쓴다."는 규정에 따라 시간과 공간
의 뜻을 추상적으로 나타내는 〈그우, 그아래, 그밖, 그곳, 그때, 이때, 저
때〉와 같은 고유어명사들은 토 없는 명사, 수사, 대명사 뒤에 그대로 붙
여 쓰고 그 뒤에 오는 토(조사) 〈에〉는 앞말에 붙여 써야 바른 문장이
된다.

◆**국기**(사회주의헌법 제164조 제1행)
　〈국기(國旗)〉와 같은 뜻으로 쓰이는 말로 이 조문에서는 "조선민주주
의인민공화국 국기"를 뜻한다.

◆**기발**(사회주의헌법 제164조 제1행)
〈깃발〉과 같은 뜻으로 쓰이는 말로 여기서 눈여겨보아야 할 동강은 〈합
성어(合成語 : 둘 이상의 실질 형태소가 결합하여 하나의 단어가 된 말)〉
에 관한 사이시옷 표기법과 관련된 남북한 간 어문 규정의 차이점을 이
해하는 것이다.
〈기발〉이라는 낱말은 한자어 〈기(旗)〉라는 명사와 〈발〉이라는 명사, 즉
두 개의 명사가 결합하여 하나의 단어가 된 합성어이다. 이런 합성어를
표기할 때는 뒷말의 첫소리가 어떻게 나는가에 따라 남북한의 표기법이
현저히 다르다.

남한은 한글 맞춤법 제4장 형태에 관한 것 제4절 합성어와 접두사가 붙은 말 제30항 1-(1), (2), (3)번 규정에 따라 "순 우리말로 된 합성어로서 앞 말이 모음으로 끝난 경우 뒷말의 첫소리가 된소리로 나는 것" 중 〈고래재 → 고랫재, 귓밥 → 귓밥, 나룻배 → 나룻배, 나뭇가지 → 나뭇가지, 내가 → 냇가, 대가지 → 댓가지, 뒤갈망 → 뒷갈망, 매돌 → 맷돌, 머릿기름 → 머릿기름, 모깃불 → 모깃불, 모자리 → 못자리, 바다가 → 바닷가, 배길 → 뱃길, 벼가리 → 볏가리, 부싯돌 → 부싯돌, 선지국 → 선짓국, 쇠조각 → 쇳조각, 아랫집 → 아랫집, 우러이속 → 우렁잇속, 이자국 → 잇자국, 잿더미 → 잿더미, 조갯살 → 조갯살, 찻집 → 찻집, 체바퀴 → 쳇바퀴, 킷값 → 킷값, 피대 → 핏대, 햇볕 → 햇볕, 헛바늘 → 헛바늘, 메나물 → 멧나물, 아랫니 → 아랫니, 텃마당 → 텃마당, 아랫마을 → 아랫마을, 뒷머 리→ 뒷머리, 이몸 → 잇몸, 개묵 → 깻묵, 내물 → 냇물, 빗물 → 빗물, 도리깨열 → 도리깻열, 뒤웢 → 뒷윷, 두레일 → 두렛일, 뒷일 → 뒷일, 뒷입맛 → 뒷입맛, 베개잎 → 베갯잇, 요잇 →욧잇, 깻잎 → 깻잎, 나뭇잎 → 나뭇잎, 대잎 → 댓잎〉 등과 같은 47개의 합성어는 사이시옷을 사용해야 바른 표기법이 된다.

또 한글 맞춤법 제30항 2-(1), (2), (3)번 규정에 따라 "순 우리말과 한자어로 된 합성어로서 앞 말이 모음으로 끝난 경우 뒷말의 첫소리가 된소리로 나는 것" 중 〈귀병 → 귓병, 머리방 → 머릿방, 배병 → 뱃병, 보둑 → 봇둑, 사자밥 → 사잣밥, 샛강 → 샛강, 아랫방 → 아랫방, 자릿세 → 자릿세, 전셋집 → 전셋집, 찻잔 → 찻잔, 차종 → 찻종, 초국 → 촛국, 콧병 → 콧병, 탯줄 → 탯줄, 텃세 → 텃세, 피기 → 핏기, 해수 → 햇수, 회가 루→ 횟가루, 회배 → 횟배, 곗날 → 곗날, 제삿날 → 제삿날, 훗날 → 훗날, 툇마루 → 툇마루, 양치물 → 양칫물, 가외일 → 가욋일, 사사일 → 사삿일, 예사일 → 예삿일, 후일 → 훗일〉 등과 같은 28개의 합성어도 사이시옷을 사용해야 바른 표기법이 된다.

그다음 한글 맞춤법 제30항 3번 규정에 따라 "두 음절로 된 한자어 낱
말" 중 〈고간(庫間) → 곳간, 셋방(貰房) → 셋방, 수자(數字) → 숫자, 차
간(車間) → 찻간, 툇간(退間) → 툇간, 회수(回數) → 횟수〉 등과 같은 6
개의 낱말도 사이시옷을 사용해야 바른 표기법이 된다.

그러나 북한은 남한에서 사용하는 사이시옷 대신 사이표(영어의 액센트
표시( ' ) 부호와 비슷한 점)를 사용해오다 1987년 〈조선말규범〉을 개정
하면서 1966년의 〈조선말규범〉에 규정되어 있던 사이표 규정조차 삭제한
이후 〈기대, 기발, 배길, 쇠밥, 버대, 회수〉 등과 같은 〈조선민주주의인민
공화국 법전〉에 나오는 합성어에 대해서도 아무런 표시를 하지 않고 오
늘날에 이르고 있다. 다만, 북한이 예외 규정을 둔 〈샛별, 빗바람, 샛서
방〉 등의 합성어에만 사이시옷 사용을 허용하고 있다.

그러므로 북한에서 합작계약이나 합영계약 문서를 작성할 때는 〈한글 맞
춤법〉 규정에 열거한 80여 개의 합성어는 영어 단어 외우듯 기억하고 있
다가 사이시옷을 사용하지 않아야 바른 표기법이 된다. 그러나 이런 궁
여지책보다는 남북한이 하루 빨리 〈한글 맞춤법〉과 〈조선말규범〉을 통일
시켜 외세에 의해 남북으로 갈라진 민족이 말과 글만이라도 우리 민족
스스로의 힘으로 언어 규범을 통일해서 남북한 사이에 존재하는 이질화
현상을 극복해 나가면서 갈라진 민족이 하나가 되는 그 날을 앞당겨 나
가야 할 것이다.


◆**그아래우에**(사회주의헌법 제164조 제2행)

〈그∨ 아래위에〉와 같은 뜻으로 쓰이는 문구로 여기서 눈여겨봐야 할 동
강은 〈위〉의 옛말인 〈우〉에 관한 남북한 간 언어 규범의 차이를 이해하
는 것이다.

남한에서는 〈위〉의 옛말인 〈우〉를 현대에 와서는 표준어로 쓰지 않는다.
이와 같은 뜻으로 쓰이는 〈웃〉의 경우는 아래위의 대립이 없는 몇몇 명

사 앞에서만 붙어 〈윗〉의 뜻을 더하는 접두사로 쓰인다. 〈아랫니, 아랫
도리, 아랫목〉과 같이 분명하게 아래와 위의 대립하는 말이 있는 경우는
〈윗니, 윗도리, 윗목〉처럼 접두사 〈윗〉을 명사 어근에 붙여 써야 바른
문장이 된다.

그러나 북한에서는 현대에 와서도 〈위〉의 옛말인 〈우〉를 그대로 쓰고
있다. 또 이와 같은 뜻으로 쓰이는 앞붙이 〈웃〉의 경우는 아래위의 대립
이 있든, 없든 〈웃매듭점, 웃사람, 웃도리, 웃돈〉 등과 같이 명사 어근에
붙어서 〈우(위)〉의 뜻을 더하는 접두사로 〈웃〉을 그대로 쓰고 있다.

◆**그다음에**(사회주의헌법 제164조 제2행)

〈그것에 뒤이어 오는 때나 자리〉를 일컫는 말.

◆**기대달린쪽**(사회주의헌법 제164조 제2행)

〈깃대∨ 달린∨ 쪽〉과 같은 뜻으로 쓰이는 말.[135]

◆**동그라미안에**(사회주의헌법 제164조 제2행)

〈동그라미∨ 안에〉와 같은 뜻으로 쓰이는 문구.

◆**오각별**(사회주의헌법 제164조 제2행)

〈오각(五角)별〉과 같은 뜻으로 쓰이는 말로 "뿔이 다섯 있는 별"을 이르
는 말.

◆**애국가**(사회주의헌법 제164조 제2행)

〈애국가(愛國歌)〉와 같은 뜻으로 쓰이는 말로 이 조항에서는 "1947년에

135)합성어(合成語 : 둘 이상의 실질 형태소가 결합하여 하나의 단어가 된 말)에 관한 사
　이시옷 표기법과 관련된 남북한간의 어문 규정과 차이점 해설은 본서 241면의 〈기발〉
　해설 참조.

창작된 조선민주주의인민공화국 국가"를 이르는 말.

조선민주주의인민공화국 국가는 1947년 박세영 작사, 김원균 작곡으로 노래는 민족적 독립과 자주권이 확립되고 인민이 나라의 주인으로 되어 한마음 한뜻으로 굳게 뭉쳐 사회주의, 공산주의를 건설하기 위하여 힘차게 전진하는 인민의 크나큰 민족적 긍지와 자부심, 조국에 대한 열렬한 사랑, 끝없이 부강 번영할 조국을 영원히 빛내어 가려는 인민의 의지를 반영하고 있다.

◆ **평양시**(사회주의헌법 제164조 제1행)

〈평양특별시(平壤特別市)〉와 같은 뜻으로 쓰이는 지명으로 시의 동부는 황해북도 연사군과 평안남도 회창군, 성천군, 북부는 평안남도 평성시와 평원군, 서부는 평안남도 대동군과 남포시의 강서구역, 천리마구역, 대안구역, 룡강군, 남부는 황해북도 황주군 및 연탄군과 접한다.

**(연혁)**

고조선과 고구려가 수도로 정한 유구한 역사와 찬란한 문화를 자랑하는 도시로 고조선은 BC 30세기 초에 건국하여 BC 108년까지 존재하며 평양을 수도로, 고구려는 서기 427년부터 240여 년간 평양을 도읍지로 정해 정치 · 경제 · 문화의 중심지로 삼았다. 서기 918년 고려가 건국된 이후 평양은 개경 다음 가는 큰 도시로 대도호부가 설치되고 서경, 서도, 호경으로 불려 오다가 1360년대 말부터 평양부로 부르게 되었다. 〈평양〉이란 옛날 우리말로 당시 큰 성이나 수도를 의미하는 〈부루나〉를 한자어로 표기한 것이다. 조선조에 와서 평양은 평안도 감영의 소재지로 발전했으며 1896년에 평안도가 평안남북도로 갈라질 때 평안남도의 소재지로 되었다. 1945년 8월 15일 해방 당시 평양은 평안남도 평양부로서 91개 동으로 구성되어 있었으며, 1946년 9월 평안남도에서 분리되어 평양특별시로 승격되었다. 이때 평양은 5개 구역(중, 동, 서, 남, 북)으로 분할되었다.

1959년 6월에는 대성구역이 새로 분구되어 6개 구역으로 되었으며, 1959년 9월에는 5개 구역이 새로 신설되면서 11개 구역(중, 외성, 선교, 서성, 사동, 대성, 락랑, 룡성, 만경대, 삼석, 승호)으로 되었다. 1960년 10월에는 평안남도 강동군 일부, 대동군 일부, 순안군 일부 지역이 평양시에 넘어왔으며, 이때 또 평천, 보통강, 모란봉, 동대원, 대동강, 형제산, 역포구역이 새로 나와 행정구역은 18개 구역으로 되었다. 그 후 평안남도 중화군, 강남군, 상원군이 평양시에 편입되었으며, 1972년 4월 순안군이 구역으로 개편 편입되어 평양시는 19개 구역과 3개 군으로 되었다. 1979년 12월에는 외성구역이 중구역에 통합되었으며 1983년 3월에는 강동군이 평양시에 편입되었다.1995년에는 평안남도 평성시 일부를 편입하여 은정구역을 신설하였으며, 1999년 12월에는 평성시 경신리를 강동군에 편입하였다.

**(현황)**

2002년 12월 기준으로 행정구역은 4개(강남, 중화, 상원, 강동) 군, 19개(중, 평천, 보통강, 모란봉, 서성, 선교, 동대원, 대동강, 사동, 대성, 만경대, 형제산, 룡성, 삼석, 승호, 력포, 락랑, 순안, 은정) 구역, 279개 동, 119개 리, 10개 노동자구로 구성되어 오늘에 이르고 있다.

(지형)평양시는 대동강과 그 지류들에 의하여 이루어진 충적평야와 평양언덕벌, 이를 둘러싸고 있는 낮은 산지들로 되어 있다. 룡성, 삼석, 순안 일대를 비롯한 북부 및 북동부 지역은 청룡산맥의 끝부분으로서 여기에는 룡골산(400m), 청운산(363m), 국사봉(448m) 등 400m 안팎의 산들이 솟아 있고 이 지대의 남부 대성구역에는 아미산(153m)과 대성산(270m)이 있다. 승호, 중화, 상원, 강동 일대를 비롯한 동부 및 남동부 일대에는 제령산(493m), 추봉산(513m), 대청산(873m) 등 높은 산들이 솟아 있어 이 지역은 시에서 가장 높은 지대로 되어 있다. 도시 중심부인 대동강 오른쪽 지역에는 룡남산(43m), 모란봉(96m), 만수대(60m), 남산재, 장

대재, 해방산, 창광산 등 100m 못되는 언덕산들이 거의 잇달려 있다. 주요 평야는 력포구역을 중심으로 강남, 중화, 락랑 등 대동강 남쪽일대에 넓게 펼쳐진 평양언덕벌(850㎢)이다. 이 평야는 석회암지대가 깎이어 낮아진 전형적인 준평원으로서 시의 주요 농업지대로 되어 있다. 이밖에도 대동강과 그 지류들의 기슭에는 림원벌, 미림벌, 보통벌, 동평양벌 등 크고 작은 평야들이 펼쳐져 있다. 대동강에는 충적도들인 룽라도, 반월도, 양각도, 리암도, 쑥섬, 두루섬, 두단섬 등 섬들이 있는데 그 넓이는 16㎢정도 된다.

**(기후)**

평양시의 연 평균기온은 9.6℃로서 우리나라 연 평균기온과 거의 같다. 1월 평균기온은 -8℃, 8월 평균기온은 24℃이며, 연 평균강수량은 987mm이다. 첫서리는 10월 15일경, 마감서리는 4월 24일경에 내린다.

(하천)도시 중심부로는 대동강과 그 지류인 보통강이 흐르며 주변 지역들에서는 남강, 합장강, 순화강, 무진천, 곤양강 등이 대동강에 흘러든다. 대동강은 미림근방까지 밀물의 영향을 받는다.[136]

---

136)북한지지요람 21면.

# Ⅲ. 되돌아보며 정리하기

# Ⅲ. 되돌아보며 정리하기

## 1. 앞 단원 되돌아보기

이제 사회주의헌법 전문과 166개 법조문을 조항별로 다 살펴보며 특수 전문 용어의 말뜻과 특이 문장의 남북한 언어 규범상의 차이점을 분석해 보았다. 이 중 남북한 언어 규범의 차이로 불편과 혼선을 빗는 복합어와 특이 문구를 한번 되짚어 정리해 보면 다음과 같다.

◆ **김일성동지는**(사회주의헌법 제3행) / 41쪽
〈김일성(金日成)∨ 동지는〉과 같은 뜻으로 쓰이는 문구로 여기서 눈여겨 봐야 할 동강은 사람의 이름 뒤에 존칭, 직위 따위가 뒤따라 올 때의 띄 어쓰기에 관한 남북한 간 어문 규정의 차이점을 이해하는 것이다.

◆ **기치밑에**(사회주의헌법 서문 제5행) / 43쪽
〈기치(旗幟)∨ 밑에〉와 같은 뜻으로 쓰이는 문구로 여기서 눈여겨보아야 할 동강은 두 개 이상의 명사와 조사가 어울린 문구의 띄어쓰기에 관한 남북한 간 어문 규정의 차이점을 이해하는 것이다.

◆ **조직령도하시여**(사회주의헌법 서문 제6행) / 44쪽
〈조직(組織)하시다〉란 동사와 〈영도(領導)하시다〉란 동사를 합쳐놓은 복

합어로 여기서 눈여겨보아야 할 동강은 동사나 형용사의 말 줄기와 말 줄기를 합하여 합친 말을 만들어 사용하면서 표현을 더욱 간결하고 힘있게 나타내는 문장 수사법을 생활화하고 있는 점이다.

◆**혁명로선**(사회주의헌법 서문 제10행) / 46쪽
〈혁명∨ 노선(革命路線)〉과 같은 뜻으로 쓰이는 정치 용어로 여기서 눈여겨봐야 할 동강은 〈혁명로선〉과 같은 한자어 명사와 명사가 어울린 말의 띄어쓰기와 한자어 낱말을 한글로 적을 때의 철자법에 관한 남북한 간 어문 규정의 차이점을 이해하는 것이다.

◆**령도하시여**(사회주의헌법 서문 제6행) / 46쪽
〈영도(領導)하시어〉와 같은 뜻으로 쓰이는 문구로 여기서 눈여겨보아야 할 동강은 한자어 낱말을 한글로 적을 때 적용하는 두음 법칙에 관한 남북한 간 어문 규정의 차이점을 이해하는 것이다.

◆**사회주의나라**(사회주의헌법 서문 제12행) / 48쪽
〈사회주의∨ 국가〉와 같은 뜻으로 쓰이는 문구로 여기서 눈여겨보아야 할 동강은 토(조사) 없이 명사와 명사가 어울린 말의 띄어쓰기에 관한 남북한 간 어문 규정의 차이점을 이해하는 것이다.

◆**강화발전시키시였다**(사회주의헌법 서문 제12행) / 49쪽
〈강화(強化)시키시였다〉라는 동사와 〈발전(發展)시키시였다〉라는 동사를 합쳐놓은 말로 여기서 눈여겨보아야 할 동강은 용언의 종결어미 처리에 관한 남북한 간 어문 규정의 차이점을 이해하는 것이다.

◆**국가건설**(사회주의헌법 서문 제13행) / 50쪽
〈국가∨ 건설(國家建設)〉과 같은 뜻으로 쓰이는 문구로 여기서 눈여겨봐

야 할 동강은 〈국가건설〉과 같은 한자어 명사와 명사가 토(조사) 없이 2
중 3중으로 어울린 문구의 띄어쓰기에 관한 남북한 간 어문 규정의 차이
점을 이해하는 것이다.

◆**로고**(사회주의헌법 서문 제23행) / 51쪽
〈노고(勞苦)〉와 같은 뜻으로 쓰이는 말로 여기서 눈여겨보아야 할 동강
은 한자어 낱말을 한글로 표기할 때 두음 법칙과 관련된 남북한 간 어문
규정의 차이점을 이해하는 것이다.

◆**강유력한**(사회주의헌법 서문 제24행) / 51쪽
〈강력(强力)한〉이라는 형용사와 〈유력(有力)한〉이라는 형용사를 합쳐놓은
말로 여기서 눈여겨보아야 할 동강은 동사나 형용사의 말 줄기와 말 줄
기를 합하여 합친 말을 만들어 사용하면서 표현을 더욱 간결하고 힘있게
나타내는 문장 수사법을 생활화하고 있는 점이다.

◆**기본리념**(사회주의헌법 서문 제29행) / 53쪽
〈기본(基本)∨ 이념(理念)〉과 같은 뜻으로 쓰이는 문구로 여기서 눈여겨
봐야 할 동강은 한자어 〈理念〉을 한글로 표기할 때 두음 법칙과 관련된
남북한 간 어문 규정에 따른 차이점을 이해하는 것이다.

◆**국제적권위**(사회주의헌법 서문 제30행) / 54쪽
〈국제적(國際的)∨ 권위(權威)〉와 같은 뜻으로 쓰이는 문구로 여기서 눈
여겨봐야 할 동강은 명사 앞뒤에 접사(접두사와 접미사)가 올 경우 띄어
쓰기에 관한 남북한 간 어문 규정의 차이점을 이해하는 것이다.

◆**인민들사이의**(사회주의헌법 서문 제32행) / 55쪽

〈인민들∨ 사이의〉와 같은 뜻으로 쓰이는 문구로 여기서 눈여겨보아야 할 동강은 〈앞, 옆, 뒤, 끝, 속, 밖, 안, 우(위), 아래, 밑, 사이〉 따위 시간과 공간의 뜻을 추상적으로 나타내는 고유어명사의 띄어쓰기에 관한 남북한 간 어문 규정의 차이점을 이해하는 것이다.

◆**옹호고수하고**(사회주의헌법 서문 제41행) / 57쪽
〈옹호(擁護)하고〉라는 한자어 동사와 〈고수(固守)하고〉라는 한자어 동사의 말 줄기를 결합하여 만든 강조형 문구로 여기서 눈여겨보아야 할 동강은 동사나 형용사의 어간, 즉 동사나 형용사의 말 줄기와 말 줄기로 합친 말을 만들어 표현을 더욱 간결하게, 힘있게 나타내는 문장 수사법을 생활화하고 있는 점이다.

◆**계승발전시켜**(사회주의헌법 서문 제41행) / 58쪽
〈계승(繼承)시켜〉라는 동사와 〈발전(發展)시켜〉라는 동사의 말 줄기를 결합하여 만든 강조형 문구로 여기서 눈여겨보아야 할 동강은 동사나 형용사의 어간, 즉 동사나 형용사의 말 줄기와 말 줄기로 합친 말을 만들어 표현을 더욱 간결하고 힘있게 나타내는 문장 수사법을 생활화하고 있는 점이다.

◆**주체혁명위업**(사회주의헌법 서문 제41) / 58쪽
〈주체(主體)∨ 혁명(革命)∨ 위업(偉業)〉과 같은 뜻으로 쓰이는 정치 용어로 여기서 눈여겨보아야 할 동강은 같은 명사끼리 토 없이 어울린 경우 띄어쓰기에 관한 남북한 간 어문 규정의 차이점을 이해하는 것이다.

◆**완성하여나갈것이다**(사회주의헌법 서문 제42행) / 59쪽
〈완성하여∨ 나갈∨ 것이다〉와 같은 뜻으로 쓰이는 문구로 여기서 눈여

겨보아야 할 동강은 동사, 보조동사, 명사 등이 어울린 문장의 띄어쓰기
에 관한 남북한 간 어문 규정의 차이점을 이해하는 것이다.

◆**리익**(사회주의헌법 제1조 제1행) / 68쪽
〈이익(利益)〉과 같은 뜻으로 쓰이는 말로 여기서 눈여겨봐야 할 점은 한
자어를 한글로 적을 때 적용하는 두음 법칙에 관한 남북한 간 어문 규정
의 차이점을 이해하는 것이다.

◆**지도적지침**(사회주의헌법 제3조 제2행) / 69쪽
〈지도적∨ 지침(指針)〉과 같은 뜻으로 쓰이는 문구로 여기서 눈여겨봐야
할 동강은 명사 앞뒤에 접사(접두사와 접미사)가 올 경우 띄어쓰기에 관
한 남북한 간 어문 규정의 차이점을 이해하는 것이다.

◆**로동자**(사회주의헌법 제4조 제1행) / 70쪽
〈노동자〉와 같은 뜻으로 쓰이는 경제 용어로 여기서 눈여겨보아야 할 동
강은 한자어 낱말을 한글로 표기할 때 두음 법칙과 관련된 남북한 간 어
문 규정의 차이점을 이해하는 것이다.

◆**근로인테리**(사회주의헌법 제4조 제1행) / 71쪽
남한에서는 〈근로∨ 인텔리(intelligentsia)〉로 표기하며 여기서 눈여겨보
아야 할 동강은 외래어 표기에 관한 남북한 간 어문 규정의 차이점을 이
해하는 것이다.

◆**근로인민**(사회주의헌법 제4조 제2행) / 71쪽
〈근로(勤勞)∨ 인민(人民)〉과 같은 뜻으로 쓰이는 말로 여기서 눈여겨봐
야 할 동강은 〈근로인민〉과 같은 한자어 명사와 명사가 토(조사) 없이 2

중 3중으로 어울린 문구의 띄어쓰기에 관한 남북한 간 어문 규정의 차이점을 이해하는 것이다.

◆**련계**(사회주의헌법 제7조 제1행) / 75쪽
〈연계(連繫/聯繫)와 같은 뜻으로 쓰이는 말로 여기서 눈여겨봐야 할 동강은 한자어를 한글로 적을 때 적용하는 두음 법칙에 관한 남북한 간 어문 규정의 차이점을 이해하는 것이다.

◆**선거자들앞에**(사회주의헌법 제7조 제2행) / 75쪽
〈선거자들∨ 앞에〉와 같은 뜻으로 쓰이는 문구로 여기서 눈여겨보아야 할 동강은 남북한 간 어문 규정에 따라 〈앞〉이라는 명사의 띄어쓰기에 관한 차이점을 이해하는 것이다.

◆**소환할수**(사회주의헌법 제7조 제4행) / 76쪽
〈소환할∨ 수〉와 같은 뜻으로 쓰이는 문구로 여기서 눈여겨보아야 할 동강은 남북한 간 어문 규정에 따라 의존 명사(불완전 명사)의 띄어쓰기에 관한 차이점을 이해하는 것이다.

◆**근로인민대중**(사회주의헌법 제8조 제1행) / 77쪽
〈근로∨ 인민대중(勤勞人民大衆)〉과 같은 뜻으로 쓰이는 문구로 여기서 눈여겨보아야 할 동강은 같은 명사끼리 토 없이 2중 3중으로 어울린 경우 띄어쓰기에 관한 남북한 간 어문 규정의 차이점을 이해하는 것이다.

◆**주인으로 되고있으며**(사회주의헌법 제8조 제2행) / 78쪽
〈주인으로∨ 되고∨ 있으며〉와 같은 뜻으로 쓰이는 문구로 여기서 눈여겨보아야 할 동강은 동사 형용사와 관련한 남북한 간 띄어쓰기에 관한

어문 규정의 차이점을 이해하는 것이다.

**◆모든것이**(사회주의헌법 제8조 제2행) / 79쪽
〈모든∨ 것이〉와 같은 뜻으로 쓰이는 문구로 여기서 눈여겨보아야 할 동강은 〈것, 수, 분〉 따위 의존 명사(불완전 명사)의 띄어쓰기에 관한 남북한 간 어문 규정의 차이점을 이해하는 것이다.

**◆대중속에**(사회주의헌법 제13조 제2행) / 85쪽
〈대중∨ 속에〉와 같은 뜻으로 쓰이는 문구로 여기서 눈여겨볼 동강은 시간과 공간을 추상적으로 나타내는 고유어명사의 띄어쓰기에 관한 남북한 간 어문 규정의 차이점을 이해하는 것이다.

**◆3대혁명붉은기쟁취운동**(사회주의헌법 제14조 제1행) / 89쪽
〈3대∨ 혁명∨ 붉은기∨ 쟁취∨ 운동〉과 같은 뜻으로 쓰이는 정치 용어로 여기서 눈여겨보아야 할 동강은 선언적 고유명사들의 띄어쓰기에 관한 남북한 간 어문 규정의 차이점을 이해하는 것이다.

**◆같은것은**(사회주의헌법 제22조 제1행) / 99쪽
〈같은∨ 것은〉과 같은 뜻으로 쓰이는 문구로 여기서 눈여겨보아야 할 동강은 〈것, 수, 분〉 따위의 의존 명사(불완전 명사)의 띄어쓰기에 관한 남북한 간 어문 규정의 차이점을 이해하는 것이다.

**◆공고발전시키며**(사회주의헌법 제23조 제행) / 100쪽
〈공고하다〉의 사역형 동사와 〈발전하다〉의 사역형 동사를 합쳐서 어미를 변형시켜놓은 복합어로 여기서 눈여겨보아야 할 동강은 동사나 형용사의 어간, 즉 동사나 형용사의 말 줄기와 말 줄기로 합친 말을 만들어 표현

을 더욱 간결하게, 힘있게 나타내는 문장 수사법을 생활화하고 있는 점이
다.

◆**우리 나라**(사회주의헌법 제25조 제3행) / 105쪽
〈우리나라〉와 같은 뜻으로 쓰이는 말로 여기서 눈여겨보아야 할 동강은
합성어의 띄어쓰기에 관한 남북한 간 어문 규정의 차이점을 이해하는 것
이다.

◆**륭성번영**(사회주의헌법 제26조 제1행) / 107쪽
〈융성∨ 번영(隆盛繁榮)〉과 같은 뜻으로 쓰이는 말로 여기서 눈여겨봐야
할 점은 한자어 낱말을 한글로 적을 때 적용하는 두음 법칙에 관한 남북
한 간 어문 규정의 차이점을 이해하는 일이다.

◆**개화발전하고있는**(사회주의헌법 제39조 제1행) / 135쪽
〈개화하다〉란 말과 〈발전하다〉란 말과 〈있다〉라는 세 낱말이 합쳐진 문
구로 여기서 눈여겨보아야 할 동강은 동사나 형용사의 말 줄기와 말 줄
기를 합하여 합친 말을 만들어 사용하면서 표현을 더욱 간결하고 힘있게
나타내는 문장 수사법을 생활화하고 있는 점이다.

◆**공산주의건설자**(사회주의헌법 제40조 제3행) / 137쪽
〈공산주의(共産主義)∨ 건설자(建設者)〉와 같은 뜻으로 쓰이는 말로 여기
서 눈여겨보아야 동강은 어떤 한자어 낱말에 〈주의〉라는 한자어 낱말이
합쳐진 합성명사와 그 다음에 오는 명사의 띄어쓰기에 관한 남북한 간
어문 규정의 차이점을 이해하는 것이다.

◆**사회주의적민족문화건설**(사회주의헌법 제41조 제3행) / 138쪽
〈사회주의적(社會主義的)∨ 민족문화(民族文化)∨ 건설(建設)〉과 같은 뜻

으로 쓰이는 문구로 여기서 눈여겨봐야 할 동강은 어떤 한자어 낱말에 〈주의〉라는 한자어 낱말이 합쳐진 합성 명사와 접미사 그리고 다음에 오는 낱말이 같은 명사끼리 토 없이 2중 3중으로 어울린 경우 띄어쓰기에 관한 남북한 간 어문 규정의 차이점을 이해하는 것이다.

◆**계승발전시킨다**(사회주의헌법 제41조 제5행) / 140쪽

이 말은 〈계승(繼承)시키다〉란 말과 〈발전(發展)시키다〉란 동사를 합쳐놓은 복합어로 여기서 눈여겨보아야 할 동강은 동사나 형용사의 말 줄기와 말 줄기를 합하여 합친 말을 만들어 사용하면서 표현을 더욱 간결하고 힘있게 나타내는 문장 수사법을 생활화하고 있는 점이다.

◆**1년동안의 학교전의무교육**(사회주의헌법 제45조 제1행) / 143쪽

〈1년∨ 동안의∨ 학교전∨ 의무교육〉과 같은 뜻으로 쓰이는 문구로 여기서 눈여겨보아야 할 동강은 선언적 고유명사들의 띄어쓰기에 관한 남북한 간 어문 규정의 차이점을 이해하는 것이다.

◆**전반적11년제의무교육**(사회주의헌법 제45조 제1행) / 143쪽

〈전반적(全般的)∨ 11년제(11年制∨ 의무교육(義務敎育)〉과 같은 뜻으로 쓰이는 문구로 여기서 눈여겨보아야 할 동강은 선언적 고유명사들의 띄어쓰기에 관한 남북한 간 어문 규정의 차이점을 이해하는 것이다.

◆**과학리론수준**(사회주의헌법 제46조 제3행) / 144쪽

〈과학(科學)∨ 이론(理論)∨ 수준(水準)〉과 같은 뜻으로 쓰이는 문구로 여기서 눈여겨봐야 할 점은 한자어 낱말을 한글로 적을 때 적용하는 두음 법칙과 한자어 명사와 명사가 토(조사) 없이 2중 3중으로 어울린 문구의 띄어쓰기에 관한 남북한 간 어문 규정의 차이점을 이해하는 것이

다.

◆ **규률**(사회주의헌법 제51조 제1행) / 146쪽
〈규율(規律)〉과 같은 뜻으로 쓰이는 말로 여기서 눈여겨봐야 할 동강은 한자어 낱말을 한글로 적을 때 적용하는 두음 법칙과 〈모음(아, 에, 이, 오, 우)〉이나 〈니은(ㄴ)〉 받침 뒤에 이어지는 〈렬, 률〉의 표기법에 관한 남북한 간 어문 규정의 차이점을 이해하는 것이다.

◆ **우리 말**(사회주의헌법 제54조 제1행) / 148쪽
〈우리말〉과 같은 뜻으로 쓰이는 말로 여기서 눈여겨보아야 할 동강은 〈우리말〉이라는 합성어의 띄어쓰기에 관한 남북한 간 어문 규정의 차이점을 이해하는 것이다.

◆ **공고발전시키며**(사회주의헌법 제56조 제1행) / 150쪽
〈공고하다〉란 동사와 〈발전시키다〉란 사역형 동사를 합쳐서 어미를 변형시켜놓은 복합어로 여기서 눈여겨보아야 할 동강은 동사나 형용사의 말 줄기와 말 줄기를 합하여 합친 말을 만들어 사용하면서 표현을 더욱 간결하고 힘있게 나타내는 문장 수사법을 생활화하고 있는 점이다.

◆ **기초우에서**(사회주의헌법 제60조 제1행) / 154쪽
〈기초∨ 위에서〉와 같은 뜻으로 쓰이는 말. 여기서 눈여겨보아야 할 동강은 〈위〉의 옛말인 〈우〉의 개념과 용례에 관한 남북한 간 어문 규정의 차이점을 이해하는 것이다.

◆ **군대안에서**(사회주의헌법 제61조 제1행) / 155쪽
〈군대∨ 안에서〉와 같은 뜻으로 쓰이는 말로 여기서 눈여겨볼 동강은 시

간과 공간을 추상적으로 나타내는 〈앞, 뒤, 끝, 속, 밖, 안〉 따위의 고유
어명사의 띄어쓰기에 관한 남북한 간 어문 규정의 차이점을 이해하는 것
이다.

**◆군사규률**(사회주의헌법 제61조 제1행) / 155쪽
〈군사(軍事)∨ 규율(規律)〉과 같은 뜻으로 쓰이는 말로 여기서 눈여겨보
아야 할 동강은 한자어 낱말을 한글로 적을 때 적용하는 두음 법칙과
〈모음(아, 에, 이, 오, 우)〉이나 〈니은(ㄴ)〉 받침 뒤에 이어지는 〈렬, 률〉
의 표기법에 관한 남북한 간 어문 규정의 차이점을 이해하는 것이다.

**◆관병일치**(사회주의헌법 제61조 제1행) / 157쪽
〈관병일치(官兵一致)〉와 같은 뜻으로 쓰이는 말로 여기서 눈여겨봐야 할
동강은 〈관병일치〉와 같은 한자어 명사와 명사가 토(조사) 없이 2중 3중
으로 어울린 문구의 띄어쓰기에 관한 남북한 간 어문 규정의 차이점을
이해하는 것이다.

**◆군민일치**(사회주의헌법 제61조 제2행) / 157쪽
〈군민(軍民)∨ 일치(一致)〉와 같은 뜻으로 쓰이는 말로 여기서 눈여겨봐
야 할 동강은 〈관병일치〉와 〈군민일치〉 같은 한자어 명사와 명사가 토
(조사) 없이 2중 3중으로 어울린 경우 〈관병일치〉는 낱말과 낱말을 붙여
써야 하는데 〈군민∨일치〉는 "왜 낱말과 낱말 사이를 띄어 써야 하는가?
" 하는 남북한 간 어문 규정의 차이점을 이해하는 점이다.

**◆공고발전**(사회주의헌법 제64조 제4행) / 163쪽
〈공고(鞏固)〉란 한자어 낱말과 〈발전(發展)〉이란 한자어 낱말을 합쳐놓은
합성어로 뜻은 〈어떤 형상이나 유무형의 기반이 매우 굳고 튼튼한 기세

로 좋은 상태나 더 높은 단계로 나아감〉을 이르는 말.

여기서 눈여겨보아야 할 동강은 동사나 형용사의 어근과 어근을 합하여 합친 말을 만들어 사용하면서 표현을 더욱 간결하고 힘있게 나타내는 문장 수사법을 생활화하고 있는 점이다.

◆**17살이상의**(사회주의헌법 제66조 제1행) / 164쪽

〈17살∨ 이상의〉와 같은 뜻으로 쓰이는 문구로 여기서 눈여겨보아야 할 동강은 어떤 명사 뒤에 〈부문, 분야, 기관, 담당, 관계, 이상(以上), 이하(以下) 등이 뒤따라와 함께 쓰이는 경우 띄어쓰기에 관한 남북한 간 어문 규정의 차이점을 이해하는 것이다.

◆**녀자**(사회주의헌법 제77조 제1행) / 173쪽

〈여자(女子)〉와 같은 뜻으로 쓰이는 말로 여기서 눈여겨보아야 할 동강은 한자어 낱말을 한글로 적을 때 적용하는 두음 법칙에 관한 남북한 간 어문 규정의 차이점을 이해하는 것이다.

◆**녀성**(사회주의헌법 제77조 제5행) / 174쪽

〈여성(女性)〉과 같은 뜻으로 쓰이는 말로 여기서 눈여겨보아야 할 동강은 한자어 낱말을 한글로 적을 때 적용하는 두음 법칙에 관한 남북한 간 어문 규정의 차이점을 이해하는 것이다.

◆**로동규률**(사회주의헌법 제83조 제2행) / 179쪽

〈노동∨ 규율(勞動規律)〉과 같은 뜻으로 쓰이는 경제 용어로 여기서 눈여겨보아야 할 동강은 한자어 낱말을 한글로 적을 때 적용하는 두음 법칙과 〈모음(아, 에, 이, 오, 우)〉이나 〈니은(ㄴ)〉 받침 뒤에 이어지는 〈렬, 률〉의 표기법에 관한 남북한 간 어문 규정의 차이점을 이해하는 것

이다.

◆**탐오랑비현상**(사회주의헌법 제84조 제2행) / 181쪽
〈탐오(貪汚)∨ 낭비(浪費)∨ 현상(現狀)〉과 같은 뜻으로 쓰이는 문구로
여기서 눈여겨보아야 할 동강은 한자어 낱말을 한글로 표기할 때 두음
법칙과 관련된 남북한 어문 규정의 차이점을 이해하는 것이다.

◆**휴회중에는**(사회주의헌법 제88조 제2행) / 188쪽
〈휴회∨ 중에는〉과 같은 뜻으로 쓰이는 문구로 여기서 눈여겨보아야 할
동강은 〈상, 중, 간, 판〉 따위의 한자어 낱말이나 불완전 명사(의존 명
사)의 띄어쓰기에 관한 남북한 간 어문 규정의 차이점을 이해하는 것이
다.

◆**끝나기전에**(사회주의헌법 제90조 제2행) / 189쪽
〈끝나기∨ 전에〉와 같은 뜻으로 쓰이는 말로 여기서 눈여겨보아야 할 동
강은 〈전, 중, 간, 판〉 따위의 한자어 낱말이나 불완전 명사(의존 명사)
의 띄어쓰기에 관한 남북한 간 어문 규정의 차이점을 이해하는 것이다.

◆**3분의 2이상이**(사회주의헌법 제93조 제1행) / 196쪽
〈3분의∨ 2∨ 이상이〉와 같은 뜻으로 쓰이는 문구로 여기서 눈여겨보아
야 할 동강은 어떤 명사 뒤에 〈부문, 분야, 기관, 담당, 관계, 이상(以上),
이하(以下) 등이 뒤따라와 함께 쓰이는 경우 띄어쓰기에 관한 남북한 간
어문 규정의 차이점을 이해하는 것이다.

◆**장령이상의**(사회주의헌법 제103조 제5행) / 203쪽
〈장령∨ 이상의〉와 같은 뜻으로 쓰이는 문구로 여기서 눈여겨보아야 할

동강은 어떤 명사 뒤에 〈부문, 분야, 기관, 담당, 관계, 이상(以上), 이하 (以下) 등이 뒤따라와 함께 쓰이는 경우 띄어쓰기에 관한 남북한 간 어문 규정의 차이점을 이해하는 것이다.

◆**일군**(사회주의헌법 제108조 제4행) / 207쪽
〈일꾼〉과 같은 뜻으로 쓰이는 말로 여기서 눈여겨보아야 할 동강은 된소리가 나는 일부 접미사의 표기법에 관한 남북한 간 어문 규정의 차이점을 이해하는 것이다.

◆**끝난후에도**(사회주의헌법 제109조 제2행) / 208쪽
〈끝난∨ 후에도〉와 같은 뜻으로 쓰이는 문구로 여기서 눈여겨보아야 할 동강은 〈전, 후, 상, 하〉 따위의 한자어 낱말이나 불완전 명사(의존 명사)의 띄어쓰기에 관한 남북한 간 어문 규정의 차이점을 이해하는 것이다.

◆**화폐**(사회주의헌법 제119조 제14행) / 222쪽
〈화폐(貨幣)〉와 같은 뜻으로 쓰이는 말로 여기서 눈여겨봐야 할 동강은 한자어 낱말을 한글로 적을 때 단어의 첫머리 이외의 둘째 음절에 모음 〈ㅖ〉가 올 경우 그 표기법에 관한 남북한 간 어문 규정의 차이점을 이해하는 것이다.

◆**3분의 1이상의**(사회주의헌법 제135조 제4행) / 229쪽
〈3분의∨ 1∨ 이상의〉와 같은 뜻으로 쓰이는 문구로 여기서 눈여겨보아야 할 동강은 어떤 명사 뒤에 〈부문, 분야, 기관, 담당, 관계, 이상(以上), 이하(以下) 등이 뒤따라와 함께 쓰이는 경우 띄어쓰기에 관한 남북한 간 어문 규정의 차이점을 이해하는 것이다.

**◆토의결정한다**(사회주의헌법 제143조 제2행) / 236쪽

〈토의∨ 결정한다〉와 같은 뜻으로 쓰이는 문구로 여기서 눈여겨보아야 할 동강은 동사나 형용사의 말 줄기와 말 줄기를 합하여 합친 말을 만들어 사용하면서 표현을 더욱 간결하고 힘있게 나타내는 문장 수사법을 생활화하고 있는 점이다.

**◆계급적원쑤들과**(사회주의헌법 제156조 제6행) / 246쪽

〈계급적∨ 원수(怨讐)들과〉와 같은 뜻으로 쓰이는 문구로 여기서 눈여겨봐야 할 대목은 〈원수(怨讐)〉라는 한자어 낱말의 발음과 표기법에 관한 남북한 간 어문 규정의 차이점을 이해하는 것이다.

**◆땋아올려감은**(사회주의헌법 제163조 제2행) / 250쪽

〈땋아∨ 올려∨ 감은〉과 같은 뜻으로 쓰이는 문구로 여기서 눈여겨보아야 할 동강은 〈아, 어, 여〉형의 동사나 형용사가 잇달아 있을 경우 남북한 간 띄어쓰기에 관한 어문 규정의 차이점을 이해하는 것이다.

**◆타원형테두리안에**(사회주의헌법 제163조 제2행) / 250쪽

〈타원형∨ 테두리∨ 안에〉와 같은 뜻으로 쓰이는 문구 여기서 눈여겨보아야 할 동강은 두 개 이상의 명사와 시간과 공간의 뜻을 추상적으로 나타내는 고유어명사, 조사 등이 한데 어울린 문구의 〈띄어쓰기〉에 관한 남북한 간 어문 규정의 차이점을 이해하는 것이다.

**◆그우에**(사회주의헌법 제163조 제3행) / 250쪽

〈그∨ 위에〉와 같은 뜻으로 쓰이는 문구 여기서 눈여겨볼 동강은 대명사와 시간과 공간을 추상적으로 나타내는 고유어명사의 띄어쓰기에 관한 남북한 간 어문 규정의 차이점을 이해하는 것이다.

◆**그아래우에**(사회주의헌법 제164조 제2행) / 250쪽

〈그∨ 아래위에〉와 같은 뜻으로 쓰이는 문구로 여기서 눈여겨봐야 할 동
강은 〈위〉의 옛말인 〈우〉에 관한 남북한 간 언어 규범의 차이를 이해하
는 것이다.

◆**기대달린쪽**(사회주의헌법 제164조 제2행) / 253쪽

〈깃대∨ 달린∨ 쪽〉과 같은 뜻으로 쓰이는 말로 여기서 눈여겨보아야 할
동강은 〈합성어(合成語 : 둘 이상의 실질 형태소가 결합하여 하나의 단어
가 된 말)〉에 관한 사이시옷 표기법과 관련된 남북한 간 어문 규정의 차
이점을 이해하는 것이다.

◆**동그라미안에**(사회주의헌법 제164조 제2행) / 253쪽

〈동그라미∨ 안에〉와 같은 뜻으로 쓰이는 문구로 여기서 눈여겨볼 동강
은 시간과 공간을 추상적으로 나타내는 〈안, 밖, 우(위), 아래, 앞, 뒤〉
따위의 고유어명사의 띄어쓰기에 관한 남북한 간 어문 규정의 차이점을
이해하는 것이다.


## 2. 되돌아본 주요 내용 정리하기


이상 68개 복합어와 특이 문구를 내용별로 분류해 보면


### 1)자모의 배열과 발음의 차이점
　⇒보기

**남한 :**

한글 자모의 수는 스물넉 자로 하고, 그 순서와 이름은 다음과
같이 정한다.

ㄱ(기역) ㄴ(니은) ㄷ(디귿) ㄹ(리을) ㅁ(미음) ㅂ(비읍) ㅅ(시옷)
ㅇ(이응) ㅈ(지읒) ㅊ(치읓) ㅋ(키읔) ㅌ(티읕) ㅍ(피읖) ㅎ(히읗)
ㅏ(아) ㅑ(야) ㅓ(어) ㅕ(여) ㅗ(오) ㅛ(요) ㅜ(우) ㅠ(유) ㅡ(으)
ㅣ(이)

위의 자모로써 적을 수 없는 소리는 두 개 이상의 자모를 어울러
서 적되, 그 순서와 이름은 다음과 같이 정한다.

ㄲ(쌍기역) ㄸ(쌍디귿) ㅃ(쌍비읍) ㅆ(쌍시옷) ㅉ(쌍지읒) ㅐ(애)
ㅒ(얘) ㅔ(에) ㅖ(예) ㅘ(와) ㅙ(왜) ㅚ(외) ㅝ(워) ㅞ(웨) ㅟ(위)
ㅢ(의)

사전에 올릴 적의 자모 순서는 다음과 같이 정한다.

자 음: ㄱ ㄲ ㄴ ㄷ ㄸ ㄹ ㅁ ㅂ ㅃ ㅅ ㅆ ㅇ ㅈ ㅉ ㅊ
    ㅋ ㅌ ㅍ ㅎ
모 음: ㅏ ㅐ ㅑ ㅒ ㅓ ㅔ ㅕ ㅖ ㅗ ㅘ ㅙ ㅚ ㅛ ㅜ ㅝ
    ㅞ ㅟ ㅠ ㅡ ㅢ ㅣ

**북한 :**

제1항 조선어 자모의 차례와 그 이름은 다음과 같다.

ㄱ(기윽) ㄴ(니은) ㄷ(디읃) ㄹ(리을) ㅁ(미음) ㅂ(비읍) ㅅ(시읏)
ㅇ(이응) ㅈ(지읒) ㅊ(치읓) ㅋ(키윽) ㅌ(티읕) ㅍ(피읖) ㅎ(히읗)
ㄲ(된기윽) ㄸ(된디읃) ㅃ(된비읍) ㅆ(된시읏) ㅉ(된지읒)
ㅏ (아) ㅑ (야) ㅓ (어) ㅕ (여) ㅗ (오) ㅛ (요) ㅜ (우)
ㅠ (유) ㅡ (으) ㅣ (이) ㅐ (에) ㅒ (얘) ㅔ (에) ㅖ (예)
ㅚ (외) ㅟ (위) ㅢ (의) ㅘ (와) ㅝ (워) ㅙ (왜) ㅞ (웨)

자음 글자의 이름은 각각 다음과 같이 부를 수도 있다.
(그) (느) (드) (르) (므) (브) (스) (응) (즈) (츠) (크) (트)
(프) (흐)(끄) (뜨) (쁘) (쓰) (쯔)

사전에 올릴 적의 자모 순서는 다음과 같이 정한다.
자 음: ㄱ  ㄴ  ㄷ  ㄹ  ㅁ  ㅂ   ㅅ   (ㅇ)  ㅈ   ㅊ  ㅋ  ㅌ  ㅍ
        ㅎ ㄲ ㄸ ㅃ ㅆ ㅉ

※ (   )안의 것은 받침의 경우에만 해당한다.

모 음: ㅏ ㅑ ㅓ ㅕ ㅗ ㅛ ㅜ ㅠ ㅡ ㅣ ㅐ ㅒ ㅔ ㅖ
        ㅚ ㅟ ㅢ ㅘ ㅝ ㅙ ㅞ

## 2)고어의 표준어 사정 기준과 용례의 차이점
⇒보기
**남한** : 위, 윗니 따위
**북한** : 우, 웃니 따위

## 3)한자어 낱말의 두음 법칙의 차이점
보기⇒

남한 : 〈路線〉은 〈노선〉, 〈勞動〉은 〈노동〉, 〈年齡〉은 〈연령〉으로
　　　〈利益〉은 〈이익〉, 〈理性〉은 〈이성〉, 〈理髮〉은 〈이발〉로
　　　〈女子〉는 〈여자〉, 〈女性〉은 〈여성〉으로
북한 : 〈路線〉은 〈로선〉, 〈勞動〉은 〈로동〉, 〈年齡〉은 〈년령〉으로
　　　〈利益〉은 〈리익〉, 〈理性〉은 〈리성〉, 〈理髮〉은 〈리발〉로
　　　〈女子〉는 〈녀자〉, 〈女性〉은 〈녀성〉으로

## 4)사이시옷에 관한 차이점
　⇒보기
남한 : 배길(×)→뱃길(○), 기발(×)→깃발(○), 기대(×)→깃대(○)
북한 : 뱃길(×)→배길(○), 깃발(×)→기발(○), 깃대(×)→기대(○)

## 5)된소리가나는 접미사 표기에 관한 차이점
　⇒보기
남한 : 일군(×)→일꾼(○), 장군(×)→장꾼(○), 날자(×)→날짜(○)
북한 : 일꾼(×)→일군(○), 장꾼(×)→장군(○), 날짜(×)→날자(○)

## 6)니은(ㄴ) 받침 뒤의 〈렬, 률〉 표기 차이점
　⇒보기
남한 : 분열, 선열, 비열, 진열, 선율, 비율, 백분율, 실패율, 전율
북한 : 분렬, 선렬, 비렬, 진렬, 선률, 비률, 백분률, 실패률, 전률

## 7)둘째 음절에 모음 〈 ㅖ 〉가 올 경우의 표기에 관한 차이점
　⇒보기
남한 : 貨幣→화페,　開閉→개페,　塵肺症→진페증
북한 : 貨幣→화폐,　開閉→개폐,　塵肺症→진폐증

**8)동사, 형용사의 말 줄기를 합하여 만든 합친 말의 용례와 띄어쓰기**

⇒보기

**남한** : 조직∨ 동원시키다,   장성∨ 강화시키다,   공고∨ 발전시키다,
생산∨ 보장하다,   폭로∨ 규탄하다,   고무∨ 충동하다,
조직∨ 전개하다,   극복∨ 타개하다,   통일∨ 단결되다,
확대∨ 강화∨ 발전되다,   강유력한,   옹호∨ 고수하고

**북한** : 조직동원시키다,   장성강화시키다,   공고발전시키다,
생산보장하다,   폭로규탄하다,   고무충동하다,
조직전개하다,   극복타개하다,   통일단결되다,
확대강화발전되다,   강유력한,   옹호고수하고

**9) 말 줄기의 모음이 〈 ㅣ, ㅐ, ㅔ, ㅚ, ㅟ 〉인 경우와 줄기가 〈하〉인 경우의 종결어미 처리의 차이점**

⇒보기

**남한** : 〈개다〉는 〈개어, 개었다〉로,
〈하시다〉는 〈하시어, 하시었다〉로,
〈발전시키시다〉는 〈발전시키시어, 발전시키시었다〉

**북한** : 〈개다〉는 〈개여, 개였다〉로,
〈하시다〉는 〈하시여, 하시였다〉로,
〈발전시키시다〉는 〈발전시키시여, 발전시키시였다〉로

**10)외래어 표기에 관한 차이점**

⇒보기

**남한** : intelligentsia→인텔리 , bourgeoisie→부르주아지, tank→탱크
**북한** : intelligentsia→인테리 , bourgeoisie→부르죠아지, tank→탕크

## 11)한자어의 한글 표기 차이점

⇒보기

**남한** : 怨讐→원수, 改悛→개전, 浚渫→준설

**북한** : 怨讐→원쑤, 改悛→개준, 浚渫→준척

## 12)일반 문구의 떼어쓰기 차이점

⇒보기

**남한** : 3대∨ 혁명∨ 붉은기∨ 쟁취∨ 운동,
사회주의적∨ 민족문화∨ 건설,
1년∨ 동안의∨ 학교전∨ 의무교육,
전반적∨ 11년제∨ 의무교육

**북한** : 3대혁명붉은기쟁취운동,
사회주의적민족문화건설,
1년동안의 학교전의무교육,
전반적11년제의무교육

### ─의존 명사, 고유어명사, 추상명사 등이 어울린 문구의 떼어쓰기

⇒보기

**남한** : 모든∨ 것이　　　소환할∨ 수
선거자들∨ 앞에　　　군대∨ 안에서
17살∨ 이상의　　　휴회∨중에는

**북한** : 모든 것이　　　소환할수
선거자들앞에　　　군대안에서
17살이상의　　　휴회중에는

### ─2중 3중으로 명사가 어울린 문구의 떼어쓰기

⇒보기

**남한** : 우리나라,   룡성∨ 번영,   근로∨ 인민∨ 대중

　　　주체∨ 혁명∨ 위업,  공산주의∨ 건설자

**북한** : 우리 나라, 룡성번영, 근로인민대중,

　　　주체혁명위업, 공산주의건설자

**─명사, 보조동사가 한데 어울린 문구의 띄어쓰기**

⇒보기

**남한** : 지도적∨지침, 계급적∨ 원쑤들과, 완성하여∨나갈∨ 것이다

**북한** : 지도적지침,　　계급적원쑤들과,　　완성하여나갈것이다

**─동사, 형용사가 한데 어울린 문구의 띄어쓰기**

⇒보기

**남한** : 주인으로 되고있으며,

　　　공고∨ 발전시키며,

　　　개화∨ 발전하고∨ 있는,

　　　계승∨ 발전시킨다

**북한** : 주인으로 되고있으며,

　　　공고발전시키며,

　　　개화발전하고있는,

　　　계승발전시킨다

**13)문장 부호 용례의 차이점**

⇒보기

**남한** : 온점 : <　．　>

　　　가운뎃점 : <　·　>

반두점 : (남한에는 없다)

드러냄표 : ˙˙˙˙˙˙˙˙˙˙(남한에서는 글자의 위에 찍는다)

**북한** : 점 : < . >

가운뎃점 : (북한에는 없다)

반두점 : < ; >

드러냄표 : . . . . . . . .(북한에서는 글자의 밑에 찍는다)


지금까지 살펴본 남북한 언어 규범의 차이점은 세종 임금이 창제하신 〈훈민정음〉을 국어로 사용해 온 7,000만 민족에게 엄청난 불편과 혼란을 안겨주고 있음을 알 수 있다. 그렇다면 옛날에도 군사분계선 이북 지역에 거주한 북쪽 동포들은 〈조선말규범집〉 규정에 따라 언어 생활을 해 왔고 이남 지역에 거주한 남쪽 동포들은 〈한글 맞춤법〉 규정에 따라 언어생활을 해 왔는가 하는 점을 한 번 생각해 볼 필요가 있다.

광복 이전에는 이렇지 않았다. 조국이 남북으로 갈라져 남쪽은 남쪽대로, 북쪽은 북쪽대로 서로 이념과 체제를 달리했어도 1950년 중반까지는 조선어학회가 1933년에 공포한 〈한글 마춤법 통일안(현재는 '한글 맞춤법 통일안'으로 표기한다)〉을 남북이 공히 언어 규범으로 사용해 왔기 때문에 국어 언어 규범 측면에서는 그렇게 큰 차이가 없었다.

여기서 조선어학회가 1933년에 공포한 〈한글 마춤법 통일안〉에 대해 한번 살펴보자.


## 3. 조선어학회와 〈한글 마춤법 통일안〉

〈한글 마춤법 통일안〉은 한글의 표기 규정을 담고 있는 규범집이다.

세종 임금 시절에 한글이 창제되기는 했으나 당시 한글로 우리말을 표기할 때 따라야 할 표기 규범이 별도로 마련되어 백성들에게 공포된 적은 없었다. 15세기에 중앙 관서에서 한글로 책을 간행할 때에는 어느 정도 정제된 규범에 따라 표기가 이루어졌지만, 그 후에 한글이 일반 백성들에게 보급되고 한글로 글을 쓰고 책을 간행하는 주체가 다양해지면서 한글의 표기는 일정한 규범 없이 다양하고 혼란스럽게 기록되어지곤 했다. 조선시대에는 지식인들의 학문 활동이나 공적인 문서 생활이 주로 한자어(이두 포함)로 이루어졌기 때문에, 별도로 마련된 한글의 표기 규범이 없어도 심각한 불편을 없었다. 그러나 1894년 갑오경장 때 법률과 칙령 등 공문서에 한글만 사용하거나 한자와 한글을 혼용하도록 하는 등 한글이 공적, 사적 생활의 구석구석까지 파고들면서 일정한 표기 규범이 확립되어 있지 않음으로써 발생하는 혼란에 대해 많은 사람들이 불편과 심각성을 깨닫게 되었다.

이러한 인식에 따라 표기 규범을 확립하려는 노력과 이를 위한 기초 연구가 개화기에 시작되었다. 주시경(周時經) 선생은 이러한 부문에서는 선구자적인 역할을 담당했던 인물이다. 당시 정부는 1907년 7월 학부 안에 〈국문연구소〉를 설치하고 주시경을 비롯한 학자들이 한글 표기 규범과 관련된 연구를 수행하게 하였다. 이 연구는 1909년 〈국문 연구 의정안〉으로 제출되었으나 한일 합방으로 국문연구소 위원들의 노력이 직접 결실을 맺지는 못하였다. 합방 후 1911년 조선총독부 학무국에서 철자법 제정 위원들을 선정하여 다섯 차례의 회의를 거쳐 1912년 4월 〈보통학교용 언문 철자법〉을 확정하였고, 1921년과 1930년에 개정이 있었다. 특히 1930년의 개정은 뒷날 조선어학회의 핵심적인 학자들이 참여하여 〈한글 마춤법 통일안〉과 비슷하게 되었다.

이와 같은 정부기구의 활동과는 달리 민간 학술계에서는 주시경 선생의 학통을 잇는 임경재(任曔宰)·최두선(崔斗善)·이규방(李奎昉)·권덕규

(權憲奎)·장지영(張志暎)·신명균(申明均) 등 10여 명의 문하생들이 1921
년 12월 휘문의숙(徽文義塾)에서 〈조선어연구회137)〉를 조직하여 우리말
과 한글에 대한 연구와 보급 활동을 벌여 나갔다. 당시의 신문과 잡지
등 근대적인 언론 기관에서도 철자법 제정의 필요성을 절감하게 되었고,
학자들도 1929년 10월 조선어 사전 편찬회를 조직하고 사전 편찬의 바탕
이 되는 맞춤법과 표준어, 외래어 표기법을 먼저 제정하기로 하였다.

　조선어연구회는 1930년 12월 13일 열린 총회에서 12명의 맞춤법 제정
위원을 지명하고 단체의 명칭을 1931년부터 〈조선어학회〉로 개칭하기로
했다. 총회에서 지명된 12명의 맞춤법 제정 위원은 2년여의 심의를 거쳐
1932년 12월 맞춤법 원안 작성을 마쳤다. 2년여의 심의를 거친 맞춤법
원안은 그 후 다시 심의와 수정을 거쳐 1933년 10월 29일 한글 반포 제
487회 기념일인 한글날을 기해 〈한글 마춤법 통일안〉이라는 이름으로 공
포된 후 책으로도 간행되었다.

　당시 책으로 간행된 〈한글 마춤법 통일안138)〉은 머리말, 총론, 각론,

---

137)조선어학회의 전신인 국어연구학회는 1908년 8월 31일 〈국어연구학회〉라는 명칭으로
창립되었다. 초대 회장은 김정진 선생이었고, 주시경 선생은 강습소의 강사로 활동했
다. 이 단체는 1911년 9월 3일 학회 이름을 〈배달말글 몰음〉으로, 1913년 3월에는 주
시경 선생이이 회장 직을 맡으면서 〈한글모〉로 바꾸었다. 강습소의 명칭도 1911년에는
〈조선어강습원〉으로, 1914년에는 〈한글 배곧〉으로 바꾸었다. 그러다가 1917년부터 활
동이 침체되자 1921년 12월 3일 1921년 12월 3일 주시경(周時經) 선생의 문하생인 임
경재(任暻宰)·최두선(崔斗善)·이규방(李奎昉)·권덕규(權悳奎)·장지영(張志暎)·신명균
(申明均) 등 10여 명이 휘문의숙(徽文義塾)에서 학술단체의 명칭을 〈조선어연구회〉로
바꾸며 활동을 재개했다. 이 연구회는 1931년 1월 단체 명칭을 다시 〈조선어학회〉로
바꾸었다. 조선어학회는 창립 초기부터 단순히 국어학 연구만을 목적으로 하지 않고
일제 강점기에 우리말인 한글을 통해 민족 사상을 고취시키려 애썼다. 1926년 훈민정
음 반포 480년을 기념하면서 9월 29일(음력)을 〈가갸날〉이라 정해 첫 기념식을 가진
바 있는데 이 〈가갸날〉이 오늘날의 한글날 기초가 되고 있다. 이후 조선어학회는 1929
년 10월 〈조선어사전편찬회〉를 조직하여 〈큰사전〉 편찬에 힘썼는데 원고가 1 / 3 정
도 완성되어 1942년 봄에 조판에 들어갔으나 그해 가을 〈조선어학회사건〉이 일어나 중
단되었다. 조선어학회는 1930년 12월 〈한글 마춤법 통일안〉 제정 위원을 선출한 다음
1933년 10월 29일 〈한글 마춤법 통일안〉을 공표하여 국어 정서법을 확정했다.
138)1933년 한글날을 기해 공표된 〈한글 마춤법 통일안〉 전문을 보고 싶은 독자들은 1)

부록으로 이루어져 있다. 각론은 제1장 자모, 제2장 성음에 관한 것, 제3장 문법에 관한 것, 제4장 한자어, 제5장 약어, 제6장 외래어 표기법, 제7장 띄어쓰기로 구성되어 있고, 부록에는 표준어와 문장부호가 실려 있다.

총론에 맞춤법 제정의 3대 원칙이 천명되어 있었는데, ①표준말을 그 소리대로 적되 어법에 맞도록 하고, ②표준말은 현재 중류 사회에서 쓰는 서울말로 하고, ③문장의 각 단어는 띄어 쓰되 토는 그 웃말에 붙여 쓰도록 하였다.

〈한글 마춤법 통일안〉은 그 후 널리 보급되었다. 해방 후에도 사실상의 공식적인 한글 언어 규범으로서의 역할을 계속 수행했다. 한글 마춤법 통일안은 1937년, 1940년, 1946년, 1948년, 1956년, 1980년 약간의 수정이 있었으나 큰 틀은 변함 없이 유지되었고, 〈국어연구소〉에서 제정하여 1988년 문교부에서 고시한 최초의 국정 맞춤법인 《한글 맞춤법》에도 이 틀이 유지되었다.

북한의 언어 규범도 이 통일안을 골격으로 하여 이루어졌다. 그러나 북한은 1948년 조선어신철자법을 발표하면서 〈한글〉이라는 용어를 대신해 〈조선어〉로 표기하였다. 조선어라는 용어를 선택하면서 북한은 1933년 〈한글 마춤법 통일안〉 규정을 벗어나 한글 자모의 이름과 배열을 다르게 하였고, 한자어 낱말의 어두에 〈ㄴ・ㄹ〉이 올 경우 두음 법칙을 무시한 채로 발음하는 원칙도 새로 만들었다. 1954년에도 북한은 조선어철자법과 조선말규범집을 발표했고 1964년과 1966년에는 김일성이 교시를 내놓는 등 의도적으로 민족 공통의 문화유산을 계승한 남쪽과는 다른 방향으로 어문 정책을 추진해 나갔다. 그 결과 북한에서는 한글 대신 조선어라는 표현이 점차 자리를 잡았고 한자어의 낱말을 한글로 적을 때 계속 어두의 두음법칙을 무시한 채로 인민들의 언어 정책을 펼쳐 나갔다. 한글이라는 명칭도 조선어라는 용어로 대신했고 한글 자모의 수는 40자로 늘렸으며 그 이름도 〈기역〉에서 〈기윽〉으로, 〈디귿〉에서 〈디읃〉으로 바꾸면서 남북은 제각각 한글 언어 규범을 바꾸어 나갔다. 이렇게 되어 북한의 〈조선말 규범집〉은 〈한글 마춤법 통일안〉의 큰 틀을 이어받은 〈한글 맞춤법〉과는 완전히 다른 언어 규범이 되고 말았다.

그럼 여기서 남북한 언어 규범의 변경 과정을 한번 살펴보자.


## 4. 남북한 언어 규범 변경 과정

남한은 1) 1946년 한글 맞춤법 통일안 일부 개정, 2) 1948년 한글 맞춤법 통일안 한글판, 3) 1958년 한글 맞춤법 통일안 용어 수정판, 4) 1980년 한글학회의 한글 맞춤법, 5) 1989년 문교부의 한글 맞춤법 공포 등 다섯 차례에 걸쳐 언어 규범을 변경하며 오늘에 이르고 있다.

북한은 1) 1948년 조선어 신 철자법 공포, 2) 1954년 조선어 철자법 공포, 3) 1966년 조선말규범집 공포, 4) 1988년 조선말규범집 공포 등 네 차례에 걸쳐 언어 규범을 변경하며 오늘에 이르고 있다.

이렇게 변경된 남북한 언어 규범 내용의 이론적 연구와 비교 분석은 학계에서 여러 학자들이 이미 여러 차례 깊이 있게 연구해 학술지와 인터넷 상으로 발표해 인터넷을 할 수 있는 사람이라면 그동안의 선행 연구 논문들은 쉽게 접할 수 있다.

저자도 그동안 국내 몇몇 학자들의 선행 연구 논문을 감명 깊게 읽은 바 있고 그 내용을 참고문헌 편에 기술해 놓았으므로 관심만 있다면 누구든지 그런 학술 논문들을 인터넷상에서 구해 읽을 수 있을 것이다. 또 본서의 부록 편에 남한의 〈한글 맞춤법 1989년 판〉 내용 전문과 북한의 〈조선말규범집 1988년 판〉 내용 전문을 수록해 놓았으므로 독자 제현은 이 부록 편의 남북한 언어 규범을 찬찬히 비교해 보면 어느 정도 차이가 난다는 점을 쉽게 알 수 있을 것이다.

  이 책은 그동안의 선행연구처럼 남북한의 언어 규범을 이론적으로 비교 연구해 그 차이점을 찾거나 어느 쪽이 옳고 그르다는 것을 판정하자는 것이 아니다. 남북한의 서로 다른 언어 규범에 의해, 이미 언어 생활이 굳어진 남북한 동포들의 〈언어 이질화 현상〉을 객관성과 대표성이 인정되는 북한의 공식 법전의 문장을 놓고 하나 하나 따져 보면서 "2,300만 북한 동포들은 우리와 어느 정도 다르게 언어 생활을 하고 있는가? "를 남한의 4,500만 국민 각자가 다 같이 공감해 보자는 데 이 책의 집필 목적이 있는 것이다. 그리고 1933년 〈한글 마춤법 통일안〉이라는 언어 규범으로 출발한 7,000만 민족의 언어 생활이 지난 반세기 동안 남북한 언어 규범의 차이로 이렇게 심각하게 변질되어 있으므로 다소 악화가 양화를 구축하는 격이 되더라도 남북이 빨리 합의해 〈남북한 통일 언어 규범〉을 만들어 세종 임금의 한글 창제 정신을 되살려보자는 데 깊은 뜻이 있는 것이다.

  세종 임금은 1446년(50세, 세종 28년) 9월 〈훈민정음(한글)〉을 반포할 때 "우리나라의 말이 중국말과 달라서, 한자와는 서로 통하지 아니하므로, 이런 까닭에 어진 백성들이 말하고 싶은 것이 있어도, 그 뜻을 담아서 나타내지 못하는 사람이 많으니라. 내가 이것을 딱하게 여겨 새로 스물 여덟 글자를 만들어 내놓으니, 모든 사람으로 하여금 쉽게 깨우쳐 날로 씀에 편하게 하고자 할 따름이니라. (國之語音異乎中國 與文子不相流通 故愚民有所欲言而 終不得伸其情者多矣 予爲此憫然 新制二十八字 欲使人人易習便於日用耳)" 라는 글을 남겼다.

  그런데 우리가 〈원전 법 조항별 특이 용어와 특이 문장 깊이 알기〉에서 살펴본 〈사회주의헌법〉 전문과 7장 166개 조항으로 구성된 법령 문장들은 언어 규범 측면에서 자모의 배열, 두음법칙, 사이시옷, 외래어표기법(한자어 포함), 띄어쓰기, 문장부호 등에서 많은 차이점을 보이면서 〈훈민정음〉을 겨레말로 사용해 온 7,000만 민족에게 엄청난 불편과 혼란을 안겨주고 있다.

　필자가 지난 수십 년 동안 북한에서 펴낸 조선문화어사전과 조선말사전 그리고 백과사전을 비롯한 각종 전문사전을 펼쳐보면서 북한 말 공부를 할 때 가장 불편했던 점은 북한 사전의 자모 배열 방식이었다. 가령 〈깎다〉라는 동사의 말뜻과 용례를 살펴보기 위해 북한 사회과학원 출판사가 펴낸 〈조선문화어사전〉을 펼쳤을 때 쌍기역으로 시작하는 올림말 부분을 찾아들어 가려면 〈기역〉 군에서 동떨어진 〈히읗류〉 올림말이 끝나는 〈863쪽〉을 어렵게 찾아가다 보면 그만 찾아가는 과정에서 하도 힘이 들어 찾아보려는 낱말 자체를 잊어 먹는 경우가 한두 번이 아니었다. 그래도 사륙배판 1,060쪽 한 권으로 제본된 〈조선문화어사전〉은 좀 나은 편이다. 총 3권으로 양장 제본된 〈조선말사전〉은 어떤 단어를 찾다가 ㄲ(된기윽), ㄸ(된디으ㄷ), ㅃ(된비읍), ㅆ(된시읏), ㅉ(된지읒) 군의 어떤 단어나 ㅖ(에), ㅖ(예), ㅚ(외), ㅟ(위), ㅢ(의), ㅘ(와), ㅝ(워), ㅙ(왜), ㅞ(웨) 군의 단어를 찾기 위해 3권짜리 사전을 이것저것 뒤적거리다 보면 그만 찾아야 할 단어를 잊어먹어 버려 몇 차례 원점에서 새로 시작하는 경우가 많았다. 그래도 단어가 찾아지지 않을 때는 사전을 만든 사람들을 원망하며 욕설을 내뱉은 경우도 많다. 빨리 사전을 통해 어떤 정보나 지식을 얻고 싶은데 자모의 배열이 엉뚱하고 사용하기가 불편한 관계로 북한의 언어 정책과 그 정책에 따라 책을 만든 사람들은 향해 필자 자신도 모르게 불편한 심기를 쏟아 뱉은 것이다.

　이런 심리는 국립국어연구원139)이 만든 〈표준국어대사전〉을 뒤적일 때

---

139) 현재는 〈국립국어원〉으로 개칭되었음.

도 마찬가지다. 필자만이 느끼는 감정인지는 모르겠으나 지난 1999년 11월에 완성된 국립국어연구원의 〈표준국어대사전〉은 "우리 민족이 한글을 사용하면서 만든 국어사전 중 가장 잘 만든 언어사전"이라는 평을 듣고 있다. 이 사전이 완성됨으로써 국내의 대기업형 출판사에서 펴낸 국어사전은 수십 년 동안 명성을 날려온 그동안의 공적이 퇴색되고 말았다. 표준국어대사전은 표제어 · 뜻풀이 · 용례 · 발음 · 띄어쓰기 · 문법 정보 등 여러 면에서 독보적이었다. 평생 사전을 뒤적이며 글을 쓰고 책을 만들면서 살아온 필자에게는 그렇게 보배로울 수가 없었다. 더구나 최근에는 시력 관계로 종이로 만든 사전보다 전자사전을 선호하는 경향이고, 컴퓨터 앞에 앉아서 키보드의 자판을 눌러가면서 모니터에다 글을 쓰는 관계로 국립국어연구원의 전자화 된 표준국어대사전을 즐겨 사용하는 관계로 여간 해서는 종이로 만든 사전을 잘 뒤적거리지 않는 것이 버릇이 되고 말았다.

특히 이번에 북한 법전의 112개 법령 문장 속의 복합어나 다음절 전문용어, 특이 문구의 띄어쓰기 용례를 국립국어연구원이 펴낸 〈표준국어대사전〉 띄어쓰기 규범과 일치시키기 위해 수없이 〈표준국어대사전〉을 드나들었는데 필자는 그때마다 우리나라의 국문학자들을 원망했다. 말과 글은 세종 임금이 훈민정음을 반포할 때 하신 말씀처럼 "모든 사람으로 하여금 쉽게 깨우쳐 날로 씀에 편하게 하고자 할 따름이니라" 하는 창제 정신을 저버리지 않아야 하는데 1933년 〈한글 마춤법 통일안〉이 공포된 이후 다섯 차례에 걸쳐 개정된 한글 언어 규범이 〈훈민정음〉 창제 정신과는 달리 자꾸 어려워지고 있는 것에 대해 화가 난 것이다.

조선어학회가 1933년 〈한글 마춤법 통일안〉을 공포할 때만 해도 우리말의 띄어쓰기는 참으로 쉬웠는데 1988년 1월 19일 문교부 고시 제88-1호로 공포된 4차 개정본 〈한글 맞춤법〉 띄어쓰기 규정은 생각할수록 내 자신을 초라하게 만든다. 또 내 이웃의 수많은 문인 작가들과 평범한 시민들에게 좌절감을 안겨 주면서 자존심을 짓뭉개고 있다는 생각이 들 때도 많았다.

실례로 한글 맞춤법 제1장 총칙 제2항 "문장의 각 단어는 띄어씀을 원칙으로 한다."라고 규범을 정해놓았으면 그대로 준수해야지 왜 예외 조항을 만들어 〈개인소유〉, 〈개인숭배〉, 〈검찰기관〉 같은 복합어와 전문 용어는 붙여 써야 현행 언어 규범에 맞는가 하는 점이다. 현대인의 언어생활에서 사용 빈도가 높은 말은 "원칙은 띄어 써야 하나 붙여 쓰는 것을 허용한다"는 규정을 몰라서 이러는 것이 아니다.

자, 그렇다면 〈개인소유〉라는 말은 〈개인〉과 〈소유〉라는 낱말 사이를 붙여 쓰는 것을 허용한다면 〈집단소유〉, 〈단체소유〉 〈국가소유〉는 왜 낱말과 낱말 사이를 붙여 쓰는 것을 허용하지 않고 띄어 써야만 현행 언어 규범에 맞도록 해놓았으며, 건국 이후 최고로 잘 만든 사전이라고 자타가 공인하는 국립국어원의 〈표준국어대사전〉에는 왜 이런 말의 말뜻을 정확히 알기 위해 검색창을 누르면 "검색된 단어가 없습니다."라는 답변만 나오는가 하는 점이다.

어디 이 말뿐인가. 한때 문교부가 펴낸 초등 학교와 중고등 학생용 국정 교과서의 운문과 산문 문장 속에 나오는 〈우리나라〉라는 낱말은 〈우리〉라는 명사와 〈나라〉라는 명사가 합쳐진 합성명사로 〈한글 맞춤법〉 규정으로는 붙여 써야 바른 표기법이 된다. 개인적으로는 도무지 납득이 되지 않는 말이지만 악법도 법이니까 〈한글 맞춤법〉 규정상 붙여 써야 한다면 도리 없이 지켜야 한다.

그런데 〈한글 맞춤법〉 규정에 따라 〈우리나라〉 〈우리말〉 〈우리글〉은 붙여 써야 한다고 규정을 만들었으면 〈우리∨ 집〉 〈우리∨ 마을〉 〈우리 ∨ 학교〉 〈우리∨ 회사〉는 왜 띄어 써야 맞는 표기법이 되며 평범한 시민들이 무엇을 근거로 〈우리나라〉 〈우리말〉 〈우리글〉은 낱말과 낱말 사이를 붙여 써야 바른 표기법이 되고 그 외 〈우리∨ 집〉 〈우리∨ 마을〉

〈우리∨ 학교〉〈우리∨ 회사〉는 띄어 써야 바른 표기법이 된다는 것을
알 수 있겠는가?

　실례로 〈남북한 한글 맞춤법 통일을 위한 사회주의 헌법 문장 연구〉와
〈남북한 한글 맞춤법 통일을 위한 조선로동당 규약 문장 연구〉 속에 나
오는 법령 문장 속의 복합어나 다음절 한자어 낱말의 띄어쓰기 문제를
해결하기 위해 필자가 국립국어원이 펴낸 〈표준국어대사전〉을 이용하여
하나하나 검색해 본 결과 다음과 같은 다음절 용어는 낱말과 낱말 사이
를 반드시 붙여 써야 하거나 붙여 쓰는 것을 허용하는 말들이다. 독자
제현은 잘 기억해 두었다 〈한글 맞춤법〉 규정에 위배되는 일이 없도록
지혜롭게 활용하기 바란다.


# 5. 낱말 사이를 붙여 써야 하거나
　　붙여 쓰는 것을 허용하는 말들

| | | | | | |
|---|---|---|---|---|---|
| 개인소유 | 개인숭배 | 검찰기관 | 경영관리 | 경쟁운동 | 경제계획 |
| 경제법칙 | 경제사업 | 경제생활 | 경제투쟁 | 경제형태 | 경제형태 |
| 경제활동 | 계급교양 | 계급의식 | 계급투쟁 | 계획경제 | 공동소유 |
| 공산혁명 | 공업관리 | 과학교육 | 관병일치 | 교양기관 | 교육기관 |
| 교통수단 | 국가계획 | 국가관리 | 국가권력 | 국가기관 | 국가기구 |
| 국가사회보험 | 국가주권 | 국민소득 | 군사간부 | 군사동원 | |
| 군사사업 | 군사작전 | 군사정책 | 군사훈련 | 군중로선 | 권력기관 |
| 근로계약 | 근로대중 | 기본법령 | 기술혁명 | 기술혁신 | 노농동맹 |
| 노동계급 | 노동계약 | 노동능력 | 노동단체 | 노동대상 | 노동시간 |
| 노동조건 | 노동조직 | 당기관 | 대중운동 | 무장투쟁 | 문화생활 |
| 문화생활 | 문화혁명 | 물리치료 | 민족간부 | 민족경제 | 민족국가 |

| | | | | | |
|---|---|---|---|---|---|
| 민족문화 | 반동사상 | 법무생활 | 보조동사 | 보통법령 | 보호기관 |
| 본위주의 | 봉건시대 | 비밀투표 | 사대사상 | 사법기관 | 사법제도 |
| 사상교양 | 사상사업 | 사상투쟁 | 사상혁명 | 사업작풍 | 사유재산 |
| 사회계층 | 사회단체 | 사회보장 | 사회보장제도 | 사회보험 | |
| 사회생활 | 사회제도 | 상임위원회 | 생산관계 | 생산능률 | |
| 생산문화 | 생산수단 | 생산조직 | 생활문화 | 생활양식 | 시장경제 |
| 식사요법 | 왕조시대 | 외곽단체 | 외교특권 | 위계질서 | 유아교육 |
| 유일사상 | 육체노동 | 의무교육 | 인민경제 | 인민대중 | 인민정권 |
| 인사관계 | 일반교육 | 일제시대 | 입법기관 | 자연부원 | 자연치료 |
| 자유사상 | 적대계급 | 적대분자 | 전진운동 | 전진운동 | 전투태세 |
| 정신노동 | 정신세계 | 정치군인 | 정치의식 | 정치체제 | 정치투쟁 |
| 제일주의 | 조기교육 | 주권국가 | 주체사상 | 주체시대 | 준비교육 |
| 중등교육 | 중심고리 | 중앙검찰소 | 중앙위원회 | 지도사상 | |
| 지도체계 | 지방예산 | 지방조직 | 지방주권기관 | 집단생활 | |
| 착취계급 | 체육교육 | 최고주권기관 | 통일전선 | 학교전교육 | |
| 행동준칙 | 행정구역 | 행정기관 | 행정단위 | 혁명운동 | 협동경리 |
| 협동단체 | 형사재판 | 형사책임 | 후방사업 | | |

다음은 한글 맞춤법 제1장 총칙 제2항 "문장의 각 단어는 띄어 씀을 원칙으로 한다."는 규정에 따라 낱말과 낱말 사이를 띄어 써야 하는 말들 중 국립국어원의 〈표준국어대사전〉에서 검색되지 않는 말들이다. 독자 제현은 이 말들도 잘 기억해 두었다 〈한글 맞춤법〉 규정에 위배되는 일이 없도록 지혜롭게 활용하시기 바란다.

# 6. 낱말 사이를 반드시 띄어 써야 하는 말 중

# 국립국어원 〈표준국어대사전〉 검색창에 뜨지 않는 말들

| | | | |
|---|---|---|---|
| 가내∨ 부업 | 가치∨ 체계 | 개발∨ 시대 | 개인∨ 생활 |
| 개인∨ 재산 | 개조∨ 운동 | 건설∨ 사업 | 건설∨ 현장 |
| 격리∨ 지역 | 결근∨ 투쟁 | 경리∨ 운영 | 경영∨ 활동 |
| 경제∨ 건설 | 경제∨ 단체 | 경제∨ 발전 | 경제∨ 원리 |
| 경제∨ 제도 | 계급∨ 구조 | 공공∨ 기관 | 공증∨ 사업 |
| 과학∨ 기술 | 교양∨ 운동 | 교육∨ 단체 | 교육∨ 사업 |
| 교육∨ 사업 | 교통∨ 운수 | 국가∨ 비용 | 국가∨ 소유 |
| 국가∨ 표창 | 국가∨ 활동 | 군사∨ 요새 | 군사∨ 용어 |
| 군인∨ 일치 | 권력∨ 기구 | 권력∨ 집단 | 기본∨ 원칙 |
| 기술∨ 교육 | 기술∨ 발전 | 기술∨ 분야 | 기술∨ 수준 |
| 기층∨ 조직 | 내각∨ 성원 | 노동∨ 교화 | 노동∨ 동맹 |
| 노동∨ 생활 | 노동∨ 치료 | 노력∨ 동원 | 노력∨ 자원 |
| 단체∨ 생활 | 대외∨ 경제 | 대중∨ 동원 | 대표∨ 기관 |
| 독신∨ 생활 | 독재∨ 체제 | 문화∨ 수준 | 물신∨ 사상 |
| 민간∨ 기관 | 민주∨ 시대 | 발전∨ 계획 | 법제∨ 위원회 |
| 보건∨ 기관 | 보건∨ 시책 | 봉사∨ 활동 | 부부∨ 관계 |
| 북한∨ 지역 | 사상∨ 의식 | 사상∨ 의지 | 사상∨ 철학 |
| 사상∨ 체계 | 사상∨ 학습 | 사업∨ 체계 | 사업∨ 현장 |
| 사회∨ 기관 | 사회∨ 발전 | 사회∨ 집단 | 사회∨ 활동 |
| 상급∨ 기관 | 상무∨ 회의 | 생산∨ 대중 | 생산∨ 시설 |
| 생산∨ 활동 | 생활∨ 규범 | 서행∨ 투쟁 | 수정∨ 보충 |
| 실천∨ 목표 | 실천∨ 활동 | 실행∨ 성과 | 알곡∨ 생산 |
| 애국∨ 교양 | 애국∨ 사상 | 애정∨ 생활 | 양성∨ 사업 |

| | | | |
|---|---|---|---|
| 영도∨ 계급 | 예산∨ 위원회 | 예술∨ 작품 | 외곽∨ 조직 |
| 요양∨ 시설 | 유교∨ 사상 | 이상∨ 사회 | 인간∨ 생활 |
| 인류∨ 사회 | 일반∨ 대중 | 자유∨ 시대 | 자주∨ 의식 |
| 재외∨ 단체 | 쟁취∨ 운동 | 적대∨ 세력 | 전문∨ 용어 |
| 전문∨ 위원회 | 전시∨ 상태 | 전제∨ 조건 | 전투∨ 군인 |
| 정권∨ 수립 | 정당∨ 단체 | 정서∨ 생활 | 정치∨ 사업 |
| 정치∨ 활동 | 종교∨ 단체 | 주권∨ 기관 | 주민∨ 대표 |
| 중심∨ 과업 | 중앙∨ 기관 | 중앙∨ 단체 | 중앙∨ 조직 |
| 지배∨ 세력 | 지배∨ 체제 | 진군∨ 운동 | 집단∨ 소유 |
| 체육∨ 치료 | 충효∨ 사상 | 통신∨ 시설 | 통일∨ 단결 |
| 통일∨ 투쟁 | 특수∨ 용어 | 특이∨ 문장 | 파업∨ 투쟁 |
| 하급∨ 기관 | 학술∨ 용어 | 합작∨ 기업 | 행정∨ 분야 |
| 혁명∨ 과업 | 혁명∨ 군대 | 혁명∨ 무력 | 혁명∨ 사상 |
| 혁명∨ 전사 | 혁명∨ 정신 | 혁명∨ 투쟁 | 혁명∨ 학설 |
| 혁신∨ 운동 | 활동∨ 방식 | | |

# 7. 국립국어원과
## 겨레말큰사전남북공동편찬사업회에 드리는 제언

　시중에 판매되는 국어사전 중 일부 종이로 만든 사전에는 〈낱말과 낱
말 사이를 반드시 띄어 써야 하거나 표준국어대사전에서 검색되지 않는
말들〉이 몇 개씩 올림말로 올려진 사전들도 있었으나 대개가 사전에조차
나오지 않는 말들이다. 이렇게 사전에조차 나오지 않는 말들은 한글 맞
춤법 제1장 총칙 제2항 "문장의 각 단어는 띄어쓰음을 원칙으로 한다."라는
규정에 따라 특이한 사항이 없는 한 낱말과 낱말 사이를 띄어 쓰면 한글

맞춤법 규정에 위배되지 않는 정서법이 된다. 하지만 앞의 〈낱말과 낱말 사이를 붙여 써야 하거나 붙여 쓰는 것을 허용하는 말들〉은 전자 사전이나 종이로 만든 사전이 없으면 어디다 기준을 두고 한글 맞춤법 규정에 위배되지 않는 정서법을 준수하며 고등 교육 이상을 받은 고학력 층답게 자존심과 긍지를 느끼며 언어 생활을 해 나갈 수 있다는 말인가?

필자는 1976년 중편소설 〈갱(坑)〉으로 문단에 등단한 이후 국가기관, 방송국, 신문사, 잡지사, 출판사 등에서 글을 쓰면서 책을 만드는 편집 책임자로 재직하면서 30년이 넘도록 한글 맞춤법을 끼고 살아왔지만 신문 지면이나 책자의 문장 교정과 교열을 보는 일이 가장 힘들고 두렵다.

그런데 전문 직업인도 아닌 평범한 시민들이 일상적으로 사용하는 언어를 적거나 직장에서 공문서나 기타 문서를 작성할 때 한글 맞춤법 규정에 위배되지 않게 어문 생활을 해나가기란 보통 어려운 일이 아니다. 문단의 선후배들도 한글 맞춤법이 왜 이렇게 어려운가? 세종 임금이 한글을 창제할 때는 중국의 어려운 한자어를 모르는 평범한 백성들이 누구나 쉽게 사용할 수 있도록 하기 위해 한글을 창제했는데 오늘날의 남북한 국문학자들과 관계 당국자들은 서로가 미로 찾기를 하듯 언어 규범을 어렵게 만들어 놓아서 대학이나 대학원을 나온 최고 학부 졸업자들도 졸업 논문이나 학위 논문을 쓰기 위해 한글 맞춤법과 마주치면 자기 자신이 한없이 초라해지는 패배감과 좌절감을 느낀다는 하소연을 늘어놓는다. 심지어 2007년 2월 6일 열린 〈겨레말큰사전 국제학술회의〉에 참석한 겨레말큰사전남북공동편찬사업회의 책임 간부 겸 국문학자들도 사이시옷이나 띄어쓰기 규정에 많은 불편과 불만을 느끼고 있으나 개인적으로는 어쩔 수 없이 참고 지낸다는 말을 공식 석상에서 한 바 있다.

당대의 시민들이 수시로 펼쳐보는 〈국어사전〉이란 뜻이 불명확한 낱말이 나타날 때마다 펼치면 전문 사전처럼 깊이 있는 뜻풀이는 해놓지 않더라도 궁금증은 해소할 수 있도록 찾아보고자 하는 말이 올림말로 등재

되어 있어야만 사전으로서의 1차적 기능을 하게 되는 것이다. 그런데 건국 이후 국내에서 가장 잘 만들고 어휘가 많이 수록되어 있다는 국립국어원의 〈표준국어대사전〉마저 위에서 살펴본 〈낱말 사이를 반드시 띄어 써야 하는 말 중 국립국어원 표준국어대사전 검색창에 뜨지 않는 말들〉은 올림말로 등재되어 있지 않다. 그러니 10여 개의 전문 사전을 마련하지 못한 평범한 시민들은 통일부가 홈페이지를 통해 소개하는 북한 법전(대중용)에 실린 법령 문장을 정확히 이해할 수가 없는 것이다.

　2,300만 북한 동포들보다 월등하게 학문의 자유가 보장되고 자신이 노력만 한다면 도서관이나 서점을 통해 그 어떤 책도 다 구해 볼 수 있는 남한의 국민들도 사회가 다양해지다 보니 새롭게 생겨나는 언어와 일상적으로 사용해 온 생활용어마저 올림말로 등재되지 않는 국내의 국어사전에 대해 숱한 갈증을 느끼는데 북한 동포들은 오죽하겠는가? 그들도 새로운 말을 들으면 그 뜻을 속 시원히 알고 싶어하는 지적 욕구가 있고 또 새로운 문물과 지식을 받아들이고자 하는 지식 탐구 욕구도 있는데 어찌 〈겨레말큰사전〉에 관심이 없겠는가?

　국립국어원과 겨레말큰사전남북공동편찬사업회는 2012년에 발간 예정인 《겨레말큰사전》 편찬 사업에 7,000만 민족의 이런 염원을 두루 반영하여 세종 임금의 한글 창제 정신을 잊지 말아 달라는 의미에서 훈민정음의 첫 구절을 한번 더 인용해 본다.

　"우리나라의 말이 중국말과 달라서, 한자와는 서로 통하지 아니하므로, 이런 까닭에 어진 백성들이 말하고 싶은 것이 있어도, 그 뜻을 담아서 나타내지 못하는 사람이 많으니라. 내가 이것을 딱하게 여겨 새로 스물여덟 글자를 만들어 내놓으니, 모든 사람으로 하여금 쉽게 깨우쳐 날로 씀에 편하게 하고자 할 따름이니라. (國之語音異乎中國　與文子不相流通 故愚民有所欲言而　終不得伸其情者多矣　予爲此憫然　新制二十八字　欲使人人 易習便於日用耳)"

# 부록

## 1. 한글 맞춤법
문교부 고시 제88-1 호(1988. 1. 19.)

## 2. 조선말규범집
조선민주주의인민공화국 내각 직속 국어사정위원회(1987년)

# 한글 맞춤법

문교부 고시 제88-1 호(1988. 1. 19.)

## 제1장   총 칙

제1항   한글 맞춤법은 표준어를 소리대로 적되, 어법에 맞도록 함을 원칙으로 한다.
제2항   문장의 각 단어는 띄어 씀을 원칙으로 한다.
제3항   외래어는 '외래어 표기법'에 따라 적는다.

## 제2장   자 모

제4항   한글 자모의 수는 스물넉 자로 하고, 그 순서와 이름은 다음과 같이 정한다.

ㄱ(기역)   ㄴ(니은)   ㄷ(디귿)   ㄹ(리을)   ㅁ(미음)   ㅂ(비읍)
ㅅ(시옷)   ㅇ(이응)   ㅈ(지읒)   ㅊ(치읓)   ㅋ(키읔)   ㅌ(티읕)
ㅍ(피읖)   ㅎ(히읗)

ㅏ(아)   ㅑ(야)   ㅓ(어)   ㅕ(여)   ㅗ(오)   ㅛ(요)   ㅜ(우)
ㅠ(유)   ㅡ(으)   ㅣ(이)

[붙임 1]   위의 자모로써 적을 수 없는 소리는 두 개 이상의 자모를 어울러서 적되, 그 순서와 이름은 다음과 같이 정한다.

ㄲ(쌍기역)   ㄸ(쌍디귿)   ㅃ(쌍비읍)   ㅆ(쌍시옷)   ㅉ(쌍지읒)
ㅐ(애)   ㅒ(얘)   ㅔ(에)   ㅖ(예)   ㅘ(와)   ㅙ(왜)
ㅚ(외)   ㅝ(워)   ㅞ(웨)   ㅟ(위)   ㅢ(의)

[붙임 2]   사전에 올릴 적의 자모 순서는 다음과 같이 정한다.

자 음 : ㄱ   ㄲ   ㄴ   ㄷ   ㄸ   ㄹ   ㅁ   ㅂ   ㅃ
　　　　ㅅ   ㅆ   ㅇ   ㅈ   ㅉ   ㅊ   ㅋ   ㅌ   ㅍ   ㅎ

모음 : ㅏ    ㅐ    ㅑ    ㅒ    ㅓ    ㅔ    ㅕ    ㅖ    ㅗ    ㅘ
　　　　ㅙ    ㅚ    ㅛ    ㅜ    ㅝ    ㅞ    ㅟ    ㅠ    ㅡ    ㅢ    ㅣ


# 제3장    소리에 관한 것

## 제1절    된소리

제5항   한 단어 안에서 뚜렷한 까닭 없이 나는 된소리는 다음 음절의 첫소리를 된소리로 적는다.
　　1. 두 모음 사이에서 나는 된소리
　　　소쩍새    어깨    오빠    으뜸    아끼다
　　　기쁘다    깨끗하다    어떠하다    해쓱하다    가끔
　　　거꾸로    부썩    어찌    이따금
　　2. 'ㄴ, ㄹ, ㅁ, ㅇ' 받침 뒤에서 나는 된소리
　　　산뜻하다    잔뜩    살짝힐    씬담뿍
　　　움찔    몽땅    엉뚱하다
　　다만, 'ㄱ, ㅂ' 받침 뒤에서 나는 된소리는, 같은 음절이나 비슷한 음절이 겹쳐 나는 경우가 아니면 된소리로 적지 아니한다.
　　　국수    깍두기    딱지    색시    싹둑(~싹둑)    법석    갑자기    몹시

## 제2절    구개음화

제6항   'ㄷ, ㅌ' 받침 뒤에 종속적 관계를 가진 '-이(-)'나 '-히-'가 올 적에는, 그 'ㄷ, ㅌ'이 'ㅈ, ㅊ'으로 소리나더라도 'ㄷ, ㅌ'으로 적는다.(ㄱ을 취하고, ㄴ을 버림.)
　　ㄱ　　ㄴ　　　　ㄱ　　ㄴ
　　맏이    마지　　　핥이다    할치다
　　해돋이    해돋이　　걷히다    거치다
　　굳이    구지　　　닫히다    다치다
　　같이    가치　　　묻히다    무치다

끝이    끄치


## 제3절   'ㄷ' 소리 받침

제7항  'ㄷ' 소리로 나는 받침 중에서 'ㄷ'으로 적을 근거가 없는 것은 'ㅅ'으로 적는다.

　　덧저고리    돗자리    엇셈    웃어른    핫옷    무릇    사뭇
　　얼핏    자칫하면    뭇[衆]    엣철헛


## 제4절   모 음

제8항  '계, 례, 몌, 폐, 혜'의 'ㅖ'는 'ㅔ'로 소리나는 경우가 있더라도 'ㅖ'로 적는다.
　　(ㄱ을 취하고, ㄴ을 버림.)

|     | ㄱ | ㄴ |     | ㄱ | ㄴ |
|-----|-----|-----|-----|-----|-----|
| 계수(桂樹) | 계수 |  | 혜택(惠澤) | 혜택 |  |
| 사례(謝禮) | 사례 |  | 계집 | 게집 |  |
| 연몌(連袂) | 연메 |  | 핑계 | 핑게 |  |
| 폐품(廢品) | 폐품 |  | 계시다 | 게시다 |  |

다만, 다음 말은 본음대로 적는다.
　　게송(偈頌)    게시판(揭示板)    휴게실(休憩室)

제9항  '의'나, 자음을 첫소리로 가지고 있는 음절의 'ㅢ'는 'ㅣ'로 소리나는 경우가
　　있더라도 'ㅢ'로 적는다.(ㄱ을 취하고, ㄴ을 버림.)

|     | ㄱ | ㄴ |     | ㄱ | ㄴ |
|-----|-----|-----|-----|-----|-----|
| 의의(意義) | 의이 |  | 닁큼 | 닝큼 |  |
| 본의(本義) | 본이 |  | 띄어쓰기 | 띠어쓰기 |  |
| 무늬[紋] | 무니 |  | 씌어 | 씨어 |  |
| 보늬 | 보니 |  | 틔어 | 티어 |  |
| 오늬 | 오니 |  | 희망(希望) | 히망 |  |
| 하늬바람 | 하늬바람 |  | 희다 | 히다 |  |
| 닐리리 | 닐리리 |  | 유희(遊戱) | 유히 |  |

## 제5절  두음 법칙

제10항  한자음 '녀, 뇨, 뉴, 니'가 단어 첫머리에 올 적에는, 두음 법칙에 따라
'여, 요, 유, 이'로 적는다.(ㄱ을 취하고, ㄴ을 버림.)

| ㄱ | ㄴ | ㄱ | ㄴ |
|---|---|---|---|
| 여자(女子) | 녀자 | 유대(紐帶) | 뉴대 |
| 연세(年歲) | 년세 | 이토(泥土) | 니토 |
| 요소(尿素) | 뇨소 | 익명(匿名) | 닉명 |

다만, 다음과 같은 의존 명사에서는 '냐, 녀' 음을 인정한다.

낭(兩)  냥쭝(兩-)  년(年)  (몇 년)

[붙임 1]  단어의 첫머리 이외의 경우에는 본음대로 적는다.

남녀(男女)  당뇨(糖尿)  결뉴(結紐)  은닉(隱匿)

[붙임 2]  접두사처럼 쓰이는 한자가 붙어서 된 말이나 합성어에서, 뒷말의
첫소리가 'ㄴ' 소리로 나더라도 두음 법칙에 따라 적는다.

신여성(新女性)  공염불(空念佛)  남존여비(男尊女卑)

[붙임 3]  둘 이상의 단어로 이루어진 고유 명사를 붙어 쓰는 경우에도 붙임 2에
준하여 적는다.

한국여자대학  대한요소비료회사

제11항  한자음 '랴, 려, 례, 료, 류, 리'가 단어의 첫머리에 올 적에는, 두음 법칙에 따라
'야, 여, 예, 요, 유, 이'로 적는다.(ㄱ을 취하고, ㄴ을 버림.)

| ㄱ | ㄴ | ㄱ | ㄴ |
|---|---|---|---|
| 양심(良心) | 량심 | 용궁(龍宮) | 룡궁 |
| 역사(歷史) | 력사 | 유행(流行) | 류행 |
| 예의(禮儀) | 례의 | 이발(理髮) | 리발 |

다만, 다음과 같은 의존 명사는 본음대로 적는다.

리(里) : 몇 리냐?

리(理) : 그럴 리가 없다.

[붙임 1]  단어의 첫머리 이외의 경우에는 본음대로 적는다.

개량(改良)  선량(善良)  수력(水力)  협력(協力)
사례(謝禮)  혼례(婚禮)  와룡(臥龍)  쌍룡(雙龍)
하류(下流)  급류(急流)  도리(道理)  진리(眞理)

다만, 모음이나 'ㄴ' 받침 뒤에 이어지는 '렬, 률'은 '열, 율'로 적는다.
(ㄱ을 취하고, ㄴ을 버림.)

| ㄱ | ㄴ | ㄱ | ㄴ |
|---|---|---|---|
| 나열(羅列) | 나렬 | 분열(分裂) | 분렬 |
| 치열(齒列) | 치렬 | 선열(先烈) | 선렬 |
| 비열(卑劣) | 비렬 | 진열(陳列) | 진렬 |
| 규율(規律) | 규률 | 선율(旋律) | 선률 |
| 비율(比率) | 비률 | 전율(戰慄) | 전률 |
| 실패율(失敗率) | 실패률 | 백분율(百分率) | 백분률 |

[붙임 2] 외자로 된 이름을 성에 붙여 쓸 경우에도 본음대로 적을 수 있다.

신립(申砬)    최린(崔麟)    채륜(蔡倫)    하륜(河崙)

[붙임 3] 준말에서 본음으로 소리나는 것은 본음대로 적는다.

국련(국제연합)    대한교련(대한교육연합회)

[붙임 4] 접두사처럼 쓰이는 한자가 붙어서 된 말이나 합성어에서, 뒷말의 첫소리가 'ㄴ' 또는 'ㄹ' 소리로 나더라도 두음 법칙에 따라 적는다.

역이용(逆利用)    연이율(年利率)    열역학(熱力學)    해외여행(海外旅行)

[붙임 5] 둘 이상의 단어로 이루어진 고유 명사를 붙여 쓰는 경우나 십진법에 따라 쓰는 수(數)도 붙임 4에 준하여 적는다.

서울여관    신흥이발관    육천육백육십육(六千六百六十六)

제12항 한자음 '라, 래, 로, 뢰, 루, 르'가 단어의 첫머리에 올 적에는, 두음 법칙에 따라 '나, 내, 노, 뇌, 누, 느'로 적는다.(ㄱ을 취하고, ㄴ을 버림.)

| ㄱ | ㄴ | ㄱ | ㄴ |
|---|---|---|---|
| 낙원(樂園) | 락원 | 뇌성(雷聲) | 뢰성 |
| 내일(來日) | 래일 | 누각(樓閣) | 루각 |
| 노인(老人) | 로인 | 능묘(陵墓) | 릉묘 |

[붙임 1] 단어의 첫머리 이외의 경우에는 본음대로 적는다.

| | | | |
|---|---|---|---|
| 쾌락(快樂) | 극락(極樂) | 거래(去來) | 왕래(往來) |
| 부로(父老) | 연로(年老) | 지뢰(地雷) | 낙뢰(落雷) |
| 고루(高樓) | 광한루(廣寒樓) | 동구릉(東九陵) | 가정란(家庭欄) |

[붙임 2] 접두사처럼 쓰이는 한자가 붙어서 된 단어는 뒷말을 두음 법칙에 따라 적는다.

내내월(來來月)        상노인(上老人)        중노동(重勞動)        비논리적(非論理的)


## 제6절    겹쳐 나는 소리

제13항   한 단어 안에서 같은 음절이나 비슷한 음절이 겹쳐 나는 부분은 같은 글자로 적는다.(ㄱ을 취하고, ㄴ을 버림.)

| ㄱ | ㄴ | ㄱ | ㄴ |
|---|---|---|---|
| 딱딱 | 딱닥 | 꼿꼿하다 | 꼿곳하다 |
| 쌕쌕 | 쌕색 | 놀놀하다 | 놀롤하다 |
| 씩씩 | 씩식 | 눅눅하다 | 눙눅하다 |
| 똑딱똑딱 | 똑딱똑딱 | 밋밋하다 | 민밋하다 |
| 쓱싹쓱싹 | 쓱싹쓱싹 | 싹싹하다 | 싹삭하다 |
| 연연불망(戀戀不忘) | 연련불망 | 쌉쌀하다 | 쌉살하다 |
| 유유상종(類類相從) | 유류상종 | 씁쓸하다 | 씁슬하다 |
| 누누이(屢屢-) | 누루이 | 짭짤하다 | 짭잘하다 |


## 제4장    형태에 관한 것

### 제1절    체언과 조사

제14항   체언은 조사와 구별하여 적는다.

| 떡이 | 떡을 | 떡에 | 떡도 | 떡만 |
|---|---|---|---|---|
| 손이 | 손을 | 손에 | 손도 | 손만 |
| 팔이 | 팔을 | 팔에 | 팔도 | 팔만 |
| 밤이 | 밤을 | 밤에 | 밤도 | 밤만 |
| 집이 | 집을 | 집에 | 집도 | 집만 |
| 옷이 | 옷을 | 옷에 | 옷도 | 옷만 |
| 콩이 | 콩을 | 콩에 | 콩도 | 콩만 |
| 낯이 | 낯을 | 낯에 | 낯도 | 낯만 |

| | | | | |
|---|---|---|---|---|
| 꽃이 | 꽃을 | 꽃에 | 꽃도 | 꽃만 |
| 밭이 | 밭을 | 밭에 | 밭도 | 밭만 |
| 앞이 | 앞을 | 앞에 | 앞도 | 앞만 |
| 밖이 | 밖을 | 밖에 | 밖도 | 밖만 |
| 넋이 | 넋을 | 넋에 | 넋도 | 넋만 |
| 흙이 | 흙을 | 흙에 | 흙도 | 흙만 |
| 삶이 | 삶을 | 삶에 | 삶도 | 삶만 |
| 여덟이 | 여덟을 | 여덟에 | 여덟도 | 여덟만 |
| 곬이 | 곬을 | 곬에 | 곬도 | 곬만 |
| 값이 | 값을 | 값에 | 값도 | 값만 |

## 제2절    어간과 어미

**제15항**  용언의 어간과 어미는 구별하여 적는다.

| | | | |
|---|---|---|---|
| 먹다 | 먹고 | 먹어 | 먹으니 |
| 신다 | 신고 | 신어 | 신으니 |
| 믿다 | 믿고 | 믿어 | 믿으니 |
| 울다 | 울고 | 울어 | (우니) |
| 넘다 | 넘고 | 넘어 | 넘으니 |
| 입다 | 입고 | 입어 | 입으니 |
| 웃다 | 웃고 | 웃어 | 웃으니 |
| 찾다 | 찾고 | 찾아 | 찾으니 |
| 좇다 | 좇고 | 좇아 | 좇으니 |
| 같다 | 같고 | 같아 | 같으니 |
| 높다 | 높고 | 높아 | 높으니 |
| 좋다 | 좋고 | 좋아 | 좋으니 |
| 깎다 | 깎고 | 깎아 | 깎으니 |
| 앉다 | 앉고 | 앉아 | 앉으니 |
| 많다 | 많고 | 많아 | 많으니 |
| 늙다 | 늙고 | 늙어 | 늙으니 |
| 젊다 | 젊고 | 젊어 | 젊으니 |

| | | | |
|---|---|---|---|
| 넓다 | 넓고 | 넓어 | 넓으니 |
| 훑다 | 훑고 | 훑어 | 훑으니 |
| 읊다 | 읊고 | 읊어 | 읊으니 |
| 옳다 | 옳고 | 옳아 | 옳으니 |
| 없다 | 없고 | 없어 | 없으니 |
| 있다 | 있고 | 있어 | 있으니 |

[붙임 1]  두 개의 용언이 어울려 한 개의 용언이 될 적에, 앞말의 본뜻이 유지되고
있는 것은 그 원형을 밝히어 적고, 그 본뜻에서 멀어진 것은 밝히어 적지 아니한
다.

(1) 앞말의 본뜻이 유지되고 있는 것

| | | | | |
|---|---|---|---|---|
| 넘어지다 | 늘어나다 | 늘어지다 | 돌아가다 | 되짚어가다 |
| 들어가다 | 떨어지다 | 벌어지다 | 엎어지다 | 접어들다 |
| 틀어지다 | 흩어지다 | | | |

(2) 본뜻에서 멀어진 것

드러나다     사라지다     쓰러지다

[붙임 2]  종결형에서 사용되는 어미 'ㅡ오'는 '요'로 소리나는 경우가 있더라도
그 원형을 밝혀 '오'로 적는다.(ㄱ을 취하고, ㄴ을 버림.)

ㄱ　　　　　　　　　ㄴ

| | |
|---|---|
| 이것은 책이오. | 이것은 책이요. |
| 이리로 오시오. | 이리로 오시요. |
| 이것은 책이 아니오. | 이것은 책이 아니요. |

[붙임 3]  연결형에서 사용되는 '이요'는 '이요'로 적는다.(ㄱ을 취하고, ㄴ을 버림.)

ㄱ　　　　　　　　　　　ㄴ

| | |
|---|---|
| 이것은 책이요, 저것은 붓이요, | 이것은 책이오, 저것은 붓이오, |
| 또 저것은 먹이다. | 또 저것은 먹이다. |

제16항  어간의 끝음절 모음이 'ㅏ, ㅗ'일 때에는 어미를 'ㅡ아'로 적고, 그 밖의 모음일
때에는 'ㅡ어'로 적는다.

1. 'ㅡ아'로 적는 경우

| | | |
|---|---|---|
| 나아 | 나아도 | 나아서 |
| 막아 | 막아도 | 막아서 |
| 얇아 | 얇아도 | 얇아서 |

|     |     |     |
| --- | --- | --- |
| 돌아 | 돌아도 | 돌아서 |
| 보아 | 보아도 | 보아서 |

2. '—어'로 적는 경우

|     |     |     |
| --- | --- | --- |
| 개어 | 개어도 | 개어서 |
| 겪어 | 겪어도 | 겪어서 |
| 되어 | 되어도 | 되어서 |
| 베어 | 베어도 | 베어서 |
| 쉬어 | 쉬어도 | 쉬어서 |
| 저어 | 저어도 | 저어서 |
| 주어 | 주어도 | 주어서 |
| 피어 | 피어도 | 피어서 |
| 희어 | 희어도 | 희어서 |

제17항   어미 뒤에 덧붙는 조사 '—요'는 '—요'로 적는다.

|     |     |
| --- | --- |
| 읽어 | 읽어요 |
| 참으리 | 참으리요 |
| 좋지 | 좋지요 |

제18항   다음과 같은 용언들은 어미가 바뀔 경우, 그 어간이나 어미가 원칙에 벗어나면 벗어나는 대로 적는다.

1. 어간의 끝 'ㄹ'이 줄어질 적

|        |        |      |        |        |       |
| ------ | ------ | ---- | ------ | ------ | ----- |
| 갈다 : | 가니   | 간   | 갑니다 | 가시다 | 가오  |
| 놀다 : | 노니   | 논   | 놉니다 | 노시다 | 노오  |
| 불다 : | 부니   | 분   | 붑니다 | 부시다 | 부오  |
| 둥글다 : | 둥그니 | 둥근 | 둥급니다 | 둥그시다 | 둥그오 |
| 어질다 : | 어지니 | 어진 | 어집니다 | 어지시다 | 어지오 |

[붙임] 다음과 같은 말에서도 'ㄹ'이 준 대로 적는다.

|     |     |     |     |
| --- | --- | --- | --- |
| 마지못하다 | 마지않다 | (하)다마다 | (하)자마자 |
| (하)지 마라 | (하)지 마(아) |  |  |

2. 어간의 끝 'ㅅ'이 줄어질 적

|        |     |      |      |
| ------ | --- | ---- | ---- |
| 긋다 : | 그어 | 그으니 | 그었다 |
| 낫다 : | 나아 | 나으니 | 나았다 |

잇다 : 이어    이으니    이었다

짓다 : 지어    지으니    지었다

3. 어간의 끝 'ㅎ'이 줄어질 적

그렇다 : 그러니    그럴    그러면    그러오

까맣다 : 까마니    까말    까마면    까마오

동그랗다 : 동그라니    동그랄    동그라면    동그라오

퍼렇다 : 퍼러니    퍼럴    퍼러면    퍼러오

하얗다 : 하야니    하얄    하야면    하야오

4. 어간의 끝 'ㅜ, ㅡ'가 줄어질 적

푸다 : 퍼펐다                    뜨다 : 떠떴다

끄다 : 꺼껐다                    크다 : 커컸다

담그다 : 담가담갔다              고프다 : 고파고팠다

따르다 : 따라따랐다              바쁘다 : 바빠바빴다

5. 어간의 끝 'ㄷ'이 'ㄹ'로 바뀔 적

걷다[步] : 걸어    걸으니    걸었다

듣다[聽] : 들어    들으니    들었다

묻다[問] : 물어    물으니    물었다

싣다[載] : 실어    실으니    실었다

6. 어간의 끝 'ㅂ'이 'ㅜ'로 바뀔 적

깁다 : 기워    기우니    기웠다

굽다[炙] : 구워    구우니    구웠다

가깝다 : 가까워    가까우니    가까웠다

괴롭다 : 괴로워    괴로우니    괴로웠다

맵다 : 매워    매우니    매웠다

무겁다 : 무거워    무거우니    무거웠다

밉다 : 미워    미우니    미웠다

쉽다 : 쉬워    쉬우니    쉬웠다

다만, '돕-, 곱-'과 같은 단음절 어간에 어미 'ㅡ아'가 결합되어 '와'로 소리나는 것은
'ㅡ와'로 적는다.

돕다[助] : 도와    도와서    도와도    도왔다

곱다[麗] : 고와    고와서    고와도    고왔다

7. '하다'의 활용에서 어미 'ㅡ아'가 'ㅡ여'로 바뀔 적

하다 : 하여     하여서     하여도     하여라     하였다

8. 어간의 끝음절 '르' 뒤에 오는 어미 '-어'가 '-러'로 바뀔 적

이르대[至] : 이르러     이르렀다

노르다 : 노르러     노르렀다

누르다 : 누르러     누르렀다

푸르다 : 푸르러     푸르렀다

9. 어간의 끝음절 '르'의 'ㅡ'가 줄고, 그 뒤에 오는 어미 '-아 / -어'가
   '-라 / -러'로 바뀔 적

| | | | |
|---|---|---|---|
| 가르다 : 갈라     갈랐다 | | 부르다 : 불러     불렀다 | |
| 거르다 : 걸러     걸렀다 | | 오르다 : 올라     올랐다 | |
| 구르다 : 굴러     굴렀다 | | 이르다 : 일러     일렀다 | |
| 벼르다 : 별러     별렀다 | | 지르다 : 질러     질렀다 | |

## 제3절   접미사가 붙어서 된 말

제19항   어간에 '-이'나 '-음 / -ㅁ'이 붙어서 명사로 된 것과 '-이'나 '-히'가 붙어서
부사로 된 것은 그 어간의 원형을 밝히어 적는다.

1. '-이'가 붙어서 명사로 된 것

길이     깊이     높이     다듬이     땀받이     달맞이

먹이     미닫이     벌이     벼훑이     살림살이     쇠붙이

2. '-음/-ㅁ'이 붙어서 명사로 된 것

걸음     묶음     믿음     얼음     엮음     울음

웃음     졸음     죽음     앎     만듦

3. '-이'가 붙어서 부사로 된 것

같이     굳이     길이     높이     많이     실없이     좋이     짓궂이

4. '-히'가 붙어서 부사로 된 것

밝히     익히     작히

다만, 어간에 '-이'나 '-음'이 붙어서 명사로 바뀐 것이라도 그 어간의 뜻과 멀
어진 것은 원형을 밝히어 적지 아니한다.

굽도리     다리[髢]     목거리(목병)     무녀리

코끼리     거름(비료)     고름[膿]     노름(도박)

[붙임]   어간에 '—이'나 '—음' 이외의 모음으로 시작된 접미사가 붙어서 다른 품사로
　　　바뀐 것은 그 어간의 원형을 밝히어 적지 아니한다.
　　　　(1) 명사로 바뀐 것
　　　　　　귀머거리　　까마귀　　　너머　　　뜨더귀　　　마감　　　마개
　　　　　　마중　　　　무덤　　　　비렁뱅이　쓰레기　　　올가미　　주검
　　　　(2) 부사로 바뀐 것
　　　　　　거뭇거뭇　　너무　　　　도로　　　뜨덤뜨덤　　바투　　　불긋불긋
　　　　　　비로소　　　오긋오긋　　자주　　　차마
　　　　(3) 조사로 바뀌어 뜻이 달라진 것
　　　　　　나마　　　　부터　　　　조차

제20항   명사 뒤에 '—이'가 붙어서 된 말은 그 명사의 원형을 밝히어 적는다.
　　　　1. 부사로 된 것
　　　　　　곳곳이　　　낱낱이　　　몫몫이　　　샅샅이　　　앞앞이　　　집집이
　　　　2. 명사로 된 것
　　　　　　곰배팔이　　바둑이　　　삼발이　　　애꾸눈이　　　육손이
　　　　　　절뚝발이 / 절름발이
　　　[붙임]   '—이' 이외의 모음으로 시작된 접미사가 붙어서 된 말은 그 명사의 원형을
　　　밝히어 적지 아니한다.
　　　　　　　꼬락서니　　끄트머리　　모가치　　　바가지　　　바깥　　　사타구니
　　　　　　　싸라기　　　이파리　　　지붕　　　지푸라기　　짜개

제21항   명사나 혹은 용언의 어간 뒤에 자음으로 시작된 접미사가 붙어서 된 말은 그 명
　　　　사나 어간의 원형을 밝히어 적는다.
　　　　1. 명사 뒤에 자음으로 시작된 접미사가 붙어서 된 것
　　　　　　값지다　　　홑지다　　　넋두리　　　빛깔　　　옆댕이　　　잎사귀
　　　　2. 어간 뒤에 자음으로 시작된 접미사가 붙어서 된 것
　　　　　　낚시　　　　　늙정이　　　　　덮개　　　　　뜯게질
　　　　　　갉작갉작하다　갉작거리다　　　뜯적거리다　　뜯적뜯적하다
　　　　　　굵다랗다　　　굵직하다　　　　깊숙하다　　　넓적하다
　　　　　　높다랗다　　　늙수그레하다　　얽죽얽죽하다
　　　　다만, 다음과 같은 말은 소리대로 적는다.

(1) 겹받침의 끝소리가 드러나지 아니하는 것

| | | | |
|---|---|---|---|
| 할짝거리다 | 널따랗다 | 널찍하다 | 말끔하다 |
| 말쑥하다 | 말짱하다 | 실쭉하다 | 실큼하다 |
| 얄따랗다 | 얄팍하다 | 짤따랗다 | 짤막하다 |
| 실컷 | | | |

(2) 어원이 분명하지 아니하거나 본뜻에서 멀어진 것

| | | | |
|---|---|---|---|
| 넙치 | 올무 | 골막하다 | 납작하다 |

제22항  용언의 어간에 다음과 같은 접미사들이 붙어서 이루어진 말들은 그 어간을
밝히어 적는다.

1.'-기-, -리-, -이-, -히-, -구-, -우-, -추-, -으키-, -이키-,
-애-'가 붙는 것

| | | | | |
|---|---|---|---|---|
| 맡기다 | 옮기다 | 웃기다 | 쫓기다 | 뚫리다 |
| 울리다 | 낚이다 | 쌓이다 | 핥이다 | 굳히다 |
| 굽히다 | 넓히다 | 앉히다 | 얽히다 | 잡히다 |
| 돋구다 | 솟구다 | 돋우다 | 갖추다 | 곧추다 |
| 맞추다 | 일으키다 | 돌이키다 | 없애다 | |

다만, '-이-, -히-, -우-'가 붙어서 된 말이라도 본뜻에서 멀어진 것은
소리대로 적는다.

| | | |
|---|---|---|
| 도리다(칼로 ~ ) | 드리다(용돈을 ~ ) | 고치다 |
| 바치다(세금을 ~ ) | 부치다(편지를 ~ ) | 거두다 |
| 미루다 | 이루다 | |

2. '-치-, -뜨리-, -트리-'가 붙는 것

| | | | | |
|---|---|---|---|---|
| 놓치다 | 덮치다 | 떠받치다 | 받치다 | 밭치다 |
| 부딪치다 | 뻗치다 | 엎치다 | 부딪뜨리다/부딪트리다 | |
| 쏟뜨리다/쏟트리다 | | 젖뜨리다/젖트리다 | | |
| 찢뜨리다/찢트리다 | | 흩뜨리다/흩트리다 | | |

[붙임]  '-업-, -읍-, -브-'가 붙어서 된 말은 소리대로 적는다.

| | | |
|---|---|---|
| 미덥다 | 우습다 | 미쁘다 |

제23항  '-하다'나 '-거리다'가 붙는 어근에 '-이'가 붙어서 명사가 된 것은
그 원형을 밝히어 적는다.(ㄱ을 취하고, ㄴ을 버림.)

| ㄱ | ㄴ | ㄱ | ㄴ |
|---|---|---|---|
| 깔쭉이 | 깔쭈기 | 살살이 | 살사리 |
| 꿀꿀이 | 꿀꾸리 | 쌕쌕이 | 쌕쌔기 |
| 눈깜짝이 | 눈깜짜기 | 오뚝이 | 오뚜기 |
| 더펄이 | 더퍼리 | 코납작이 | 코납자기 |
| 배불뚝이 | 배불뚜기 | 푸석이 | 푸서기 |
| 삐죽이 | 삐주기 | 홀쭉이 | 홀쭈기 |

[붙임] '―하다'나 '―거리다'가 붙을 수 없는 어근에 '―이'나 또는 다른 모음으로
시작되는 접미사가 붙어서 명사가 된 것은 그 원형을 밝히어 적지 아니한다.

| | | | | |
|---|---|---|---|---|
| 개구리 | 귀뚜라미 | 기러기 | 깍두기 | 꽹과리 |
| 날라리 | 누더기 | 동그라미 | 두드러기 | 딱따구리 |
| 매미 | 부스러기 | 뻐꾸기 | 얼루기 | 칼싹두기 |

제24항  '―거리다'가 붙을 수 있는 시늉말 어근에 '―이다'가 붙어서 된 용언은
그 어근을 밝히어 적는다.(ㄱ을 취하고, ㄴ을 버림.)

| ㄱ | ㄴ | ㄱ | ㄴ |
|---|---|---|---|
| 깜짝이다 | 깜짜기다 | 속삭이다 | 속사기다 |
| 꾸벅이다 | 꾸버기다 | 숙덕이다 | 숙더기다 |
| 끄덕이다 | 끄더기다 | 울먹이다 | 울머기다 |
| 뒤척이다 | 뒤처기다 | 움직이다 | 움지기다 |
| 들먹이다 | 들머기다 | 지껄이다 | 지꺼리다 |
| 망설이다 | 망서리다 | 퍼덕이다 | 퍼더기다 |
| 번득이다 | 번드기다 | 허덕이다 | 허더기다 |
| 번쩍이다 | 번쩌기다 | 헐떡이다 | 헐떠기다 |

제25항  '―하다'가 붙는 어근에 '―히'나 '―이'가 붙어서 부사가 되거나, 부사에 '―이'가
붙어서 뜻을 더하는 경우에는 그 어근이나 부사의 원형을 밝히어 적는다.
    1. '―하다'가 붙는 어근에 '―히'나 '―이'가 붙는 경우

| | | | | | |
|---|---|---|---|---|---|
| 급히 | 꾸준히 | 도저히 | 딱히 | 어렴풋이 | 깨끗이 |

[붙임] '―하다'가 붙지 않는 경우에는 소리대로 적는다.

| | | |
|---|---|---|
| 갑자기 | 반드시(꼭) | 슬며시 |

    2. 부사에 '―이'가 붙어서 역시 부사가 되는 경우

| 곰곰이 | 더욱이 | 생긋이 | 오뚝이 | 일찍이 | 해죽이 |
|---|---|---|---|---|---|

제26항  '−하다'나 '−없다'가 붙어서 된 용언은 그 '−하다'나 '−없다'를 밝히어 적는다.
   1. '−하다'가 붙어서 용언이 된 것

| 딱하다 | 숱하다 | 착하다 | 텁텁하다 | 푹하다 |
|---|---|---|---|---|

   2. '−없다'가 붙어서 용언이 된 것

| 부질없다 | 상없다 | 시름없다 | 열없다 | 하염없다 |
|---|---|---|---|---|

## 제4절  합성어 및 접두사가 붙은 말

제27항  둘 이상의 단어가 어울리거나 접두사가 붙어서 이루어진 말은 각각 그 원형을 밝히어 적는다.

| 국말이 | 꺾꽂이 | 꽃잎 | 끝장 | 물난리 |
|---|---|---|---|---|
| 밑천 | 부엌일 | 싫증 | 옷안 | 웃옷 |
| 젖몸살 | 첫아들 | 칼날 | 팥알 | 헛웃음 |
| 홀아비 | 홑몸 | 흙내 | | |
| 값없다 | 겉늙다 | 굶주리다 | 낮잡다 | 맞먹다 |
| 받내다 | 벋놓다 | 빗나가다 | 빛나다 | 새파랗다 |
| 샛노랗다 | 시꺼멓다 | 싯누렇다 | 엇나가다 | 엎누르다 |
| 엿듣다 | 옻오르다 | 짓이기다 | 헛되다 | |

[붙임 1]  어원은 분명하나 소리만 특이하게 변한 것은 변한 대로 적는다.

| 할아버지 | 할아범 |
|---|---|

[붙임 2]  어원이 분명하지 아니한 것은 원형을 밝히어 적지 아니한다.

| 골병 | 골탕 | 끌탕 | 며칠 | 아재비 |
|---|---|---|---|---|
| 오라비 | 업신여기다 | 부리나케 | | |

[붙임 3]'이[齒, 虱]'가 합성어나 이에 준하는 말에서 '니' 또는 '리'로 소리날 때에는 '니'로 적는다.

| 간니 | 덧니 | 사랑니 | 송곳니 | 앞니 |
|---|---|---|---|---|
| 어금니 | 윗니 | 젖니 | 톱니 | 틀니 |
| 가랑니 | 머릿니 | | | |

제28항   끝소리가 'ㄹ'인 말과 딴 말이 어울릴 적에 'ㄹ' 소리가 나지 아니하는 것은 아니
나는 대로 적는다.

| | | |
|---|---|---|
| 다달이(달-달-이) | 따님(딸-님) | 마되(말-되) |
| 마소(말-소) | 무자위(물-자위) | 바느질(바늘-질) |
| 부나비(불-나비) | 부삽(불-삽) | 부손(불-손) |
| 소나무(솔-나무) | 싸전(쌀-전) | 여닫이(열-닫이) |
| 우짖다(울-짖다) | 화살(활-살) | |

제29항   끝소리가 'ㄹ'인 말과 딴 말이 어울릴 적에 'ㄹ' 소리가 'ㄷ' 소리로 나는 것은
'ㄷ'으로 적는다.

| | | |
|---|---|---|
| 반짇고리(바느질~) | 사흗날(사흘~) | 삼짇날(삼질~) |
| 섣달(설~) | 숟가락(술~) | 이튿날(이틀~) |
| 잗주름(잘~) | 푿소(풀~) | 섣부르다(설~) |
| 잗다듬다(잘~) | 잗다랗다(잘~) | |

제30항   사이시옷은 다음과 같은 경우에 받치어 적는다.

　　　1. 순 우리말로 된 합성어로서 앞말이 모음으로 끝난 경우
　　　　(1) 뒷말의 첫소리가 된소리로 나는 것

| | | | | |
|---|---|---|---|---|
| 고랫재 | 귓밥 | 나룻배 | 나뭇가지 | 냇가 |
| 댓가지 | 뒷갈망 | 맷돌 | 머릿기름 | 모깃불 |
| 못자리 | 바닷가 | 뱃길 | 볏가리 | 부싯돌 |
| 선짓국 | 쇳조각 | 아랫집 | 우렁잇속 | 잇자국 |
| 잿더미 | 조갯살 | 찻집 | 쳇바퀴 | 킷값 |
| 핏대 | 햇볕 | 혓바늘 | | |

　　　　(2) 뒷말의 첫소리 'ㄴ, ㅁ' 앞에서 'ㄴ' 소리가 덧나는 것

| | | | | |
|---|---|---|---|---|
| 멧나물 | 아랫니 | 텃마당 | 아랫마을 | 뒷머리 |
| 잇몸 | 깻묵 | 냇물 | 빗물 | |

　　　　(3) 뒷말의 첫소리 모음 앞에서 'ㄴㄴ' 소리가 덧나는 것

| | | | | |
|---|---|---|---|---|
| 도리깻열 | 뒷윷 | 두렛일 | 뒷일 | 뒷입맛 |
| 베갯잇 | 욧잇 | 깻잎 | 나뭇잎 | 댓잎 |

　　　2. 순 우리말과 한자어로 된 합성어로서 앞말이 모음으로 끝난 경우
　　　　(1) 뒷말의 첫소리가 된소리로 나는 것

| | | | | |
|---|---|---|---|---|
| 귓병 | 머릿방 | 뱃병 | 봇둑 | 사잣밥 |
| 샛강 | 아랫방 | 자릿세 | 전셋집 | 찻잔 |
| 찻종 | 촛국 | 콧병 | 탯줄 | 텃세 |
| 핏기 | 햇수 | 횟가루 | 횟배 | |

(2) 뒷말의 첫소리 'ㄴ, ㅁ' 앞에서 'ㄴ' 소리가 덧나는 것

| | | | | |
|---|---|---|---|---|
| 곗날 | 제삿날 | 훗날 | 툇마루 | 양칫물 |

(3) 뒷말의 첫소리 모음 앞에서 'ㄴㄴ' 소리가 덧나는 것

| | | | |
|---|---|---|---|
| 가욋일 | 사삿일 | 예삿일 | 훗일 |

3. 두 음절로 된 다음 한자어

| | | |
|---|---|---|
| 곳간(庫間) | 셋방(貰房) | 숫자(數字) |
| 찻간(車間) | 툇간(退間) | 횟수(回數) |

제31항  두 말이 어울릴 적에 'ㅂ' 소리나 'ㅎ' 소리가 덧나는 것은 소리대로 적는다.

1. 'ㅂ' 소리가 덧나는 것

| | | |
|---|---|---|
| 댑싸리(대ㅂ싸리) | 멥쌀(메ㅂ쌀) | 볍씨(벼ㅂ씨) |
| 입때(이ㅂ때) | 입쌀(이ㅂ쌀) | 접때(저ㅂ때) |
| 좁쌀(조ㅂ쌀) | 햅쌀(해ㅂ쌀) | |

2. 'ㅎ' 소리가 덧나는 것

| | | |
|---|---|---|
| 머리카락(머리ㅎ가락) | 살코기(살ㅎ고기) | 수캐(수ㅎ개) |
| 수컷(수ㅎ것) | 수탉(수ㅎ닭) | 안팎(안ㅎ밖) |
| 암캐(암ㅎ개) | 암컷(암ㅎ것) | 암탉(암ㅎ닭) |

## 제5절   준 말

제32항  단어의 끝모음이 줄어지고 자음만 남은 것은 그 앞의 음절에 받침으로 적는다.

| (본말) | (준말) |
|---|---|
| 기러기야 | 기럭아 |
| 어제그저께 | 엊그저께 |
| 어제저녁 | 엊저녁 |
| 가지고, 가지지 | 갖고, 갖지 |
| 디디고, 디디지 | 딛고, 딛지 |

제33항   체언과 조사가 어울려 줄어지는 경우에는 준 대로 적는다.

|(본말)|(준말)|
|---|---|
|그것은|그건|
|그것이|그게|
|그것으로|그걸로|
|나는|난|
|나를|날|
|너는|넌|
|너를|널|
|무엇을|뭣을 / 무얼 / 뭘|
|무엇이|뭣이 / 무에|

제34항   모음 'ㅏ, ㅓ'로 끝난 어간에 '—아 / —어, —았— / —었—'이 어울릴 적에는 준 대로 적는다.

|(본말)|(준말)|(본말)|(준말)|
|---|---|---|---|
|가아|가|가았다|갔다|
|나아|나|나았다|났다|
|타아|타|타았다|탔다|
|서어|서|서었다|섰다|
|켜어|켜|켜었다|켰다|
|펴어|펴|펴었다|폈다|

[붙임 1]  'ㅐ, ㅔ' 뒤에 '-어, -었-'이 어울려 줄 적에는 준 대로 적는다.

|(본말)|(준말)|(본말)|(준말)|
|---|---|---|---|
|개어|개|개었다|갰다|
|내어|내|내었다|냈다|
|베어|베|베었다|벴다|
|세어|세|세었다|셌다|

[붙임 2]  '하여'가 한 음절로 줄어서 '해'로 될 적에는 준 대로 적는다.

|(본말)|(준말)|(본말)|(준말)|
|---|---|---|---|
|하여|해|하였다|했다|
|더하여|더해|더하였다|더했다|
|흔하여|흔해|흔하였다|흔했다|

제35항  모음 'ㅗ, ㅜ'로 끝난 어간에 '-아/-어, -았-/-었-'이 어울려
        'ㅘ / ㅝ, 왔 / 웠'으로 될 적에는 준 대로 적는다.

| (본말) | (준말) | (본말) | (준말) |
|---|---|---|---|
| 꼬아 | 꽈 | 꼬았다 | 꽜다 |
| 보아 | 봐 | 보았다 | 봤다 |
| 쏘아 | 쏴 | 쏘았다 | 쐈다 |
| 두어 | 둬 | 두었다 | 뒀다 |
| 쑤어 | 쒀 | 쑤었다 | 쒔다 |
| 주어 | 줘 | 주었다 | 줬다 |

[붙임 1] '놓아'가 '놔'로 줄 적에는 준 대로 적는다.

[붙임 2] 'ㅚ' 뒤에 '-어, -었-'이 어울려 'ㅙ, 왰'으로 될 적에도 준 대로 적는다.

| (본말) | (준말) | (본말) | (준말) |
|---|---|---|---|
| 괴어 | 괘 | 괴었다 | 괬다 |
| 되어 | 돼 | 되었다 | 됐다 |
| 뵈어 | 봬 | 뵈었다 | 뵀다 |
| 쇠어 | 쇄 | 쇠었다 | 쇘다 |
| 쐬어 | 쐐 | 쐬었다 | 쐤다 |

제36항  'ㅣ' 뒤에 '-어'가 와서 'ㅕ'로 줄 적에는 준 대로 적는다.

| (본말) | (준말) | (본말) | (준말) |
|---|---|---|---|
| 가지어 | 가져 | 가지었다 | 가졌다 |
| 견디어 | 견뎌 | 견디었다 | 견뎠다 |
| 다니어 | 다녀 | 다니었다 | 다녔다 |
| 막히어 | 막혀 | 막히었다 | 막혔다 |
| 버티어 | 버텨 | 버티었다 | 버텼다 |
| 치이어 | 치여 | 치이었다 | 치였다 |

제37항  'ㅏ, ㅕ, ㅗ, ㅜ, ㅡ'로 끝난 어간에 '-이-'가 와서 각각 'ㅐ, ㅖ, ㅚ,
        ㅟ, ㅢ'로 줄 적에는 준 대로 적는다.

| (본말) | (준말) | (본말) | (준말) |
|---|---|---|---|
| 싸이다 | 쌔다 | 누이다 | 뉘다 |
| 펴이다 | 폐다 | 뜨이다 | 띄다 |

보이다            뵈다            쓰이다            씌다

제38항  'ㅏ, ㅗ, ㅜ, ㅡ' 뒤에 '-이어'가 어울려 줄어질 적에는 준 대로 적는다.

| (본말) | (준말) | | (본말) | (준말) | |
|---|---|---|---|---|---|
| 싸이어 | 쌔어 | 싸여 | 뜨이어 | 띄어 | |
| 보이어 | 뵈어 | 보여 | 쓰이어 | 씌어 | 쓰여 |
| 쏘이어 | 쐬어 | 쏘여 | 트이어 | 틔어 | 트여 |
| 누이어 | 뉘어 | 누여 | | | |

제39항  어미 '-지' 뒤에 '않-'이 어울려 '-잖-'이 될 적과 '-하지' 뒤에
'않-'이 어울려 '-찮-'이 될 적에는 준 대로 적는다.

| (본말) | (준말) | (본말) | (준말) |
|---|---|---|---|
| 그렇지 않은 | 그렇잖은 | 만만하지 않다 | 만만찮다 |
| 적지 않은 | 적잖은 | 변변하지 않다 | 변변찮다 |

제40항  어간의 끝음절 '하'의 'ㅏ'가 줄고 'ㅎ'이 다음 음절의 첫소리와 어울려
거센소리로 될 적에는 거센소리로 적는다.

| (본말) | (준말) | (본말) | (준말) |
|---|---|---|---|
| 간편하게 | 간편케 | 다정하다 | 다정타 |
| 연구하도록 | 연구토록 | 정결하다 | 정결타 |
| 가하다 | 가타 | 흔하다 | 흔타 |

[붙임 1]  'ㅎ'이 어간의 끝소리로 굳어진 것은 받침으로 적는다.

| 않다 | 않고 | 않지 | 않든지 |
|---|---|---|---|
| 그렇다 | 그렇고 | 그렇지 | 그렇든지 |
| 아무렇다 | 아무렇고 | 아무렇지 | 아무렇든지 |
| 어떻다 | 어떻고 | 어떻지 | 어떻든지 |
| 이렇다 | 이렇고 | 이렇지 | 이렇든지 |
| 저렇다 | 저렇고 | 저렇지 | 저렇든지 |

[붙임 2]  어간의 끝음절 '하'가 아주 줄 적에는 준 대로 적는다.

| (본말) | (준말) | (본말) | (준말) |
|---|---|---|---|
| 거북하지 | 거북지 | 넉넉하지 않다 | 넉넉지 않다 |
| 생각하건대 | 생각건대 | 못하지 않다 | 못지않다 |

| | | | |
|---|---|---|---|
| 생각하다 못해 | 생각다 못해 | 섭섭하지 않다 | 섭섭지 않다 |
| 깨끗하지 않다 | 깨끗지 않다 | 익숙하지 않다 | 익숙지 않다 |

[붙임 3] 다음과 같은 부사는 소리대로 적는다.

| | | | | | |
|---|---|---|---|---|---|
| 결단코 | 결코 | 기필코 | 무심코 | 아무튼 | 요컨대 |
| 정녕코 | 필연코 | 하마터면 | 하여튼 | 한사코 | |

# 제5장　띄어쓰기

## 제1절　조 사

제41항　조사는 그 앞말에 붙여 쓴다.

| | | | | |
|---|---|---|---|---|
| 꽃이 | 꽃마저 | 꽃밖에 | 꽃에서부터 | 꽃으로만 |
| 꽃이나마 | 꽃이다 | 꽃입니다 | 꽃처럼 | 어디까지나 |
| 거기도 | 멀리는 | 웃고만 | | |

## 제2절　의존 명사, 단위를 나타내는 명사 및 열거하는 말 등

제42항　의존 명사는 띄어 쓴다.

| | |
|---|---|
| 아는 것이 힘이다. | 나도 할 수 있다. |
| 먹을 만큼 먹어라. | 아는 이를 만났다. |
| 네가 뜻한 바를 알겠다. | 그가 떠난 지가 오래다. |

제43항　단위를 나타내는 명사는 띄어 쓴다.

한 개　차 한 대　금 서 돈　소 한 마리
옷 한 벌　열 살　조기 한 손　연필 한 자루
버선 한 죽　집 한 채　신 두 켤레　북어 한 쾌

다만, 순서를 나타내는 경우나 숫자와 어울리어 쓰이는 경우에는 붙여 쓸 수 있다.

| | | | |
|---|---|---|---|
| 두시 삼십분 오초 | 제일과 | 삼학년 | 육층 |
| 1446년 10월 9일 | 2대대 | 16동 502호 | 제1실습실 |

80원                    10개           7미터

제44항  수를 적을 적에는 '만(萬)' 단위로 띄어 쓴다.
        십이억 삼천사백오십육만 칠천팔백구십팔
        12억 3456만 7898

제45항  두 말을 이어 주거나 열거할 적에 쓰이는 다음의 말들은 띄어 쓴다.
        국장 겸 과장              열 내지 스물
        청군 대 백군              책상, 걸상 등이 있다
        이사장 및 이사들          사과, 배, 귤 등등
        사과, 배 등속             부산, 광주 등지

제46항  단음절로 된 단어가 연이어 나타날 적에는 붙여 쓸 수 있다.
        그때 그곳    좀더 큰것    이말 저말    한잎 두잎


### 제3절    보조 용언

제47항  보조 용언은 띄어 씀을 원칙으로 하되, 경우에 따라 붙여 씀도 허용한다.
        (ㄱ을 원칙으로 하고, ㄴ을 허용함.)

|                     ㄱ | ㄴ |
|---|---|
| 불이 꺼져 간다.              | 불이 꺼져간다. |
| 내 힘으로 막아 낸다.          | 내 힘으로 막아낸다. |
| 어머니를 도와 드린다.          | 어머니를 도와드린다. |
| 그릇을 깨뜨려 버렸다.          | 그릇을 깨뜨려버렸다. |
| 비가 올 듯하다.              | 비가 올듯하다. |
| 그 일은 할 만하다.            | 그 일은 할만하다. |
| 일이 될 법하다.              | 일이 될법하다. |
| 비가 올 성싶다.              | 비가 올성싶다. |
| 잘 아는 척한다.              | 잘 아는척한다. |

        다만, 앞말에 조사가 붙거나 앞말이 합성 동사인 경우, 그리고 중간에 조사가
        들어갈 적에는 그 뒤에 오는 보조 용언은 띄어 쓴다.

잘도 놀아만 나는구나!                    책을 읽어도 보고…….

네가 덤벼들어 보아라.                    강물에 떠내려가 버렸다.

그가 올 듯도 하다.                       잘난 체를 한다.

### 제4절   고유 명사 및 전문 용어

제48항   성과 이름, 성과 호 등은 붙여 쓰고, 이에 덧붙는 호칭어, 관직명 등은
　　　　　띄어 쓴다.

　　　　　김양수(金良洙)        서화담(徐花潭)        채영신 씨

　　　　　최치원 선생        박동식 박사        충무공 이순신 장군

　　　다만, 성과 이름, 성과 호를 분명히 구분할 필요가 있을 경우에는 띄어 쓸 수 있다.

　　　　　남궁억/남궁 억        독고준/독고 준        황보지봉(皇甫芝峰)/황보 지봉

제49항   성명 이외의 고유 명사는 단어별로 띄어 씀을 원칙으로 하되, 단위별로
　　　　　띄어 쓸 수 있다.(ㄱ을 원칙으로 하고, ㄴ을 허용함.)

　　　　　　　　　ㄱ　　　　　　　　　　　ㄴ

　　　　　대한 중학교　　　　　　대한중학교

　　　　　한국 대학교 사범 대학　　한국대학교 사범대학

제50항   전문 용어는 단어별로 띄어 씀을 원칙으로 하되, 붙여 쓸 수 있다.
　　　　　(ㄱ을 원칙으로 하고, ㄴ을 허용함.)

　　　　　　　　　ㄱ　　　　　　　　　　　ㄴ

　　　　　만성 골수성 백혈병　　　만성골수성백혈병

　　　　　중거리 탄도 유도탄　　　중거리탄도유도탄

## 제6장   그 밖의 것

제51항   부사의 끝음절이 분명히 '이'로만 나는 것은 '－이'로 적고, '히'로만 나거나
　　　　　'이'나 '히'로 나는 것은 '－히'로 적는다.

1. '이'로만 나는 것

| | | | | |
|---|---|---|---|---|
| 가붓이 | 깨끗이 | 나붓이 | 느긋이 | 둥긋이 |
| 따뜻이 | 반듯이 | 버젓이 | 산뜻이 | 의젓이 |
| 가까이 | 고이 | 날카로이 | 대수로이 | 번거로이 |
| 많이 | 적이 | 헛되이 | 겹겹이 | 번번이 |
| 일일이 | 집집이 | 틈틈이 | | |

2. '히'로만 나는 것

| | | | | |
|---|---|---|---|---|
| 극히 | 급히 | 딱히 | 속히 | 작히 |
| 족히 | 특히 | 엄격히 | 정확히 | |

3. '이, 히'로 나는 것

| | | | | |
|---|---|---|---|---|
| 솔직히 | 가만히 | 간편히 | 나른히 | 무단히 |
| 각별히 | 소홀히 | 쓸쓸히 | 정결히 | 과감히 |
| 꼼꼼히 | 심히 | 열심히 | 급급히 | 답답히 |
| 섭섭히 | 공평히 | 능히 | 당당히 | 분명히 |
| 상당히 | 조용히 | 간소히 | 고요히 | 도저히 |

제52항  한자어에서 본음으로도 나고 속음으로도 나는 것은 각각 그  소리에 따라 적는다.

| (본음으로 나는 것) | (속음으로 나는 것) |
|---|---|
| 승낙(承諾) | 수락(受諾), 쾌락(快諾), 허락(許諾) |
| 만난(萬難) | 곤란(困難), 논란(論難) |
| 안녕(安寧) | 의령(宜寧), 회령(會寧) |
| 분노(忿怒) | 대로(大怒), 희로애락(喜怒哀樂) |
| 토론(討論) | 의논(議論) |
| 오륙십(五六十) | 오뉴월, 유월(六月) |
| 목재(木材) | 모과(木瓜) |
| 십일(十日) | 시방정토(十方淨土), 시왕(十王), 시월(十月) |
| 팔일(八日) | 초파일(初八日) |

제53항  다음과 같은 어미는 예사소리로 적는다.(ㄱ을 취하고, ㄴ을 버림.)

| ㄱ | ㄴ |
|---|---|
| ―(으)ㄹ거나 | ―(으)ㄹ꺼나 |

| ㄱ | ㄴ |
|---|---|
| －(으)ㄹ걸 | －(으)ㄹ껄 |
| －(으)ㄹ게 | －(으)ㄹ께 |
| －(으)ㄹ세 | －(으)ㄹ쎄 |
| －(으)ㄹ세라 | －(으)ㄹ쎄라 |
| －(으)ㄹ수록 | －(으)ㄹ쑤록 |
| －(으)ㄹ시 | －(으)ㄹ씨 |
| －(으)ㄹ지 | －(으)ㄹ찌 |
| －(으)ㄹ지니라 | －(으)ㄹ찌니라 |
| －(으)ㄹ지라도 | －(으)ㄹ찌라도 |
| －(으)ㄹ지어다 | －(으)ㄹ찌어다 |
| －(으)ㄹ지언정 | －(으)ㄹ찌언정 |
| －(으)ㄹ진대 | －(으)ㄹ찐대 |
| －(으)ㄹ진저 | －(으)ㄹ찐저 |
| －올시다 | －올씨다 |

다만, 의문을 나타내는 다음 어미들은 된소리로 적는다.

| | |
|---|---|
| －(으)ㄹ까? | －(으)ㄹ꼬?-(스)ㅂ니까? |
| －(으)ㄹ리까? | －(으)ㄹ쏘냐? |

제54항 다음과 같은 접미사는 된소리로 적는다.(ㄱ을 취하고, ㄴ을 버림.)

| ㄱ | ㄴ | ㄱ | ㄴ |
|---|---|---|---|
| 심부름꾼 | 심부름군 | 귀때기 | 귓대기 |
| 익살꾼 | 익살군 | 볼때기 | 볼대기 |
| 일꾼 | 일군 | 판자때기 | 판잣대기 |
| 장꾼 | 장군 | 뒤꿈치 | 뒷굼치 |
| 장난꾼 | 장난군 | 팔꿈치 | 팔굼치 |
| 지게꾼 | 지겟군 | 이마빼기 | 이맛배기 |
| 때깔 | 땟갈 | 코빼기 | 콧배기 |
| 빛깔 | 빛갈 | 객쩍다 | 객적다 |
| 성깔 | 성갈 | 겸연쩍다 | 겸연적다 |

제55항 두 가지로 구별하여 적던 다음 말들은 한 가지로 적는다.(ㄱ을 취하고, ㄴ을 버림.)

| ㄱ | ㄴ |
|---|---|

　　　　맞추다(입을 맞춘다. 양복을 맞춘다.)　　　　　　마추다
　　　　뻗치다(다리를 뻗친다. 멀리 뻗친다.)　　　　　　뻐치다

제56항　'ㅡ더라, ㅡ던'과 'ㅡ든지'는 다음과 같이 적는다.
　　　1. 지난 일을 나타내는 어미는 'ㅡ더라, ㅡ던'으로 적는다.
　　　　(ㄱ을 취하고, ㄴ을 버림.)

　　　　　　　　　　ㄱ　　　　　　　　　　　　　　　　　　ㄴ

　　　　지난 겨울은 몹시 춥더라.　　　　　　지난 겨울은 몹시 춥드라.
　　　　깊던 물이 얕아졌다.　　　　　　　　깊든 물이 얕아졌다.
　　　　그렇게 좋던가?　　　　　　　　　　그렇게 좋든가?
　　　　그 사람 말 잘하던데!　　　　　　　그 사람 말 잘하든데!
　　　　얼마나 놀랐던지 몰라.　　　　　　　얼마나 놀랐든지 몰라.

　　　2. 물건이나 일의 내용을 가리지 아니하는 뜻을 나타내는 조사와 어미는
　　　　'(ㅡ)든지'로 적는다.(ㄱ을 취하고, ㄴ을 버림.)

　　　　　　　　　　ㄱ　　　　　　　　　　　　　　　　　　ㄴ

　　　　배든지 사과든지 마음대로 먹어라.　　　배던지 사과던지 마음대로 먹어라.
　　　　가든지 오든지 마음대로 해라.　　　　　가던지 오던지 마음대로 해라.

제57항　다음 말들은 각각 구별하여 적는다.
　　　　가름　　　　　　　둘로 가름.
　　　　갈음　　　　　　　새 책상으로 갈음하였다.

　　　　거름　　　　　　　풀을 썩인 거름.
　　　　걸음　　　　　　　빠른 걸음.

　　　　거치다　　　　　　영월을 거쳐 왔다.
　　　　걷히다　　　　　　외상값이 잘 걷힌다.

　　　　걷잡다　　　　　　걷잡을 수 없는 상태.
　　　　겉잡다　　　　　　겉잡아서 이틀 걸릴 일.

　　　　그러므로(그러니까)　　　　　그는 부지런하다. 그러므로 잘 산다.

| | |
|---|---|
| 그럼으로(써)<br>(그렇게 하는 것으로) | 그는 열심히 공부한다. 그럼으로(써)<br>은혜에 보답한다. |
| 노름<br>놀음(놀이) | 노름판이 벌어졌다.<br>즐거운 놀음. |
| 느리다<br>늘이다<br>늘리다 | 진도가 너무 느리다.<br>고무줄을 늘인다.<br>수출량을 더 늘린다. |
| 다리다<br>달이다 | 옷을 다린다.<br>약을 달인다. |
| 다치다<br>닫히다<br>닫치다 | 부주의로 손을 다쳤다.<br>문이 저절로 닫혔다.<br>문을 힘껏 닫쳤다. |
| 마치다<br>맞히다 | 벌써 일을 마쳤다.<br>여러 문제를 더 맞혔다. |
| 목거리<br>목걸이 | 목거리가 덧났다.<br>금 목걸이, 은 목걸이. |
| 바치다<br>받치다 | 나라를 위해 목숨을 바쳤다.<br>우산을 받치고 간다.<br>책받침을 받친다. |
| 받히다<br>밭치다 | 쇠뿔에 받혔다.<br>술을 체에 밭친다. |
| 반드시<br>반듯이 | 약속은 반드시 지켜라.<br>고개를 반듯이 들어라. |

부딪치다          차와 차가 마주 부딪쳤다.
부딪히다          마차가 화물차에 부딪혔다.

부치다            힘이 부치는 일이다.
편지를 부친다.
논밭을 부친다.
빈대떡을 부친다.
식목일에 부치는 글.
회의에 부치는 안건.
인쇄에 부치는 원고.
삼촌 집에 숙식을 부친다.

붙이다            우표를 붙인다.
책상을 벽에 붙였다.
흥정을 붙인다.
불을 붙인다.
감시원을 붙인다.
조건을 붙인다.
취미를 붙인다.
별명을 붙인다.

시키다           일을 시킨다.
식히다           끓인 물을 식힌다.

아름             세 아름 되는 둘레.
알음             전부터 알음이 있는 사이.
앎               앎이 힘이다.

안치다           밥을 안친다.
앉히다           윗자리에 앉힌다.
어름             두 물건의 어름에서 일어난 현상.
얼음             얼음이 얼었다.

| | |
|---|---|
| 이따가 | 이따가 오너라. |
| 있다가 | 돈은 있다가도 없다. |
| | |
| 저리다 | 다친 다리가 저린다. |
| 절이다 | 김장 배추를 절인다. |
| | |
| 조리다 | 생선을 조린다. 통조림, 병조림. |
| 졸이다 | 마음을 졸인다. |
| | |
| 주리다 | 여러 날을 주렸다. |
| 줄이다 | 비용을 줄인다. |
| | |
| 하노라고 | 하노라고 한 것이 이 모양이다. |
| 하느라고 | 공부하느라고 밤을 새웠다. |
| | |
| —느니보다(어미) | 나를 찾아오느니보다 집에 있거라. |
| —는 이보다(의존명사) | 오는 이가 가는 이보다 많다. |
| | |
| —(으)리만큼(어미) | 나를 미워하리만큼 그에게 잘못한 일이 없다. |
| —(으)ㄹ 이만큼(의존 명사) | 찬성할 이도 반대할 이만큼이나 많을 것이다. |
| | |
| —(으)러(목적) | 공부하러 간다. |
| —(으)려(의도) | 서울 가려 한다. |
| | |
| —(으)로서(자격) | 사람으로서 그럴 수는 없다. |
| —(으)로써(수단) | 닭으로써 꿩을 대신했다. |
| | |
| —(으)므로(어미) | 그가 나를 믿으므로 나도 그를 믿는다. |
| (—ㅁ, -음)으로(써)(조사) | 그는 믿음으로(써) 산 보람을 느꼈다. |

# 문장 부호

문장 부호의 이름과 그 사용법은 다음과 같이 정한다.

## I. 마침표[終止符]

### 1. 온점( . ), 고리점( ˛ )

가로쓰기에는 온점, 세로쓰기에는 고리점을 쓴다.

(1) 서술, 명령, 청유 등을 나타내는 문장의 끝에 쓴다.

젊은이는 나라의 기둥이다.

황금 보기를 돌같이 하라.

집으로 돌아가자.

다만, 표제어나 표어에는 쓰지 않는다.

압록강은 흐른다(표제어)

꺼진 불도 다시 보자(표어)

(2) 아라비아 숫자만으로 연월일을 표시할 적에 쓴다.

1919. 3. 1. (1919년 3월 1일)

(3) 표시 문자 다음에 쓴다.

1. 마침표    ㄱ. 물음표    가. 인명

(4) 준말을 나타내는 데 쓴다.

서. 1987. 3. 5. (서기)

### 2. 물음표( ? )

의심이나 물음을 나타낸다.

(1) 직접 질문할 때에 쓴다.

이제 가면 언제 돌아오니?

이름이 뭐지?

(2) 반어나 수사 의문(修辭疑問)을 나타낼 때 쓴다.

제가 감히 거역할 리가 있습니까?

이게 은혜에 대한 보답이냐?

남북 통일이 되면 얼마나 좋을까?

(3) 특정한 어구 또는 그 내용에 대하여 의심이나 빈정거림, 비웃음 등을 표시할 때, 또는 적절한 말을 쓰기 어려운 경우에 소괄호 안에 쓴다.

그것 참 훌륭한(?) 태도야.

우리 집 고양이가 가출(?)을 했어요.

[붙임 1]   한 문장에서 몇 개의 선택적인 물음이 겹쳤을 때에는 맨 끝의 물음에만 쓰지만, 각각 독립된 물음인 경우에는 물음마다 쓴다.

너는 한국인이냐, 중국인이냐?

너는 언제 왔니? 어디서 왔니? 무엇하러?

[붙임 2]   의문형 어미로 끝나는 문장이라도 의문의 정도가 약할 때에는 물음표 대신 온점(또는 고리점)을 쓸 수도 있다.

이 일을 도대체 어쩐단 말이냐.

아무도 그 일에 찬성하지 않을 거야. 혹 미친 사람이면 모를까.


## 3. 느낌표( ! )

감탄이나 놀람, 부르짖음, 명령 등 강한 느낌을 나타낸다.

(1) 느낌을 힘차게 나타내기 위해 감탄사나 감탄형 종결 어미 다음에 쓴다.

앗!

아, 달이 밝구나!

(2) 강한 명령문 또는 청유문에 쓴다.

지금 즉시 대답해!

부디 몸조심하도록!

(3) 감정을 넣어 다른 사람을 부르거나 대답할 적에 쓴다.

춘향아!

예, 도련님!

(4) 물음의 말로써 놀람이나 항의의 뜻을 나타내는 경우에 쓴다.

이게 누구야!

내가 왜 나빠!

[붙임]   감탄형 어미로 끝나는 문장이라도 감탄의 정도가 약할 때에는 느낌표 대신 온점(또는 고리점)을 쓸 수도 있다.

개구리가 나온 것을 보니, 봄이 오긴 왔구나.


## Ⅱ. 쉼표[休止符]

### 1. 반점( , ), 모점( . )
가로쓰기에는 반점, 세로쓰기에는 모점을 쓴다.
문장 안에서 짧은 휴지를 나타낸다.
(1) 같은 자격의 어구가 열거될 때에 쓴다.
　　근면, 검소, 협동은 우리 겨레의 미덕이다.
　　충청도의 계룡산, 전라도의 내장산, 강원도의 설악산은 모두 국립 공원이다.
다만, 조사로 연결될 적에는 쓰지 않는다.
　　매화와 난초와 국화와 대나무를 사군자라고 한다.
(2) 짝을 지어 구별할 필요가 있을 때에 쓴다.
　　닭과 지네, 개와 고양이는 상극이다.
(3) 바로 다음의 말을 꾸미지 않을 때에 쓴다.
　　슬픈 사연을 간직한, 경주 불국사의 무영탑.
　　성질 급한, 철수의 누이동생이 화를 내었다.
(4) 대등하거나 종속적인 절이 이어질 때에 절 사이에 쓴다.
　　콩 심으면 콩 나고, 팥 심으면 팥 난다.
　　흰 눈이 내리니, 경치가 더욱 아름답다.
(5) 부르는 말이나 대답하는 말 뒤에 쓴다.
　　애야, 이리 오너라.
　　예, 지금 가겠습니다.
(6) 제시어 다음에 쓴다.
　　빵, 빵이 인생의 전부이더냐?
　　용기, 이것이야말로 무엇과도 바꿀 수 없는 젊은이의 자산이다.
(7) 도치된 문장에 쓴다.
　　이리 오세요, 어머님.
　　다시 보자, 한강수야.
(8) 가벼운 감탄을 나타내는 말 뒤에 쓴다.
　　아, 깜빡 잊었구나.

(9) 문장 첫머리의 접속이나 연결을 나타내는 말 다음에 쓴다.

첫째, 몸이 튼튼해야 된다.

아무튼, 나는 집에 돌아가겠다.

다만, 일반적으로 쓰이는 접속어(그러나, 그러므로, 그리고, 그런데 등) 뒤에는 쓰지 않음을 원칙으로 한다.

그러나 너는 실망할 필요가 없다.

(10) 문장 중간에 끼어든 구절 앞뒤에 쓴다.

나는, 솔직히 말하면, 그 말이 별로 탐탁하지 않소.

철수는 미소를 띠고, 속으로는 화가 치밀었지만, 그들을 맞았다.

(11) 되풀이를 피하기 위하여 한 부분을 줄일 때에 쓴다.

여름에는 바다에서, 겨울에는 산에서 휴가를 즐겼다.

(12) 문맥상 끊어 읽어야 할 곳에 쓴다.

갑돌이가 울면서, 떠나는 갑순이를 배웅했다.

갑돌이가, 울면서 떠나는 갑순이를 배웅했다.

철수가, 내가 제일 좋아하는 친구이다.

남을 괴롭히는 사람들은, 만약 그들이 다른 사람에게 괴롭힘을 당해 본다면, 남을 괴롭히는 일이 얼마나 나쁜 일인지 깨달을 것이다.

(13) 숫자를 나열할 때에 쓴다.

1, 2, 3, 4

(14) 수의 폭이나 개략의 수를 나타낼 때에 쓴다.

5, 6 세기    6, 7 개

(15) 수의 자릿점을 나타낼 때에 쓴다.

14,314

## 2. 가운뎃점( · )

열거된 여러 단위가 대등하거나 밀접한 관계임을 나타낸다.

(1) 쉼표로 열거된 어구가 다시 여러 단위로 나누어질 때에 쓴다.

철수 · 영이, 영수 · 순이가 서로 짝이 되어 윷놀이를 하였다.

공주 · 논산, 천안 · 아산 · 천원 등 각 지역구에서 2 명씩 국회 의원을 뽑는다.

시장에 가서 사과 · 배 · 복숭아, 고추 · 마늘 · 파, 조기 · 명태 · 고등어를 샀다.

(2) 특정한 의미를 가지는 날을 나타내는 숫자에 쓴다.

3 · 1 운동    8 · 15 광복

(3) 같은 계열의 단어 사이에 쓴다.

경북 방언의 조사 · 연구

충북 · 충남 두 도를 합하여 충청도라고 한다.

동사 · 형용사를 합하여 용언이라고 한다.

### 3. 쌍점( : )

(1) 내포되는 종류를 들 적에 쓴다.

문장 부호: 마침표, 쉼표, 따옴표, 묶음표 등.

문방 사우: 붓, 먹, 벼루, 종이.

(2) 소표제 뒤에 간단한 설명이 붙을 때에 쓴다.

일시: 1984년 10월 15일 10시.

마침표: 문장이 끝남을 나타낸다.

(3) 저자명 다음에 저서명을 적을 때에 쓴다.

정약용: 목민심서, 경세유표.

주시경: 국어 문법, 서울 박문 서관, 1910.

(4) 시(時)와 분(分), 장(章)과 절(節) 따위를 구별할 때나, 둘 이상을 대비할 때에 쓴다.

오전 10:20 (오전 10시 20분)

요한 3:16 (요한 복음 3장 16절)

대비 65:60 (65 대 60)

### 4. 빗금( / )

(1) 대응, 대립되거나 대등한 것을 함께 보이는 단어와 구, 절 사이에 쓴다.

남궁만/남궁 만                    백이십오 원/125원

착한 사람/악한 사람              맞닥뜨리다/맞닥트리다

(2) 분수를 나타낼 때에 쓰기도 한다.

3/4 분기                           3/20

## Ⅲ. 따옴표[引用符]

### 1. 큰따옴표( " " ),    겹낫표( 「 」 )

가로쓰기에는 큰따옴표, 세로쓰기에는 겹낫표를 쓴다.

대화, 인용, 특별 어구 따위를 나타낸다.

(1) 글 가운데서 직접 대화를 표시할 때에 쓴다.

"전기가 없었을 때는 어떻게 책을 보았을까?"

"그야 등잔불을 켜고 보았겠지."

(2) 남의 말을 인용할 경우에 쓴다.

예로부터 "민심은 천심이다."라고 하였다.

"사람은 사회적 동물이다."라고 말한 학자가 있다.

## 2. 작은따옴표( ' ' ), 낫표( 「 」 )

가로쓰기에는 작은따옴표, 세로쓰기에는 낫표를 쓴다.

(1) 따온 말 가운데 다시 따온 말이 들어 있을 때에 쓴다.

"여러분! 침착해야 합니다. '하늘이 무너져도 솟아날 구멍이 있다.'고 합니다."

(2) 마음 속으로 한 말을 적을 때에 쓴다.

'만약 내가 이런 모습으로 돌아간다면, 모두들 깜짝 놀라겠지.'

[붙임] 문장에서 중요한 부분을 두드러지게 하기 위해 드러냄표 대신에 쓰기도 한
다.

지금 필요한 것은 '지식'이 아니라 '실천'입니다.

'배부른 돼지'보다는 '배고픈 소크라테스'가 되겠다.


# IV. 묶음표[括弧符]


## 1. 소괄호( ( ) )

(1) 원어, 연대, 주석, 설명 등을 넣을 적에 쓴다.

커피(coffee)는 기호 식품이다.

3 · 1 운동(1919) 당시 나는 중학생이었다.

'무정(無情)'은 춘원(6 · 25 때 납북)의 작품이다.

니체(독일의 철학자)는 이렇게 말했다.

(2) 특히 기호 또는 기호적인 구실을 하는 문자, 단어, 구에 쓴다.

(1) 주어      (ㄱ) 명사      (라) 소리에 관한 것

(3) 빈 자리임을 나타낼 적에 쓴다.

우리나라의 수도는 (     )이다.

## 2. 중괄호( {    } )

여러 단위를 동등하게 묶어서 보일 때에 쓴다.

|  |  |  |  |
|---|---|---|---|
|  | 이 |  | 국토 |
| 주격 조사 |  | 국가의 3 요소 | 국민 |
|  | 가 |  | 주권 |

## 3. 대괄호( [   ] )

(1) 묶음표 안의 말이 바깥 말과 음이 다를 때에 쓴다.

　　나이[年歲]　　　낱말[單語]　　　手足[손발]

(2) 묶음표 안에 또 묶음표가 있을 때에 쓴다.

　　명령에 있어서의 불확실[단호(斷乎)하지 못함]은 복종에 있어서의

　　불확실[모호(模糊)함]을 낳는다.

# Ⅴ. 이음표[連結符]

## 1. 줄표 ( — )

이미 말한 내용을 다른 말로 부연하거나 보충함을 나타낸다.

(1) 문장 중간에 앞의 내용에 대해 부연하는 말이 끼여들 때 쓴다.

　　그 신동은 네 살에 — 보통 아이 같으면 천자문도 모를 나이에 — 벌써 시를
　　지었다.

(2) 앞의 말을 정정 또는 변명하는 말이 이어질 때 쓴다.

　　어머님께 말했다가 — 아니, 말씀드렸다가 — 꾸중만 들었다.

　　이건 내 것이니까 — 아니, 내가 처음 발견한 것이니까 — 절대로 양보할 수가
　　없다.

## 2. 붙임표( - )

(1) 사전, 논문 등에서 합성어를 나타낼 적에, 또는 접사나 어미임을 나타낼 적에

쓴다.

겨울—나그네      불—구경      손—발

휘—날리다      슬기—롭다      —(으)ㄹ걸

(2) 외래어와 고유어 또는 한자어가 결합되는 경우에 쓴다.

나일론—실      디—장조      빛—에너지      염화—칼륨

## 3. 물결표(~)

(1) '내지'라는 뜻에 쓴다.

9월 15일 ~ 9월 25일

(2) 어떤 말의 앞이나 뒤에 들어갈 말 대신 쓴다.

새마을— : ~ 운동~ 노래

—가(家) : 음악~미술~


# VI. 드러냄표[顯在符]

## 1. 드러냄표( ˙, ˚ )

·이나 ˚을 가로쓰기에는 글자 위에, 세로쓰기에는 글자 오른쪽에 쓴다.

문장 내용 중에서 주의가 미쳐야 할 곳이나 중요한 부분을 특별히 드러내 보일 때 쓴다.

한글의 본 이름은 훈민정음이다.

중요한 것은 왜 사느냐가 아니라 어떻게 사느냐 하는 문제이다.

[붙임] 가로쓰기에서는 밑줄( _____ , _____ )을 치기도 한다.

다음 보기에서 명사가 <u>아닌</u> 것은?


# VII. 안드러냄표[潛在符]

## 1. 숨김표( ××, ○○ )

알면서도 고의로 드러내지 않음을 나타낸다.

(1) 금기어나 공공연히 쓰기 어려운 비속어의 경우, 그 글자의 수효만큼 쓴다.

배운 사람 입에서 어찌 ○○○란 말이 나올 수 있느냐?

그 말을 듣는 순간 ×××란 말이 목구멍까지 치밀었다.

(2) 비밀을 유지할 사항일 경우, 그 글자의 수효만큼 쓴다.

육군 ○○부대 ○○○ 명이 작전에 참가하였다.

그 모임의 참석자는 김×× 씨, 정×× 씨 등 5명이었다.

## 2. 빠짐표( □ )

글자의 자리를 비워 둠을 나타낸다.

(1) 옛 비문이나 서적 등에서 글자가 분명하지 않을 때에 그 글자의 수효만큼 쓴다.

大師爲法主□□賴之大□薦 (옛 비문)

(2) 글자가 들어가야 할 자리를 나타낼 때 쓴다.

훈민정음의 초성 중에서 아음(牙音)은 □□□의 석 자다.

## 3. 줄임표(……)

(1) 할 말을 줄였을 때에 쓴다.

"어디 나하고 한번……."

하고 철수가 나섰다.

(2) 말이 없음을 나타낼 때에 쓴다.

"빨리 말해!"

"……"

# 조선말규범집

조선민주주의인민공화국 내각 직속 국어사정위원회(1987)

## 맞 춤 법

경애하는 수령 김일성동지께서는 다음과 같이 교시하시였다.

≪우리의 언어학자들은 글자개혁안을 연구하는 한편 지금의 넓적글자를 가지고도 보기 헐하도록 하기 위하여 적극 힘써야 합니다.≫ (≪김일성저작집≫ 20권, 351페지)

## 총 칙

조선말맞춤법은 단어에서 뜻을 가지는 매개 부분을 언제나 같게 적는 원칙을 기본으로 하면서 일부 경우 소리나는대로 적거나 관습을 따르는것을 허용한다.

### 제1장  조선어자모의 차례와 그 이름

제1항  조선어자모의 차례와 그 이름은 다음과 같다.

| ㄱ | ㄴ | ㄷ | ㄹ | ㅁ | ㅂ | ㅅ |
|----|----|----|----|----|----|----|
| (기윽) | (니은) | (디으ㄷ) | (리을) | (미음) | (비읍) | (시읏) |

| ㅇ | ㅈ | ㅊ | ㅋ | ㅌ | ㅍ | ㅎ |
|---|---|---|---|---|---|---|
| (이응) | (지읒) | (치읓) | (키읔) | (티읕) | (피읖) | (히읗) |

| ㄲ | ㄸ | ㅃ | ㅆ | ㅉ |
|---|---|---|---|---|
| (된기윽) | (된디으ㄷ) | (된비읍) | (된시읏) | (된지읒) |

| ㅏ | ㅑ | ㅓ | ㅕ | ㅗ | ㅛ | ㅜ |
|---|---|---|---|---|---|---|
| (아) | (야) | (어) | (여) | (오) | (요) | (우) |

| ㅠ | ㅡ | ㅣ | ㅐ | ㅒ | ㅔ | ㅖ |
|---|---|---|---|---|---|---|
| (유) | (으) | (이) | (애) | (얘) | (에) | (예) |

| ㅚ | ㅟ | ㅢ | ㅘ | ㅝ | ㅙ | ㅞ |
|---|---|---|---|---|---|---|
| (외) | (위) | (의) | (와) | (워) | (왜) | (웨) |

자음글자의 이름은 각각 다음과 같이 부를수도 있다.

(그) (느) (드) (르) (므) (브) (스) (응) (즈) (츠)
(크) (트) (프) (흐) (끄) (뜨) (쁘) (쓰) (쯔)

# 제2장  형태부의 적기

제2항  조선어의 글에서 쓰는 받침은 다음과 같다.
　　　ㄱ — 책(책이, 책을, 책에)
　　　　　먹다(먹으니, 먹어, 먹지)
　　　ㄳ — 몫(몫이, 몫을, 몫에)
　　　ㄴ — 논(논이, 논을, 논에)
　　　　　안다(안으니, 안아, 안지)
　　　ㄵ — 앉다(앉으니, 앉아, 앉지)
　　　ㄶ — 많다(많으니, 많아, 많지)
　　　ㄷ — 낟알(낟알이, 낟알을, 낟알에)
　　　　　굳다(굳으니, 굳어, 굳지)
　　　　　듣다(듣으니, 들어, 듣지)
　　　ㄹ — 길(길이, 길을, 길에)
　　　　　멀다(머니, 멀어, 멀지)

ㄺ — 닭(닭이, 닭을, 닭에)

　　　맑다(맑으니, 맑아, 맑지)

ㄻ — 삶(삶이, 삶을, 삶에)

　　　젊다(젊으니, 젊어, 젊지)

ㄼ — 여덟(여덟이, 여덟을, 여덟에)

　　　넓다(넓으니, 넓어, 넓지)

ㄽ — 돐(돐이, 돐을, 돐에)

ㄾ — 훑다(훑으니, 훑어, 훑지)

ㄿ — 읊다(읊으니, 읊어, 읊지)

ㅀ — 옳다(옳으니, 옳아, 옳지)

ㅁ — 밤(밤이, 밤을, 밤에)

　　　심다(심으니, 심어, 심지)

ㅂ — 집(집이, 집을, 집에)

　　　곱다(곱으니, 곱아, 곱지)

　　　굽다(구우니, 구워어, 굽지)

ㅄ — 값(값이, 값을, 값에)

　　　없다(없으니, 없어, 없지)

ㅅ — 옷(옷이, 옷을, 옷에)

　　　솟다(솟으니, 솟아, 솟지)

　　　잇다(이으니, 이어, 잇지)

ㅇ — 땅(땅이, 땅을, 땅에)

　　　동이다(동이니, 동여, 동이지)

ㅈ — 낮(낮이, 낮을, 낮에)

　　　맞다(맞으니, 맞아, 맞지)

ㅊ — 빛(빛이, 빛을, 빛에)

　　　쫓다(쫓으니, 쫓아, 쫓지)

ㅋ — 부엌(부엌이, 부엌을, 부엌에)

ㅌ — 밭(밭이, 밭을, 밭에)

　　　맡다(맡으니, 맡아, 맡지)

ㅍ — 숲(숲이, 숲을, 숲에)

　　　높다(높으니, 높아, 높지)

ㅎ — 히읗(히읗이, 히읗을, 히읗에)

　　　　　　　좋다(좋으니, 좋아, 좋지)
　　　ㄲ － 밖(밖이, 밖을, 밖에)
　　　　　　　엮다(엮으니, 엮어, 엮지)
　　　ㅆ － 있다(있으니, 있어, 있지)

제3항　받침 ≪ㄷ, ㅌ, ㅅ, ㅆ, ㅈ, ㅊ≫가운데서 어느 하나로 적어야 할 까닭이 없는 것
　　　은 관습대로 ≪ㅅ≫으로 적는다.
　　　례 : 무릇, 빗나가다, 사뭇, 숫돌, 첫째, 헛소리, 햇곡식, 얼핏, 읽으렷다

제4항　한 형태부안의 두 모음사이에서 나는 자음은 혀옆소리가 아닌 한에서 받침으로
　　　적지 않는다.
　　　례 : 1)　　　（옳음）　　　　　（그름）
　　　　　　　　　겨누다　　　　　　건우다
　　　　　　　　　디디다　　　　　　딛이다
　　　　　　　　　미덥다　　　　　　믿업다
　　　　　　　　　메추리　　　　　　멧추리
　　　　　　　　　비치다　　　　　　빛이다
　　　　　　　　　소쿠리　　　　　　속후리
　　　　　　　　　시키다　　　　　　식히다
　　　　　　　　　지키다　　　　　　직히다
　　　　　　　　　여기다　　　　　　역이다
　　　례 : 2)　　　기쁘다　　　　　　깃브다
　　　　　　　　　바싹　　　　　　　밧삭
　　　　　　　　　부썩　　　　　　　붓석
　　　　　　　　　해쓱하다　　　　　햇슥하다
　　　　　　　　　이끼다　　　　　　앗기다
　　　　　　　　　여쭈다　　　　　　엿주다
　　　　　　　　　오빠　　　　　　　옵바
　　　　　　　　　우뚝　　　　　　　웃둑
　　　　　　　　　으뜸　　　　　　　읏듬

제5항　한 형태부안의 두 모음사이에서 나는 혀옆소리는 ≪ㄹㄹ≫로 적는다.

| 례 : | (옳음) | (그름) |
|---|---|---|
| | 걸레 | 걸네 |
| | 놀라다 | 놀나다 |
| | 벌레 | 벌네 |
| | 실룩실룩 | 실눅실눅 |
| | 빨래 | 빨내 |
| | 알락달락 | 알낙달낙 |
| | 얼른 | 얼는 |

제6항  한 형태부안에서 받침 ≪ㄴ, ㄹ, ㅁ, ㅇ≫ 다음의 소리가 된소리로 나는 경우에
는 그것을 된소리로 적는다.

| 례 : | (옳음) | (그름) |
|---|---|---|
| | 걸써 | 걸서 |
| | 말씀 | 말슴 |
| | 뭉뚝하다 | 뭉둑하다 |
| | 반짝반짝 | 반작반작 |
| | 벌써 | 벌서 |
| | 활짝 | 활작 |
| | 훨씬 | 훨신 |
| | 알뜰살뜰 | 알들살들 |
| | 옴짝달싹 | 옴작달삭 |

그러나 토에서는 ≪ㄹ≫뒤에서 된소리가 나더라도 된소리로 적지 않는다.

| 례 : | (옳음) | (그름) |
|---|---|---|
| | ～ㄹ가 | ～ㄹ까 |
| | ～ㄹ수록 | ～ㄹ쑤록 |
| | ～ㄹ지라도 | ～ㄹ찌라도 |
| | ～올시다 | ～올씨다 |

제7항  형태부의 소리가 줄어진 경우에는 준대로 적되 본래형태를 잘 파악할수 있도록
받침을 바로잡아 적는다.

| 례 : | (옳음) | (그름) |
|---|---|---|
| | 갓가지(가지가지) | 갓가지 |

| | |
|---|---|
| 갖고(가지고) | 갓고 |
| 기럭아(기러기야) | 기러가 |
| 딛고(디디고) | 닷고 |
| 엊저녁(어제저녁) | 엊저녁 |
| 온갖(온가지) | 온갖 |

# 제3장   말줄기와 토의 적기

第8항  말줄기와 토가 어울릴적에는 각각 그 본래형태를 밝혀 적는것을 원칙으로 한다.

| 례 : | 같다, | 같으니, | 같아, | 같지 |
|---|---|---|---|---|
| | 낳다, | 낳으니, | 낳아, | 낳지 |
| | 삶다, | 삶으니, | 삶아, | 삶지 |
| | 집이, | 집을, | 집에 | |
| | 팥이, | 팥을, | 팥에 | |
| | 흙이, | 흙을, | 흙에 | |
| | 입다, | 입으니, | 입어, | 입지 |

第9항  오늘날 말줄기에 토가 붙은것으로 인정되기 어려운 경우에는 그것들을 밝혀적지 않는다.

| 례 : | (옳음) | (그름) |
|---|---|---|
| | 고치다 | 곧히다 |
| | 나타나다 | 낱아나다 |
| | 바라보다 | 발아보다 |
| | 바치다 | 받히다 |
| | 부러지다 | 불어지다 |
| | 사라지다 | 살아지다 |
| | 자라나다 | 잘아나다 |
| | 자빠뜨리다 | 잡바뜨리다 |

말줄기에 토가 붙은것으로 인정되는 경우에도 뜻이 딴 단어로 바뀐것은 그 말줄기와 토를 밝히지 않는다.

례 :   (옳음)                          (그름)

　　　드러나다                      들어나다

　　　스무나문                      스물남은

　　　쓰러지다                      쓸어지다

　　　(열흘)나마                    (열흘)남아

　　　(고개)너머                    (고개)넘어

제10항   일부 형용사, 동사에서 말줄기와 토가 어울릴적에 말줄기의 끝소리가 일정하게 바뀌여지는것은 바뀐대로 적는다.

　　1) 말줄기의 끝을 ≪ㄹ≫로 적거나 적지 않는 경우

　　　　례 : 갈다 － 갈고, 갈며, 갈아

　　　　　　　　　　가니, 갑니다, 가시니, 가오

　　　　　　돌다 － 돌고, 돌며, 돌아

　　　　　　　　　　도니, 돕니다, 도시니, 도오

　　　　　　불다 － 불고, 불며, 불어

　　　　　　　　　　부니, 붑니다, 부시니, 부오

　　2) 말줄기의 끝을 ≪ㅅ≫으로 적거나 적지 않는 경우

　　　　례 : 낫다 － 낫고, 낫지

　　　　　　　　　　나으니, 나아

　　　　　　짓다 － 짓고, 짓지

　　　　　　　　　　지으니, 지어

　　　　　　잇다 － 잇고, 잇지

　　　　　　　　　　이으니, 이어

　　3) 말줄기의 끝을 ≪ㅎ≫으로 적거나 적지 않는 경우

　　　　례 : 벌겋다 － 벌겋고, 벌겋지

　　　　　　　　　　　벌거오, 벌거니, 벌겁니다

　　　　　　　　　　　걸개서, 벌거리

　　　　　　커다랗다 － 커다랗고, 커다랗지

　　　　　　　　　　　　커다라오, 커다라니, 커다랍니다

　　　　　　　　　　　　커다래서

허옇다 ― 허옇고, 허옇지

허여오, 허여니, 허옇니다, 허여리

[붙임] ≪ㅎ≫받침으로 끝난 본래의 말줄기가 두 소리마디이상으로 된 형용사, 동사는
모두 여기에 속한다.

4) 말줄기의 끝 ≪ㄷ≫를 ≪ㄹ≫로도 적는 경우

례 : 걷다 ― 걷고, 걷지, 걸으니, 걸어

듣다 ― 듣고, 듣지, 들으니, 들어

묻다 ― 묻고, 묻지, 물으니, 물어

5) 말줄기의 끝 ≪ㅂ≫을 ≪오(우)≫로도 적는 경우

례 : 고맙다 ― 걷고, 걷지, 걸으니, 걸어

곱다 ― 곱고, 곱지, 고우니, 고와

춥다 ― 춥고, 춥지, 추우니, 추워

6) 말줄기의 끝 ≪ㄹ≫를 ≪르ㄹ≫로도 적는 경우

례: 누르다 ― 누르고, 누르지, 누르러, 누르렀다

푸르다 ― 푸르고, 푸르지, 푸르러, 푸르렀다

이르다 ― 이르고, 이르지, 이르러, 이르렀다

7) 말줄기의 끝 ≪르≫를 ≪ㄹㄹ≫로도 적는 경우

례 : 기르다 ― 기르고, 기르지, 길러, 길렀다

빠르다 ― 빠르고, 빠르지, 빨라, 빨랐다

8) 말줄기의 끝을 ≪ㅡ≫로 적거나 적지 않는 경우

례 : 고프다 ― 고프고, 고프지, 고파, 고팠다

부르트다 ― 푸르트고, 푸르트지, 푸르터, 푸르텄다

뜨다 ― 뜨고, 뜨지, 떠, 떴다

9) 말줄기의 끝을 ≪ㅜ≫로 적거나 적지 않는 경우

례 : 푸다 ― 푸고, 푸지, 퍼, 펐다

제11항    말줄기가 ≪아, 어, 여≫ 또는 ≪았, 었, 였≫과 어울릴적에는 그 말줄기의 모음
의 성질에 따라 각각 다음과 같이 구별하여 적는다.

1) 말줄기의 모음이 ≪ㅏ, ㅑ, ㅗ, ㅏ ―, ㅗㅡ≫인 경우에는 ≪아, 았≫으로
적는다.

례 : 막다    ― 막아, 막았다

따르다 ― 따라, 따랐다

얇다   – 얇아, 얇았다

오다   – 와, 왔다

오르다 – 올라, 올랐다

[붙임] 말줄기의 모음이 ≪ㅏ ㅡ, ㅗ ㅡ≫인것이라도 합친말줄기인 경우에는 ≪어, 었≫
으로 적는다.

　　　례 : 곱들다 – 곱들어, 곱들었다

　　　　　받들다 – 받들어, 받들었다

　　　　　올들다 – 올들어, 올들었다

　2) 말줄기의 모음이 ≪ㅓ, ㅕ, ㅜ, ㅓ ㅡ, ㅜ ㅡ, ㅡ ㅡ, ㅣ ㅡ≫인 경우에는
　　　≪어, 었≫으로 적는다.

　　　례 : 거들다 – 거들어, 거들었다

　　　　　겪다 – 겪어, 겪었다

　　　　　넣다 – 넣어, 넣었다

　　　　　두다 – 두어, 두었다

　　　　　부르다 – 불러, 불렀다

　　　　　치르다 – 치러, 치렀다

　　　　　크다 – 커, 컸다

　　　　　흐르다 – 흘러, 흘렀다

　3) 말줄기의 모음이 ≪ㅣ, ㅐ, ㅔ, ㅚ, ㅟ, ㅢ≫인 경우와 줄기가 ≪하≫인
　　　경우에는 ≪여, 였≫으로 적는다.

　　　례 : 기다 – 기여, 기였다

　　　　　개다 – 개여, 개였다

　　　　　베다 – 베여, 베였다

　　　　　되다 – 되여, 되였다

　　　　　쥐다 – 쥐여, 쥐였다

　　　　　하다 – 하여, 하였다

　　　　　희다 – 희여, 희였다

　　　그러나 말줄기의 끝소리마디에 받침이 있을 때에는 ≪어, 었≫으로 적는다.

　　　례 : 길다 – 길어, 길었다

　　　　　심다 – 심어, 심었다

　　　　　짓다 – 지어, 지었다

[붙임] 부사로 된 다음과 같은 단어들은 말줄기와 토를 갈라 적지 않는다.

| (옳음) | (그름) |
|---|---|
| 례 : 구태여 | 구태어 |
| 도리여 | 도리어 |
| 드디여 | 드디어 |

제12항  모음으로 끝난 말줄기와 모음으로 시작한 토가 어울릴적에 소리가 줄어든것은
준대로 적는다.

1)
  ┌ 가지다 — 가지여, 가지였다
  └ 가지다 — 가져, 가졌다

  ┌ 고이다 — 고이여, 고이였다
  └ 괴다 — 괴여, 괴였다

  ┌ 모이다 — 모이여, 모이였다
  └ 뫼다 — 뫼여, 뫼였다, 모여, 모였다

  ┌ 보다 — 보아, 보았다
  └ 보다 — 봐, 봤다

  ┌ 주다 — 주어, 주었다
  └ 주다 — 줘, 줬다

  ┌ 꾸다 — 꾸어, 꾸었다
  └ 꾸다 — 꿔, 꿨다

  ┌ 뜨다 — 뜨이다, 뜨이여, 뜨이였다
  └ 뜨다 — 띄다, 띄여, 띄였다

  ┌ 쏘다 — 쏘아, 쏘았다
  └ 쏘다 — 쏴, 쐈다

  ┌ 쏘이다 — 쏘이여, 쏘이였다
  └ 쐬다 — 쐬여, 쐬였다

  ┌ 쓰다 — 쓰이다, 쓰이여, 쓰이였다
  └ 쓰다 — 씌다, 씌여, 씌였다

  ┌ 쪼이다 — 쪼이여, 쪼이였다
  └ 쬐다 — 쬐여, 쬐였다

2)
  ┌ 되다 — 되여서, 되였다
  └ 되다 — 돼서, 됐다

3)　　┌ 개다 ─ 개여서, 개였다
　　　└ 개다 ─ 개서, 갰다
　　　┌ 메다 ─ 메여서, 메였다
　　　└ 메다 ─ 메서, 갰다

그러나 다음과 같은 단어들은 줄어든대로 적는다.

　　례 : 1)　　살찌다 ─ 살쪄, 살쪘다

　　　　　　　지다 ─ 져, 졌다

　　　　　　　치다 ─ 쳐, 쳤다

　　　　　　　찌다 ─ 쪄, 쪘다

　　례 : 2)　　건느다 ─ 건너, 건넜다

　　　　　　　잠그다 ─ 잠가, 잠갔다

　　　　　　　치르다 ─ 치러, 치렀다

　　　　　　　크다 ─ 커, 컸다

　　　　　　　쓰다 ─ 써, 썼다

　　례 : 3)　　가다 ─ 가, 갔다

　　　　　　　사다 ─ 사, 샀다

　　　　　　　서다 ─ 서, 섰다

　　　　　　　켜다 ─ 켜, 켰다

제13항　말줄기의 끝소리마디 ≪하≫의 ≪ㅏ≫가 줄어지면서 다음에 온 토의 첫 소리
　　　　자음이 거세게 될 때에는 거센소리로 적는다.

　　례 :　　　　(본말)　　　　　　　(준말)

　　　　　　　가하다　　　　　　　　가타

　　　　　　　다정하다　　　　　　　다정타

　　　　　　　례하건대　　　　　　　례컨대

　　　　　　　발명하게　　　　　　　발명케

　　　　　　　선선하지 못하다　　　　선선치 못하다

　　　　　　　시원하지 못하다　　　　시원치 못하다

그러나 ≪아니하다≫가 줄어든 경우에는 ≪않다≫로 적는다.

　　례 :　　　　(본말)　　　　　　　(준말)

　　　　　　　넉넉하지 아니하다　　　넉넉치 않다

　　　　　　　서슴지 아니하다　　　　서슴지 않다

　　　　　주저하지 아니하다　　　　　주저치 않다

[붙임] 이와 관련하여 ≪않다≫, ≪못하다≫의 앞에 오는 ≪하지≫를 줄인 경우에는
　　　≪치≫로 적는다.
　　　례 : 고려치 않다, 괜치 않다, 넉넉치 않다, 만만치 않다, 섭섭치 않다,
　　　　　　편안치 못하다, 풍부치 못하다, 똑똑치 않다, 우연치 않다.


# 제4장　　합친말의 적기


第14항　합친말은 매개 말뿌리의 본래형태를 각각 밝혀 적는것을 원칙으로 한다.
　　　례 : 1)　걷잡다, 낮보다, 눈웃음, 돋보다, 물오리,
　　　　　　　　밤알, 손아귀, 철없다, 꽃철, 끝나다
　　　　　2)　값있다, 겉늙다, 몇날, 빛나다, 칼날, 팥알, 흙내
　　　그러나 오늘날 말뿌리가 뚜렷하지 않은것은 그 본래형태를 밝혀 적지 않는다.
　　　　　례 : 며칠, 부랴부랴, 오라버니, 이틀, 이태

第15항　합친말을 이룰적에 ≪ㅂ≫이 덧나거나 순한소리가 거센소리로 바뀌여나는 것은
　　　덧나고 바뀌여나는대로 적는다.
　　　례 : 마파람, 살코기, 수캐, 수퇘지, 좁쌀, 휘파람, 안팎
[붙임] 소리같은 말인 다음의 고유어들은 혼동을 피하기 위하여 아래와 같이 적는다.
　　　례 : 샛별 ― 새 별(새로운 별)
　　　　　빗바람(비가 오면서 부는 바람)
　　　　　비바람(비와 바람)

第16항　합친말을 이룰적에 빠진 소리는 빠진대로 적는다.
　　　례 : 다달이, 마소, 무넘이, 부나비, 부넘이, 부삽, 부손, 소나무, 수저, 화살,
　　　　　여닫이

第17항　합친말에서 앞말뿌리의 끝소리 ≪ㄹ≫이 닫김소리로 된것은 ≪ㄷ≫으로 적는다.
　　　례 : 나흗날, 사흗날, 섣달, 숟가락, 이튿날

# 제5장   앞붙이와 말뿌리의 적기

제18항   앞붙이와 말뿌리가 어울릴적에는 각각 그 본래형태를 밝혀적는것을 원칙으로
한다.

    레:   - 갖풀, 덧신, 뒷일 맏누이, 선웃음, 참외, 햇가지, 아랫집, 웃집, 옛말
          - 빗보다, 싯허옇다, 짓밟다, 헛디디다

# 제6장   말뿌리와 뒤붙이(또는 일부 토)의 적기

제19항   자음으로 시작한 뒤붙이가 말뿌리와 어울릴적에는 각각 그 형태를 밝혀적는것을
원칙으로 한다.

    1) 새 단어를 새끼치는 뒤붙이

       레 :   - 곧추, 날치, 덮개, 돋보기, 셋째, 잎사귀
              - 꽃답다, 뜬적뜬적하다, 의롭다

    2) 동사의 사역, 피동의 기능을 나타내는 ≪이, 히, 기, 리, 우, 구, 추≫

       레 :   감기다, 걷히다, 놓이다, 담기다, 돋구다, 막히다, 맞추다, 맡기다,
              살리다, 세우다, 꽂히다, 뽑히다, 앉히다, 옮기다, 웃기다, 익히다,
              입히다

    3) 힘줌을 나타내는 ≪치≫

       레 :   놓치다, 덮치다, 받치다, 뻗치다, 엎치다

    4) 형용사를 동사로 만드는 ≪추≫, ≪히≫

       레 :   - 낮추다, 늦추다
              - 굳히다, 넓히다, 밝히다

    5) ≪하다≫가 붙어서 형용사로 될수 있는 말뿌리와 어울려 부사를 만드는
       뒤붙이 ≪히≫

       레 :   넉넉히, 답답히, 미끈히, 꾸준히, 똑똑히, 빤히, 씨원히

제20항   말뿌리와 뒤붙이가 어울려 파생어를 이룰적에 빠진 소리는 빠진대로 적는다.

      례 : 가으내, 겨우내, 무질(물속에 잠기는것), 바느질

제21항  ≪ㄹ기, ㄹㅂ, ㄹㅌ, ㄹㅎ≫ 등의 둘받침으로 끝난 말뿌리에 뒤붙이가 어울릴적에
       그 둘받침중의 한 소리가 따로 나지 않는것은 안나는대로 적는다.
       례 : 말끔하다, 말쑥하다, 실쭉하다, 할짝할짝하다, 얄팍하다

제22항  말뿌리와 뒤붙이가 어울리여 아주 다른 뜻으로 바뀐것은 그 말뿌리와 뒤붙이를
       밝혀적지 않는다.
       례 : 거두다, 기르다, 도리다, 드리다, 만나다, 미루다, 부치다, 이루다

제23항  모음으로 된 뒤붙이가 말뿌리와 어울릴적에는 다음과 같이 갈라 적는다.
       1) 말뿌리와 뒤붙이를 밝혀 적는 경우
          (1) 명사나 부사를 만드는 뒤붙이 ≪이≫
               례 : ① 길이, 깊이, 높이, 미닫이, 벼훑이, 살림살이, 손잡이, 해돋이
                    ② 네눈이, 삼발이
                    ③ 같이, 굳이, 깊이, 많이, 좋이
                    ④ 곳곳이, 낱낱이, 샅샅이, 집집이
       그러나 본딴말에 붙어서 명사를 이루는것은 밝혀 적지 않는다.
               례 : 누더기, 더퍼리, 두드러기, 무더기, 매미, 깍두기, 딱따기
          (2) 명사를 만드는 뒤붙이 ≪음≫
               례 : 갚음, 걸음, 물음, 믿음, 졸음, 죽음, 꽃묶음, 엮음, 웃음, 이음
       그러나 다음과 같은 단어들은 말뿌리와 뒤붙이를 밝혀 적지 않는다.
               례 : 거름(거름을 내다)
                    고름(고름을 짜다)
                    마름(한마름, 두마름)
                    주검(주검을 다루다)
          (3) 동사의 상을 나타내거나 형용사를 동사로 만드는 ≪이≫, ≪우≫,
              ≪으키≫, ≪이키≫, ≪애≫
               례 : 높이다, 놓이다, 돋우다, 들이키다, 먹이다, 쌓이다, 없애다, 일으키다
          (4) ≪하다≫가 붙어서 형용사로 될수 있는 ≪ㅅ≫받침으로 끝난 말뿌리와
              어울려서 부사를 만드는 뒤붙이 ≪이≫
               례 : 반듯이(반듯하게 펴놓다), 꼿꼿이, 깨끗이, 따뜻이, 뚜렷이,

빵긋이, 뿌듯이, 어렴풋이

(5) 형용사를 만드는 ≪없≫

례 : 객없다, 덧없다, 부질없다, 시름없다

(6) ≪거리≫와 어울릴수 있는 말뿌리에 붙어서 동사를 만드는 뒤붙이 ≪이≫

례 : 반짝이다, 번득이다, 번쩍이다, 속삭이다, 움직이다

2) 말뿌리와 뒤붙이를 밝혀 적지 않는 경우

(1) 말뿌리에 ≪이≫, ≪음≫ 이외의 뒤붙이가 붙어서 이루어진 명사나 부사

례 : ① 나머지, 마감, 마개, 마중, 바깥, 지붕, 지푸래기, 끄트머리,

뜨더귀, 싸래기, 쓰레기, 올가미

② 너무, 도로, 바투, 비로소, 자주, 뜨덤뜨덤

③ 거뭇거뭇, 나붓나붓, 쫑긋쫑긋, 오긋오긋, 울긋불긋

(2) 어떤 토나 ≪하다≫가 붙어서 단어를 이루는 일이 없는 말뿌리에 뒤붙이 ≪이≫, ≪애기≫, ≪어기(에기)≫, ≪아기≫가 붙어서 된 명사나 부사

례 : 갑가기, 동그라미, 반드시, 슬며시, 흐르래기, 부스레기

(3) 뒤붙이 ≪아ㅎ, 어ㅎ≫ 또는 ≪업≫, ≪읍≫이 붙어서 이루어진 형용사

례 :  가맣다, 간지럽다, 누렇다, 둥그렇다, 미덥다, 발갛다, 부드럽다,

시끄럽다, 징그럽다, 파랗다, 싸느랗다, 어지럽다, 우습다

제24항   부사에서 뒤붙이 ≪이≫나 ≪히≫가 그 어느 하나로만 소리나는것은 그 소리대

로 적는다.

1) ≪히≫로 적는것(주로 ≪하다≫를 붙일수 있는것)

례 : 고요히, 덤덤히, 마땅히, 빈번히, 지극히, 뻔히

2) ≪이≫로 적는것(주로 ≪하다≫를 붙일수 없는것)

례 : 간간이, 고이, 기어이, 객적이, 뿔뿔이, 짬짬이

3) 말뿌리에 직접 ≪하다≫를 붙일수 없으나 ≪히≫로만 소리나는것은 ≪히≫로

적으며 말뿌리에 직접 ≪하다≫를 붙일수 있으나 ≪이≫로만 소리나는것은 ≪

이≫로 적는다.

례 :  ― 거연히, 도저히, 자연히, 작히

― 큼직이, 뚜렷이

# 제7장  한자말의 적기

**제25항**  한자말은 소리마디마다 해당 한자음대로 적는것을 원칙으로 한다.

> 례 : 국가, 녀자, 뇨소, 당, 락원, 로동, 례외, 천리마, 풍모

그러나 아래와 같은 한자말은 변한 소리대로 적는다.

| (옳음) | (그름) |
|---|---|
| 궁냥 | 궁량 |
| 나사 | 라사 |
| 나팔 | 라팔 |
| 류월 | 륙월 |
| 시월 | 십월 |
| 오뉴월 | 오류월, 오륙월 |
| 요기 | 료기 |

**제26항**  한자말에서 모음 ≪ㅖ≫가 들어있는 소리마디로는 ≪계≫, ≪례≫, ≪혜≫, ≪예≫만을 인정한다.

> 례 : 계산, 계획, 례절, 례의, 실례, 세계, 혜택, 연예대, 은혜, 예술, 예지, 예약

그러나 그 본래소리가 ≪게≫인 한자는 그대로 적는다.

> 례 : 게시판, 게재, 게양대

**제27항**  한자말에서 모음 ≪ㅢ≫가 들어있는 소리마디로는 ≪희≫, ≪의≫만을 인정한다.

> 례 : 순희, 회의, 희망, 유희, 의견, 의의

# 띄 여 쓰 기

경애하는 수령 김일성동지께서는 다음과 같이 교시하시였다.

≪띄여쓰는것과 붙여쓰는것을 잘 조절하면 우리의 글도 훨씬 보기 쉽게 될것입니다. 타자를 칠 때도 반드시 한 단어는 붙여쓰도록 하고 단어와 단어사이에는 일정한 사이를 두어야 합니다.≫ (≪김일성저작집≫ 18권 24~25페지)

## 총   칙

조선어의 글에서는 단어를 단위로 하여 띄여쓰는것을 원칙으로 하되 자모를 소리마디 단위로 묶어쓰는 특성을 고려하여 특수한 어휘부류는 붙여쓰도록 한다.

### 제1장   명사와 관련한 띄여쓰기

제1항  토가 붙은 명사는 뒤의 자립적인 명사와 띄여쓴다.

    례 : ― 사상에서 주체, 정치에서 자주, 경제에서 자립, 국방에서 자위

          당과 수령의 배려

          숨은 영웅들의 모범

       ― 당의 유일사상체계

          주체위업을 만대에

          온 사회의 주체사상화

제2항  명사들이 토없이 직접 어울린 경우에는 하나의 개념을 가지고 하나의 대상으로
       묶어지는 덩이를 단위로 띄여쓴다.
　　1) 일반적인 대상을 나타내는 경우
　　　(1) 기관이름이나 ≪국, 처, 과…≫ 등의 조직기구체계의 이름과 그 직명사이
        는 줄어들지 않는 경우에 띄여쓴다.
　　　　　례 : 조직계획처 처장, 강연과 과장, 당위원회 지도원,
　　　　　　　행정 및 경제지도위원회 지도원
　　　그러나 기관, 부서의 이름과 직무사이가 줄어든 경우에는 그것들을 붙여쓴다.
　　　　　례 : 정무원총리, 도당책임비서, 조직계획처장, 연구실장, 군당조직비서,
　　　　　　　인쇄직장장, 상점책임자, 출판사장, 갱구장
　　　(2) 일정한 단계를 이루면서 련달아 결합된 단위는 단계적으로 내려가면서
        띄여쓴다.
　　　　　례 : － 지난해 늦가을 어느날 이른새벽에
　　　　　　　　ㅇㅇ사범대학 력지학부 지리과 2학년 1반
　　　　　　　　1986년 10월 10일 금요일 오전
　　　　　　　　협동농장 1작업반 2분조
　　　　　　　－ 도당위원회 ㅇㅇ부 ㅇㅇ과 지도원
　　　　　　　　동경 62도 5분
　　　　　　　　오후 3시 20분, 령하 20도, 기원전 3세기
　　　　　　　　섭씨 2도
　　　(3) 앞의 명사가 ≪부문, 분야, 기관, 담당, 관계, 이상…≫ 등과 함께 쓰이는
        경우에 이 단어들은 앞단위에 붙여쓰며 ≪부문, 분야, 기관, 담당, 관계,
        이상…≫의 뒤에 오는 단위는 띄여쓴다.
　　　　　례 : 관계부문 일군들
　　　　　　　농촌경리부문 일군들
　　　　　　　행정경제분야 책임일군들
　　　　　　　국가기관 지도일군들
　　　　　　　사회과학과목관계 교원들
　　　　　　　소대장이상 간부들
　　　　　　　체육담당 지도원들
　　　그러나 이것들이 딴 단어와 결합되어 하나의 단위로 될 때는 붙여쓴다.
　　　　　　　부문위원회, 기관책임자, 관계기관, 담당지도원

(4) 개념상 ≪하나의 대상으로 묶어지는 덩이≫인 일반명사에서 앞에 ≪년(년도)≫이 오는 경우에는 그것을 뒤의 단어와 띄여쓴다.

   례 : 1985년 인민경제 및 사회발전계획 초안

   　　 1985년 국가예산

   　　 1986년도 1.4분기 세부계획

(5) 명사들이 토없이 런달아 어울리는 경우에는 하나의 대상으로 묶어지는 단위별로 띄여쓴다.

   례 : 우리 나라 사회주의건설 장성속도 시위

   　　 우리 당 언어정책 관철정형에 대한 서술

   　　 전공지식 습득정형 료해장악과 관련

   　　 하루 평균생산실적 부쩍 장성

   　　 도내 제철공장 콕스 7억여톤 절약

   　　 이웃집 마루방벽에 걸린 그림

   　　 15세기중엽 우리 나라 사회경제형편

(6) 같은 명사끼리 토없이 어울린 경우에 하나의 개념을 가지고 하나의 대상으로 묶어지는 덩이는 붙여쓴다.

   례 : ─ 사회의주건설, 물고기잡이전투, 사회주의농촌,

   　　　 강철공업, 사회주의농촌건설, 국제로동운동

   　　 ─ 어업로동자, 국어교원, 단행본편집원,

   　　　 농업근로자, 철도로동자

(7) 명사가 토없이 수사나 부사와 어울려 하나의 대상을 나타내는 단위는 붙여쓴다.

   례: ─ 2중영웅, 2중3대혁명붉은기, 백날기침, 7개년계획

   　　　 3개년인민경제계획, 열두삼천리벌

   　　 ─ 세벌김, 네발짐승, 1년열두달, 3년석달

   　　 ─ 척척박사 산들바람

2) 고유한 대상을 나타내는 경우

   (1) 단계적으로 내려가면서 이루어지는 정식으로 되는 기관, 부서, 직무는 각각 띄여쓴다.

   　　 례 : 조선로동당 중앙위원회 ○○부 부장

   　　　　 조선민주주의인민공화국 정무원 총리

   　　　　 조선민주주의인민공화국 최고인민회의 상설회의 의원

사회과학원 과학지도국 국장

○○공산대학 학장(강좌장)

○○제1사범대학 도서관 관장(부관장)

3.8유치원 원장

조선민주주의인민공화국 정부대표단 단장

[붙임] 고유명칭에서 차례, 등급, 특징, 돐 등을 따로 드러나게 할 때에는 이에 준한다.

례 : ㅡ 자유독립훈장 제1급

조선민주주의인민공화국창건 20주년 기념훈장

전사의 영예훈장 제1급

제3차 7개년계획, 제2차 세계대전

제1차 원수폭금지세계대회

사회주의10월혁명 60돐 기념행사

(2) 단계적으로 마디를 이루는 회의, 사변, 기념일 등은 그 매개 단위를 띄여쓰되 마지막의 명칭은 그앞의 단위에 붙여쓴다.

례 : ㅡ 화룡현 홍기하전투

조선로동당 중앙위원회 제6기 제10차전원회의

평양시 농촌경리부문 책임일군협의회

ㅡ 공화국정부성명지지 ○○시군중대회

보천보전투승리기념 사회과학원토론회

ㅡ 조선인민군창건 ○○돐기념 평양시경축대회

보천보전투승리 ○○돐 사회과학토론회

꾸바혁명승리 ○○돐 7월26일대회

[붙임] 이 경우에 기념대상, 기시, 주최자 등의 일부가 줄어들 때는 한 단위 또는 두 단위로 띄여쓸 수 있다.

례 : ㅡ 공화국정부성명 ○○시지지대회

공화국창건 20돐기념

ㅡ 보천보전투승리 기념강연회

인민군창건기념일

(3) 고유한 명칭이 한덩어리로 붙지 못하고 떨어지는 경우는 단어들의 결합관계를 고려하여 다음과 같은 형식으로 띄여쓴다.

례 : 조선통일짖 라오스위원회

주체사상연구 부르끼나파쏘위원회
주체사상연구 마다가스까르 프로레타리아운동 전국위원회
조선민주주의인민공화국주재 독일민주주의공화국대사관
오끼나와주둔 미해병대소속 고용병놈
(4) 기념상 ≪하나의 대상으로 묶어지는 덩이≫를 이루는 고유명칭은
붙여쓰는것을 원칙으로 한다.
　　례 : － 조선로동당, 조선민주주의인민공화국, 김일성종합대학,
　　　　　타도제국주의동맹, 조선사회주의로동청년동맹,
　　　　　재일본조선인총련합회, 새날협동농장,
　　　　　김종태사범대학, 서남아프리카인민조직, 평양제1고등학교,
　　　　　사리원제1사범대학, 개성학생소년궁전
　　　　－ 김혁, 차광수, 리보배, 김한길, 황보노을, 독고영숙
　　　　－ 김일성저작집, 김일성훈장, 자유독립훈장, 주체사상탑, 개선문,
　　　　　≪승리－58≫형, ≪만경봉≫호, ≪자주≫호
그러나 외국의 나라이름이나 고유대상이름, 사변이름, 사람이름 등은 그 나라에
서 하는대로 따른다.
　　례 : 세인트 루씨아
　　　　산토메 프린시페
　　　　싼 마리노
　　　　에르네스또 체 게바라
　　　　크라스나야 즈베즈다
(5) 주요 사변, 운동, 회의, 조약, 기념일, 공식대표, 강령, 선언 등의 이름은
하나로 붙여쓴다.
　　례 : － 4.15명절, 4월15일명절, 2.16명절, 2월16일명절, 평양선언,
　　　　　7.4공동성명, 9.9절, 남호두군정간부회의, 동년현성진공전투,
　　　　　3대혁명붉은기쟁취운동, 3.1인민봉기, 독일민주주의공화국대표단,
　　　　　3.8국제부녀절, 전국어머니대회, 조국광복회10대강령,
　　　　　2월17일과학자, 기술자돌격대
(6) ≪쏘련, 중국, 민주예멘, 영국, 프랑스, 일본…≫ 등은 국가의 정식이름이
줄어든 형태로 보고 그 뒤에 오는 단위는 붙여쓴다.
　　례 : 쏘련외무성 부상
　　　　중국문화부장 도착

프랑스정부 각료

3) 고유한 명칭의 앞뒤에 보통명사적인것이 어울린 경우

  (1) 고유한 명칭의 앞뒤에 오는 보통명사적인것은 원칙으로 띄여쓴다.

    례 : ― 최고인민회의 대의원, 조선중앙방송위원회 탁구선수

          량강도 지방공업, 평양시 건설, 청진시 근로자들

       ― 창성군내 인민들, 함흥경기장 앞마당, 2.8문화회관 뒤면

       ― 중앙인민위원회 정령, 로동행정부 지시, 국영 제○○농장 종업원

       ― 조선민주주의인민공화국 정부성명, 조선로동당 친선참관단,

         조선중앙통신사 대변인성명, 일본사회당 특별성명

  (2) 동격어나 이에 준하는 단위는 띄여쓴다.

    례 : ― 항일혁명투쟁참가자 오중흡, 공화국영웅 안영애, 박사 김준식,

         인민배우 김인덕, 원사, 박사 김경남, 공훈예술가 리익성,

         외교부장 ○○○○○○각하, 본사기자 황병희

       ― 당보 ≪로동신문≫, 당기관잡지 ≪근로자≫, 영웅도시 평양,

         천하명승 금강산, 로씨야작가 레브. 똘스또이의

         ≪전쟁과 평화≫, 소설가 에틸리온 보이니츠의 ≪등에≫

  (3) 칭호, 직명 등이 뒤에 올적에는 그것을 앞에 붙인다.

    례 : ― 김철수동지, 옥희아주머니, 리수복영웅, 성희누나, 소창길부장,

         순철로인, 김춘식박사, 김일순선생님, 안영철아바이,

         죠리오큐리녀사

       ― 위노그라노브원사, 사스뜨라 아미죠오각하, ○○부장동무

       ― 한일권대의원선생, 김철이박사선생

그러나 뒤에 오는 칭호나 직명을 붙여씀으로써 달리 리해될수 있는 경우에는
띄여쓸수 있다.

    례 : 김철 부부장, 장욱 총국장

  (4) 고유한 명칭의 중간에 끼는 ≪직속, 부속, 소속, 산하, 아래…≫ 등은
앞단위에 붙여쓰며 그 뒤단위는 띄여쓴다.

    례 : ○○○사범대학부속 ○○○고등중학교, ○○동무소속 해안포중대,

         채취공업위원회 산하 광산, 탄광, 과학원아래 각 연구소들

[붙임] 그러나 이것들이 일반적인 대상과 어울릴적에는 뒤단위에 붙여쓴다.

    례 : 직속기관, 부속인민학교, 산하기업소, 소속구분대, 아래기관

  (5) 기관, 부서, 행정단위 등의 이름앞에 ≪3대혁명붉은기, 근위, 천리마…≫와

기타 칭호들이 오는 경우에 칭호는 뒤단위와 띄어서 쓴다.

    례 : — 천리마 ○○○일용품공장, 3대혁명붉은기 ○○탄광기계공장,

          근위1급 ○○군 ○○협동농장

        — 천리마 청년작업반, 평안북도 ○○군 ○○협동농장 천리마

          제1작업반 3분조

그러나 이것들이 뒤에 오는 단위와 결합되어 하나의 단위로 될 때에는
붙여쓴다.

        3대혁명붉은기공장, 천리마작업반

4) 나란히 어울린것에 공통적으로 걸리는 단위가 온 경우

  (1) 자립적으로 쓰이면서 두 단위에 각각 공통적으로 걸리는 단위는 모은
    경우에 띄어쓴다.

      례 : — 해주와 사리원 지방

          사상혁명, 기술혁명, 문화혁명 수행

        — 세계각국 국회 및 국회의원들

          축구와 배구 및 롱구 경기

  (2) 다른 명사의 앞에서 그것과 붙여서 쓰는 ≪국제, 선진, 원시, 원생…≫
    등이 공통적인것의 앞에 올 때는 띄어쓴다.

      례 : — 국제 공산주의운동과 로동운동

          선진 기술과 리론

          원시 유적과 유물

          원생 식물과 동물

  (3) 반점(,)과 같은 부호를 찍어서 명사들이 렬거된 경우에는 앞뒤에 오는
    공통적 단위는 띄어쓴다.

      례 : 교원, 학생, 사무원 협의회

          대학내 교원, 학생 사무원

          세멘트, 강철, 석탄 생산실적

          사진, 도서 전람회

          국영 공장, 농장, 사무원들

[붙임] 뒤에 공통적으로 걸리는 칭호, 직명 같은것도 앞명사와 띄어쓴다.

      례 : 김정법, 박곰손, 황영순 동무들

          김한길, 리순이, 정일모 연구사들

  (4) 공통적으로 걸리는 단위로 보아도 불합리하고 공통적으로 걸리지 않는

단위로 보아도 불합리한 경우에는 다 띄여쓰는것을 원칙으로 한다.

례 : 당, 국가, 경제 기관 일군들

　　　국영농장, 협동농장, 개인부업 경리

(5) 호상관계가 두번이상 이루어지는 단위를 나타내는 말마다나 단어 ≪사이≫는 띄여쓰는것을 원칙으로 한다.

례 : ― 국영, 협동단체 및 합영기관 공업총생산액

　　　　학교, 마을 그리고 가정 위생상태

　　 ― 협동적 소유와 협동적 소유, 전인민적 소유와 전인민적 소유,

　　　　협동적 소유와 전인민적 소유 사이

(6) 두개 또는 그이상의 명사가 아무런 부호없이 같은 자격으로 어룰리는것의 뒤에 공통적인것이 올 때는 붙여쓴다.

례 : 사상기술문화혁명을 수행한다.

　　　대외대내정세의 연구

　　　아침저녁식사를 여기서 한다.

　　　교원학생궐기모임이 있었다.

　　　조직정치사업에 뒤이어

　　　사회정치활동 진행정형을 총화한다.

(7) 공통적으로 걸리는 단위가 하나의 소리마디로 되였거나 ≪하다, 되다, 시키다…≫ 등이 오는 경우에는 그 앞단위에 붙여쓰는것을 원칙으로 한다.

례 : 각 도, 시, 군당 책임비서

　　　창성, 피현, 대관군 소재지

　　　기술신비주의, 보신주의적 태도

　　　계속혁신, 계속전진하는 집단

5) 앞명사를 다시 받는다고 할수 있는 ≪자신, 자체, 전체, 전부, 전원, 일행, 일가, 일동, 일체, 모두…≫ 등은 그 앞단위에 붙여쓰는것을 원칙으로 한다.

례 : 기사장자신이 만들었다.

　　　지구자체도 돈다.

　　　로동자전체가 일떠섰다.

　　　학생전원이 참가했다.

　　　려행자일행은 휴식도 없이 걸어갔다.

　　　박사일가는 오늘도 모여앉았다.

　　　아들딸모두가 행복하게 자랐다.

[붙임] ≪스스로≫도 이에 준하여 처리한다.

　　　레 : 참가자스스로가 이야기의 참뜻을 깨달았다. 학생스스로가 대답하였다.

제3항　불완전명사와 이에 준하는 단위들은 원칙적으로 앞단어에 붙여쓰며 일부 경우에
　　　띄여쓰는것으로 조절한다.

　　1) 순수한 불완전명사는 앞단어가 어떤 품사이건, 이떤 형태에 놓여있건 언제나
　　　그것에 붙여쓴다.

　　레 : ― 분…그분, 어느분, 걸어가고있는분

　　　　　　　탓…아이탓, 누구탓

　　　　　　　것…좋은것, 나의것, 갈것

　　　　　　　나위…말할나위가 없다

　　　　　　　녘…해질녘, 날이 샐녘

　　　　　　　지…떠난지, 간지가 오래다

　　　　　　　때문…그때문에, 가기때문이다

　　　　　　　리…갈리 없다, 모를리가 없다

　　　　　　　번…이번 전람회

　　　　　　　양…아는양을 한다

　　　　　― 걷거나 앉아있는분

　　　　　　좋고나쁜것, 말하거나 쓸나위가 없다, 날이 새고 동틀녘,

　　　　　　그와 나때문이다, 가거나 올리 없다

　　2) ≪상, 중, 간, 판, 경, 항, 측, 장, 조, 전, 편, 산, 호, 성, 하, 전, 후, 내, 외,
　　　차, 초, 말, 발, 착, 행, 년, 부, 별, 용, 분, 과, 급, 당, 기, 계, 래, 형, 제, 식,
　　　상(모양), 적≫ 등과 같은 한자말이나 불완전명사와 ≪뒤붙이적 단어≫는 그
　　　앞단위에 붙여쓰며 그뒤에 오는 단위는 띄여쓴다.

　　　레 : 상…시간상 제약을 받는다.

　　　　　　중…회의중 사담을 하지 말것

　　　　　　간…형제간 의리를 지킨다.

　　　　　　전…학령전 아동교양문제

　　　　　　후…전쟁후 6년간의 생활

　　　　　　내…학교내 위생환경을 변혁

　　　　　　초…올해초 기후변동은 매우 심했다.

　　　　　　발…평양발 급행렬차, 보건부발 제00호

부…3일부 신문
분…5월분 강철생산계획
별…개인별 경쟁
용…학생용 책가방
급…대사급 외교관계
과…화본과 식물
당…단위당 생산능률
계…민단계 인사들
차…제20차 올림픽경기대회
조…제1조
행…개성행 렬차
래…몇십년래의 대풍년
착…평양착 2렬차
외…계획외 공사
전…영웅전
말…12월말 생산실적
하…현정세하에서…
기…제1기 졸업생, 최고인민회의 제8기 제1차회의
상…반월상 긴경절
판…제1판
경…12월경
항…제1항
측…우리측 대표
장…제1장
편…제1편
편…≪만경봉호≫편
호…제1호
형…최신형 중거리미싸일
식…중앙련쇄식 계전기련동장치
제…외국제 경기관총
성…만성 진행성 변이성 이발주위염
산…○○○산 닭고기

적…전국적 전력소비실태자료

3) 시간과 동간의 뜻을 추상적으로 나타내는 고유어명사 ≪앞, 옆, 뒤, 끝, 속, 밖, 안, 우, 아래, 밑, 사이(새), 때, 제, 곁, 길, 군데, 해, 달, 날, 낮, 밤, 곳, 자리, 고장, 어간, 어구, 가운데, 구석≫ 등은 토없는 명사, 수사, 대명사 뒤에서 붙여쓰며 일부 경우에는 규정형뒤에서도 붙여쓴다.

    례 : 학교앞에, 말뒤에, 처마끝에, 인민대중속에, 대문밖에, 걸어갈제, 일제때, 이해, 그날, 지난날, 그날밤, 그날낮, 그길로, 제자리, 시는곳, 쉴사이(새)

    ≪년, 놈, 녀석, 자≫ 등도 이에 준하여 처리한다.

[붙임] 이러한 경우에 ≪들≫은 ≪뒤붙이≫와 같이 처리한다.

    례 : 인민들속에서, 학생들사이, 집들곁에

그러나 이러한 단어들은 다른 단어의 앞뒤에 오면서 자립적인 기능도 수행하며 따라서 띄여쓴다.

    례 : - 앞 키큰 사람

       밤 10시

       뒤 련합부대

4) ≪등, 대, 겸, 따위≫와 같은 불완전명사는 원칙적으로 띄여쓴다.

    례 : - 김나리 등이 이겼다. 걷고 뛰고 달리는 등 운동

       - 의학대학 대 체육대학 축구경기

         공중 대 지상 화력 시험훈련

         대학교원 겸 공장기사

         사과, 배, 감 따위의 과일이 많다.

[붙임] 그러나 ≪대≫, ≪따위≫가 다른 단어와 어울려 하나의 덩이로 됨을 나타낼 때는 붙여쓴다.

    례 : - 지대공유도탄, 지대지미싸일

       - 이따위짓, 그따위놈, 제따위

제4항  합친말이나 숙어로 된 명사는 붙여쓴다.

1) 동사나 형용사의 ≪ㄴ≫, ≪ㄹ≫형이 시칭의 뜻이 없이 명사와 어울리면서 그앞에 다시 ≪ㄴ≫, ≪ㄹ≫형의 규정어를 받을수 있는것은 붙여쓴다.

    례 : - 된장(묽은 된장), 식은땀(심한 식은땀), 작은아버지(키큰 작은아버지), 뜬소문(돌아가는 뜬소문), 들돌(내려놓은 들돌), 잔돈(많은 잔돈)

2) 두개이상의 단어가 어울려서 하나로 녹아붙은 단위처럼 된 명사는 붙여쓴다.

례 : 못할말, 못된놈, 몹쓸일, 여러차례, 하루밤, 한나절
3) 두개이상의 단어가 겹쳐서 하나로 녹아붙었거나 병렬되는 명사는 붙여쓴다.
례 : ─ 집집, 사람사람, 순간순간, 구석구석, 가지가지
　　─ 아침저녁, 하루이틀, 밤낮


# 제2장　수사, 대명사와 관련한 띄여쓰기


제5항　수는 아라비아수자로만 적을수도 있고 순수 우리 글로만 적을수도 있으며 아라비
아수자에 ≪백, 천, 만, 억, 조≫ 등의 단위를 우리 글자와 섞어서 쓸수도 있다.
이때의 띄여쓰기는 다음과 같다.
1) 아라비아수자로 적을 때에는 단의 자리로부터 세자리까지는 반점을 찍지 않고
붙여 쓰며 그이상의 자리수에서는 세자리씩 올라가면서 반점(,)을 찍는다.
례 : ─ 12
　　　325
　　　1,482,522
　　　9,372,586,65
　　─ 23.5
　　　1,482.52
2) 수사를 우리 글자로만 적거나 아라비아수자에 ≪백, 천, 만, 억, 조≫ 등의
단위를 우리 글자와 섞어 적을 때에는 그것을 단위로 하여 띄여쓴다.
례 : ─ 구십삼억 칠천 이백 오십팔만 륙천 삼백 륙십오
　　─ 3만 5천 6백 25
　　─ 십삼점 이오(13.25)
　　─ 삼과 이분의 일 (3 1/2)
3) 우리 글자로만 수를 적되 ≪십, 백, 천, 만≫ 등의 단위를 표시하지 않고
수자의 이름으로만 적을 때는 붙여쓴다.
례 : 삼오(35), 삼오삼(353), 이사오륙(2456), 칠구공공팔오(790085)
특별한 목적으로 반점을 찍을 필요가 있을 때에는 아라비아수자로 적을
때와 같은 자리에(즉 단의 자리로부터 세자리씩 올라가면서) 찍는다.

례 : 이, 사오륙(2,456)

칠구공, 공팔오(790,085)

제6항　《수》나 《여》, 《나마(나문)》가 수사와 직접 어울려서 대략의 수량을 나타내는 것은 붙여쓴다.

례 : － 수십, 수백만, 수십억, 삼백 수십(개), 수백수천(발), 수삼년, 수삼차

－ 백여, 50여, 1,000여(톤), 5년여, 3시간여, 수십여(년), 수만수천여(개)

－ 100나마, 오백명나마, 석달나마, 스무나문, 여나문

제7항　수사가 토없이 완전명사와 어울린것은 띄여쓰며 단위명사(또는 이에 준하는 명사)와 어울린것은 붙여쓰는것을 원칙으로 한다.

1) 수사가 토없이 완전명사와 어울린것

례 : 두 공산주의자의 이야기

세 기술일군의 참관

일곱 녀학생의 아름다운 소행

2) 수사가 토없이 단위명사(또는 이에 준하는 명사)와 어울린것

례 : 50명, 48톤, 5시, 2년, 5일, 두살, 다섯개, 세마리, 한두름, 두벌, 네말, 여섯컬레, 39분, 28초, 네그릇, 12자, 세묶음, 여덟병, 한길, 석단, 학생 9명, 1등, 최근 100년간, 실 한토리, 1급, 1항차, 1량

[붙임] 《성상, 세월, 나이, 평생, 고개》 등과 같은 완전명사도 단위명사에 준하여 처리한다.

례 : 15성상, 70나이의 고령, 60평생, 20여성상, 60여평생

70살나이에, 마흔고개, 칠순고개, 60살고개

제8항　대명사는 원칙적으로 다른 품사와 띄여쓰며 불완전명사(또는 이에 준하는 일부 명사)와 직접 어울린것만 붙여쓴다.

례 : － 내 조국, 우리 식, 우리 말, 이 나라, 제 땅우에서, 제 힘으로…

저기 저 바다로 우리 함께 가자.

내 네 말을 잊지 않고 있다.

－ 이것, 그이, 저분, 무엇때문에, 누구것이냐?, 네탓이다, 이해, 이달, 그밖에, 그곳, 그때, 이때, 저때…

[붙임] 대명사가 다른 품사와 어울려 하나의 덩이로 굳어졌거나 《자신, 자체,

전체, 모두, 스스로≫와 어울리는 경우의 띄여쓰기는 기본적으로 명사의
경우와 같다.

　　례 : ― 내남없이, 너나들이, 저저마다
　　　　　― 나자신, 우리들전체, 그들자체, 우리스스로…

제9항　같은 수사나 대명사가 겹치면서 강조 또는 여럿의 뜻을 나타내는것은 붙여쓴다.

　　례 : ― 하나하나, 둘둘, 하나씩하나씩, 둘씩둘씩, 열스무(차례), 하나둘(구령)
　　　　　― 누구누구, 무엇무엇(뭣뭣)
　　　　　― 너도나도, 그나저나, 이곳저곳, 네것내것, 내일네일

# 제3장　동사, 형용사와 관련한 띄여쓰기

제10항　동사나 형용사끼리 어울렸을 경우의 띄여쓰기는 다음과 같이 한다.

　1) 토가 붙은 자립적인 동사나 형용사가 다른 자립적인 동사나 형용사와
　　어울린것은 원칙적으로 띄여쓴다.

　　례 : ― 들고 가다, 가면서 말한다, 들어서 올리다, 붉게 타다,
　　　　　　깨끗하여 좋다, 용감하고 지혜롭다.
　　　　　― 맑고 아름다운 강산, 슬기롭고 용감한 우리 인민

　2) 토가 있지만 띄여쓰지 않는것은 다음과 같다.

　　(1) ≪고≫형의 동사가 다른 동사와 어울려 하나의 동사로 녹아붙은것은 띄여
　　　쓰지 않는다.

　　　례 : ― 짜고들다, 먹고떨어지다, 밀고나가다, 들고뛰다, 캐고들다,
　　　　　　　타고나다, 놀고먹다, 들고치다, 파고들다, 안고뭉개다

　　(2) ≪아, 어, 여≫형의 동사나 형용사가 보조적으로 쓰이는 동사가 직접
　　　어울린것은 붙여쓴다.

　　　례 : ― 돌아가다, 돌아치다, 몰아내다, 볶아대다, 잡아쥐다
　　　　　　　― 젊어지다, 쓸어버리다, 들어보다, 애써보다, 적어두다
　　　　　　　― 베껴주다, 견디여내다, 버티여내다, 다녀가다
　　　　　　　― 반가와하다, 미워하다, 두려워하다

(3) ≪아, 어, 여≫형이 아닌 다른 형 뒤에서 보조적으로 쓰인 동사나 형용사는
붙여쓴다.

　　례 : － 읽고있다, 쓰고있다, 맡고있다, 쉬고있다,

　　　　　　　읽고계시다, 쓰고계시다, 맡고계시다, 쉬고계시다

　　　　　－ 읽고싶다, 먹고싶다, 가고싶다, 듣고싶다,

　　　　　　　읽는가싶다, 먹는상싶다, 될상싶다, 아시다싶이, 보시다싶이

　　　　　－ 하고나서, 끝나고나서, 읽다나니, 늙다나니, 보고나니,

　　　　　　　돌아다니다나면

　　　　　－ 쓰고말다, 보고말다, 버리고말다, 가고말다, 나가자마자,

　　　　　　　들어서자마자, 물어보자마자

　　　　　－ 읽는가보다, 올가보다, 왔댔나보다, 알고보니, 써놓고보니,

　　　　　　　세워놓고보니

(4) ≪아, 어, 여≫형의 동사나 형용사가 잇달아있을 경우에는 자립적인 행동
의 단위마다 띄여쓴다.

　　　　　－ 기여넘어가 살펴보다, 들어가 집어올리다, 만나보아 알고있다,

　　　　　　　받아안아 덮어쌓다

(5) 토 ≪나, 디, 고, 도 ㄴ…≫을 사이에 두고 두개의 동사나 형용사가 겹친
것은 붙여쓴다.

　　례 : － 크나큰, 기나긴, 머나먼, 높으나높은, 젊으나젊은,

　　　　　　　깊으나깊은, 자나깨나

　　　　　－ 달디단, 쓰디쓴, 높디높은, 깊디깊은, 차디찬, 넓디넓은

　　　　　－ 넓고넓은, 멀고먼, 부르고부르는, 크고작은, 높고낮은, 주고받는

　　　　　－ 가도가도, 오도가도, 길고도긴, 넓고도넓은

　　　　　－ 긴긴(밤), 먼먼(옛날)

[붙임] 그밖의 형태의 합친말, 겹친말도 이에 준한다.

　　례 : － 높으락낮으락, 이러쿵저러쿵, 죽을둥살둥, 이러니저러니,

　　　　　　　들락날락, 왔다갔다, 들쑥날쑥, 본숭만숭, 앞서거니뒤서거니,

　　　　　　　덮어놓고, 묻다못해, 하다못해, 보아하니

(6) ≪듯, 만, 번, 법, 사, 척, 체…≫ 등이 붙은 동사나 형용사가 토없이
≪하다≫와 어울린것은 붙여쓴다.

　　례 : － 올듯하다, 들을만하다, 만날번하다, 갈법하다, 웃을사하다,

　　　　　　　가는척하다, 아는체하다

　　　　　　　－ 올듯말듯하다, 웃을사웃을사하다, 아는체마는체하다
　　　그러나 ≪듯, 만, 번, 법, 사, 척, 체…≫뒤에 토가 붙으면 ≪하다≫는 띄여쓰기로
　　한다.
　　　　　　례 : － 갈듯도 하다, 오를만도 하다, 그럴법도 하다
　　　　　　　　　 － 그럴만은 하다, 아는체를 한다, 웃을사는 한다
　　　　　　　　　 － 올듯말듯도 하다, 웃을사웃을사는 한다, 아는체마는체를 한다
　　　　　(7) 토 ≪지≫가 붙은 동사나 형용사가 다른 단어와 어울린것은 띄여쓴다.
　　　　　　　례 : － 그렇지 않다, 이기지 못하다, 맞갖지 않다, 갈지 모른다
　　　　　　　　　　 － 마지 못해, 머지 않아, 못지 않다
　　　　　　　　　　 － 믿어마지 않다 바라마지 않다
　　　　　　　　　　　 그리여마지 않다, 존경하여마지 않다

　　第11항　동사, 형용사가 명사, 부사와 어울린 경우의 띄여쓰기는 다음과 같다.
　　　　1) 토없는 명사에 ≪하다, 되다, 시키다≫가 직접 붙은것은 붙여쓴다.
　　　　　　례 : － 건설하다, 겨냥하다, 나무하다, 눈짓하다, 바느질하다, 창조하다,
　　　　　　　　　 투쟁하다, 이신작칙하다, 영광찬란하다
　　　　　　　　　 － 구현되다, 련관되다, 참되다, 창설되다, 영웅되다, 공고발전되다
　　　　　　　　　 － 련습시키다, 분리시키다, 숙련시키다, 공고발전시키다, 긍정감화시키다
　　　　그러나 ≪하다, 되다, 시키다≫의 앞에 ≪못, 아니, 안≫ 등이 끼일 때에는 앞의
　　　명사단위를 띄여쓴다.
　　　례 : 용서하다 － 용서 못하다
　　　　　 말하다 － 말 못하다
　　　　　 허용되다 － 허용 안되다
　　　　　 모순되다 － 모순 안되다
　　　　　 운동시키다 － 운동 안시키다
　　　　　 숙련시키다 － 숙련 못시키다
　　　　2) 명사에 ≪지다≫가 직접 어울린것은 붙여쓴다.
　　　　　　례 : － 값지다, 흘지다, 건방지다, 외지다, 구성지다, 멋지다, 둥글지다,
　　　　　　　　　 아롱지다
　　　　　　　　　 － 모지다, 살지다, 그늘지다, 굽이지다, 장마지다, 언덕지다, 얼룩지다,
　　　　　　　　　 열매지다, 짝지다
　　　　3) 토없는 명사에 ≪답다, 거리다, 겹다, 맞다, 궂다, 적다, 어리다≫ 등이

직접 어울려서 형용사를 이루는것은 붙여쓴다.

례 : ― 꽃답다, 남자답다, 청년답다, 녀성답다, 인민군대답다

― 흥겹다, 눈물겹다, 정겹다

― 능청맞다, 방정맞다

― 심술궂다, 버릇궂다, 험상궂다

― 멋적다, 맛적다, 열적다

― 지성어리다, 정성어리다, 정기어리다, 피어리다

4) 토없는 명사에 고유어로 된 동사와 형용사가 직접 어울려서 하나의 동사나 형용사를 이루는것은 붙여쓴다.

례 : ― 꿈꾸다, 춤추다, 잠자다, 짐지다, 셈세다, 숨쉬다, 금긋다, 걸음걷다, 뜸뜨다

― 가살부리다, 극성부리다, 심술피우다, 익살피우다, 방정떨다, 엄부럭떨다, 소리치다, 활개치다, 굽이치다, 고동치다, 끝맺다, 시집가다, 맴돌다, 감사납다, 길차다, 힘차다, 주제넘다, 몸풀다, 눈팔다, 낯설다, 일삼다

― 낯익다, 눈멀다, 힘들다, 빛나다, 유별나다, 끝나다, 한결같다, 낯같다, 류다르다, 눈부시다, 때늦다, 움트다, 싹트다, 해지다, 번개치다, 대바르다, 가슴아프다, 심술궂다, 남부럽다, 마음놓다, 의리깊다, 실속있다, 패기있다, 활기있다, 깊이있다, 무게있다, 쉴새없다, 맥없다, 힘없다, 례절없다, 눈치없다, 나많다, 꼴사납다, 나어리다, 발벗다, 수놓다, 마감짓다, 매듭짓다, 손대다, 밥먹다, 발맞추다, 꽃같다, 꿀같다

[붙임] 대명사나 그밖의 품사와 어울려 하나의 동사나 형용사로 쓰이는것도 이에 준한다.

례 : ― 그같은, 이같은, 나보고, 너나들이하면서, 제자리걸음하고…

― 곧이듣다, 내리누르다, 가로채다, 올리벋히다, 가로지르다, 냅다지르다, 냅다치다, 기껏해서

5) 동사, 형용사가 명사, 부사와 어울려 잇달아있는 경우에는 행동의 단위에 따라 처리한다.

례 : ― 몸바쳐 일하고있다.

어깨겯고 나아간다.

앞장서 나가고있다.

몸바쳐 투쟁해나가고있다.

　　－ 해빛을 받아안고 솟구쳐나다.

　　일을 바로잡아 고쳐나갔다.

　　제품을 만들어 내려보냈다.

　　물에 씻겨 내려가고있었다.

6) 동사, 형용사의 앞에 오는 명사에 토가 없어도 토를 줄였다는것이 뚜렷하고 끊기여 발음될 때는 띄여쓰는것을 원칙으로 한다.

　　례 : 은혜로운 해발 안고

　　　　사랑의 정 품고

　　　　간절한 마음 담아

　　　　멸적의 기세 드높은

　　　　우리의 정성 담은 선물

第12항　≪앞, 뒤, 곱, 겹≫ 등이 동사나 형용사와 어울린것은 붙여쓴다.

　　례 : － 앞서다, 앞지르다, 앞당기다, 앞차다, 앞두르다

　　　　－ 뒤서다, 뒤늦다, 뒤떨어지다, 뒤쫓다, 뒤돌리다

　　　　－ 곱먹다, 곱가다, 곱돕다, 곱씹다

　　　　－ 겹쓰다, 겹쌓다, 겹입다, 겹차다, 겹싸다

[붙임] ≪앞장, 버금, 다음, 으뜸≫과 ≪첫째≫도 이에 준한다.

　　례 : － 앞장서다, 버금가다, 다음가다, 으뜸가다, 첫째가다

## 제4장　관형사, 부사, 감동사와 관련한 띄여쓰기

第13항　관형사는 그뒤의 단어와 띄여쓴다.

　　례 : － 모든 공장, 여러 책, 온갖 문제, 새 규정책, 온 마을, 별의별 이야기,

　　　　별 이야기, 각 도서관, 여느 기술자, 제반 사실, 첫 전투,

　　　　첫 프로레타리아정권, 맨 웃자리, 현 국제정세, 매 도, 매 군, 무슨 일,

　　　　어느 동무, 웬 사람, 순 독학으로, 귀 대표부, 딴 사람, 전(이전) 대통령,

　　　　한다는 선수, 이까짓 종이

－ 온갖 한다는 선수들, 별 딴 문제, 무슨 별별 이름모를 식물들,
    여러 새 양복, 그까짓 딴 마음, 한다는 여러 인사들, 제반 새 사전들,
    별의별 새 이야기
－ 원 이름밑에 새 이름을, 옛 전우들의 모습, 온 정신을 가다듬어,
    각 대학 학생들

이와 관련하여 관형사 ≪첫, 새≫ 등은 일부 합친말의 구성부분으로 된것만을 례외적으로 붙여쓰기로 한다.

례 : － 첫코, 첫발, 첫맛, 첫날옷, 첫젖, 첫어구, 첫인상, 첫길, 첫더위,
        첫물, 첫울음, 첫술, 첫눈, 첫정, 첫끝, 첫입, 첫날밤, 첫머리, 첫시작,
        첫새벽, 첫추위, 첫아침, 첫인사, 첫출발, 첫국밥, 첫솜씨, 첫마수걸
        이, 첫닭울이, 첫걸음마
    － 새색시, 새각시, 새신랑, 새서방, 새해

그밖의 관형사도 합친말의 구성부분으로 들어간것은 붙여쓴다.

례 : － 각살림, 온종일, 전당, 별소리, 헌쇠, 딴판, 옛말, 헛물, 맨주먹,
        원가지, 전세계

[붙임] ≪일단≫과 ≪전체, 일부, 소수, 극소수, 력대, 해당≫ 등은 관형사적으로 처리하여 명사의 앞에서 띄여쓴다.

례 : － 일단 유사시, 전체 인민, 일부 력량, 해당 력사적 사실
    － 소수 자본가계급, 극소수 특권층, 력대 위정자들

제14항  부사는 기본적으로 띄여쓰되 특수한 경우에 조절하여 붙여쓴다.

　　1) 자립적인 모든 부사는 띄여쓴다.

례 : － 나란히 눕다, 따뜻이 보살피다, 먼저 가다, 무척 애쓰다,
        바로 찌르다, 극력 아껴쓰다, 아까 떠났다, 가까이 접근하다
    － 비교적 높다, 편의상 한곳에 넣어둔다, 사실 알고있었다,
        정말 기적적이다
    － 똑바로 서다, 스스로 물러가다, 더욱 아름답다, 차차 더워지다,
        철렁 떨어지다, 반드시 읽어야 한다, 잘 쓴다, 잘 간다

　　2) 일부 부사에 ≪하다, 되다, 시키다≫가 붙어 하나의 동사처럼 된것은
　　　　붙여쓴다.

례 : 못하다, 잘되다, 안시키다, 덜되다

　　3) 부사를 겹쳐쓰거나 잇달아쓸 경우에는 붙여쓴다.

　　　　례 : ― 가득가득, 서로서로, 거듭거듭, 고루고루(골고루), 어슬렁어슬렁,
　　　　　　　　차츰차츰, 높이높이, 다시다시, 다시금다시금, 두고두고
　　　　　　　― 더욱더, 더더욱, 이리저리, 울긋불긋, 그럭저럭, 얼기설기, 허둥지둥,
　　　　　　　　올망졸망, 곧이곧대로
　　　　　　　― 또다시, 한층더, 모두다, 다같이, 똑같이
　　4) 부사가 다른 품사의 단어와 어울린 경우라도 한덩어리로 굳어진것은
　　　붙여쓴다.
　　　　례 : ― 가슴깊이, 심장깊이, 가슴뿌듯이, 가슴듬뿍, 하늘높이, 가뭇없이,
　　　　　　　　영낙없이, 난데없이, 끝없이, 한량없이, 한없이, 한결같이, 감쪽같이,
　　　　　　　　불같이, 벼락같이, 꿈결같이
　　　　　　　― 더없이, 꼼짝없이, 덧없이, 다시없이, 하염없이, 두말없이
　　　　　　　― 꼼짝못하게, 쥐죽은듯이
　　　　　　　― 왜냐하면, 다시말하여, 아닌게아니라, 다름아니라
　　5) 이음부사 ≪및, 또, 또한, 또는≫ 등이 두개 이상의 단어를 련결할 때에는
　　　그 앞뒤단위를 언제나 띄여쓴다.
　　　　례 : ― 조선민주주의인민공화국 당 및 정부대표단
　　　　　　　　로동자, 농민, 근로인테리 및 군인들
　　　　　　　　평양시행정 및 경제지도위원회
　　　　　　　　화학 및 경공업위원회
　　　　　　　― 전진, 전진, 투쟁 또 투쟁
　　　　　　　　사과와 배 또는 복숭아와 감
　　　　　　　　솜씨있는데다가 또한 용단도 있다

第15항　두개이상의 서로 다른 품사가 하나로 녹아붙어 한마디의 부사와 같이 된 경우는
　　　붙여쓴다.
　　　　례 : ― 간밤에, 오는해에, 지난해에, 지난달에, 이른봄에, 이른아침에, 낮은가을에
　　　　　　　― 여름날에, 봄날에
　　　　　　　― 이다음, 요사이, 이해에, 그해에, 이달에, 그날에, 그사이, 그동안

第16항　감동사나 느낌을 나타내는 말마디들은 소리와 뜻을 고려하여 따로 띄여쓴다.
　　　　례 : ― 아아 아!
　　　　　　　― 아 아아!

　　　　　이뽈사, 열쇠를 잊었군!
　　　— 여, 빨리 끝내세, 박동무!
　　　　　응, 곧 끝내겠네.
　　　　　좋소! 기다리지
　　　— 얼씨구 절씨구 얼싸 둥둥
　　　　　얼씨구절씨구 얼싸둥둥


## 제5장　특수한 말, 특수한 어울림에서의 띄여쓰기


제17항　글의 론리적 련관에 따라 붙여쓰고 띄여쓰는 경우는 다음과 같다.
　　　1) 동격어를 받는 단어의 뒤에 온 명사는 띄여쓴다.
　　　　　례 : 신문 ≪민주조선≫ 창간
　　　　　　　박사 김준석동지 집필원고
　　　　　　　작가 리기영선생 창작사업
　　　2) 련달아서 명사들이 토없이 어울릴 때 그 명사들사이를 떼고 붙이는것은
　　　　　앞에 놓인 단위와의 론리적 련관에 따른다.
　　　　　례 : — 우리 당 정책 관철에서
　　　　　　　　　우리 집 문제, 새 전망계획 기간
　　　　　　　　　낡은 사상 잔재, 낡은 사상 독소
　　　　　　　　　사상, 기술, 문화의 3대혁명 수행
　　　　　　　　　여러가지 광물 생산실적
　　　　　　　　　우리 나라 주재 ○○대사관
　　　　　　　— 김 아무개 청년을 포함한 대표단성원(대표단성원 전체)
　　　　　　　　　김 아무개 청년을 단장으로 하는 대표단 성원(대표단의 한 성원)
　　　　　　　— 새 전쟁 도발책동(새 전쟁)
　　　　　　　　　새 전쟁도발책동(새 책동)

제18항　고유어로 된 차례수사가 규정어로 될 때는 그 뒤 단위를 띄여쓴다.
　　　　　례 : — 첫째 문제, 둘째 강의, 셋째 주, 넷째 손잡이

이에 준해서 ≪첫번째, 두번째…≫ 등도 같이 처리한다.
　　례 : 첫번째 교실
　　　　두번째 집
　　　　다섯번째 공격

第19항  명사와 토없이 직접 어울린 ≪너머, 따라, 건너, 걸러≫는 붙여쓴다.
　　례 : 산너머 외가집에 갔다.
　　　　오늘따라 바람이 세군.
　　　　바다건너 먼 대륙에서 왔다.
　　　　두달걸러 받았다.

第20항  여러가지 부호 다음에 오는 토는 그 부호뒤에 붙여쓴다.
　　례 : ─ ≪가≫에서 ≪ㅏ≫가 모음이다.
　　　　　X는 모르는 수이다.
　　　　─ 그는 ≪불이야≫라고 웨쳤다.

第21항  학술용어, 전문용어의 띄여쓰기는 다음과 같다.
　　1) 하나의 대상, 하나의 개념을 나타내는 용어는 품사소속과 형태에는 관계없이
　　　　붙여쓰는것을 원칙으로 한다.
　　　　례 : ─ 난바다, 먼바다, 먼거리수송대, 나도국수나무, 꿩의밥풀,
　　　　　　　굳은넓은잎나무
　　　　　　─ 나무타르, 변형이음률, 세마치장단, 끝소리법칙, 한곬빠지기현상
　　2) 규정어, 보어, 상황어로서의 구획이 뚜렷한 대상의 이름은 원칙적으로 그 규정
　　　　어, 보어, 상황어 단위로 띄여쓴다.
　　　　례 : ─ 모뜨는 기계, 모내는 기계, 벼베는 기계, 풀베는 기계, 벼가을하는
　　　　　　　기계, 강냉이영양단지모 옮겨심는 기계, 짐싣고부리는 기계
　　　　　　─ 키큰 나무, 키작은 나무, 떨어진 과일, 물얕은 바다

第22항  성구나 속담 등의 띄여쓰기는 다음과 같다.
　　1) 단어들이 토없이 어울려 이루어진 속담이나 고유어성구는 원칙적으로
　　　　붙여쓴다.
　　　　례 : ─ 곁불맞다, 량다리치기, 식은죽먹기, 수박겉핥기

　　　　― 이웃사촌, 오누이쌍둥이, 부엉이셈, 토끼잠
　　　　― 두루미꽁지같다, 선손쓰다, 코떼우다
2) 토가 줄어진 속담이나 성구는 원칙적으로 단어 또는 단어화된것을 단위로
　　띄여쓴다.
　　례 : ― 소 닭보듯
　　　　　 고양이 쥐생각하듯
　　　　　 꿩구워먹는 자리

# 문장부호법

경애하는 수령 김일성동지께서는 다음과 같이 교시하시였다.

≪…단어형태를 고정시키는 문제는 아마 남북이 통일된 다음에 해결해야 할것입니다. 이 문제에 대해서는 지금부터 잘 연구해두는것이 좋습니다.

지금과 같은 네모글자를 가지고라도 어느 정도 풀릴수 있을것 같습니다.≫ (≪김일성저 작집≫ 18권, 24페지)

## 총   칙

현대조선말의 문장부호는 문장들, 문장안의 각 단위들을 뜻과 기능에 따라 갈라주기 위하여 친다.

## 제1항  우리 글에서 쓰는 부호의 종류와 이름

| | |
|---|---|
| . 점 | ! 느낌표 |
| : 두점 | - 이음표 |
| , 반점 | ― 풀이표 |
| ; 반두점 | … 줄임표 |
| ? 물음표 | ⋯⋯ 밑점 |
| ≪ ≫ 인용표 | ○○○, ×××, □□□ 숨김표 |
| 〈 〉 거듭인용표 | 〃 같음표 |
| ( ) 쌍괄호 | ~ 물결표 |
| [ ] 꺾쇠괄호 | |

## 제2항  점( . )

1) 문장(감탄문과 의문문 제외)이 끝났을 때 문장끝의 오른편 아래쪽에 친다.(이 부호의 이름은 ≪끝점≫이라 할수 있다.)

   례 : 우리 시대는 위대한 주체시대이다.

2) 략자나 줄임말임을 보여주기 위하여 오른편 아래쪽에 친다.

   (1) 년, 월, 일을 줄인 경우에는 그 수의 오른편 아래쪽에 치는것을 원칙으로 한다.

   례 :  1985. 10. 10

   　　　1948. 9.

   　　　1945.

   　　　1985－1986.

   (2) 략자나 달과 날의 수자가 합쳐서 ≪명사화≫되였거나 그뒤에 자립적인 단어가 올 때에는 그 말마디의 사이에 친다.

   례 : －  ≪ㅌ. ㄷ≫

   　　 －  4.25 축구팀

   　　　　민족최대의 명절 4.15

   　　　　9.9절

   　　 －  레. 브. 똘스또이

3) 대목이나 장, 절을 가르는 표식에 괄호나 동그라미가 없을적에 그뒤에 친다.

   례 : －  제1장. 제1절. 제1조. 제6항.

   　　 －  I. 1. 3. ㄱ.

   　　 －  그림 1. 모내는 기계의 구조 그림2. 꿀벌의 구조

   그러나 다음과 같은 경우에는 점을 치지 않는다.

   례 : 도표 1-2

   　　　그림 2-1

   　　　1-씨, 2-잎, 3-꽃

## 제3항  두점( : )

1) 뒤에 설명을 보라는것을 밝히는 단어나 말마디 뒤에 친다.

   례 : －  례 :

   　　 －  물음 :

   　　　　대답 :

   　　 －  김은덕동무의 토론 :

　　　　　― 주의 :
　　　　　　순이의 야무진 말 :
　　　　　　비고 :
　　　　　― 열매의 종류 :
　　　　　― 실험조건 :
　　2) 한 문장이 대체로 끝나면서 뒤에 오는 말들이 앞문장을 설명하거나 보충할 때
　　　　그 앞문장의 끝에 칠수 있다.
　　　　례 : ○ 장내는 바야흐로 흥성거렸다: 손님들이 밀려들고 아이들이 뛰놀고 풍악소리
　　　　　　　가 들리고 하면서…
　　　　　　　○ 우리 공장에서는 여러가지 제품들을 만들고있다: 옷장, 책장, 걸상, 신발장,
　　　　　　　밥상 등

## 제4항　반두점( ; )

앞 문장안에 이미 반점(,)으로 구분된 말이 여러개 잇달아있고 다음에 다른 측면에서의
말이 련달아 올 때 더 크게 묶어지는 단위를 구분하기 위하여 칠수 있다.
　　　례 : ― 상점에는 무우, 배추, 시금치, 쑥갓 등과 같은 남새; 물고기, 미역, 젓갈 등
　　　　　　과 같은 갖가지 수산물; 그리고 여러가지 과실들이 차있었다.
　　　　　― 공장에서는 종업원들의 기술기능수준을 높이는데 많은 힘을 돌렸다.
　　　　　　로동자들의 기술적 자질, 생산장성, 공장의 발전전망 등을 고려하여 이 사
　　　　　　업을 계획성있게 끌고나갔으며; 직종, 소질, 작업조건 등을 잘 타산하여 양
　　　　　　성반을 조직하여 운영하였으며; 기능이 높고 낮은 로동자들을 잘 배합하여
　　　　　　개별전습을 잘하도록 하였다.

## 제5항　반점( , )

　　1) 복합문에서 이음토가 없이 문장들이 이어질 때 단일문들사이에 친다.
　　　　례 :　나는 로동자, 너는 농장원.
　　2) 어떤 문장이나 말마디가 련결되거나 맺음토로 끝났다 하더라도 뒤의 문장이나 말마
　　　　디와 밀접히 련관되여 있을적에는 그 맺음토의 뒤에 친다.
　　　　례 : ― 왔거나, 왔거나, 혁명이 왔거나.
　　　　　　― 바람이 세다, 창문을 주의해라.
　　　　　　― 어제도 좋았고, 오늘도 좋고, 래일은 더욱 좋을 우리 생활!
　　3) 죽 들어 말한 단어들사이를 갈라주기 위하여 친다.

    례 : ─ 도시와 농촌에서, 일터와 마을에서, 학교와 가정에서 생활은 약동하고있다.
        ─ 우리는 영화에서 높은 혁명성, 당성, 계급성, 인민성의 본보기를 충분히 받
          아 안았다.
  4) 문장의 첫머리나 가운데에 들어있는 부름말, 끼움말, 느낌말 같은것을 구분하기 위
     하여 친다.
    례 : ─ 동무들아, 이 기세로 굳게 뭉치여 인민경제계획을 승리로 맺자.
        ─ 우리는 그때에도, 다시말해서 전쟁때도 책을 놓지 않았다.
        ─ 아, 우리 조국은 얼마나 아름다운가!
  5) 제시어뒤에 친다.
    례 : ─ 당, 그가 있음으로 하여 오늘의 승리가 있다.
        ─ 혁명적 예술인이 되는것, 이것은 사회주의, 공산주의 문화예술을 창조하는
          작가, 예술인들에게 있어서 가장 중요한 임무로 된다.
        ─ 우리 당의 령도밑에 민족간부, 그가운데서도 기술간부가 많이 자랐다.
  6) 동격어뒤에도 칠수 있다.
    례 : 영광스러운 우리 조국, 조선민주주의인민공화국
  7) 문장성분의 차례를 바꾸어 한 부분을 특별히 힘주어 나타낼 때에는 그 힘준 말뒤에
     친다.
    례 : ─ 나가자, 판가리싸움에
            나가자, 유격전으로
        ─ 그가 왔답니다, 전쟁때 우리 집에 얼마간 묵어갔던 그 군관아저씨가…
  8) 하나의 피규정어에 동시에 관계하는 두개이상의 규정어가 잇달을 때 그것들을
     구분하기 위하여 친다.
    례 : ─ 한데 뭉친, 아무도 꺾을수 없는 우리 인민의 힘
        ─ 인민들이 살기 좋은, 번영하는 새 조선을 건설하기 위하여 투쟁하였다.
  9) 문장에서 단어들의 관계가 섞갈릴수 있을 경우에는 그것을 구분하기 위하여 찍는다.
    례 : ─ 세계 혁명적 인민들은, 새 세계대전을 일으키고 인류에게 헤아릴수 없는 참
          화를 들씌우며 새로 독립한 나라들을 내부로부터 와해시키고 책동하는 미
          제국주의를 반대하여 견결히 싸워나가야 한다.
        ─ 그는 재빨리, 달리는 차를 잡아탔다.
        ─ 인민들의 정성이 깃든, 사랑의 위문품을 가득 실어왔다.


## 제6항  물음표( ? )

1) 물음을 나타내는 문장의 끝에 친다.
　　례 : ─ 사회주의, 공산주의 건설에서 청년들이 하여야 할 임무는 무엇인가?
　　　　　─ 차는 몇시에 떠났어?
2) 의심쩍거나 망설이게 됨을 나타낼 때 친다.
　　례 : ─ 박선생이 왔다?
　　　　　─ 어떻게 할가? 이것도 가져간다?
【붙임】 ≪수사학적 물음≫으로 된 문장이 끝났을 때에는 점을 치는것을 원칙으로 한다.
례 : 동무가 그래서 되겠는가. 대오의 앞장에 서야 할 동무가 말이요.

## 제7항   느낌표( ! )

1) 느낌을 나타내는 문장끝에 친다.
　　례 : ─ 여기에 한 당원의 충성의 기록장이 있다!
　　　　　─ 아, 금강산은 참말 아름답구나!

2) 부름말, 느낌말, 제시어 등이 센 감동적 어조를 가지고있을 때 그뒤에 칠수 있다.
　　례 : ─ 동무들! 우리의 생활이 행복할수록 남녘땅 형제들을 잊지 맙시다.
　　　　　─ 백두산! 너는 혁명의 뿌리가 내린 조종의 산, 조선의 넋이여라.

## 제8항   이음표( - )

두개이상의 단어가 어울리여 하나의 통일된 개념을 나타낼 때 칠수 있다.
　　례 : ○ 조선-꾸바친선협회
　　　　　　맑스-레닌주의
　　　　　○ 굳은-넓은잎나무
　　　　　　구조-문법적 특성
　　　　　○ 물리-화학적 성질

## 제9항   풀이표( ─ )

1) 같은 종류의 문장성분들과 그것에 대한 묶음말사이에 친다.
　　례 :　벼, 보리, 밀, 강냉이─이런 알곡들은…
　　　　　　이런 알곡들─벼, 보리, 밀, 강냉이 등은…
2) 동격어의 뒤에 칠수 있다.
　　례 :　영광스러운 우리 조국─조선민주주의인민공화국

> 렬사들이 걸어온 길ー혁명의 길은 간고하고도 영예로운 길이였다.

3) ≪에서ー까지≫의 뜻을 나타내기 위하여 칠수 있다.

> 례 : 평양ー신의주, 아침ー점심

4) 제시어의 뒤에 칠수 있다.

> 례 : 우리 생활ー그것은 곧 예술이다.

5) 서로 맞서거나 대응하는 관계를 나타낼 때 칠수 있다.

> 례 : 공대ー의대 축구경기

6) 특수한 글에서 주어와 술어가 토없이 맞물렸을 때 그사이에 칠수 있다.

> 례 : ○ 나ー≪갈매기≫호 선장,
>
> ○ 철호ー통신병
>
> ○ 순이ー간호원

## 제10항   줄임표( … )

1) 문장 또는 문장안의 일부 말마디가 줄어진것을 나타내기 위하여 그 줄어진 부분이 석점을 찍는다.

> 례 : － ≪…갑문건설에서 또다시 조선사람의 본때를 보입시다.≫
>
> － 그때 박동무가 있기는 했습니다만…

【붙임】 인용하는 글에서 번호 한개, 단어 하나, 문장이나 단락 하나, 표현의 일부를 줄여도 석점(…)으로 표시하는것을 원칙으로 한다.

2) 제목이나 차례의 뒤에 보충하는 설명을 붙일 때 칠수 있다. 이때의 점의 수는 제한이 없다.

> 례 : － 머리글……편집위원회
>
> ≪우리 말 강좌≫……언어학연구소
>
> 학계소식……편집부

## 제11항   인용표( ≪ ≫ )

1) 이미 이루어진 말이나 대화를 인용할 때 그 문장의 앞뒤에 친다.

> 례 : ≪야, 백두산이 보인다!≫
>
> 박동무는 ≪내가 이겼지.≫라고 힘주어 말하였다.

2) 어떤 말마디나 표현을 특별히 드러내서 나타낼적에 그것의 앞뒤에 친다.

> 례 : － ≪김일성저작집≫
>
> ≪영화예술론≫

－ ≪80년대속도≫

혁명소설 ≪백두산기슭≫

3) ≪이른바≫라는 뜻을 가지고 따온 일반적인 말마디나 부정적인 표현의 앞뒤에 친다.

례 : － ≪바다의 왕≫이라는 고래

≪하늘의 독수리≫라는 비행사

－ 미제는 ≪원조≫를 미끼로 남의 나라를 침략한다.

## 제12항  거듭인용표(〈 〉)

인용한 말 안에 또 다른 인용표안에 들어간 말이 인용될 때에 친다.

례 : － ≪영철동무는 〈하자고 결심만 하면 못할 일이 없습니다.〉라고 하면서 계획
된 대로 내밀자.≫고 토론했다.

－ ≪우리 분조에는 〈천리마〉호가 3대나 배정되였습니다.≫－분조장의 말
그리고 인용표안에 들어가는 모든 인용표는 거듭인용표를 친다.

례 : ≪우리의 투쟁목표는 〈다시한번 〈평양속도〉를 창조하자.〉 이것입니다.≫ 그는
힘있게 말하였다.

## 제13항  쌍괄호와 꺾쇠괄호( ( ), [ ] )

1) 본문을 보충하기 위하여 붙인 말의 앞뒤에 쌍괄호( ( ) )를 친다.

례 : － 내가 대학에 입학하던 해였다. (그래도 풍년이 들었었다.) 어머니는 집을
떠나는 나에게 훌륭한 농업전문가가 되여 돌아오라고 당부하였다.

－ 밀영안에서 무슨 일이 일어난것이 분명했다. (무슨 일일가?)

－ 전보미동무(로력영웅이다.)는 오늘도 자기 계획을 2배로 넘쳐하였다.

2) 인용하는 말이 나온곳을 밝히는 말마디의 앞뒤에 쌍괄호( ( ) )를 친다.

례 : － ≪인적드문 심산유곡에 구차한 생을 도모하고있는 이 늙은 백성이 오매불망
그리워하던 장군님의 존안을 이렇게 문득 뵈옵게 되니 황송하기가 그지 없
습니다.≫ (총서 ≪불멸의 력사≫중 장편소설 ≪고난의 행군≫에서)

3) 괄호안에 또 다른 괄호 또는 쌍괄호나 인용표가 있을 때 바깥것은
꺾쇠괄호( [ ] )로 묶는다.

례 : － ≪근대철학의 큰 기본문제는 존재에 대한 사유의 관계여하의 문제이다.≫
[≪루드위히 프이에트바흐와 독일고전철학의 종말≫(에프. 엥겔스) 조선로동
당출판사 1957년판, 25폐지]

【붙임】꺾쇠괄호는 여러가지 형태로 쓸수 있다.

례 : [   ],  【   】, …

## 제14항  인용표와 괄호 안에서의 부호사용법

1) 인용표나 괄호안의 말이 문장인 경우에는 거기에 해당한 부호를 친다.

례 :  － ≪올해도 거름을 많이 냅시다! 정당 20톤은 문제없습니다.≫라고 분조장은
신이 나서 말한다.

－ 우리는 매우 긴장한 투쟁을 하고 있었다. (상반년계획을 4.15전으로 끝내야
했었다.)

【붙임】 ≪〈…〉라고≫로 끝나는 경우에 ≪라고≫의 뒤에는 해당한 부호를 치는것을
원칙으로 한다.

례 : ≪50톤은 문제없습니다.≫라고,

≪빨리 서둘자요!≫라고…

≪번개≫라고?

2) 인용표나 괄호 안의 말이 문장이 아닐 때에는 아무 부호도 치지 않는다.

례 :  － 다시한번 ≪80년대속도≫를 창조하자!

－ 학생들(다섯사람)은 노래부르며 마을앞을 지나갔다.

【붙임】  그러나 인용표나 괄호 안의 말이 여러 마디일적에는 그것들사이에 구별하는
부호를 친다.

례 :  － ≪견주다, 겨누다, 겨루다≫는 소리가 비슷하나 뜻이 다른 딴 단어들이다.

－ 같이 있던 네사람(작업반장, 분조장, 태식아바이, 성숙)이 달려왔다.

3) 괄호안의 말이 전체 문장의 끝에 있는 경우는 괄호뒤에 아무 부호도 치지 않는다.

례 :  － 공든 탑이 무너지랴? (속담)

－ 우리는 몹시 기뻤다. (분기계획을 넘쳐수행한것으로 하여)

－ 눈접방법(그림 5)

4) 인용표안에 있는 문장의 끝에서 전체 문장도 끝나는 경우는 끝맺는 부호를 다음과
같이 친다.

례 :  － ≪얘, 주의해. 〈낮말은 새가 듣고 밤말은 쥐가 듣는다.〉≫

－ ≪속담에도 있지만 〈때지 않은 굴뚝에서 연기날가?〉≫

－ ≪동무들! 〈생산도 학습도 생활도 항일유격대식으로!〉≫

## 제15항  밑점( ··· )

문장안에서 특별히 중점을 두고 힘주어말하는 부분이나 읽는 사람의 주의를 끌기 위한
부분에 찍되 점의 수는 글자의 수에 따른다.

【붙임】중점을 두어 강조하는 부분을 드러내기 위하여서는 밑줄(---------- )이나 물결
(~~~) 같은것도 쓸수도 있다.

## 제16항  숨김표(×××, ㅁㅁㅁ, ㅇㅇㅇ 등)

문장에서 글자로 나타낼 필요성이 없을 때 그 글자수만큼 둔다.

례 : 아프리가의 일부 지방에 들이닥친 무데기비로 ×××에서는 약 ㅇㅇㅇ정도의
     재산 피해를 보았다.

【붙임】숨김표는 출판물의 성격에 따라 동일한것을 쓸수도 있고 서로 다른것을 쓸수도
     있다.

숨김표의 구체적인 이름은 다음과 같다.

  가위숨김표 ××× (가위 가위 가위)

  네모숨김표 ㅁㅁㅁ (네모네모네모)

  동그라미숨김표 ㅇㅇㅇ (공공공)

## 제17항  같음표( 〃 )

같은 말이나 같은 표현이 겹쳐나올 때 두번째부터의 그 부분을 나타내기 위하여 쓸수
있다.

    례 : 제1작업반 반장

       제2   〃    〃

       제3   〃    〃

       제6   〃   부반장

## 제18항  물결표( ~ )

 1) ≪내지≫라는 뜻으로 쓰되 단위를 나타내는 말은 마지막 수자에만 붙인다.

    례 : ─ 10~12시

       ─ 5~8월

       ─ 100~150명

       ─ 5~6개

       ─ 10만~15만개

 2) 단위가 되풀이되면서 그 일부를 줄일 때 쓴다

    례 : 체육

       ~가

~하다

## 제19항  제목글에서의 부호사용법

1) 제목글에서 느낌문, 물음문의 경우는 문장의 끝에 해당한 부호를 치고 서술문의 경우에는 끝점을 치지 않을수 있다.

   례 : 우리식으로 꾸려놓으니 보기도 좋다!

   　　누가 이겼을가?

   　　모내기를 끝냈다

2) 신문, 잡지 등의 제목글이 명명문이거나 또는 맺음토없이 끝난 문장인 경우는 부호를 치지 않는것을 원칙으로 한다.

   례 : 충성의 구감

   　　한 간호원에 대한 이야기

【붙임】그러나 특별히 감정의 색채를 뚜렷이 하기 위하여 해당한 부호를 칠수도 있다..

   례 : 인간에 대한 지극한 사랑!

   　:　≪힘장수≫?


## 제20항  대목이나 장, 절, 문단 등을 가르는 부호와 그 차례(그 이름도 다음과 같이 통일하여 부르기로 한다.)

   − Ⅰ, Ⅱ, Ⅲ ……로마수자 일, 이, 삼

   　1, 2, 3 ……아라비아수자 일, 이, 삼

   　1) 2) 3) ……반괄호 일, 이, 삼

   　(1) (2) (3) ……쌍괄호 일, 이, 삼

   − ㄱ ………그

   　ㄴ ………느

   　ㄷ ………드

   − ①, ②, ③ ……동그라미 일, 이, 삼

   　△ ……삼각

   　− ……풀이표

   　○ ……동그라미

   　. ……풀이점

   　※ ……참고표

   　　……꽃표

# 문화어발음법

경애하는 수령 김일성동지께서는 다음과 같이 교시하시였다.

≪…우리 나라 말은 발음이 매우 풍부합니다. 그렇기때문에 우리 말과 글로써는 동서양의 어떤 나라 말의 발음이든지 거의 마음대로 나타낼수 있습니다.≫ (≪김일성저작집≫ 18권, 19페지)

## 총 칙

조선말발음법은 혁명의 수도 평양을 중심지로 하고 평양말을 토대로 하여 이룩된 문화어의 발음에 기준한다.

## 제1장   모음의 발음

제1항   모음들이 일정한 자리에서 각각 짧고 높은 소리와 길고 낮은 소리의 차이가 있는것은 있는대로 발음한다.

제2항   ≪ㅢ≫는 겹모음으로 발음하는것을 원칙으로 한다.

  례 : 의리, 의무, 의사, 의주, 의롭다, 의젓하다, 의존하다, 의지하다

【붙임】1) 된소리자음과 결합될 때와 단어의 가운데나 끝에 있는 ≪ ㅢ ≫는 [ ㅣ ]와 비슷하게 발음함을 허용한다.

례 : ― 떠우다[띠우다], 씌우다[씨우다]
　　　― 결의문[거리문], 회의실[회이실], 정의[정이], 의의[의이]

2) 속격으로 쓰인 경우 일부 [ㅔ]와 비슷하게 발음함을 허용한다.
　　례 : 혁명의 북소리 [혁명에 북소리]
　　　　우리의 집은 당의 품 [우리에 지븐 당에 품]

제3항　≪ㅚ≫, ≪ㅟ≫는 어떤 자리에서나 홑모음으로 발음한다.
　　　　례 : ― 외국, 외삼촌, 외따르다, 대외사업
　　　　　　― 위대하다, 위병대, 위하여, 가위

제4항　≪ㄱ, ㄹ, ㅎ≫뒤에 있는 ≪ㅖ≫는 각각 [ㅔ]로 발음한다.

　　　　례 : 계속[게속], 계시다[게시다], 관계[관게], 례절[레절], 사례[사레], 차례[차레],
　　　　　　혜택[헤택],
　　　　　　은혜[은헤]

# 제2장　첫 소리 자음의 발음

제5항　≪ㄹ≫은 모든 모음앞에서 ≪ㄹ≫로 발음하는것을 원칙으로 한다.
　　　　례 :　라지오, 려관, 론문, 루각, 리론, 레루, 요광로

제6항　≪ㄴ≫은 모은 모음앞에서 ≪ㄴ≫으로 발음하는것을 원칙으로 한다.
　　　　례 :　남녀, 냠냠, 너사, 뇨소, 뉴톤, 니탄, 당뇨병

# 제3장　받침소리와 관련한 발음

제7항   우리 말의 받침소리는 [ ㄱ, ㄴ, ㄷ, ㄹ, ㅁ, ㅂ, ㅇ ]의 7개이다.

제8항   《ㄹ》이 받침소리로 될 때는 혀옆소리로 발음한다.
   례 : ― 갈, 갈매기, 놀다
      ― 달과 별, 말과 글, 쌀과 물, 얼른
      ― 갈라지다, 달리다, 몰리다, 빨래, 쏠리다

제9항   받침자모와 받침소리의 호상관계는 다음과 같다.
   1) 받침 《ㄳ, ㄺ, ㅋ, ㄲ》의 받침소리는 무성자음앞에서와 발음이 끝날 때는 [ ㄱ ]
   으로 발음한다.
      례 : ― 넋살[넉쌀], 붉다[북따], 부엌세간[부억쎄간], 낚시[낙씨]
         ― 몫[목], 닭[닥], 동녘[동녁], 밖[박]
         ― [   ]
   그러나 받침 《ㄺ》은 그 뒤에 《ㄱ》으로 시작되는 토나 뒤붙이가 올 때는 [ㄹ]로
   발음하는것을 원칙으로 한다.
      례 : ― 맑고[말꼬], 맑구나[말꾸나], 맑게[말께], 맑기[말끼]
         ― 밝고[발꼬], 밝구나[발꾸나], 밝게[발께], 밝기[발끼]
         ― 붉고[불꼬], 붉구나[불꾸나], 붉게[불께], 붉기[불끼]
   2) 받침 《ㅅ, ㅈ, ㅊ, ㅌ, ㅆ》의 받침소리는 무성자음앞에서와 발음이 끝날 때는 [ㄷ]
   으로 발음한다.
      례 : ― 잇대[읻때], 잦대[잗따], 닻줄[닫쭐], 밭갈이[받까리], 있대[읻따]
         ― 웃[옫], 젖[젇], 꽃[꼳], 뭍[묻]
   3) 받침 《ㄼ, ㄿ, ㅄ, ㅍ》의 받침소리는 무성자음앞에서와 발음이 끝날 때는 [ㅂ]으
   로 발음한다.
      례 : ― 넓지[넙찌], 읊다[읍따], 없다[업따], 높다[놉따]
         ― 값[갑], 앞[압]
   그러나 받침 《ㄼ》은 그뒤에 《ㄱ》으로 시작되는 토나 뒤붙이가 올 때는 [ㄹ]로 발
   음하는것을 원칙으로 하며 《여덟》은 [여덜]로 발음한다.
      례 :   넓고넓은[널꼬널븐], 넓구나[널꾸나], 얇게[얄께], 얇기[얄끼], 짧고[짤꼬],
         짧거나[짤꺼나]
   4) 받침 《ㄾ, ㄽ, ㅀ》의 받침소리는 무성자음앞에서와 발음이 끝날 때는 [ㄹ]로 발음
   한다.

례 : ─ 곬빠지기[골빠지기], 핥다[할따], 곯느냬골르냐], 옳네[올레]

─ 돐[돌], 곬[골]

5) 받침 ≪ㄿ≫의 받침소리는 무성자음앞에서와 발음이 끝날 때는 [ㅁ]으로 발음한다.

례 : ─ 젊다[점따], 젊고[점꼬], 삶느냬삼느냐], 삶네[삼네]

─ 고결한 삶~[삼], 죽음과 삶~[삼]

6) 받침 ≪ㄵ, ㄶ≫의 받침소리는 무성자음앞에서와 발음이 끝날 때는 [ㄴ]으로 발음한다.

례 : ─ 앉다[안따], 앉고[안꼬]

얹게[언께], 얹느냬언느냐]

─ 많다[만타], 많고[만코], 많네[만네]

7) 말줄기끝의 ≪ㅎ≫은 단어의 끝소리마디에서와 ≪ㅅ≫이나 ≪ㄴ≫으로 시작한 토앞에서 [ㄷ]처럼 발음한다.

례 : ─ 히읗[히읃],

─ 좋소[졷쏘], 좋니[졷니→존니]

─ 놓네[녿네→논네]


## 제4장   받침의 이어내기현상과 관련한 발음


제10항   모음앞에 있는 받침은 그 모음에 이어서 발음한다.

례 : ─ 높이[노피], 삼발이[삼바리], 깎아치기[까까치기], 깎음[까끔]

─ 몸에[모메], 뭍에[무테], 조국은[조구근], 조선아[조서나], 꽃을[꼬츨], 입으로[이브로]

─ 받았다[바닫따], 밭았다[바탇따], 잊었다[이젇따], 있었다[이썯따]

─ 8.18[팔일팔→파릴팔], 6.25[륙이오→류기오], 3.14[삼일사→사밀사]


제11항   모음앞에 있는 둘받침은 왼쪽받침을 받침소리로 내고 오른쪽받침은 뒤의 모음에 이어서 발음한다.

례 : 넋을[넉슬], 닭이[달기], 돐을[돌슬], 맑은[말근], 밟아[발바], 젊음[절믐], 훑터[훌터], 얹으니[언즈니], 없음[업슴], 읊어[을퍼]

## 제5장   받침의 끊어내기현상과 관련한 발음

제12항   홀모음 ≪아, 어, 오, 우, 애, 외≫로 시작한 고유어말뿌리의 앞에 있는 받침
      ≪ㄳ, ㄺ, ㅋ, ㄲ≫은 [ㄱ]으로, ≪ㅅ, ㅈ, ㅊ, ㅌ≫은 [ㄷ]으로, ≪ㅄ, ㅍ≫은
      ≪ㅂ≫으로 각각 끊어서 발음한다.
      례 : ― 넋없다[넉업따→너겁따], 부엌안[부억안→부어간], 안팎일[안팍일→안파길]
         ― 옷안[옫안→오단], 첫애기[첟애기→처대기], 젖어머니[젇어머니→저더머니],
           닻올림[닫올림→다돌림]
         ― 값있는[갑인는→가빈는], 무릎위[무릅우→무르부]
      그러나 ≪맛있다≫, ≪멋있다≫만은 이어내기로 발음한다.
      례 : 맛있다[마싣따], 멋있다[머싣따]

제13항   단어들이 결합관계로 되여있는 경우에도 앞단어가 받침으로 끝나고 뒤단어의
      첫소리가 모음일적에는 끊어서 발음함을 원칙으로 한다.
      례 : 팥 아홉키로[팓 아홉키로], 짚 열단[집 열딴], 옷 열한벌[옫 여란벌]

## 제6장   된소리현상과 관련한 발음

제14항   동사나 형용사의 줄기의 끝받침 ≪ㄴ, ㄵ, ㄼ, ㅁ≫에 이어내는 토나 뒤붙이의
      순한소리는 된소리로 발음하는것을 원칙으로 한다.
      례 : ― (아기를)안대[안따], 안고[안꼬], 안기[안끼]
         ― (나무를)심대[심따], 심고[심꼬], 심기[심끼]
         ― 앉다[안따], 앉고[안꼬], 앉기[안끼]
         ― 옮다[옴따], 옮고[옴꼬], 옮기[옴끼]
【붙임】 그러나 사역 또는 피동의 뜻을 나타내는 상토 ≪기≫일적에는 된소리로 발음하지
      않는다.
      례 : 감기다[감기다], 남기다[남기다], 신기다[신기다], 안기다[안기다]

제15항　일부 단어에서나 고유어의 보조적 단어 또는 토에서 ≪ㄹ≫받침뒤에 오는 순한
　　　　소리를 된소리로 발음하는것을 국한하여 허용한다.
　　　　례 : － 발달[발딸], 설정하다[설쩡~]
　　　　　　－ 갈것[갈껏], 열개[열깨], 여덟벌[어덜뻘]
　　　　　　－ 갈가?[갈까?], 갈수록[갈쑤록]

제16항　일부 한자말안에서 울림자음이나 모음으로 끝난 소리마디뒤에 오는 순한소리를
　　　　되도록 순한소리로 내며 일부 된소리로 발음하는것을 국한하여 허용한다.
　　　　례 : － 군적으로[군쩍으로], 도적[도쩍], 당적[당쩍]
　　　　　　－ 성과[성꽈], 창고[창꼬]
　　　　　　－ 내과[내꽈], 외과[외꽈], 리과[리꽈]

제17항　단어나 단어들의 결합관계에서 울림자음이나 모음으로 끝난 단위의 뒤에 오는
　　　　모든 첫 소리 마디는 순한소리로 내는것을 원칙으로 하되 일부 경우에만 된소리
　　　　로 낸다.
　　　　순한소리의 례 :
　　　　－ 된벼락, 센바람, 훈장, 안사돈, 인민반, 몸가짐, 봄가을, 봄소식, 날바다,
　　　　　마을사람, 별세계
　　　　－ 가로적기, 교과서, 나무배, 나무순, 로바닥
　　　　된소리의 례 :
　　　　논두렁[논뚜렁], 손가락[손까락], 손등[손뜽], 갈대숲[갈때숲], 그믐달[그믐딸],
　　　　강가[강까], 나루가[나루까]

제18항　말줄기의 끝받침이 ≪ㅎ≫, ≪ㄶ≫, ≪ㅀ≫일적에는 토의 순한소리 ≪ㅅ≫을
　　　　된소리로 발음할수 있다.
　　　　례 : 좋소[존쏘], 많습니다[만씁니다], 옳소[올쏘]


## 제7장　≪ㅎ≫과 어울린 거센소리되기현상과 관련한 발음

제19항  토나 뒤붙이의 첫머리에 온 순한소리는 말줄기의 끝받침 ≪ㄶ, ㅀ, ㅎ≫
　　　　뒤에서 거센소리로 거센소리로 발음한다.
　　례 :  － 좋다[조타], 좋고[조코], 좋지[조치]
　　　　　－ 많다[만타], 많고[만코], 많지[만치]
　　　　　－ 옳다[올타], 옳고[올코], 옳지[올치]

제20항  한 단어에서 받침 ≪ㄱ, ㄷ, ㅂ, ㅈ≫이나 ≪ㄵ, ㄹ, ㄼ≫뒤에 ≪ㅎ≫이 올 때
　　　　그 ≪ㅎ≫은 각각 [ㅋ, ㅌ, ㅍ, ㅊ]으로 발음한다.
　　례 :  － 먹히다[머키다], 특히[트키], 딱하다[따카다], 역할[여칼], 맏형[마텽],
　　　　　　잡히다[자피다],
　　　　　　맺히다[매치다], 꽂히다[꼬치다]
　　　　　－ 앉혔다[안쳗따], 얹히다[언치다], 밝혔다[발켣따], 밝히다[발키다],
　　　　　　넓혔다[널펻따], 밟히다[발피다]


## 제8장　　닮기현상이 일어날 때의 발음


제21항  받침 ≪ㄷ, ㅌ, ㄾ≫뒤에 토나 뒤붙이인 ≪이≫가 올 때 그 ≪이≫는 각각
　　　　[지, 치]로 발음한다.
　　례 : 가을걷이[가을거지], 굳이[구지], 해돋이[해도지], 같이[가치], 붙이다[부치다],
　　　　　벼훑이[벼훌치], 훑이다[훌치다]

제22항  받침소리 ≪ㄱ, ㄲ, ㅋ, ㄲ≫, ≪ㄷ, ㅅ, ㅈ, ㅊ, ㅌ, ㅆ≫, ≪ㄺ, ㅂ, ㅄ, ㅍ≫
　　　　뒤에 자음 ≪ㄴ, ㅁ, ㄹ≫이 이어질 때는 다음과 같이 발음하는것을 원칙으로 한
　　　　다.

　　1) 받침 ≪ㄱ, ㄲ, ㅋ, ㄲ≫은 [ㅇ]으로 발음한다.
　　　례 : 익는다[잉는다], 격멸[경멸], 식료품[싱료품], 몫나눔[몽나눔], 삯말[상말],
　　　　　동녘노을[동녕노을], 부엌문[부엉문], 닦네[당네]
　　2) 받침 ≪ㄷ, ㅅ, ㅈ, ㅊ, ㅌ, ㅆ≫은 [ㄴ]으로 발음한다.

례 : 받는다[반는다], 맏며느리[만며느리], 웃느냐[운느냐], 옷매무시[온매무시],
낫날[난날], 젖먹이[전머기], 꽃눈[꼰눈], 밭머리[반머리], 있는것[인는걷]

3) 받침 ≪ㄼ, ㅂ, ㅄ, ㅍ≫은 [ㅁ]으로 발음한다.

례 : 밟는다[밤는다], 법령[범령], 없는것[엄는걷], 앞마을[암마을]

제23항  받침 ≪ㄷ≫뒤에 ≪ㄴ≫이 왔거나 받침 ≪ㄴ≫뒤에 ≪ㄹ≫이 올적에는 그
≪ㄴ≫을 [ㄹ]로 발음하는것을 원칙으로 한다.

례 : － 들놀이[들로리], 물농사[물롱사], 별나라[별라라], 살눈섶[살룬섭]
－ 근로자[글로자], 문리과[물리꽈], 본래[볼래], 천리마[철리마]

그러나 일부 굳어진 단어인 경우에는 적은대로 발음함으로써 닮기현상을 인정하지 않
는다.

례 : 선렬, 순렬, 순리익

제24항  받침 ≪ㄴ≫뒤에서 ≪ㄴ≫이 올적에는 적은대로 발음하는것을 원칙으로 한다.

례 : 눈나비, 단내, 분노, 신녕, 안내

그러나 일부 굳어진 단어인 경우에는 그 ≪ㄴ≫을 [ㄹ]로 발음한다.

례 : 곤난[골란], 한나산[할라산]

제25항  이상과 같은 닮기현상밖의 모든 ≪영향관계≫를 원칙적으로 인정하지 않는다.

| 례 : (옳음) | (그름) |
|---|---|
| － 밥그릇[밥그륻] | [박끄륻] |
| 밭관개[받관개] | [박꽌개] |
| 엿보다[엳보다] | [엽뽀다] |
| － 안기다[안기다] | [앙기다] |
| 온갖[온갇] | [옹갇] |
| 감기[감기] | [강기] |
| － 선바위[선바위] | [섬바위] |
| 전보[전보] | [점보] |
| － 잡히다[자피다] | [재피다] |
| 녹이다[노기다] | [뇌기다] |
| 먹이다[머기다] | [메기다] |

# 제9장   사이소리현상과 관련한 발음

제26항   합친말(또는 앞붙이와 말뿌리가 어울린 단어)의 첫 형태부가 자음으로 끝나고
　　　　둘째 형태부가 ≪이, 야, 여, 요, 유≫로 시작될 때는 그사이에서 [ㄴ]소리가 발음
　　　　되는것을 허용한다.
　　　례 : ㅡ 논일[논닐], 밭일[받일→반닐], 꽃잎[꼳입→꼰닙], 어금이[어금니]
　　　　　ㅡ 짓이기다[짖이기다→진니기다], 옛이야기[옏이야기→옌니야기]

제27항   합친말(또는 앞붙이와 말뿌리가 어울린 단어)의 첫 형태부가 모음으로 끝나고
　　　　둘째 형태부가 ≪이, 야, 여, 요, 유≫로 시작될 때는 적은대로 발음하는것을 원
　　　　칙으로 하면서 일부 경우에 ≪ㄴㄴ≫을 끼워서 발음하는것을 허용한다.
　　　례 : ㅡ 나라일[나라일], 바다일[바다일], 베개잇[베개잇]
　　　　　ㅡ 수여위[순녀위], 수양[순냥]

제28항   앞말뿌리가 모음으로 끝나고 뒤말뿌리가 순한소리나 울림자음으로 시작된 합친
　　　　말 또는 단어들의 결합에서는 적은대로 발음하는것을 원칙으로 하면서 일부 경
　　　　우에 ≪ㄷ≫을 끼워서 발음하는것을 허용한다.
　　　례 : ㅡ 개바닥[개바닥], 노래소리[노래소리], 사령부자리[사령부자리]
　　　　　ㅡ 가위밥[가윋밥→가위빱], 배전[밷전→배쩐], 쇠돌[쇧돌→쇠똘], 이몸[읻몸→인몸]

# 제10장   약화 또는 빠지기현상과 관련한 발음

제29항   말줄기끝의 ≪ㅎ≫은 모음으로 시작된 토나 뒤붙이 앞에서 발음하지 않는다.
　　　례 : 낳아[나아], 낳으니[나으니]
　　　　　닿아[다아], 닿으니[다으니]
　　　　　많아[만아→마나], 싫어[실어→시러]

제30항   소리마디의 첫소리 ≪ㅎ≫은 모음이나 울림자음 뒤에서 약하게 발음할수 있다.

례 :  마흔, 아흐레, 안해, 열흘, 부지런히, 확실히, 험하다, 말하다

제31항  둘받침 ≪ㅀ≫으로 끝나는 말줄기에 ≪ㄴ≫으로 시작되는 토가 이어질 때
　　　　≪ㅎ≫은 받침소리로 내지 않는다.
　　례 :  옳네[올레], 싫네[실레], 곯느니라[골르니라]
【붙임】≪ㄶ≫으로 끝나는 말줄기에 ≪ㄴ≫으로 시작되는 토가 이어질 때의 ≪ㅎ≫도
　　　　받침소리로 내지 않는다.
　　례 :  [제9장 6) 참조]

# 내 려 쓰 기

　　조선말은 왼쪽으로부터 오른쪽으로 가로쓰는것을 기본으로 한다.

　　특수하게 내려쓸 때에는 오른쪽으로부터 왼쪽으로 내려쓴다. 그러나 가로쓰는 글과 배합하여 내려쓰는 경우에는 왼쪽으로부터 오른쪽으로 쓰는것을 원칙으로 한다.

　　내려쓸 때의 맞춤법, 띄여쓰기, 부호 등은 다 가로쓸 때의 규칙을 그대로 적용한다.

# 참고 문헌

## 1. 국내 문헌

### 【 사전류 】

극동문제연구소, 북한전서, 극동문제연구소, 1980. 5.

북한연구소, 북한총람(2003년판), 북한연구소, 2003. 6.

북한연구소, 북한총람(1994년판), 북한연구소, 1994. 5.

북한연구소, 북한총람(1983년판), 북한연구소, 1983. 4.

북한연구소, 북한대사전, 북한연구소, 1999. 5.

서울신문사, 북한인명사전, 서울신문사, 1997. 11.

국가정보원, 북한상용특이용어집, 국가정보원, 1999.10.

조순래, 북한용어소사전, 연합뉴스, 2003. 7.

조재수, 남북한말비교사전, 도서출판 토담, 1995. 12.

신동아, 김정일북한 대백과, 동아일보사, 1995. 1.

국립국어원, 표준국어대사전, 국립국어원, 1999. 11.

국립국어연구원, 로마자 표기 용례 사전, 문화관광부, 2001. 1.

박용수, 우리말갈래사전, 서울대학교출판부, 2002. 6.

서정범, 국어어원사전, 도서출판 보고사, 2003. 12.

장태진, 국어변말사전, 한국문화사, 1998. 10.

이어령, 뉴에이스 문장사전, 금성출판사, 2005. 1.

민중서관, 국어대사전, 민중서관, 2000. 1

이성구, 띄어쓰기사전, 도서출판 국어 닷컴, 2004. 8.

매일경제신문사, 경제신어사전, 매일경제신문사, 2001. 2.

김경신, 증권용어사전, 세기문화사, 1987. 1.

강영호 · 오욱환 · 이상석 · 전정수 · 조치형 · 황교안, 법률용어사전,
        청림출판, 2005. 3.

오세경, 소법전, 법전출판사, 2005. 3.

유성렬 · 지유애, 최신외래어사전, 크로버출판사, 1998. 1.

권영달, 최신대옥편, 신한출판사, 1975. 2.

중국어교재편찬회, 중국어자전, 학문사, 2003. 4.

브리테니커, 브리테니커 세계대백과사전(1-27권), 1997. 2.

동서문화사, 파스칼 세계대백과사전(1-31권), 동서문화사, 1996. 6.

동아출판사, 동아원색세계대백과사전(1-20권), 동아출판사, 1985. 4.

교육도서, 교육세계백과대사전(1-20권), 교육도서, 1992. 5.

## 【 단행본 】

김창순 외 9명, 북한정치론, 극동문제연구소, 1976. 3.

장원종 외 9명, 북한경제론, 북한연구소, 1979. 12.

김달중 외 9명, 북한외교론, 북한연구소, 1978. 10.

김홍철 외 9명, 북한군사론, 북한연구소, 1978. 10.

김남식 외 9명, 북한사회론, 북한연구소, 1977. 10

임채욱 외 9명, 북한문화론, 북한연구소, 1978. 10

박동운 외 9명, 북한교육론, 북한연구소, 1977. 10.

스칼라피노 · 이정식, 한국공산주의운동사(1-3권), 도서출판 돌베개, 1986. 6.

중앙일보, 조선민주주의인민공화국(상 - 하권), 중앙일보사, 1994. 7.

김학준, 북한50년사, 동아출판사, 1995. 9.

허동찬, 김일성 평전(속), 북한연구소, 1988. 4.

김석형·이향규, 나는 조선로동당 당원이오., 도서출판 선인, 2001. 5.

북한연구소, 북한의 재판제도, 북한연구소, 1991. 9.

북한연구소, 북한 형법의 실상, 북한연구소, 1990. 8.

내외통신, 북한실상종합자료집, 내외통신사, 1995. 12.

내외통신, 북한조감, 내외통신사, 1994. 12.

내외통신, 북한용어 300선집, 내외통신사, 1993. 12.

서동익, 북에서 사는 모습, 북한연구소, 1987. 12.

서동익, 인민이 사는 모습(1-2권), 자료원, 1995. 4.

서동익, 하늘 강냉이(1-2권), 자료원, 2000. 8.

서동익, 잘못 쓴 국어, 바르게 쓰는 법, 한국문협인천광역시회, 2003. 4.

유완식 외 1명, 북한30년사, 현대경제일보사, 1975. 8.

중앙일보, 조선민주주의인민공화국(상-하권), 중앙일보사, 1992. 5.

통일원, 북한지지요람, 통일원, 1993. 11.

고태우, 북한사 100장면, 가람기획, 1996. 5.

국제문제사, 북한동포의 일생, 국제문제사, 1987. 9.

승창호, 북한보건의료연구, 도서출판 청년세대, 1989년 11.

현대조선문제강좌편집위원회, 북한의 경제, 도서출판 광주, 1988. 12.

신동아, 원자료로 본 북한, 동아일보사, 1989. 1.

고준석, 북한현대사입문, 도서출판 함성, 1990. 2.

좋은벗들, 북한사람들이 말하는 북한 이야기, 정토출판, 2000. 11.

강원대학교, 남북한 법제 비교, 강원대학교 출판부, 2003. 10.

박승주, 지방자치 의원 보감, 도서출판 문주각, 1991. 3.

서우선, 지방의회운영방법론, 법문사, 1992. 10.

김남순, 지방교육자치제연구, 배영사, 1994. 9.

이영택, 최신북한지도, 우진지도문화사, 1992. 5.

이재승, 북한을 움직이는 테크노크라트, 도서출판 일빛, 1998.8.

김성보 · 기광서 · 이신철, 사진과 그림으로 보는 북한현대사, 웅진닷컴, 2004. 10.

이기춘 · 이기영 · 이은영 · 이순형 · 김대년 · 박영숙 · 최연실, 통일에 앞서보는
　　　　북한의 가정생활문화, 서울대학교 출판부, 2001. 12.

최기호, 사전에 없는 토박이말 2400, 도서출판 토담, 1997. 9.

남상권 · 박승희 · 박종갑 · 범금희, 북한의 언어와 문학, 영남대학교 출판부,
　　　　2004. 3.

전영선, 북한을 움직이는 문학예술인들, 도서출판 역락, 2004. 9.

이오덕, 우리글 바로쓰기(1-2권), 도서출판 한길사, 2005. 9.

이오덕, 우리 문장 쓰기, 도서출판 한길사, 2005. 9.

## 【 논문 및 보고서 】

북한학회, 북한학보(제4-21집), 북한연구소, 1981.1-1996. 10

경향신문, 김일성왕조를 벗긴다, 경향신문사, 1982, 3.

통일부, 주간북한동향(659-803호), 통일부(www. unikorea. go. kr)
　　　　2004. 1. - 2006. 8.

문교부, 한글 맞춤법, 문교부 고시 제88-1호, 1988. 1.

조선어학회, 한글마춤법 통일안, 조선어학회, 1933. 10.

국립국어연구원, 비디오 자막 오용 사례 자료, 국립국어연구원, 2000. 10

국립국어연구원, 신문지면 문장 실태 조사 자료, 국립국어연구원, 2000. 12.

국립국어연구원, 인터넷 홈페이지, 신문, 방송, 만화, 국어 오용 실태 조사
　　　　보고서, 국립국어연구원, 2001. 1.

국립국어연구원, 아동 도서 어문 규범 준수 실태 조사 자료,
        국립국어연구원, 2001. 5.

국립국어연구원, 방송 언어 오용 사례, 국립국어연구원, 2001. 6.

국립국어연구원, 법조문 문장 실태 조사 자료, 국립국어연구원, 2002. 1.

국립국어연구원, 남북언어순화자료집, 국립국어연구원, 2003. 1.

법제처, 법령입안 심사기준, 법제처, 2005. 1

국회, 국회법률안입안기준, 국회, 2005. 1.

고영근, 남북 규범 문법의 통일 방안, http://www.korean.go.kr, 2001. 1.

햇살님, 남북한 맞춤법의 비교 정리, http://blog.daum.net/hetsal5758, 2006. 6.

홍윤표, 한국의 사전 편찬 현황과 겨레말큰사전, 겨레말큰사전남북공동편찬
        사업회, 2007. 2.6.

라인하트 하트만(Reinhard R. K. Hartmann), 메타사전학과 새로운 사전편찬
        작업의 관련성 : 항목별점검, 겨레말큰사전남북공동편찬사업회,
        2007. 2. 6.

클라우스-디터 루드비히(Klaus-Dieter LUDWIG), 동서독 사전의 어휘기술,
        겨레말큰사전남북공동편찬사업회, 2007. 2.6.

태평무(Taipingwu), 중국동포들의 시각으로 보는 〈겨레말사전〉,겨레말큰사전
        남북공동편찬사업회, 2007. 2.6.


**【 통신 · 잡지 · 뉴스레타 】**

내외통신, 내외통신 종합판(제27-51호), 내외통신사, 1983. 1. - 1994. 1.

북한연구소, 월간 북한(제97-416호), 북한연구소., 1980. 1. - 2006. 8.

NK테크, 뉴스레타(16-69호), 한국과학기술정보연구원, 2005. 8. - 2006. 8.

The daily NK, (주)데일리 엔케이, 2005. 3. - 2007. 1.

## 2. 북한 문헌

【 사전 · 연감류 】

조선로동당출판사, 대중정치용어사전, 조선로동당출판사, 평양 1957. 5.

사회과학출판사, 정치사전, 사회과학출판사, 평양 1973. 12.

사회과학출판사, 철학사전, 사회과학출판사, 평양 1985. 9.

조선로동당출판사, 철학소사전, 조선로동당출판사, 평양 1956. 9.

사회과학원 주체경제학연구소, 경제사전(1-2권), 사회과학출판사,

　　　　　평양 1985. 5.-1985. 12.

백과사전출판사, 백과사전(1-2권), 백과사전출판사, 평양 1974. 4.-1975. 3.

사회과학원 력사연구소, 역사사전(1-2권), 사회과학출판사,

　　　　　평양 1971. 8.-1972. 12.

백과사전출판사, 조선대백과사전(1-30권), 백과사전출판사,

　　　　　평양 1995. 10.-2001. 12.

과학원출판사, 조선말사전(상, 중, 하), 동광출판사, 1990.4


【 단행본 】

법률출판사, 조선민주주의인민공화국 법전(대중용), 법률출판사, 2004. 8.

김영황, 중세조선말사전, 과학백과사전종합출판사, 1993. 1.

리형태, 조선동의어사전, 사회과학출판사, 1992. 2.

과학, 백과사전출판사, 조선언어지리학시고, 탑출판사, 1990. 12.

과학, 백과사전출판사, 조선어 방언학 개요(하), 탑출판사, 1990. 3.

공업출판사, 우리말어휘 및 표현, 탑출판사, 1990. 2.

과학, 백과사전출판사, 조선속담, 탑출판사, 1990. 10.

김일성종합대학출판사, 문화어문법규범, 탑출판사, 1989. 12.

과학, 백과사전출판사, 조선어학개론, 탑출판사, 1989. 12.

김동수, 조선말례절법, 과학, 백과사전출판사, 1983. 3.

국어사정위원회, 조선말규범집(1987년판), 조선민주주의인민공화국
　　　　내각직속 국어사정위원회, 1987. 6.

국어사정위원회, 조선말규범집(1966년판), 조선민주주의인민공화국
　　　　내각직속 국어사정위원회, 1966. 6.

## 3. 외국 문헌

외국문서적출판사, 정치경제학 교과서, 모스크바 외국문서적출판사,
      평양 1956. 1.
칼 맑스, 자본론(1-1, 1-2, 2, 3-1, 3-2), 조선로동당출판사, 평양 1956. 11.
류은종, 최신 동의어 반의어 동음어사전, 중국 연변대학 출판부, 2003. 9.
연변인민출판사, 조선말사전(상, 하권), 중국 신화서점연변발행소, 2002. 8.
박인환 · 박설화, 조선어문 짧은 글짓기 사전, 중국 연변인민출판사, 2002. 3.
안옥규 · 림왕성, 조선어접사사전, 중국 연변교육출판사, 2001. 12.
연변교육출판사, 조선어받침사전, 중국연변교육출판사, 2001. 12.
연변사회과학원 언어연구소, 섞갈리기 쉬운 조선말 사전, 중국 흑룡강 조선민족
      출판사, 1999. 4.

# 제1권 찾아보기<sub>(가나다순)</sub>

# 북한 실정법 연구
## - 권별 구성 목차 -

※주 1. ( ) 속의 내용은 책명임.

2. 【 】 속의 숫자는 ≪조선민주주의인민공화국 법전(원전)≫에 등재된 법령 순위 번호임.